Münsterische Beiträge zur Rechtswissenschaft –
Neue Folge

herausgegeben von

Prof. Dr. Michael Heghmanns, Prof. Dr. Ingo Saenger,
Prof. Dr. Fabian Wittreck

Band 54

Justin Frederic Strathoff

Die Befugnisse der Feuerwehr zur Gefahrenabwehr in Nordrhein-Westfalen

Nomos

Onlineversion
Nomos eLibrary

Die Deutsche Nationalbibliothek verzeichnet diese Publikation in der Deutschen Nationalbibliografie; detaillierte bibliografische Daten sind im Internet über http://dnb.d-nb.de abrufbar.

Zugl.: Münster (Westf.), Univ., Diss. der Rechtswissenschaftlichen Fakultät, 2019

ISBN 978-3-8487-6890-5 (Print)

ISBN 978-3-7489-0985-9 (ePDF)

D 6

1. Auflage 2020

Vorwort

Die vorliegende Arbeit wurde im Sommersemester 2019 von der Rechtswissenschaftlichen Fakultät der Westfälischen Wilhelms-Universität Münster als Dissertation angenommen. Rechtsprechung und Literatur wurden bis zu diesem Zeitpunkt berücksichtigt. Nach dem Kolloquium am 29. Oktober 2019 erfolgte eine leichte Überarbeitung der Arbeit für den Druck.

Mein aufrichtiger Dank gilt meinem Doktorvater Herrn Prof. Dr. Fabian Wittreck, der mit unermüdlichem Einsatz und seiner beispiellosen Begeisterung für das öffentliche Recht die Erstellung dieser Arbeit wissenschaftlich begleitet hat.

Bedanken möchte ich mich auch bei Herrn Prof. Dr. Janbernd Oebbecke (em.) für die zügige Erstellung des Zweitgutachtens sowie bei Herrn Prof. Dr. Michael Heghmanns und Herrn Prof. Dr. Ingo Saenger, die mir gemeinsam mit meinem Doktorvater die Aufnahme in die hiesige Schriftenreihe ermöglicht haben.

Besonderen Dank möchte ich meinen Eltern Jürgen und Mechthild Strathoff aussprechen, für die moralische, akademische und finanzielle Unterstützung in jedem Stadium meiner Schullaufbahn und der anschließenden juristischen Ausbildung. Dankbar bin ich ebenfalls meiner Lebensgefährtin Christina Doppmeier, die mich in meinem Promotionsvorhaben – auch unter Zurückstellung eigener Interessen – bedingungslos bestärkt hat und mir stets mit einem offenen Ohr und hilfreichen Gedankenanstößen zur Seite stand. Zuletzt bedanke ich mich bei meinem Bruder Philipp Strathoff für die technische Hilfe bei der Formatierung der Dissertation.

Münster, im Mai 2020 Justin Frederic Strathoff

Inhaltsverzeichnis

Abkürzungsverzeichnis

AAO	Alarm- und Ausrückordnung
Abs.	Absatz
a.F.	alte Fassung
allg.	allgemein
Alt.	Alternative
App/Wettlaufer/Klomfaß, Verwaltungsvollstreckungsrecht	*Michael App/Arno Wettlaufer/Ralf Klomfaß*, Praxishandbuch Verwaltungsvollstreckungsrecht, 6. Aufl. 2018 [der jeweilige Verfasser ist kursiv gesetzt]
Art.	Artikel
Articus/Schneider, GO NRW	Stephan Articus/Bernd Jürgen Schneider (Hrsg.), Gemeindeordnung Nordrhein-Westfalen. Kommentar, 5. Aufl. 2016
ASOG	Allgemeines Gesetz zum Schutz der öffentlichen Sicherheit und Ordnung in Berlin
Aufl.	Auflage
Az.	Aktenzeichen
BauO NRW	Bauordnung für das Land Nordrhein-Westfalen
Bay.	Bayern, bayerisch
Bay.VBl.	Bayerische Verwaltungsblätter. Zeitschrift für öffentliches Recht und öffentliche Verwaltung
Bd.	Band
BDSG	Bundesdatenschutzgesetz
bes.	besonderes
Beschl.	Beschluss
BGB	Bürgerliches Gesetzbuch
BGBl.	Bundesgesetzblatt
BGH	Bundesgerichtshof
BGHZ	Entscheidungen des Bundesgerichtshofs in Zivilsachen
BHKG	[Nordrhein-Westfälisches] Gesetz über den Brandschutz, die Hilfeleistung und den Katastrophenschutz
BImSchG	Gesetz zum Schutz vor schädlichen Umwelteinwirkungen durch Luftverunreinigungen, Geräusche, Erschütterungen und ähnliche Vorgänge

BJagdG	Bundesjagdgesetz
Blazek, Hakenkreuz	*Matthias Blazek*, Unter dem Hakenkreuz. Die deutschen Feuerwehren 1933-1945, 2009
Bode, Haftung	*Sven Bode*, Haftung und Kostenersatz im Niedersächsischen Brandschutzrecht unter besonderer Berücksichtigung der allgemeinen staatshaftungsrechtlichen Anspruchsinstitute, der Gefährdungshaftung sowie der Kostenersatzregelung in § 26 NBrandSchG, 2008
BPolG	Gesetz über die Bundespolizei
BSG	Bundessozialgericht
BT-Drs.	Bundestagsdrucksache
Burgi, Kommunalrecht	*Martin Burgi*, Kommunalrecht, 5. Aufl. 2015
BVerfG	Bundesverfassungsgericht
BVerfGE	Entscheidungen des Bundesverfassungsgerichts
BVerwG	Bundesverwaltungsgericht
BVerwGE	Entscheidungen des Bundesverwaltungsgerichts
BW	Baden-Württemberg
CDU	Christlich Demokratische Union Deutschlands
ders.	derselbe
Dietlein/Hellermann, Öffentliches Recht in NRW	*Johannes Dietlein/Johannes Hellermann*, Öffentliches Recht in Nordrhein-Westfalen, 6. Aufl. 2016 [der jeweilige Verfasser ist kursiv gesetzt]
DIN	Deutsches Institut für Normung
Diss.	Dissertation
DÖV	Die Öffentliche Verwaltung. Zeitschrift für öffentliches Recht und Verwaltungswissenschaft
Dreier, GG	Horst Dreier (Hrsg.), Kommentar zum Grundgesetz, 3 Bände; Bd. I: 3. Aufl. 2013; Bd. III: 3. Aufl. 2018
Drewes/Malmberg/ Wagner/ Walter, BPolG	*Michael Drewes/Karl Magnus Malmberg/Marc Wagner/ Bernd Walter*, Bundespolizeigesetz. Zwangsanwendung nach Bundesrecht VwVG, UZwG, 6. Aufl. 2018 [der jeweilige Verfasser der Kommentierung ist kursiv gesetzt]
Drewes/Malmberg/Walter, BPolG[5]	*Michael Drewes/Karl Magnus Malmberg/Bernd Walter*, Bundespolizeigesetz. Zwangsanwendung nach Bundesrecht VwVG, UZwG, 5. Aufl. 2015 [der jeweilige Verfasser der Kommentierung ist kursiv gesetzt]

Drews/Wacke/Vogel/ Martens, Gefahrenabwehr	*Bill Drews/Gerhard Wacke/Klaus Vogel/Wolfgang Martens*, Gefahrenabwehr. Allgemeines Polizeirecht (Ordnungsrecht) des Bundes und der Länder, 9. Aufl. 1986 [der jeweilige Verfasser ist kursiv gesetzt]
Drs.	Drucksache
DVBl.	Deutsches Verwaltungsblatt
EMRK	Konvention zum Schutz der Menschenrechte und der Grundfreiheiten vom 4.11.1950, BGBl. 1952 II S. 685, in Deutschland in Kraft seit dem 3.9.1953 (BGBl. 1954 II S. 14)
Engelhardt/App/ Schlatmann, VwVG/ VwZG	Arne Schlatmann (Hrsg.), Hanns Engelhardt/Michael App/Arne Schlatmann, Verwaltungsvollstreckungsgesetz/Verwaltungszustellungsgesetz. Kommentar, 11. Aufl. 2017
Erlenkämper/Rhein, VwVG/LZG NRW	*Friedel Erlenkämper/Kay-Uwe Rhein*, Verwaltungsvollstreckungsgesetz und Verwaltungszustellungsgesetz Nordrhein-Westfalen. Kommentar für die Praxis, 4. Aufl. 2011
Eyermann, VwGO	*Michael Happ u.a.*: Erich Eyermann, Verwaltungsgerichtsordnung. Kommentar, 15. Aufl. 2019
Eyermann, VwGO^{14}	*Harald Geiger u.a.*: Erich Eyermann, Verwaltungsgerichtsordnung. Kommentar, 14. Aufl. 2014
f.	folgend(e)
FamFG	Gesetz über das Verfahren in Familiensachen und in den Angelegenheiten der freiwilligen Gerichtsbarkeit
ff.	folgende
Fn.	Fußnote
FSHG	[Nordrhein-Westfälisches] Gesetz über den Feuerschutz und die Hilfeleistung
FwDV	Feuerwehr-Dienstvorschrift
Gärditz, VwGO	Klaus Ferdinand Gärditz (Hrsg.), Verwaltungsgerichtsordnung (VwGO) mit Nebengesetzen, 2. Aufl. 2018
GewO	Gewerbeordnung
GG	Grundgesetz für die Bundesrepublik Deutschland vom 23.5.1949
GO NRW	Gemeindeordnung für das Land Nordrhein-Westfalen
GoA	Geschäftsführung ohne Auftrag
Götz/Geis, POR	*Volkmar Götz/Max-Emanuel Geis*, Allgemeines Polizei- und Ordnungsrecht. Ein Studienbuch, 16. Aufl. 2017
GS. NW.	Gesetzessammlung des Landes Nordrhein-Westfalen

Gusy, POR	*Christoph Gusy*, Polizei- und Ordnungsrecht, 10. Aufl. 2017
GV. NW.	Gesetz und Verordnungsblatt für das Land Nordrhein-Westfalen
Hasl, Einordnung	*Amadeus Hasl*, Die Einordnung der Feuerwehren in den öffentlichen Bereich nach dem Bayerischen Feuerwehrgesetz – ein Querschnitt, Diss. iur. München 1996
Hrsg.	Herausgeber
Hs.	Halbsatz
HStR	Josef Isensee/Paul Kirchhof (Hrsg.), Handbuch des Staatsrechts der Bundesrepublik Deutschland, 3. Aufl. 2003, 13 Bände, Bd. III, 3. Aufl. 2005
HStR[1]	Josef Isensee/Paul Kirchhof (Hrsg.), Handbuch des Staatsrechts der Bundesrepublik Deutschland, 7 Bände; Bd. III, 1. Aufl. 1988
HdbPR	Matthias Bäcker/Erhard Denninger/Kurt Graulich (Hrsg.), Hans Lisken/Erhard Denninger, Handbuch des Polizeirechts. Gefahrenabwehr, Strafverfolgung, Rechtsschutz, 6. Aufl. 2018
HdbPR[5]	Erhard Denninger/Frederik Rachor (Hrsg.), Hans Lisken/Erhard Denninger, Handbuch des Polizeirechts. Gefahrenabwehr, Strafverfolgung, Rechtsschutz, 5. Aufl. 2012
Heesen/Hönle/Peilert/ Martens, BPolG	Dietrich Heesen u.a. (Hrsg.): Bundespolizeigesetz. Verwaltungs-Vollstreckungsgesetz; Gesetz über den unmittelbaren Zwang; Kommentar, 5. Aufl. 2012
Held/Winkel, GO NRW	Friedrich Wilhelm Held/Johannes Winkel (Hrsg.), Gemeindeordnung Nordrhein-Westfalen. Kommentar, 4. Aufl. 2018
Hörstrup, Organisation	*Christian Hörstrup*, Die Organisation der gemeindlichen Feuerwehr in Nordrhein-Westfalen, 2018
Ipsen, Allg. Verwaltungsrecht	*Jörn Ipsen*, Allgemeines Verwaltungsrecht, 10. Aufl. 2017
i.V.m.	in Verbindung mit
Jarass/Pieroth, GG	*Hans Dieter Jarass/Bodo Pieroth*: Grundgesetz für die Bundesrepublik Deutschland. Kommentar, 15. Aufl. 2018 [der jeweilige Verfasser der Kommentierung ist kursiv gesetzt]
Jura	Juristische Ausbildung
JuS	Juristische Schulung. Zeitschrift für Studium und Referendariat

JuSchG	Jugendschutzgesetz
Kamp, FeuSchR NRW	Manuel Kamp (Hrsg.), Recht des Feuerschutzes und des Rettungsdienstes in Nordrhein-Westfalen. Erläuterungen, Ausführungsvorschriften, wichtige Runderlasse und Nebengesetze, 4. Aufl., Loseblatt Stand BHKG: April 2017
Kap.	Kapitel
Keller, Feuerschutz	*Bernhard Keller*, Örtliche Polizei und Feuerschutz. Tätigkeitsfelder bayerischer Gemeinden bei der Gefahrenabwehr als Aufgabe des eigenen und des übertragenen Wirkungskreises, Diss. iur. Würzburg 1999
Kingreen/Poscher, POR	*Thorsten Kingreen/Ralf Poscher*, Polizei- und Ordnungsrecht. Mit Versammlungsrecht, 10. Aufl. 2018
Kingreen/Poscher, POR[9]	*Bodo Pieroth/Bernhard Schlink/Michael Kniesel/Thorsten Kingreen/Ralf Poscher*, Polizei- und Ordnungsrecht. Mit Versammlungsrecht, 9. Aufl. 2016
Knemeyer, POR	*Franz-Ludwig Knemeyer*, Polizei- und Ordnungsrecht. Lehr- und Arbeitsbuch mit Anleitungen für die Klausur, 11. Aufl. 2007
KommJur	Kommunaljurist. Rechtsberater für Gemeinden, Landkreise, Gemeindeverbände und kommunale Wirtschaftsunternehmen
Der Kommunaldienst	Der Kommunaldienst. Fachzeitschrift für die Ausbildung und Fortbildung der kommunalen Dienstkräfte
Kopp/Schenke, VwGO	Ferdinand Otto Kopp/Wolf-Rüdiger Schenke (Hrsg.), Verwaltungsgerichtsordnung. Kommentar, 24. Aufl. 2018
Kugelmann, POR	*Dieter Kugelmann*, Polizei- und Ordnungsrecht, 2. Aufl. 2012
LAbfG NRW	Abfallgesetz für das Land Nordrhein-Westfalen
Larenz, Methodenlehre	*Karl Larenz*, Methodenlehre der Rechtswissenschaft, 6. Aufl. 1991
Lemke, Verwaltungsvollstreckungsrecht	*Hanno-Dirk Lemke*, Verwaltungsvollstreckungsrecht des Bundes und der Länder. Eine systematische Darstellung, 1997
LG	Landgericht
lit.	Buchstabe
LKRZ	Zeitschrift für Landes- und Kommunalrecht Hessen/Rheinland-Plalz/Saarland
LKT NRW	Landkreistag Nordrhein-Westfalen
LNatSchG NRW	Gesetz zum Schutz der Natur in Nordrhein-Westfalen

LT-Drs.	Drucksache des Landtags Nordrhein-Westfalen
LZG NRW	Verwaltungszustellungsgesetz für das Land Nordrhein-Westfalen
v. Mangoldt/Klein/Starck, GG I, III	Michael Huber/Andreas Voßkuhle (Hrsg.): Hermann v. Mangoldt/Friedrich Klein/Christian Starck, Kommentar zum Grundgesetz, 3 Bände, Bd. I, III: 7. Aufl. 2018
Maurer/Waldhoff, Allg. Verwaltungsrecht	*Hartmut Maurer/Christian Waldhoff*, Allgemeines Verwaltungsrecht, 19. Aufl. 2017
MBl. NW.	Ministerialblatt für das Land Nordrhein-Westfalen
Möller/Warg, POR	*Manfred Möller/Gunter Warg*, Allgemeines Polizei- und Ordnungsrecht. Mit Verwaltungszwang und Bescheidtechnik, 6. Aufl. 2012
MüKo BGB	Franz-Jürgen Säcker u.a. (Hrsg.): Münchener Kommentar zum Bürgerlichen Gesetzbuch, 13 Bände, Bd. 5/2: 7. Aufl. 2017; Bd. 6: 7. Aufl. 2017; Bd. 7: 7. Aufl. 2017
Müller-Platz, BHKG	*Carl Müller-Platz*, Gesetz zur Neuregelung des Brandschutzes, der Hilfeleistung und des Katastrophenschutzes (BHKG) Nordrhein-Westfalen. Kommentar, in: Jürgen Busse u.a. (Hrsg.), Praxis der Kommunalverwaltung, K 16 NW, Loseblatt Stand: Dezember 2016
Nichtannahmebeschl.	Nichtannahmebeschluss
NJW	Neue Juristische Wochenschrift
NJW-RR	Neue Juristische Wochenschrift – Rechtsprechungs-Report
Nr.	Nummer
NRW	Nordrhein-Westfalen
NVwZ	Neue Zeitschrift für Verwaltungsrecht
NVwZ-RR	Neue Zeitschrift für Verwaltungsrecht – Rechtsprechungs-Report
NWVBl.	Nordrhein-Westfälische Verwaltungsblätter. Zeitschrift für öffentliches Recht und öffentliche Verwaltung
OBG NRW	[Nordrhein-Westfälisches] Gesetz über Aufbau und Befugnisse der Ordnungsbehörden – Ordnungsbehördengesetz
OLG	Oberlandesgericht
Ossenbühl/Cornils, Staatshaftungsrecht	*Fritz Ossenbühl/Matthias Cornils*, Staatshaftungsrecht, 6. Aufl. 2013

OVG	Oberverwaltungsgericht
OVGE	Entscheidungen der Oberverwaltungsgerichte für das Land Nordrhein-Westfalen in Münster, sowie für die Länder Niedersachen und Schleswig-Holstein in Lüneburg
PKW	Personenkraftwagen
POG NRW	Gesetz über die Organisation und die Zuständigkeit der Polizei im Lande Nordrhein-Westfalen
PolG NRW	Polizeigesetz des Landes Nordrhein-Westfalen
POR	Polizei- und Ordnungsrecht
Posser/Wolff, VwGO	Herbert Posser/Amadeus Wolff (Hrsg.), VwGO. Kommentar, 2. Aufl. 2014
Prendke, Lexikon	Hermann Schröder (Hrsg.), Wolf-Dieter Prendke, Lexikon der Feuerwehr, 2. Aufl. 2001
PresseG NRW	Pressegesetz für das Land Nordrhein-Westfalen
PreußPVG	Preußisches Polizeiverwaltungsgesetz
RdErl.	Runderlass
RettG NRW	[Nordrhein-Westfälisches] Gesetz über den Rettungsdienst sowie die Notfallrettung und den Krankentransport durch Unternehmer
RGZ	Entscheidungen des Reichsgerichts in Zivilsachen
Rn.	Randnummer
S.	Seite
Sachs, GG	Michael Sachs (Hrsg.), Grundgesetz. Kommentar, 8. Aufl. 2018
Sadler, VwVG/VwZG	*Gerhard Sadler*, Verwaltungs-Vollstreckungsgesetz, Verwaltungszustellungsgesetz. Kommentar anhand der Rechtsprechung, 9. Aufl. 2014
Schenke, POR	*Wolf-Rüdiger Schenke*, Polizei- und Ordnungsrecht, 10. Aufl. 2018
Schenke/Graulich/Ruthig, Sicherheitsrecht	Wolf-Rüdiger Schenke/Kurt Graulich/Josef Ruthig (Hrsg.), Sicherheitsrecht des Bundes, 2. Aufl. 2019
Schneider, BHKG	*Klaus Schneider*, Brandschutz-. Hilfeleistungs-, Katastrophenschutzgesetz Nordrhein-Westfalen. Kommentar für die Praxis, 9. Aufl. 2016
Schneider, FSHG	*Klaus Schneider*, Feuerschutzhilfeleistungsgesetz Nordrhein-Westfalen. Kommentar für die Praxis, 8. Aufl. 2008

Schütte/Braun/Keller, PolG NRW	*Matthias Schütte/Frank Braun/Christoph Keller*, Polizeigesetz Nordrhein-Westfalen. Kommentar für Praxis und Ausbildung, 2012 [der jeweilige Verfasser ist kursiv gesetzt]
Selmer/Gersdorf, Verwaltungsvollstreckungsverfahren	*Peter Selmer, Hubertus Gersdorf*, Verwaltungsvollstreckungsverfahren. Typologie und Einzelfragen des Vollstreckungsrechts des Bundes und der Länder, 1996
Sodan/Ziekow, Verwaltungsgerichtsordnung	Helge Sodan/Jan Ziekow (Hrsg.), Verwaltungsgerichtsordnung. Großkommentar, 5. Aufl. 2018
SPD	Sozialdemokratische Partei Deutschlands
Der Städtetag	Der Städtetag. Zeitschrift für Kommunalpolitik und kommunale Praxis
Städte- und Gemeinderat	Städte- und Gemeinderat. Die Fachzeitschrift für Kommunal- und Landespolitik in Nordrhein-Westfalen
StGB	Strafgesetzbuch
StPO	Strafprozessordnung
StVG	Straßenverkehrsgesetz
Tegtmeyer/Vahle, PolG NRW	*Henning Tegtmeyer/Jürgen Vahe*, Polizeigesetz Nordrhein-Westfalen. Mit Erläuterungen, 12. Aufl. 2018 [der jeweilige Verfasser der Kommentierung ist kursiv gesetzt]
Thiel, POR	*Markus Thiel*, Polizei- und Ordnungsrecht, 3. Aufl. 2016
u.a.	und andere
Urt.	Urteil
v.	vom
VersR	Versicherungsrecht. Zeitschrift für Versicherungsrecht, Haftungs- und Schadensrecht
Die Verwaltung	Die Verwaltung. Zeitschrift für Verwaltungsrecht und Verwaltungswissenschaften (Untertitel bis 1995: Zeitschrift für Verwaltungswissenschaft)
VerwArchiv	Verwaltungsarchiv. Zeitschrift für Verwaltungslehre, Verwaltungsrecht und Verwaltungspolitik
VG	Verwaltungsgericht
VGH	Verwaltungsgerichtshof
vgl.	vergleiche
Vorb.	Vorbemerkung

VV OBG NRW	[Nordrhein-Westfälische] Verwaltungsvorschrift zur Durchführung des Ordnungsbehördengesetzes
VV PolG NRW	Verwaltungsvorschrift zum Polizeigesetz des Landes Nordrhein-Westfalen
VwGO	Verwaltungsgerichtsordnung
VwGOÄndG	Gesetz zur Änderung der Veraltungsgerichtsordnung und anderer Gesetze
VwVfG NRW	Verwaltungsverfahrensgesetz für das Land Nordrhein-Westfalen
VwVG	Verwaltungsvollstreckungsgesetz
VwVG NRW	Verwaltungsvollstreckungsgesetz für das Land Nordrhein-Westfalen
VwZG	Verwaltungszustellungsgesetz
WaffG	Waffengesetz
Wank, Auslegung	*Rolf Wank*, Grenzen richterlicher Rechtsfortbildung, 1978
Wittreck, POR	*Fabian Wittreck*, in: Sabine Schlacke/ders. (Hrsg.), Landesrecht Nordrhein-Westfalen. Studienbuch, 2017
Wolffgang/Hendricks/Merz, POR	*Hans-Michael Wolffgang/Michael Hendricks/Matthias Merz*, Polizei- und Ordnungsrecht Nordrhein-Westfalen. Studienbuch mit Fällen, 3. Aufl. 2011
ZFS	Zeitschrift für Schadensrecht
Ziff.	Ziffer
ZPO	Zivilprozessordnung

A. Einleitung

Der Feuerwehr in Nordrhein-Westfalen kommt seit der Einführung des FSHG im Jahr 1948[1] mit seinen diversen Novellierungen[2] und dem Übergang in das BHKG[3] eine Sonderrolle im Bereich des Gefahrenabwehrrechts zu[4]. Nach der Schreckensherrschaft der Nationalsozialisten und der damit einhergehenden Gleichschaltung und Eingliederung der Feuerwehren in das Polizeiwesen unter Führung des Reichsinnenministers wurde das Feuerwehrwesen wieder in kommunale Hand gelegt[5] und strikt von dem militärisch geprägten Polizeiwesen getrennt[6]. Mit dieser Rückbesinnung auf den Ursprung der Feuerwehr, das Bekämpfen von Brandgefahren durch die örtliche Gemeinschaft[7], ging auch eine Beschneidung der Ermächtigungen der Feuerwehr gegenüber der durch die Nationalsozialisten veranlassten Kompetenzgleichstellung mit der Polizei einher. Fortan war bis zur Einführung des BHKG im Jahr 2016 das Handeln der Feuerwehr im Bereich des abwehrenden Brandschutzes (fast) ausschließlich von Realakten geprägt, und ihre Befugnisse beschränkten sich weitestgehend auf die Heranziehung von Personen zur Hilfeleistung oder die Inanspruchnahme von Fahrzeugen und anderen technischen Hilfsmitteln sowie Grundstücken[8]. Zur Unterbindung von Beeinträchtigungen oder Störungen des Feuerwehreinsatzes war stets die Polizei berufen. Im Rahmen des Gesetzgebungsverfahrens zum BHKG hat die Politik die nicht hinnehmba-

---

1 Gesetz über den Feuerschutz im Lande Nordrhein-Westfalen vom 2.6.1948 (GS. NW. S. 397).

2 Gesetz über den Feuerschutz und die Hilfeleistung bei Unglücksfällen und öffentlichen Notständen (FSHG) vom 25.3.1958 (GV. NW. S. 101); FSHG vom 25.2.1975 (GV. NW. S. 182); FSHG vom 10.2.1998 (GV. NW. S. 122).

3 Gesetz über den Brandschutz, die Hilfeleistung und den Katastrophenschutz (BHKG) vom 17.12.2015 (GV. NW. S. 886).

4 *H.-G. Pieper*, Polizei- und Ordnungsrecht Nordrhein-Westfalen, 2017, S. 4; *Thiel*, POR, § 3 Rn. 27.

5 LT-Drs. 3/297, S. 11.

6 Hierzu ausführlich: E.III.1.c)bb) (S. 257 ff.).

7 *Krebsbach*, Die Feuerschutzgesetzgebung in den Ländern, Der Städtetag 1957, S. 193 (193).

8 Hierzu ausführlich: B.IV.4.a) (S. 53 ff.) und D.III.2.a) (S. 238 f.).

re Entwicklung erkannt[9], dass in der jüngeren Vergangenheit die Angriffe auf Einsatzkräfte von Feuerwehren, anerkannten Hilfsorganisationen und Polizei – auch in der öffentlichen Wahrnehmung – vermehrt zugenommen haben[10]. Zudem sehen sich die Retter auch immer wieder mit anderweitigen Behinderungen ihrer Einsätze konfrontiert[11]. Durch Einführung des BHKG hat der nordrhein-westfälische Gesetzgeber die Feuerwehr in Hinblick auf ihre Eingriffsbefugnisse den hiesigen Ordnungsbehörden weitestgehend gleichgestellt, indem der Einsatzleitung der Feuerwehr zur Erfüllung der Aufgaben des Brandschutzes und der Hilfeleistung mit § 34 Abs. 2 BHKG eine „generalklauselartige" Ermächtigungsgrundlage zur Verfügung gestellt wurde, mit welcher nun eine Rückgriffsmöglichkeit auf die im OBG NRW aufgeführten Standardermächtigungen des PolG NRW[12] statuiert ist. Damit wurde das der Feuerwehr bereitgestellte Maßnahmenspektrum (zumindest in der Theorie) deutlich erweitert. Außer Acht geblieben ist bei dieser Kompetenzerweiterung jedoch die eingangs erwähnte Sonderstellung der Feuerwehr im Gefahrenabwehrrecht mit der gegenüber den Polizei- und Ordnungsbehörden andersgearteten Zielrichtung ihres Handelns. Grundsätzlich beseitigt die Feuerwehr selbst Gefahren, anstatt einem Pflichtigen das Tun, Dulden oder Unterlassen einer Handlung zum Zwecke der Gefahrenabwehr aufzuerlegen[13], um einer Gefahren- oder Schadensintensivierung aufgrund mangelnder Kenntnisse, Fähigkeiten oder Ausrüstung bei der Gefahrenabwehr vorzubeugen[14]. Im Verhältnis zu anderen zuständigen Gefahrenabwehrbehörden hat sie jedoch nur dort tätig zu werden, wo jene mit den Gefahrensituationen überfordert sind[15]. Diese Maximen könnten sich erheblich auf die Nutzbarkeit der der Feuerwehr zur Verfügung gestellten Standardermächtigungen aus-

---

9 Entschließungsantrag der Fraktionen SPD, CDU und BÜNDINIS 90/DIE GRÜNEN des Landtages NRW, LT-Drs. 16/10483 S. 3.

10 So beispielsweise: *E. Schwill*, Gewalt gegen Feuerwehr- und Rettungskräfte, Städte- und Gemeinderat 1-2/2017, S. 15 (15 ff.).

11 *Müller-Platz*, BHKG, § 34 (Dezember 2016) Ziff. 2, der von der „massenpsychologische[n] Form ‚Katastrophentourismus'" spricht. Ausführliche Beispiele für solch einen „Katastrophentourismus" der letzten Jahrzehnte liefern *H. Brenneisen/M. Martins/J.-N. Brenneisen*, Schaulustige, Sensationsjournalisten, Gaffer und Katastrophentouristen – ein Fall für den Gesetzgeber?, Die Polizei 2010, S. 219 (219 f.).

12 Wie beispielsweise die Befragung, § 9 Abs. 2 PolG NRW, die Platzverweisung, § 34 PolG NRW oder der Gewahrsam, § 35 PolG NRW.

13 Hierzu ausführlich: D.II.2.d) (S. 132 ff.).

14 Vgl. Ausführungen zu: F.I.2 (S. 288 f.).

15 Vgl. Ausführungen zu: D.II.3.a)aa)(1) (S. 136 f.).

wirken. In Rechtsprechung und Literatur zum nordrhein-westfälischen Brandschutzrecht ist bislang keine Antwort auf die Frage zu finden, welche polizeirechtlichen Befugnisse aus dem Katalog des § 24 Abs. 1 OBG NRW mit dem Wesen und der Ausgestaltung der Feuerwehr vereinbar sind[16]. Darüber hinaus hat es der nordrhein-westfälische Gesetzgeber versäumt, eine eindeutige Regelung zur vorläufigen Vollstreckbarkeit feuerwehrlicher Verfügungen zu treffen[17]. Daher ist seit Inkrafttreten des BHKG völlig offen, welche Verfügungen die Einsatzleitung der Feuerwehr auf Grundlage des BHKG tatsächlich erlassen kann und ob diese an der Einsatzstelle notfalls durch Anwendung von Zwangsmitteln auch durchgesetzt werden können, falls sich der Pflichtige weigert, der Verfügung freiwillig Folge zu leisten. Die vorliegende Arbeit soll sich insbesondere diesen beiden Problemstellungen widmen. In diesem Zusammenhang soll auch ein ausführlicher Vergleich der Schutzgüter des BHKG einerseits und derer des Polizei- und Ordnungsrechts angestellt werden. Einleitend soll zuvor der Blick auf die *Rechtsstellung der Feuerwehr* und ihrer Ausgestaltung als gemeindliche Einrichtung gelenkt werden, wobei insbesondere eine Auseinandersetzung mit der Frage zu erfolgen hat, ob der Feuerwehr die Rolle einer Sonderordnungsbehörde zugeschrieben werden kann und welche Konsequenzen sich aus dem Ergebnis der Untersuchung ergeben. Zuletzt sollen auch die Themenkomplexe *Haftung* und *Kosten* feuerwehrlichen Einschreitens näher untersucht werden.

---

16 Sofern überhaupt Kommentierungen zum BHKG vorhanden sind, finden sich dort Ausführungen, wie von *Färber*, in: Kamp, FeuSchR NRW, § 34 BHKG (April 2017) Rn. 24: „*Jedoch sind nicht alle durch die Verweisung möglichen Maßnahmen auch für den Einsatz der Feuerwehr geeignet.*“

17 *Färber*, in: Kamp, FeuSchR NRW, § 34 BHKG (April 2017) Rn. 27.

B. Die Rechtsstellung der Feuerwehr

In diesem Kapitel soll zunächst die Rechtsstellung der Feuerwehr beleuchtet werden. Seit Einführung des Feuerschutzrechts in Nordrhein-Westfalen nach Ende des Zweiten Weltkrieges ist auch bis zum heutigen Zeitpunkt in Literatur und Rechtsprechung keine einheitliche Auffassung bei der Beurteilung der Rechtsstellung der Feuerwehr zu finden. Insbesondere scheint auch im Rahmen des BHKG ungeklärt, ob der Feuerwehr der Status als Sonderordnungsbehörde im Sinne des OBG NRW zukommt.

I. Die Aufgabenerfüllung des Brandschutzes und der Hilfeleistung

Die Gemeinde ist gem. § 2 Abs. 1 BHKG Aufgabenträger des Brandschutzes und der Hilfeleistung. Diese Aufgabe nimmt sie nach § 2 Abs. 2 BHKG als Pflichtaufgabe zur Erfüllung nach Weisung im Sinne des § 3 Abs. 2 GO NRW wahr, was für die Gemeinde bedeutet, dass ihr bei der Erfüllung der Aufgaben ein gewisser weisungsfreier Ermessensspielraum zur Verfügung steht[18]. Jedoch gibt § 3 Abs. 1 BHKG der Gemeinde jedenfalls vor, dass sie den örtlichen Verhältnissen entsprechende leistungsfähige Feuerwehren als gemeindliche (öffentliche) Einrichtung zu unterhalten hat. Dieser weisungsfreie Spielraum bei der Ausgestaltung der Feuerwehren ist der Gemeinde zuzubilligen, da es sich andernfalls um eine Auftragsangelegenheit handeln würde, die geeignet wäre, ihren grundgesetzlich geschützten Selbstverwaltungsbereich in noch stärkerem Maße zu beeinträchtigen[19]. Denn grundsätzlich fällt die Verpflichtung der Gemeinde zur Schaffung öffentlicher Einrichtungen in ihren eigenen Verantwortungsbereich. Ausnahmen hiervon bedürfen einer gesetzlichen Regelung und sollen die Ausnahme darstellen[20].

Das Unterhalten einer Feuerwehr durch die Gemeinde umfasst die personelle Planung, die materielle Ausstattung und die ständige Verfügbar-

18 *Schneider*, BHKG, § 2 Rn. 51.

19 *Gilbert*, in: Articus/Schneider, GO NRW, § 3 Ziff. 2; *Wansleben*, in: Held/Winkel, GO NRW, § 3 Ziff. 6.

20 *Zielke*, in: Articus/Schneider, GO NRW, § 8 Ziff. 2.

keit[21]. Diese Aspekte sollen an vorliegender Stelle nicht weiter vertieft werden. In verkürzter Form lässt sich jedoch festhalten, dass der Gemeinde der Betrieb einer auf das stets vorhandene oder im Einzelfall bereits erkennbare Brandpotential zugeschnittenen und in angemessener Zeit verfügbaren Feuerwehr obliegt[22].

1. Der Begriff der öffentlichen Einrichtung

Von einer öffentliche Einrichtung im Sinne des § 8 Abs. 1 GO NRW lässt sich im Allgemeinen sprechen, wenn diese unabhängig von ihrer Rechtsform von der Gemeinde als Folge einer gesetzlichen Verpflichtung oder freiwillig im öffentlichen Interesse unterhalten wird und ein gemeindlicher Widmungsakt den Gemeindeangehörigen und ortsansässigen Vereinigungen die allgemeine Benutzung zugänglich macht[23]. Dabei lässt sich der Teilbegriff „öffentlich" als „zur Verfügung stellen zur allgemeinen (öffentlichen) Benutzung" definieren[24].

2. Feuerwehr als öffentliche Einrichtung?

In Bezug auf die genannte Definition der öffentlichen Einrichtung lässt sich jedoch die Frage aufwerfen, wie diese und insbesondere der sie ausfüllende Begriff des Benutzens, welcher explizit in § 8 Abs. 2 GO NRW genannt wird, mit der Ausgestaltung des Feuerwehrwesens in Einklang zu bringen ist.

a) Probleme bei der Begriffsdefinition

Das „Benutzen" der Feuerwehr durch den Gemeindeeinwohner klingt für das Ohr eines rechtsunkundigen Bürgers, aber auch für das eines Juristen, zunächst einmal befremdlich. *Hasl* weist der tatsächlichen Ausgestaltung

21 *Schneider*, BHKG, § 3 Rn. 3.
22 *Schneider*, BHKG, § 3 Rn. 48.
23 *Wansleben*, in: Held/Winkel, GO NRW, § 8 Erläuterungen (S. 124); *Zielke*, in: Articus/Schneider, GO NRW, § 8, Ziff. 1.
24 OVGE 24, 175 (179); *Wansleben*, in: Held/Winkel, GO NRW, § 8 Erläuterungen (S. 124); *Zielke*, in: Articus/Schneider, GO NRW, § 8 Ziff. 1.

der Feuerwehr entsprechend richtigerweise darauf hin, dass die „Benutzung" sämtlicher Gerätschaften der Feuerwehr allein durch die Feuerwehreinsatzkräfte erfolge, nicht aber durch die Bürger selbst, sodass man lediglich von einer (nicht-öffentlichen) Einrichtung sprechen könne[25]. Frei zugänglich sind die Räumlichkeiten und Gerätschaften der Feuerwehr darüber hinaus ebenfalls nicht, sodass eine „Benutzung" der Feuerwehr im Wortsinn durch den Bürger jedenfalls ausscheiden muss. Problematisch erscheint weiterhin, dass das durch § 8 Abs. 2 GO eingeräumte subjektive Benutzungsrecht nach überwiegender Auffassung eine Zulassung durch die Gemeinde voraussetze, die in jedem Falle einer besonderen Zulassungsentscheidung bedürfe[26]. Bei Ausgestaltung der Feuerwehr als gemeindliche öffentliche Einrichtung könnte daher bei konsequenter Anwendung dieses Erfordernisses die Feuerwehr lediglich nach positiv beschiedener Zulassungsentscheidung gegenüber einem Gemeindeeinwohner oder einer Gemeindeeinrichtung tätig werden.

Als „springender" Punkt des aufgeworfenen Problems lässt sich also festhalten, dass der Begriff des Benutzens auf den ersten Blick nicht mit dem Tätigwerden der Feuerwehr zu vereinbaren scheint und sich auch das Erfordernis der Zulassung als problematisch erweist, vielmehr noch, es wohl zu unhaltbaren Zuständen führen würde.

aa) Das „Benutzen" der Feuerwehr

Eine gängige Definition des Begriffs „benutzen", wie er in § 8 Abs. 2 GO NRW aufgeführt und zur Ausfüllung des Merkmals der *öffentlichen* Einrichtung verwendet wird[27], findet sich in der einschlägigen Literatur nicht. Ein notwendiger Lösungsansatz lässt sich jedoch unter dem Gesichtspunkt herausarbeiten, den Begriff des Benutzens nicht allein nach dem ursprünglichen Wortsinn des „Gebrauchens, Verwendens, Bedienens", also einer Form des aktiven Tuns, auszulegen. Nach *Mohl* ist das „Benutzen" nicht nur als ein „In-die-Hand-Nehmen" von Gegenständen oder Betreten von Räumlichkeiten, also als ein Herstellen einer engen räumlichen Bezie-

25 *Hasl*, Einordnung, S. 41.

26 *Burgi*, Kommunalrecht, § 16 Rn. 15; *H.-U. Erichsen*, Kommunalrecht des Landes Nordrhein-Westfalen, 2. Aufl. 1997, § 10 H 3; *Wansleben*, in: Held/Winkel, GO NRW, § 8 Erläuterungen (S. 125).

27 OVGE 24, 175 (179); *Wansleben*, in: Held/Winkel, GO NRW, § 8 Erläuterungen (S. 123 f.); *Zielke*, in: Articus/Schneider, GO NRW, § 8 Ziff. 1.

hung, zu verstehen. Der Begriff könne auch bedeuten, dass der Gemeindeeinwohner Dienstleistungen, z.B. in Form einer telefonischen Beratung, in Anspruch nehme, ohne dass er in körperlichen Kontakt zur Einrichtung trete, oder aber, dass der Einwohner Sachleistungen erhalte, etwa wie Wasser oder Gas[28]. Versucht man also den Fokus bei der Suche nach einer zutreffenden und umfassenden Definition nicht rein auf den Wortsinn des Begriffs zu beschränken, bedarf es eines anderen Abgrenzungskriteriums. Als ein solches könnte die Eigenschaft der Funktionalität des Benutzens dienen. *Hasl* schlägt daher vor, der Begriff müsse entgegen dem Wortsinn vielmehr als „Inanspruchnahme von Vorteilen" verstanden werden. Entscheidend sei nicht eine aktive Handlung des Bürgers, sondern in Bezug auf die Feuerwehr, dass der Bürger die Leistung dieser gemeindlichen Einrichtung zu seiner Hilfe in Anspruch nehmen könne[29]. Die Begriffsdefinition des Benutzens als „Inanspruchnahme von Vorteilen" überzeugt in der vorliegenden Konstellation, erscheint aber auch unabhängig vom Tätigwerden der Feuerwehr nach allgemeinerer Betrachtung als sachgerecht. So sind auf kommunaler Ebene eine Vielzahl von gemeindlichen Einrichtungen vorhanden, bei denen zwar eine „Benutzung" durch den Bürger im Wortsinne angenommen werden kann, bei näherer Betrachtung jedoch der Schwerpunkt des aktiven Handelns mehr auf der Leistung der Kommune liegt, eben auf der Inanspruchnahme von Vorteilen. Als Beispiele lassen sich u.a. die Abfallbeseitigung durch die Müllabfuhr, bei der der Bürger lediglich seinen Müll in den von der Kommune zur Verfügung gestellten Tonnen an die Straße stellt, die Inanspruchnahme einer ärztlichen Versorgung im Krankenhaus oder aber das Ansehen einer Theateraufführung nennen. Die vorgenannten Beispiele haben sämtlich gemeinsam, dass sie als gemeindliche Einrichtung im Sinne des § 8 Abs. 1 GO NRW anerkannt sind[30], die Benutzung durch den Bürger im Wortsinne bei genauerer Betrachtung jedoch eher in den Hintergrund tritt. Um also den tatsächlichen Verhältnissen der Zurverfügungstellung von gemeindlichen Einrichtungen für die Gemeindeeinwohner gerecht zu werden, bedarf es der oben angesprochenen funktionalen Auslegung des Benutzungsbegriffs.

---

28 *M. Mohl*, Die kommunalen öffentlichen Einrichtungen – Begriff und Zulassungsanspruch, 1988, S. 14.

29 *Hasl*, Einordnung, S. 42.

30 *Erichsen*, Kommunalrecht (Fn. 26), § 10 A; *M. Niedzwicki*, Kommunalrecht in Nordrhein-Westfalen, 3. Aufl. 2010, S. 97; *Wansleben*, in: Held/Winkel, GO NRW, § 8 Erläuterungen (S. 123).

Versteht man darüber hinaus die Feuerwehren im Sinne des § 3 Abs. 1 BHKG als „Institution" in der öffentlichen Verwaltung und nicht lediglich als Personalkräfte und Sachmittel[31], löst sich auch der von *Hasl* aufgeworfene vermeintliche Widerspruch, dass die Gerätschaften der Feuerwehr alleinig durch die Feuerwehreinsatzkräfte, nicht hingegen durch den Bürger „benutzt" werden. Bei der Ausrüstung der Feuerwehr dürfte es sich nämlich um „öffentliche Sachen im Verwaltungsgebrauch" handeln. Diese lassen sich als Sachen definieren, die der öffentlichen Verwaltung unmittelbar durch ihre Gebrauchsmöglichkeit zur Erfüllung ihrer Aufgaben zur Verfügung stehen und dienen. Kennzeichen ist daher ihre auf die interne Nutzung durch die Amtsträger gerichtete Zweckbestimmung[32]. Eine originäre, eigenständige oder unmittelbare öffentlich-rechtliche Benutzungsbefugnis von außerhalb der Verwaltung stehenden Personen gibt es an öffentlichen Sachen im Verwaltungsgebrauch weder mit noch ohne Zulassung des Verwaltungsträgers[33]. Die Gleichstellung des „Benutzens der Gerätschaften der Feuerwehr" mit dem „Benutzen der Feuerwehr" im Rahmen der Einordnung als gemeindliche öffentliche Einrichtungen verbietet sich daher bereits unter dem vorgenannten Aspekt.

bb) Lösung des Definitionsproblems durch die funktionale Auslegung des Begriffs

Nach der oben vorgeschlagenen funktionalen Auslegung des Benutzungsbegriffs läge somit die Benutzung des Bürgers einer öffentlichen Einrichtung in Gestalt der Inanspruchnahme der gemeindlichen Hilfe durch den feuerwehrlichen Einsatz. Die von der Feuerwehr zum Lösch- und Rettungseinsatz vorgehaltenen Ausrüstungsgegenstände stellen sich dabei lediglich als Hilfsmittel zur Verwirklichung der Gefahrenabwehraufgabe dar, nicht hingegen als „öffentliche Einrichtung" selbst.

---

31 *Burgi*, Kommunalrecht, § 16 Rn. 5.

32 *Niedzwicki*, Kommunalrecht (Fn. 30), S. 97; *H.-J. Papier*, Recht der öffentlichen Sachen, 3. Aufl. 2013, S. 34.

33 *Burgi*, Kommunalrecht, § 16 Rn. 8; *Papier*, Sachen (Fn. 32), S. 34.

cc) Das Zulassungserfordernis zur gemeindlichen Einrichtung

Der zweiten oben aufgeworfenen Problemstellung, dem zumeist vorausgesetzten Zulassungserfordernis durch die Gemeinde zu der gemeindlichen Einrichtung, vorliegend also zur Inanspruchnahme des Feuerwehrhandelns, lässt sich mit schlagkräftigen Argumenten entgegen treten. Eine Gefahrenabwehrstelle, welche einen unbedingten Schutz der Bürger bzw. Gemeindeeinwohner gewährleisten soll[34], kann ihren Einsatz nicht von der positiven Bescheidung eines Antrages, einem aktiven Herantreten des Bürgers oder aber der vorherigen Subsumtion unter eine Benutzungsordnung abhängig machen, ohne ihren Daseinszweck in Form der wirkungsvollen Gefahrenabwehr in Frage zu stellen. Dies lässt sich aus § 1 Abs. 1 BHKG, dem Ziel des Gesetzes, entnehmen. Danach soll das BHKG zum Schutz der Bevölkerung vorbeugende und abwehrende Maßnahmen bei Brandgefahren, Unglücksfällen, öffentlichen Notständen, Großeinsatzlagen und Katastrophen gewährleisten. Der Schutz der Bevölkerung kann aber nur sichergestellt werden, wenn die Feuerwehr unabhängig von der Kenntnis des Bürgers von der Gefahrenlage bzw. einer der Kenntnisnahme nachfolgenden Benachrichtigung an die Feuerwehr tätig wird[35]. Es sind unzählige Situationen denkbar, in denen der von der Gefahr betroffene Bürger diese selbst nicht wahrgenommen hat, oder aber nicht mehr in der Lage ist, einen Notruf abzusetzen. Als vielleicht klassischster Fall lässt sich hier das brennende Haus mit seinen schlafenden Bewohnern nennen. Um aber auch den Schutz dieser Bürger zu gewährleisten, hat die Feuerwehr von Amts wegen tätig zu werden[36]. Dies hat immer zu gelten, wenn durch ein plötzliches Ereignis eine erhebliche Gefahr für Menschen oder Sachen droht[37]. Das Erfordernis der vorherigen Zulassung zur gemeindlichen Einrichtung ist mit den vorgenannten Gesichtspunkten, insbesondere mit der Zweckbestimmung der Feuerwehr nach § 1 Abs. 1 BHKG, nicht zu vereinbaren und muss zur Gewährleistung einer effektiven Gefahrenabwehr im Falle des Feuerwehrhandelns zurücktreten[38].

---

34 OVG Münster, DÖV 1987, S. 646 (648); *Hörstrup*, Organisation, S. 368.
35 Im Ergebnis ebenso: *Hörstrup*, Organisation, S. 368.
36 Siehe Fn. 34.
37 *Hörstrup*, Organisation, S. 368; *Schneider*, BHKG, § 1 Rn. 3.
38 OVG Münster, DÖV 1987, S. 646 (648).

b) Ausgestaltung der Feuerwehr mit dem Begriff der öffentlichen Einrichtung vereinbar

Die Einordnung der Feuerwehr als gemeindliche (öffentliche) Einrichtung erscheint entgegen der am Anfang dieses Abschnitts geäußerten Bedenken daher unproblematisch[39]. Im Nachfolgenden soll darüber hinaus gezeigt werden, warum die gesetzgeberische Konzeption der Feuerwehr als gemeindliche öffentliche Einrichtung zur Gefahrenabwehr für den Bürger, jedenfalls in der Theorie, von Vorteil ist.

3. Grund für die Unterhaltung der Feuerwehr als gemeindliche Einrichtung?

Geklärt werden konnte bisher, dass der Unterhaltung der Feuerwehren als gemeindliche Einrichtungen auch bei kleineren Problemen hinsichtlich der Wortlautdefinition keine schwerwiegenden Bedenken entgegenstehen. Unbeantwortet geblieben ist jedoch bislang die sich weiter aufdrängende Frage, weshalb der Gesetzgeber im Gefüge des Gefahrenabwehrrechts eine völlig untypische Rechtsform der Feuerwehr im Gegensatz zur Polizei und den Ordnungsbehörden gewählt hat.

a) Keine Hinweise in Gesetzgebungsverfahren

Eine Begründung für die Statuierung der Feuerwehren als gemeindliche (öffentliche) Einrichtungen in § 3 Abs. 1 BHKG lässt sich den Unterlagen zum Gesetzgebungsverfahren, insbesondere der Beschlussempfehlung des Innenausschusses zu dem Gesetzesentwurf der Landeregierung Nordrhein-Westfalen[40] (aus Dezember 2015), nicht entnehmen. Auch fand sich eine entsprechende Regelung weder im FSHG in den Fassungen von 1958 und von 1975 noch in dem durch das BHKG abgelösten FSHG in der Fassung aus dem Jahr 1998, die einen Rückschluss auf die gesetzgeberische Konzeption ermöglichen würde.

---

39 *Keller*, Feuerschutz, S. 104, bejaht die Eigenschaft der Feuerwehr als öffentliche Einrichtung allein unter dem Gesichtspunkt, dass die Gemeinde durch konkludentes Verhalten der Allgemeinheit die Einrichtung „Feuerwehr" zur Verfügung stellt.

40 LT-Drs. 16/8293.

b) Intention des Gesetzgebers

Aber auch ohne einen gesetzgeberischen Hinweis auf seine Intention liegt in der gesetzlichen Ausgestaltung der Feuerwehren als gemeindliche öffentliche Einrichtungen der Schluss nahe, dass der Gesetzgeber einen vollumfänglichen Rechtsanspruch des Bürgers auf feuerwehrliches Tätigwerden zum Ausdruck bringen wollte[41]. Dies erscheint auch unter Berücksichtigung des oben genannten Beispiels, stellvertretend für die unbedingte Schutzbedürftigkeit des Bürgers, sachgerecht. Bei dem Zulassungsanspruch des Bürgers zur gemeindlichen Einrichtung handelt es sich um einen gebundenen Anspruch, soweit sich die Nutzungen im Rahmen des Widmungszwecks der Einrichtung halten[42] und die weiteren Tatbestandsvoraussetzungen der Anspruchsgrundlage erfüllt sind[43].

c) Unterschiede zwischen Anspruch auf Tätigwerden der Feuerwehr im Vergleich zu Ordnungsbehörden und Polizei

Der Rechtsanspruch aus § 8 Abs. 2 GO NRW unterscheidet sich erheblich vom Anspruch des Bürgers auf Tätigwerden der Polizei und der Ordnungsbehörden. Bei dieser Differenzierung sind insbesondere zwei Aspekte in den Fokus zu nehmen. Zunächst ist darauf hinzuweisen, dass für die Polizei in § 1 Abs. 2 PolG NRW eine sogenannte Privatrechtsklausel vorgesehen ist. Darüber hinaus ist im nordrhein-westfälischen Polizei- und Ordnungsrecht weder ein allgemeiner noch ein subjektiver gebundener Gesetzesvollziehungsanspruch vorgesehen. Im Folgenden sollen diese zwei Aspekte näher dargestellt und ins Verhältnis zum Anspruch des Bürgers auf feuerwehrliches Einschreiten gesetzt werden.

aa) Die Privatrechtsklausel im Polizei- und Ordnungsrecht

Gemäß § 1 Abs. 2 PolG NRW obliegt der Polizei der Schutz privater Rechte[44], welche nicht den subjektiv öffentlichen Rechten zuzuordnen sind und ihre Grundlage im bürgerlichen Recht finden, nur dann, wenn ge-

---

41 *Hasl*, Einordnung, S. 41 zu vergleichbarer Regelung in Bayern.

42 *Burgi*, Kommunalrecht, § 16 Rn. 15; *Niedzwicki*, Kommunalrecht (Fn. 30), S. 97.

43 *Burgi*, Kommunalrecht, § 16 Rn. 15.

44 *Gusy*, POR, Rn. 91.

richtlicher Schutz nicht rechtzeitig zu erlangen ist oder wenn ohne Eingreifen der Polizei die Gefahr besteht, dass die Verwirklichung des Rechts des Bürgers vereitelt oder jedenfalls wesentlich erschwert wird. Andernfalls ist der Bürger gehalten, sich zur Durchsetzung seiner subjektiven Rechte gerichtlicher Hilfe zu bedienen[45]. Staatlicher Rechtsschutz erfolgt daher grundsätzlich vorrangig im Wege des Zivilprozesses vor den ordentlichen Gerichten, durch den Gerichtsvollzieher und das Vollstreckungsgericht[46]. Solch eine Abgrenzung ist unter Rechtsstaatlichkeitsgesichtspunkten wichtig und notwendig, denn Polizei- und Ordnungsbehörden können ihren Schutzauftrag auch mit Mitteln in Form von Grundrechtseingriffen und Zwang durchsetzen. Dies ist bereits daraus erkennbar, dass der ausfüllungsbedürftige Begriff der öffentlichen Sicherheit nicht nur in den Aufgabenzuweisungen, sondern auch in den Befugnisnormen zu finden ist[47].

Nach *Kingreen/Poscher* ist unschädlich, dass eine Privatrechtsklausel nicht in jedem Falle gleichermaßen für Polizei und Ordnungsbehörde niedergelegt sei, da die Ordnungsbehörden nicht mehr Veranlassung und Rechtfertigung hätten, den Gerichten vorzugreifen, als die Polizei. An diesen Stellen sei also die polizeilich statuierte Privatrechtsklausel entsprechend für die Ordnungsbehörden anzuwenden[48].

bb) Kein gebundener Anspruch gegenüber der Polizei und den Ordnungsbehörden

Ein gebundener Anspruch auf polizeiliches oder ordnungsbehördliches Einschreiten besteht grundsätzlich nicht. Der Bereich der polizei- und ordnungsbehördlichen Gefahrenabwehr unterliegt dem Opportunitätsprinzip[49]. Die Polizei- und Ordnungsbehörden müssen allerdings zumindest prüfen, ob sie im Einzelfall einschreiten dürfen oder gar müssen. Nach den Befugnisnormen kann die zuständige Behörde bei Vorliegen der entsprechenden Tatbestandsmerkmale zur Gefahrenabwehr tätig werden. Ob und in welchem Umfang sie dies tut, ist in ihr Ermessen gestellt[50].

---

45 *Gusy*, POR, Rn. 91; *Kingreen/Poscher*, POR, § 3 Rn. 41; *Knemeyer*, POR, Rn. 135.

46 *Götz/Geis*, POR, § 4 Rn. 20.

47 *Gusy*, POR, Rn. 78.

48 *Kingreen/Poscher*, POR, § 3 Rn. 41.

49 *Götz/Geis*, POR, § 11 Rn. 1; *Kugelmann*, POR, 5. Kap. Rn. 186; *Thiel*, POR, § 8 Rn. 155.

50 *Gusy*, POR, Rn. 391; *Möller/Warg*, POR, Rn. 152 ff.; *Schenke*, POR, Rn. 99, 102.

Mit der Befugnis-Ermessensnorm korrespondiert für den Bürger auch der Anspruch auf eine „nur" ermessensfehlerfreie Entscheidung bzgl. des Einschreitens der Polizei oder Ordnungsbehörde. Nur in Ausnahmefällen ist eine „Ermessenreduzierung auf Null" möglich, welche von der Wirkung her dem gebundenen Anspruch gleich kommt. Dies ist der Fall, soweit die Untätigkeit der Behörde sich aufgrund der Umstände stets als rechtswidrig erweisen würde[51]. Weitere Voraussetzung ist, dass die anzuwendende Norm zumindest auch Individualinteressen des Bürgers schützen soll, denn einen allgemeinen Gesetzesvollziehungsanspruch gibt es nicht. Bezeichnet wird dies als drittschützender Charakter einer Norm. Nur in diesem Fall besteht eine Pflicht zum Einschreiten und für den Bürger damit verbunden ein Anspruch auf Einschreiten[52].

Klargestellt werden soll allerdings auch hier, dass das der Polizei und den Ordnungsbehörden eingeräumte Erschließungsermessen kein „Mittel zur Vernachlässigung" darstellt. Vielmehr ist es ein Mittel zur zweckmäßigen, möglichst optimalen Erfüllung der den Behörden obliegenden Gefahrenabwehraufgabe[53].

cc) Keine Privatrechtsklausel und kein Entschließungsermessen im BHKG

Diese (jedenfalls theoretischen) Abwägungen stellen sich für die Feuerwehr hingegen nicht. Sie hat von Amts wegen tätig zu werden[54]. Liegt eine Brandgefahr im Sinne des § 1 Abs. 1 Nr. 1 BHKG vor oder sind die Tatbestandsvoraussetzungen der Hilfeleistung im Sinne des § 1 Abs. 1 Nr. 2 BHKG erfüllt, hat der Bürger aufgrund der Ausgestaltung der Feuerwehr als gemeindliche Einrichtung einen gebundenen Anspruch auf Tätigwerden nach § 8 Abs. 2 GO NRW[55]. Eine Privatrechtsklausel, vergleichbar mit der Regelung des § 1 Abs. 2 PolG NRW, ist im BHKG nicht zu finden. Die Feuerwehr ist also bei Vorliegen einer Brandgefahr oder im Falle der Hilfeleistung weder im Rahmen einer Privatrechtsklausel zunächst zur Überprüfung gehalten, ob der Bürger möglicherweise seine Rechte und Interessen ohne Inanspruchnahme der Feuerwehr schützen kann, noch steht der

---

51 *Gusy*, POR, Rn. 393; *Thiel*, POR, § 8 Rn. 171 ff.; Tegtmeyer/*Vahle*, PolG NRW, § 3 Rn. 6.

52 *Möller/Warg*, POR, Rn. 157.

53 *Götz/Geis*, POR, § 11 Rn. 4.

54 OVG Münster, DÖV 1987, S. 646 (648); *Hörstrup*, Organisation, S. 368; *Schneider*, BHKG, § 1 Rn. 3.

55 Ebenso zu einer vergleichenbaren Situation in Bayern: *Keller*, Feuerschutz, S. 101.

Feuerwehr ein Ermessensspielraum, sogenanntes Entschließungsermessen, zu, *ob* sie zur Tat schreiten wird[56].

Die zuvor getroffenen Feststellungen zum uneingeschränkten Anspruch des Bürgers auf Tätigwerden der Feuerwehr bedeuten indes nicht zwingend, dass die Feuerwehr zum Schutz jeglicher privaten Rechte berufen ist und folglich einschreiten darf bzw. muss. Der gebundene Anspruch des Bürgers besteht nach dem Wortlaut der Anspruchsgrundlage gem. § 8 Abs. 2 GO NRW i.V.m. §§ 1 Abs. 1, 3 Abs. 1 BHKG bei Brandgefahren und bei Unglücksfällen oder solchen öffentlichen Notständen, die durch Naturereignisse, Explosionen oder ähnliche Vorkommnisse verursacht werden (Hilfeleistung). Ob die Feuerwehr darüber hinaus auch zum Schutz privater Rechte, beispielsweise in Form von Persönlichkeitsrechten, berufen ist, erscheint überaus fraglich und soll an späterer Stelle näher untersucht werden[57].

dd) Auswahlermessen im BHKG

Ein Ermessensspielraum steht der Feuerwehr jedoch ebenfalls wie der Polizei und den Ordnungsbehörden bei der Frage zu, *wie* sie tätig wird, welche Maßnahmen sie also zur Gefahrenabwehr ergreifen kann[58] [59]. Die Ausübung pflichtgemäßen Ermessens unterliegt auch hier stets dem Grundsatz der Verhältnismäßigkeit. Die Feuerwehr darf Maßnahmen ergreifen, die geeignet und erforderlich sind, die bestehende Gefahr zu beseitigen. Jedoch darf durch diese Maßnahmen kein Nachteil herbeigeführt werden, der erkennbar außer Verhältnis zu dem beabsichtigten Erfolg steht[60].

56 OLG Hamm, Urt. v. 8.2.2012 – Az. I-11 U 150/10 – juris, Rn. 29; *Hörstrup*, Organisation, S. 368; *Schneider*, BHKG, § 1 Rn. 3, 45.

57 Siehe hierzu: C.II.1.b) (S. 81 ff.) und C.II.2 (S. 89 ff.).

58 Zum Auswahlermessen ausführlich: D.II.2 (S. 118 ff.).

59 *Hörstrup*, Organisation, S. 368 f.

60 OLG Hamm, Urt. v. 8.2.2012 – Az. I-11 U 150/10 – juris, Rn. 29; *Schneider*, BHKG, § 1 Rn. 46.

II. Rechtsstellung innerhalb der Gemeinde

Innerhalb der Gemeinde sind die Feuerwehren in der Regel als gemeindliches Amt ausgestaltet und besitzen keine eigene Rechtspersönlichkeit[61]. Durch § 3 Abs. 1 S. 1 BHKG wird klargestellt, dass die Feuerwehr Bestandteil der Gemeindeverwaltung ist. Es soll im Gegensatz zu den Regelungen des FSHG in der Fassung des Jahres 1998 deutlicher zum Ausdruck gebracht werden, dass die Feuerwehr keine eigenständige Einrichtung ist, sondern organisatorisch in die Gemeinde eingebunden wird[62]. Dies steht ihrer Eigenschaft als Behörde im Sinne des § 1 Abs. 2 VwVfG NRW nicht entgegen[63]. Die Feuerwehr der Gemeinde (öffentliche Feuerwehr im Sinne des § 7 Abs. 1 BHKG) kann dabei nach § 7 Abs. 2 BHKG als Berufsfeuerwehr, freiwillige Feuerwehr oder Pflichtfeuerwehr ausgestaltet sein. Gesetzliche Unterschiede zwischen diesen Arten der Feuerwehr ergeben sich nur aus der Erforderlichkeit der Dienstverhältnisse der Einsatzkräfte sowie aus ihren Dienstverhältnissen selbst[64]. Ansonsten bilden sie eine organisatorische Einheit[65]. Die Aufgabenzuweisung des abwehrenden Brandschutzes und der Hilfeleistung unterscheidet ebenfalls nicht zwischen der Art der genannten Feuerwehren[66]. Aus diesem Grund soll auf eine detaillierte Darstellung von Berufsfeuerwehr, freiwilliger Feuerwehr und Pflichtfeuerwehr verzichtet werden[67].

III. Die Zuständigkeit der Feuerwehr

Das vorgenannte Gemeindeamt bekleiden die Feuerwehren mit einer eigenen sachlichen und sicherheitsrechtlichen Spezialzuständigkeit.

---

61 Drews/Wacke/*Vogel*/Martens, Gefahrenabwehr, § 6 Ziff. 2 lit. c; für eine vergleichbare Situation in Bayern: *Keller*, Feuerschutz, S. 103 und für Mecklenburg-Vorpommern: *H. Schäfer*, Primär- und Sekundärbefugnisse der Feuerwehr im Brand- und Hilfeleistungseinsatz, KommJur 2008, S. 207 (208).

62 *Schneider*, BHKG, § 3 Rn. 59; ausführlich zur Rechtsstellung der Feuerwehr innerhalb der Gemeinde: *Hörstrup*, Organisation, S. 200 ff.

63 *Schäfer*, Primär- und Sekundärbefugnisse (Fn. 61), S. 208 f.

64 *Hörstrup*, Organisation, S. 10.

65 LT-Drs. 7/3961, S. 26; so auch: *Hörstrup*, Organisation, S. 10.

66 Grundlegend dazu bereits: RGZ 124, 159 (169), so auch: *M. Benkler*, Die Rechtsverhältnisse der freiwillig tätigen Funktionsträger im staatlichen Funktionsbereich „Verwaltung“, 1978, S. 194; *Hörstrup*, Organisation, S. 10, 338.

67 Ausführlich hierzu: *Hörstrup*, Organisation, S. 9 ff.

1. Sachliche Zuständigkeit

Der Begriff der sachlichen Zuständigkeit zielt im Allgemeinen darauf ab, welcher Behörde die zu erfüllende Aufgabe übertragen ist, was sich durch Gesetz oder Rechtsverordnung ergibt[68]. Unter Zugrundelegung dieses Merkmals rechtfertigt sich daher die Annahme einer eigenen sachlichen gegenüber einer rein funktionellen Zuständigkeit der Feuerwehr für den Brandschutz und die Hilfeleistung. Dies fußt auf der Tatsache, dass der Feuerwehr eben diese Zuständigkeit kraft Gesetzes zugewiesen ist, § 1 Abs. 1 Nr. 1, 2 i.V.m. § 2 Abs. 1 Nr. 1 i.V.m. § 3 Abs. 1 BHKG. Danach obliegen der Gemeinde der Brandschutz und die Hilfeleistung, welche sie durch Einrichtung von leistungsfähigen Feuerwehren zu gewährleisten hat. Die Zuständigkeit der Feuerwehr wurde vom Gesetzgeber explizit so geregelt, dass sie nicht lediglich durch einen gemeindlichen Geschäftsverteilungsplan zu ihren Aufgaben berufen wird, was eher für die Annahme einer reinen funktionellen Zuständigkeit sprechen würde[69]. Darüber hinaus ist die Feuerwehr ausdrücklich im BHKG an verschiedensten Stellen als Normadressat genannt (z.B. § 3 Abs. 3, § 26 Abs. 3 S. 2 BHKG). Auch ist die Einsatzleitung im Sinne des § 33 BHKG, welche häufig von einer Führungskraft der Feuerwehr besetzt wird[70], zum Ergreifen von „notwendigen Maßnahmen“ gem. § 34 Abs. 2 S. 1 BHKG[71] berufen. Hätte der Gesetzgeber keine eigene sachliche Zuständigkeit der Feuerwehr gewollt, hätte er wohl die Befugnisse lediglich auf die Gemeinde übertragen und sie als Normadressat eingesetzt. Der Gemeinde wäre so eine vollständig eigenmächtige Ausgestaltung der Aufgabenwahrnehmung zugekommen. Diese wollte der Gesetzgeber offensichtlich durch die Verpflichtung zur Einrichtung und Unterhaltung von kommunalen Feuerwehren verhindern.

2. Sachliche Spezialzuständigkeit

Die weitere oben genannte Annahme der Spezialzuständigkeit der Feuerwehr ergibt sich denknotwendig aus dem Umstand, dass es sich bei dem Begriff des Brandschutzes und der Hilfeleistung um Unter- oder Spezialfälle der (fast gänzlich) allumfassenden öffentlichen Sicherheit handelt, wel-

68 *Kugelmann*, POR, 4. Kap. Rn. 72.
69 *Hasl*, Einordnung, S. 42.
70 *Schneider*, BHKG, § 32 Rn. 3.
71 Hierzu ausführlich das Kapitel D (S. 111 ff.).

che grundsätzlich dem Aufgabenkreis der allgemeinen Polizei- und Ordnungsbehörden unterfällt (§ 1 Abs. 1 OBG NRW und § 1 Abs. 1 PolG NRW)[72]. Ausführlich wird die Aufgabenzuweisung des § 1 Abs. 1 Nr. 1 und Nr. 2 BHKG in den Abschnitten C.II.1.b) (S. 81 ff.) und C.II.2 (S. 89 ff.) dargestellt. Diesen sowie den Ausführungen im dem darauf folgenden Abschnitt C.III (S. 97 ff.) ist zu entnehmen, dass die Feuerwehr im Rahmen ihrer Aufgabenerfüllung immer dann vorrangig gegenüber den allgemeinen Polizei- und Ordnungsbehörden zuständig ist, soweit die Ursache der Gefahr das Tätigwerden der Feuerwehr mit ihren speziellen Kenntnissen und ihrer technischen Ausrüstung erfordert[73]. Dieses Verhältnis war dem Gesetzgeber bewusst und wurde ausdrücklich so bei der Einführung des BHKG gewählt[74]. Ist eine Gefahrenabwehrstelle nur zur Vorbeugung und Bekämpfung ganz bestimmter Gefahren berufen, muss ihr aufgrund dieser gesetzlich geregelten Spezialmaterie auch die damit verbundene Spezialzuständigkeit zukommen[75].

IV. Feuerwehr als Sonderordnungsbehörde?

Trotz der spezialgesetzlichen Aufgabenzuweisung der Gefahrenabwehr im Bereich des Brandschutzes und der Hilfeleistung wird unterschiedlich beurteilt, ob es sich bei der Feuerwehr um eine Sonderordnungsbehörde im Sinne des nordrhein-westfälischen Landesrechts handelt[76]. Dies hängt zu einen mit der Ausgestaltung der Feuerwehr, zum anderen aber mit den Unstimmigkeiten hinsichtlich des Begriffs der Sonderordnungsbehörde zusammen. Der Begriff der Sonderordnungsbehörde ist im föderalen Deutschland nicht einheitlich gefasst, sodass verschiedene Definitionen in Literatur und Rechtsprechung zu finden sind.

---

72 *Färber*, in: Kamp, FeuSchR NRW, § 34 BHKG (April 2017) Rn. 22; *Hasl*, Einordnung, S. 42.

73 So auch: *Hörstrup*, Organisation, S. 340.

74 LT-Drs. 16/8293 S. 79.

75 *Wolffgang/Hendricks/Merz*, POR, Rn. 50; für die Feuerwehr in NRW ausdrücklich: *Hörstrup*, Organisation, S. 342.

76 *Möller/Warg*, POR, Rn. 34.

1. Der Begriff der Sonderordnungsbehörde im Allgemeinen

In der Gesamtschau aller landes- und bundesgesetzlichen Regelungen lässt sich jedoch ein allgemeiner Begriff der Sonderordnungsbehörde definieren. Danach ist eine Sonderordnungsbehörde eine organisatorisch verselbstständigte, außerhalb der Behörden der allgemeinen inneren Landesverwaltung stehende Landes- oder Bundesbehörde, der durch Bundes- oder Landesrecht besondere Aufgaben der Gefahrenabwehr (sprich ein Spezialbereich der Gefahrenabwehr) zugewiesen ist[77].

2. Anwendbarkeit des allgemeinen Begriffs in Nordrhein-Westfalen?

In Nordrhein-Westfalen erscheint es jedoch überaus fraglich, ob dieser allgemeine Begriff auf das hiesige Ordnungsrecht Anwendung finden kann. Grund für die Zweifel an der Anwendung der zuvor genannten allgemeinen Definition der Sonderordnungsbehörde ist der Wortlaut von §§ 12 Abs. 1, 3 Abs. 1 Hs. 2 OBG NRW. Danach sind Sonderordnungsbehörden die Behörden, denen neben ihren sonstigen Aufgaben auf bestimmten Sachgebieten ausdrücklich Aufgaben der Gefahrenabwehr oder in ihrer Eigenschaft als Sonderordnungsbehörde andere Aufgaben übertragen worden sind[78]. Hieraus wird teilweise geschlussfolgert, dass es in Nordrhein-Westfalen lediglich auf die Bezeichnung als Sonderordnungsbehörde ankommen könne[79]. Nach gegenteiliger Auffassung sei nicht die Bezeichnung als Sonderordnungsbehörde, sondern allein die Zuweisung von Aufgaben der Gefahrenabwehr durch das jeweilige Fachrecht entscheidend[80].

---

77 Drews/Wacke/*Vogel*/Martens, Gefahrenabwehr, § 6 Ziff. 3 lit. b; *Götz/Geis*, POR, § 20 Rn. 19; *Kingreen/Poscher*, POR, § 2 Rn. 25; *Schenke*, POR, Rn. 437.

78 So der Wortlaut von § 12 OBG NRW.

79 *Gusy*, POR, Rn. 69; *G. Haurand*, Allgemeines Polizei- und Ordnungsrecht Nordrhein-Westfalen, 7. Aufl. 2017, S. 8; *Kingreen/Poscher*, POR[9], § 3 Rn. 28.

80 *Hörstrup*, Organisation, S. 346 mit Verweis auf OLG Brandenburg, Urt. v. 8.5.2007 – Az. 2 U 15/05 – juris, Rn. 27 und Urt. v. 25.3.2011 – Az. 2 U 3/10 – juris, Rn. 17 für die zu § 12 Abs. 1 OBG NRW gleichlautende Vorschrift des § 11 Abs. 1 OBG Brandenburg.

a) Feuerwehr gesetzlich nicht als Sonderordnungsbehörde bezeichnet

Weder das FSHG in den Fassungen von 1958, 1975 und 1998 noch das neu eingeführte BHKG enthielten oder enthalten eine Regelung, welche die Feuerwehr in Nordrhein-Westfalen ausdrücklich als Sonderordnungsbehörde ausweist.

b) Hinweis im BHKG

Ein Hinweis könnte sich aber möglicherweise dennoch aus § 34 Abs. 2 BHKG ergeben. Zur Veranschaulichung wird dieser Absatz 2 nachfolgend aufgeführt:

> „(2) Die Einsatzleitung veranlasst nach pflichtgemäßem Ermessen die zur Erfüllung der Aufgaben nach diesem Gesetz an der Einsatzstelle notwendigen Maßnahmen, soweit die Polizei oder andere Stellen nicht in der Lage sind, in eigener Zuständigkeit entsprechende Maßnahmen zu treffen. Sie hat insoweit die Befugnisse nach dem Gesetz über Aufbau und Befugnisse der Ordnungsbehörden vom 13. Mai 1980 (GV. NRW. S. 528) in der jeweils geltenden Fassung. Soweit dies zur Abwehr von Gefahren nach § 1 Absatz 1 erforderlich ist, kann die Einsatzleitung insbesondere das Betreten des Einsatzgebietes oder einzelner Einsatzbereiche verbieten, Personen von dort verweisen, das Einsatzgebiet oder einzelne Einsatzbereiche sperren und räumen lassen."

Mit § 34 Abs. 2 S. 1 BHKG hat der Gesetzgeber eine sogenannte Generalklausel, ähnlich derer der Ordnungsbehörden (§ 14 OBG NRW) und der der Polizei (§ 8 PolG NRW) in das Gesetz aufgenommen. § 34 Abs. 2 S. 2 BHKG enthält darüber hinaus einen Verweis auf das OBG NRW, welcher die Feuerwehr mit den dort vorhandenen Befugnissen ausstatten soll. Neben der Generalklausel in § 34 Abs. 2 S. 1 BHKG finden sich teilweise auch in anderen besonderen Ordnungsgesetzen besondere Generalklauseln, die dazu ermächtigen, die zur Abwehr einer besonderen Gefahr erforderlichen Maßnahmen zu treffen[81], vgl. §§ 24, 25 BImSchG und § 61 Abs. 1 S. 2 BauO NRW. Einer Generalklausel kommt im Allgemeinen eine Auffangwirkung zu[82]. Sie greift immer ein, wenn die Spezialermächtigungen der

81 *Kingreen/Poscher*, POR, § 5 Rn. 2.
82 *Thiel*, POR, § 6 Rn. 10; *Wittreck*, POR, Rn. 53.

zuständigen Behörde ihre Befugnisse nicht besonders regeln[83]. So werden Generalklauseln für unverzichtbar gehalten, um unter anderem angemessen auf unvorhersehbare Gefahrenlagen reagieren zu können[84]. Beachtlich ist bei den besonderen Ordnungsgesetzen jedoch, dass den Sonderordnungsbehörden (aber auch den allgemeinen Ordnungsbehörden) die Möglichkeit offen steht, auf die allgemeinen Ordnungsgesetze zurückzugreifen, soweit sie die besonderen Ordnungsgesetze vollziehen und das zu vollziehende Gesetz keine abschließende (z.B. § 1 Abs. 2 PresseG NRW) oder abweichende Regelung enthält[85]. Aus der in § 14 Abs. 2 S. 2 OBG NRW i.V.m. § 12 OBG NRW ausdrücklich ausgewiesenen Möglichkeit der Sonderordnungsbehörden, die Befugnisse des OBG NRW zu nutzen, und bei Betrachtung des § 34 Abs. 2 S. 2 BHKG, lässt sich möglicherweise folgern, dass auch der Gesetzgeber die Feuerwehr nicht als Sonderordnungsbehörde einstuft. Hätte der Gesetzgeber angenommen, dass es sich bei der Feuerwehr um eine Sonderordnungsbehörde handeln sollte, wäre der explizite Verweis in § 34 Abs. 2 S. 2 BHKG auf die Befugnisse des OBG NRW völlig überflüssig. Ihm käme lediglich eine deklaratorische Wirkung zu, die im Vergleich zu anderen nordrhein-westfälischen Sonderordnungsgesetzen eher ungewöhnlich erscheint. Allerdings ist auch nicht auszuschließen, dass der Gesetzgeber das Problem schlicht übersehen hat. Hinweise auf den Grund der Einführung des § 34 Abs. 2 S. 2 BHKG lassen sich den oben genannten Unterlagen zum Gesetzgebungsverfahren jedenfalls nicht entnehmen. Ein Rückschluss auf die gesetzgeberische Intention erscheint daher zwar möglich, allerdings ist aus den vorgenannten Gründen im Geiste der Rechtssicherheit eher Zurückhaltung geboten.

3. Diskussion innerhalb der Literatur bzgl. des Status der Feuerwehr als Sonderordnungsbehörde

In Literatur und Rechtsprechung wird der Status der Feuerwehr als Sonderordnungsbehörde kontrovers diskutiert. Daran vermag auch der Wortlaut von § 12 Abs. 1 OBG NRW nichts zu ändern. Auffällig ist jedoch, dass es sich bei der die Sonderordnungsbehördeneigenschaft bejahenden Position bisher vornehmlich um die Autoren eines Werkes (*Drews/Wacke/*

83 *Kingreen/Poscher*, POR, § 5 Rn. 11.
84 *Kingreen/Poscher*, POR, § 5 Rn. 12; *Kugelmann*, POR, 6. Kap. Rn. 10.
85 *Kingreen/Poscher*, POR, § 3 Rn. 27 ff.; *Rachor/Roggan*, HdbPR, C Rn. 25 f., 37 f.; *Thiel*, POR, § 6 Rn. 12 f.

Vogel/Martens) handelt, deren Auffassung in den Werken mit einer gegensätzlichen Sichtweise immer wieder aufgegriffen wird. Aber auch innerhalb der Meinungsgruppe, welche die Sonderordnungsbehördeneigenschaft der Feuerwehr ablehnt, zeichnet sich kein einheitliches Bild bei der zugrunde liegenden Argumentationsstruktur ab. Im Folgenden sollen die verschiedenen Standpunkte innerhalb der Literatur und Rechtsprechung dargestellt und beleuchtet werden.

a) Sonderordnungsbehördeneigenschaft bejahende Stimmen

Nach *Vogel* wurde zwar (im Zeitpunkt der Veröffentlichung des Werkes 1986) nur in Berlin die Feuerwehr ausdrücklich als Ordnungsbehörde bezeichnet (§ 1 Abs. 3 Berl. ASOG). Doch entspreche es dem polizeilichen Charakter ihrer Aufgabe, dass die Feuerwehr Gefahren nicht nur mit eigenen Mitteln bekämpfe, sondern ihr darüber hinaus auch Eingriffsbefugnisse zuerkannt seien. *Vogel* bezieht sich dabei auf Eingriffsbefugnisse, wie beispielsweise die Heranziehung von Personen zur Hilfeleistung oder die Inanspruchnahme von Fahrzeugen und anderen technischen Hilfsmitteln sowie Grundstücken, wie sie sich auch schon in § 31 FSHG in der Fassung von 1975 befanden. Es handele sich daher bei der Feuerwehr um eine spezielle Vollzugspolizei, deren Tätigkeit sondergesetzlich sei, aber in Übereinstimmung mit den allgemeinen Grundsätzen des Polizeirechts erfolge[86]. Die Bezeichnung der Feuerwehr als spezielle Vollzugspolizei kommt dabei aufgrund der unterschiedlichen Begriffsfassungen des Einheits- (Baden-Württemberg, Bremen, Sachsen, Saarland) gegenüber dem Trennungssystem (alle weiteren Bundesländer) der verschiedenen Bundesländer[87] dem Begriff der Sonderordnungsbehörde gleich.

Neben *Vogel* findet sich neuerdings auch eine weitere Auffassung in der Literatur, die (explizit für Nordrhein-Westfalen) die Sonderordnungsbehördeneigenschaft der Feuerwehr bejaht. Mit Bezug auf die Rechtsprechung des Oberlandesgerichts Brandenburg zu einer § 12 Abs. 1 NRW gleichlautenden Vorschrift im brandenburgischen Ordnungsrecht (§ 11 OBG Brandenburg) vertritt *Hörstrup*, dass allein die Gefahrenabwehrzuweisung im jeweiligen Fachrecht entscheidend für die Stellung als Sonderordnungsbehörde sei. Eine Stütze für das Erfordernis der Bezeichnung als

---

86 Drews/Wacke/*Vogel*/Martens, Gefahrenabwehr, § 6 Ziff. 2 lit. c.

87 Siehe zu den Begriffen „Einheits- und Trennungssystem" die Ausführungen in dem Abschnitt E.III.1.c)bb) (S. 257 ff.).

Sonderordnungsbehörde finde sich im Wortlaut der Vorschrift nicht[88]. Er verweist auf eine Entscheidung des Oberverwaltungsgerichts Münster aus dem Jahr 1969, wonach die in § 12 Abs. 1 OBG NRW vorhandene Definition der Sonderordnungsbehörde jeden Zweifel darüber ausschließen solle, dass darunter alle Behörden fielen, welchen aufgrund einer organisatorischen und materiell-rechtlichen Sonderregelung Aufgaben der Gefahrenabwehr übertragen seien[89]. Nach *Hörstrup* ist dies bei der Feuerwehr der Fall. Die Aufgaben der Feuerwehr aus § 1 Abs. 1 BHKG seien solche der Gefahrenabwehr auf bestimmten Sachgebieten, nämlich des Brandschutzes und der Hilfeleistung[90].

b) Ablehnende Stimmen in der Literatur

Die überwiegenden Stimmen in der Literatur sehen die Feuerwehr hingegen nicht als Sonderordnungsbehörde im Sinne des nordrheinwestfälischen Ordnungsrechts an.

§§ 12 Abs. 1, 3 OBG NRW verwende nicht den allgemeinen organisatorischen Begriff. Der Gesetzgeber habe für Aufgaben aus speziellen Bereichen der Gefahrenabwehr nicht eigene Behörden geschaffen, sondern diese Aufgaben den allgemeinen Ordnungsbehörden als „Sonderordnungsbehörden“ übertragen (z.B. § 2 Abs. 2 LNatSchG NRW, § 35 LAbfG NRW), sodass es lediglich auf die Bezeichnung als Sonderordnungsbehörde ankomme[91]. Dies ergebe sich auch aus der Verwaltungsvorschrift[92] zu § 12 OBG NRW[93][94]. Darin hieß es:

---

88 *Hörstrup*, Organisation, S. 346.

89 OVGE 25, 89 (90).

90 *Hörstrup*, Organisation, S. 347 f.

91 *Gusy*, POR, Rn. 69; *Kingreen/Poscher*, POR[9], § 3 Rn. 28; F. Rietdorf/G. Heise/*D. Böckenförde*/B. Strehlau, Ordnungs- und Polizeirecht in Nordrhein-Westfalen, 2. Aufl. 1972, § 12 OBG NRW Rn. 1; *Wittreck*, POR, Rn. 32; ebenso: *K.-U. Rhein*, Gesetz über Aufbau und Befugnisse der Ordnungsbehörden (OBG NRW), 2004, § 12 Rn. 2 f., der darauf hinweist, dass die genaue Abgrenzung des Aufgabenbereichs nur ein zusätzliches Merkmal der Sonderordnungsbehördeneigenschaft darstelle.

92 VV OBG NRW, RdErl. des Innenministers vom 28.11.1969 (MBl.NW. S. 1990), aufgehoben durch RdErl. des Innenministers vom 4.9.1980 (MBl.NW. S. 2060).

93 OBG NRW in der Fassung vom 28.10.1969 (GV.NW. S. 732).

94 Rietdorf/Heise/*Böckenförde*/Strehlau, OBG/PolG NRW (Fn. 91), § 12 OBG NRW Rn. 1.

„Aber auch die amtsfreien Gemeinden, Ämter und Kreise, die allgemeine Ordnungsbehörden sind, werden als Sonderordnungsbehörden tätig, sofern ihnen Gesetze Aufgaben ausdrücklich als ‚Sonderordnungsbehörden' übertragen (z.B. § 98 Landeswassergesetz)."[95]

Selbst eine allgemeine Ordnungsbehörde werde daher nicht zur Sonderordnungsbehörde umfunktioniert, indem das betreffende Sachgebiet der Gefahrenabwehr sondergesetzlich geregelt sei[96].

Schneider schließt sich dieser Auffassung an. Er sieht die Feuerwehr nur als einen unselbstständigen Teil der Gemeindeverwaltung, welcher keine Aufgaben ausdrücklich als Ordnungsbehörde übertragen worden sei[97].

Auch nach *Haurands* Auffassung kann die Feuerwehr nicht als Sonderordnungsbehörde angesehen werden. Explizit erwähnt er dies nicht, jedoch führt er aus, dass für die Rechtsstellung „Sonderordnungsbehörde" alleine die ausdrückliche Bezeichnung im Fachgesetz ausschlaggebend sei. Dabei bezieht er sich ebenfalls wie *Kingreen/Poscher* und *Gusy* auf den Wortlaut von § 12 OBG NRW[98].

Nach den vorgenannten wortlautgestützten Auffassungen kommt es entgegen des Abstellens von *Vogel* auf die Befugnisse der Feuerwehr nicht an. Allerdings ist festzustellen, dass *Vogel* in seiner Argumentation an sich nicht widersprochen wird. Der Anknüpfungspunkt zur Bestimmung der Sonderbehördeneigenschaft setzt lediglich früher an. Da es aufgrund der eindeutigen Regelung der §§ 12 Abs. 1, 3 Abs. 1 Hs. 2 OBG nur auf die konstitutive Bezeichnung ankomme, findet eine Auseinandersetzung mit der Tragweite der feuerwehrlichen Befugnisse nicht statt.

Götz/Geis wählen einen anderen Anknüpfungspunkt. Die Feuerwehren stünden durchweg in kommunaler Trägerschaft als kommunale Einrichtung. Dies verbiete ihnen bereits aufgrund der ordnungsbehördlichen Generalklausel, Verfügungen zu erlassen[99].

Auch *Thiel* sieht die Feuerwehr im Gefüge der Gefahrenabwehr nicht als (Sonder-) Ordnungsbehörde. Sie stehe vielmehr neben Polizei- und Ordnungsbehörden mit einem gesonderten rechtlichen Regelwerk[100]. Eine explizite Begründung findet sich nicht für diese These, jedoch weist er in den

---

95 Ziff. 12.1. VV OBG NRW, MBl.NW. 1969, S. 1993.

96 Rietdorf/Heise/*Böckenförde*/Strehlau, OBG/PolG NRW (Fn. 91), § 12 OBG NRW Rn. 1.

97 *Schneider*, BHKG, § 2 Rn. 56.

98 *Haurand*, POR (Fn. 79), S. 8.

99 *Götz/Geis*, POR, § 20 Rn. 22.

100 *Thiel*, POR, § 3 Rn. 27.

allgemeinen Ausführungen zu den Sonderordnungsbehörden auf die besondere Ordnungsstruktur in § 12 Abs. 1 OBG NRW hin, welche eine Legaldefinition beinhalte[101]. Dies lässt darauf schließen, dass er allgemein zur Bestimmung des Sonderordnungsbehördenstatus auf die konstitutive Bezeichnung als solche abstellt. Konsequenterweise müsste der Feuerwehr nach *Thiel* daher allein aufgrund der fehlenden Bezeichnung als Sonderordnungsbehörde dieser Status versagt werden.

Pieper weist ebenfalls darauf hin, dass der Feuerwehr und den Rettungsdiensten in Nordrhein-Westfalen eine Sonderrolle innerhalb der Gefahrenabwehr zukomme. Aber ähnlich zu *Thiel* entbehrt die aufgestellte These einer näheren Begründung[102].

c) Auswertung des Stimmgewichts

Festhalten lässt sich, dass die Einordnung der Feuerwehr als Sonderordnungsbehörde in der Literatur mehr Ablehnung als Zustimmung erfährt. Nur *Vogel* ordnet die Feuerwehr aufgrund des Vorhandenseins gewisser Kompetenzen bei seinen grundsätzlichen landesübergreifenden Einordnungsversuchen als Sonderordnungsbehörde ein. Im Ergebnis teilt *Hörstrup* diese Auffassung, jedoch leitet er die Sonderordnungsbehördeneigenschaft der Feuerwehr aus der Aufgabenzuweisung in § 1 Abs. 1 BHKG ab. Die weiteren Literaturstimmen versagen der Feuerwehr den Status als Sonderordnungsbehörde. Dies wird überwiegend mit dem Umstand begründet, dass § 12 Abs. 1 OBG NRW eine konstitutive Wirkung zukomme, sodass nur die Bezeichnung im Fachgesetz als Sonderordnungsbehörde der betroffenen Stelle diesen Status verleihen könne.

4. Auffassung des Oberlandesgerichts Hamm

Ebenfalls nach der Rechtsprechung des Oberlandesgerichts Hamm kommt der Feuerwehr in Nordrhein-Westfalen kein Status als Sonderordnungsbehörde zu:

> „Die Feuerwehr erfüllt zwar Aufgaben der Gefahrenabwehr. Sie ist im Streitfalle auch zum Zwecke der Brandbekämpfung und Hilfeleistung

---

101 *Thiel*, POR, § 3 Rn. 23.
102 *Pieper*, POR NRW (Fn. 4), S. 4.

tätig geworden. Im Land Nordrhein-Westfalen ist die Feuerwehr aber selbst keine (Sonder-) Ordnungsbehörde (so auch der 9. Zivilsenat des Oberlandesgerichts Hamm, vgl. Urteile dieses Senats vom 14. November 1986 – 9 U 251/85 – und vom 5. Juni 1987 – 9 U 14/87 –; Götz Allgemeines Polizei- und Ordnungsrecht, 8. Aufl., S. 209, Wolff-Bachof, Verwaltungsrecht III, 4. Aufl., S 123 Rnnr. 7; vgl. auch Schleberger, Ordnungs- und Polizeirecht, 5. Aufl., S. 30, unklar Drews-Wacke-Vogel-Martens, Gefahrenabwehr, 9. Aufl., S. 96 ff.): Die Rechtsstellung und die Aufgabe der Feuerwehr sind in dem Gesetz über den Feuerschutz und die Hilfestellung bei Unglücksfällen und öffentlichen Notständen (FSHG) vom 25. Februar 1975 geregelt. Nach § 6 Abs. 1 FSHG ist die Berufsfeuerwehr eine Einrichtung der Gemeinde. Wie den Vorschriften der §§ 30, 31 FSHG zu entnehmen ist, stehen der Feuerwehr bei der Wahrnehmung ihrer Aufgaben nur eng umgrenzte Eingriffsrechte zu. Damit hängt es auch zusammen, daß § 33 Abs. 1 FSHG Entschädigungsansprüche nur vorsieht, wenn jemand einen Schaden erleidet, weil er nach § 30 oder nach § 31 Abs. 3 FSHG in Anspruch genommen wurde oder weil er bei einem Schadensfeuer, Unglücksfall oder öffentlichen Notstand Hilfe leistete. Mit der eng umgrenzten Aufgabenstellung der Feuerwehr ist die Annahme einer Sonderordnungsbehörde unvereinbar. Sonderordnungsbehörden haben regelmäßig im Rahmen ihres Aufgabenbereichs umfassend die Aufgaben der Gefahrenabwehr wahrzunehmen. Bei der Feuerwehr ist das in Nordrhein-Westfalen anders. Wenn die rechtlichen Möglichkeiten der Feuerwehr nach den Vorschriften der §§ 30, 31 FSHG versagen oder nicht ausreichen, müssen die zur Gefahrenabwehr erforderlichen Maßnahmen von der allgemeinen Ordnungsbehörde getroffen werden.“[103]

a) Anknüpfungspunkt der Entscheidungsgründe

Obwohl § 12 Abs. 1 OBG NRW in der aktuellen Fassung schon seit dem 13. Mai 1980[104] existiert und somit im Zeitpunkt des Urteils aus dem Jahr 1988 bereits ca. acht Jahre in Kraft war, findet sich in den Entscheidungsgründen des Oberlandesgerichts Hamm kein Hinweis auf die Verneinung der Sonderordnungsbehördeneigenschaft aufgrund einer fehlenden konsti-

---

103 OLG Hamm, Urt. v. 15.5.1988 – Az. 11 U 295/87 – juris, Rn. 12.

104 Bekanntmachung der Neufassung des Gesetzes über Aufbau und Befugnisse der Ordnungsbehörden – Ordnungsbehördengesetz (OBG) – vom 13.5.1980.

tutiven Begriffsbestimmung, wie sie unter anderem *Kingreen/Poscher* und *Gusy*[105] für ausschlaggebend halten. Vielmehr knüpft der Senat mit den zitierten Entscheidungsgründen bei der Beurteilung der Sonderordnungsbehördeneigenschaft an die der Feuerwehr zur Verfügung stehenden rechtlichen Handhabungsmöglichkeiten an, ähnlich wie zuvor *Vogel*[106]. Die rechtlichen Befugnisse richteten sich zum Zeitpunkt des Urteilsspruches im Jahr 1988 nach der Ausgestaltung des FSHG in der Fassung des Jahres 1975 und beschränkten sich auf §§ 30, 31 FSHG.

Beispielhaft soll § 30 FSHG an dieser Stelle abgebildet werden:

> „(1) Unter den Voraussetzungen des § 19 des Ordnungsbehördengesetzes (OBG) ist der Einsatzleiter der Feuerwehr berechtigt, Personen zur Hilfeleistung oder zur Gestellung von Hilfsmitteln oder Fahrzeugen heranzuziehen.
> (2) Eigentümer und Besitzer von Gegenständen, durch die der Einsatz der Feuerwehr behindert wird, sind verpflichtet, diese auf Weisung des Einsatzleiters oder seines Beauftragten wegzuräumen oder die Entfernung zu dulden."[107]

§ 31 FSHG sah daneben noch weitere Pflichten von Grundstückseigentümern und -besitzern vor, welche im Kern eine reibungslose und effektive Bekämpfung von Schadenfeuern gewährleisten sollten.

Trotz desselben Anknüpfungspunktes und den fast identisch genannten Befugnissen stellen sich die Ergebnisse[108] jedoch gänzlich gegensätzlich dar. *Vogel* spricht der Feuerwehr gerade aufgrund der genannten Befugnisse die Eigenschaft als spezielle Vollzugspolizei/Sonderordnungsbehörde zu, das Oberlandesgericht Hamm sah die feuerwehrlichen Befugnisse hingegen als zu umgrenzt, als dass diese die Einordnung der Feuerwehr als Sonderordnungsbehörde rechtfertigen könnten. Auch im Jahr 2012, als das FSHG in der Fassung aus dem Jahr 1998 in Kraft war, bestätigte das Oberlandesgericht Hamm unter Verneinung des ordnungsbehördlichen Entschädigungsanspruchs (§ 39 Abs. 1 OBG NRW) bei Maßnahmen der Feuerwehr nochmals die Rechtsprechung des elften Senates aus dem Jahr 1988:

> „Ein Anspruch der Kläger ergibt sich nicht aus § 39 Abs. 1 lit. b) OBG NW. Denn die nach §§ 1 Abs. 1, 9 Abs. 1 FSHG NW von der Beklagten

105 *Gusy*, POR, Rn. 69; *Kingreen/Poscher*, POR⁹, § 3 Rn. 28.
106 Drews/Wacke/*Vogel*/Martens, Gefahrenabwehr, § 6 Ziff. 2 lit. c.
107 Wortlaut des § 30 FSHG in der Fassung aus dem Jahr 1975.
108 Siehe Fn. 86 und 103.

zu unterhaltende Feuerwehr erfüllt zwar die Aufgaben der Gefahrenabwehr und war auch vorliegend in diesem Rahmen (Brandbekämpfung) tätig, allerdings handelt es sich bei der Feuerwehr in Nordrhein-Westfalen wegen ihrer lediglich begrenzten Eingriffsrechte (vgl. §§ 30, 33 FSHG NW) nicht um eine (Sonder-)Ordnungsbehörde[...], so dass § 39 Abs. 1 lit. b) OBG NW bereits aus diesem Grund keine Anwendung findet."[109]

Wiedermals bezog sich der Senat in diesem Urteil auf die Befugnisse der Feuerwehr. Zwar hatten sich die Befugnisse der Feuerwehr gegenüber denen des FSHG in Fassung aus dem Jahr 1975 geringfügig erweitert, jedoch nahm das Oberlandesgericht diese Gesetzesänderung nicht zur Veranlassung, die knapp 25 Jahre zuvor getroffene Entscheidung des Senats in Frage zu stellen.

Auch *Schönenbroicher/Heusch* schließen sich der Argumentation des Oberlandesgerichts Hamm an und treten damit *Vogel* in seiner Argumentation entgegen. Aufgrund der nur umgrenzten Befugnisse der Feuerwehr sei diese in Nordrhein-Westfalen nicht als (Sonder-) Ordnungsbehörde anzusehen[110].

b) Rechtsprechung nach geänderter Gesetzeslange noch aufrechtzuerhalten?

Aufgrund der nunmehr erneut geänderten Gesetzeslage durch Einführung des BHKG, insbesondere durch Schaffung der in § 34 Abs. 2 BHKG enthaltenen Generalklausel, drängt sich die Frage auf, ob die Rechtsprechung des Oberlandesgerichts Hamm, jedenfalls mit den zuvor genannten tragenden Entscheidungsgründen, in dieser Form noch aufrecht zu erhalten ist. Anstelle der stark umgrenzten Befugnisse der Feuerwehr im FSHG aus dem Jahr 1975 (aber auch aus dem Jahr 1998) ist in § 34 Abs. 2 S. 2 BHKG ein Verweis auf das OBG NRW in seiner Gesamtheit zu finden, welcher in konsequenter Auslegung auch die Verweisung in § 24 Abs. 1 OBG auf eine Vielzahl polizeilicher Standardmaßnahmen erfasst[111]. Polizeiliche Standardmaßnahmen sind durch das Gesetz benannte Maßnahmen, zu deren Durchführung die Behörden aufgrund besonderer Ermächtigungsgrundla-

---

109 OLG Hamm Urt. v. 8.2.2012 – Az. I-11 U 150/10 – juris, Rn. 24.

110 *K. Schönenbroicher*/A. Heusch, Ordnungsbehördengesetz Nordrhein-Westfalen, 2014, § 12 Rn. 8.

111 *Schneider*, BHKG, § 34 Rn. 9.

gen berechtigt sind, wie beispielsweise der Platzverweis oder die Durchsuchung[112]. Durch diesen „Doppelverweis“ steht der Einsatzleitung zumindest in der Theorie nunmehr im Vergleich zur Fassung des FSHG ein deutlich breiteres Spektrum von Eingriffsmöglichkeiten zur Verfügung. Die Einführung der Generalklausel in § 34 Abs. 2 BHKG mit der Verweisung auf Kompetenzen aus dem PolG NRW könnte die Rechtsprechung zu einer Korrektur der Bewertung der Sonderordnungsbehördeneigenschaft, jedenfalls aber zur Findung von tragfähigeren Entscheidungsgründen zwingen. Dies wäre zumindest für den Fall zu erwägen, sollte die Rechtsprechung entgegen der zuvor genannten Stimmen in der Literatur den Status als Sonderordnungsbehörde allein durch das Vorhandensein von Eingriffsbefugnissen bewerten. Zu prüfen wäre daher, ob die Feuerwehr mit der Aufwertung ihrer Befugnisse durch Einführung des BHKG faktisch einer (Sonder-) Ordnungsbehörde gleichgestellt werden kann. Dabei dürften insbesondere die Zuständigkeit der Feuerwehr, aber auch die ihr in der Realität zur Verfügung stehenden Eingriffsbefugnisse von gehobener Bedeutung sein. Diese Punkte sollen erst zu einem späteren Zeitpunkt beleuchtet werden. Vorweggenommen werden kann jedoch, dass ein „Bewegen auf Augenhöhe“ von Feuerwehr und Ordnungsbehörden oder aber der Polizei auch nach Einführung des BHKG immer noch fraglich erscheint. Dies lässt sich zum einen auf § 34 Abs. 2 S. 1 Hs. 2 BHKG, welcher eine sogenannte Subsidiaritätsklausel enthält, zurückführen. Danach veranlasst die Einsatzleitung die zur Erfüllung des BHKG notwendigen Maßnahmen nur dann, soweit die Polizei oder andere Stellen nicht in der Lage sind, in eigener Zuständigkeit entsprechende Maßnahmen zu treffen. Die Feuerwehr ist nach der gesetzlichen Konzeption also zu den durch das BHKG erweiterten Eingriffsbefugnissen aus § 34 Abs. 2 BHKG nur dann berufen, wenn solche Maßnahmen nicht rechtzeitig durch andere Stellen sichergestellt werden können. Darüber hinaus ist auch zu beachten, dass die Eingriffsbefugnisse aufgrund des grundrechtlich schwerwiegenden Charakters nur der Einsatzleitung, nicht aber jeder einzelnen Einsatzkraft zur Verfügung stehen[113]. Zwar sind die beim Feuerwehreinsatz dienstlich tätigen Personen nach § 68 Abs. 1 Nr. 11 VwVG NRW als Vollzugskräfte im Sinne des § 66 VwVG NRW anzusehen[114], wie auch die Dienstkräfte der Ordnungs- und Sonderordnungsbehörden im Sinne des OBG NRW,

---

112 *Gusy*, POR, Rn. 179.

113 *Hörstrup*, Organisation, S. 352; *Müller-Platz*, BHKG, § 34 (Dezember 2016) Ziff. 2 f.

114 *Müller-Platz*, BHKG, § 34 (Dezember 2016) Ziff. 2.

jedoch kommt ihnen aufgrund des vorgenannten Verfügungsvorbehaltes für die Einsatzleitung eine nur untergeordnete Rolle zu. Dies unterscheidet sie erheblich von den Bediensteten der Ordnungsbehörden sowie der Polizei.

5. Ausblick auf zukünftige Entscheidungen der Rechtsprechung

Eine Aussage darüber, wie letztendlich die Rechtsprechung den Status der Feuerwehr nach Einführung des BHKG bewerten wird, bewegt sich im Bereich der Spekulation. Möglich und in gewissem Maße auch wahrscheinlich erscheint es jedoch, dass in Anknüpfung an die Rechtsprechung des Oberlandesgerichts Hamm ein verstärktes Augenmerk auf die geänderten Befugnisse der Feuerwehr gelegt wird. Darüber hinaus erscheint ebenfalls eine Auseinandersetzung mit dem konstitutiven Sonderordnungsbehördenbegriff, wie er von gewichtigen Stimmen in der Literatur, wie *Kingreen/Poscher* oder *Gusy*, vertreten wird, als wahrscheinlich.

C. Vergleich der Schutzgüter nach PolG/OBG NRW und BHKG

Der Feuerwehr kommt eine eigene sachliche Spezialzuständigkeit zu[115]. Ähnlich einer Sonderordnungsbehörde[116] obliegt ihr die Gefahrenabwehr in einem besonderen Aufgabenbereich, namentlich gemäß §§ 3 Abs. 1 S. 1, 1 Abs. 1 Nr. 1 und Nr. 2 BHKG im Bereich des Brandschutzes und der Hilfeleistung. Diese Aufgabenzuweisung ist in mehrfacher Hinsicht von Bedeutung. Zunächst einmal regelt sie, für welchen Bereich der Gefahrenabwehr die Feuerwehr im Verhältnis zu anderen Gefahrenabwehrstellen überhaupt und möglicherweise ausschließlich zuständig ist. Darüber hinaus begründet und begrenzt sie die Spezialzuständigkeit der Feuerwehr gegenüber dem Bürger, insbesondere die durch die im BHKG eingeführte Generalklausel in § 34 Abs. 2 S. 1 mit ihrer Kompetenzzuweisung[117].

Zu einer nähergehenden Betrachtung der Auswirkungen der speziellen Aufgabenzuweisung soll zunächst eine partielle Gegenüberstellung der Schutzgüter des PolG NRW und des OBG NRW einerseits, und den im BHKG für die Feuerwehr aufgeführten Aufgabenbereichen des „Brandschutzes und der Hilfeleistung" andererseits, erfolgen.

I. Schutzgüter des PolG NRW/OBG NRW

Die Generalklauseln des PolG NRW und OBG NRW, jeweils in § 1 des entsprechenden Gesetzes, weisen den Polizei- und Ordnungsbehörden mindestens vier Bereiche der Gefahrenabwehr zu. Darunter fallen[118]:

- der Schutz der öffentlichen Sicherheit,
- der eingeschränkte Schutz privater Rechte,

---

115 Vgl. Ausführungen zu: B.III (S. 43 f.).

116 Siehe Diskussion über die Einordnung der Feuerwehr im Kapitel zuvor (B.IV, S. 45 ff.).

117 *Gusy*, POR, Rn. 78 sowie *Kugelmann* POR, 5. Kap. Rn. 34 zur Funktion der Schutzgüter der Gefahrenabwehr für die Polizei gegenüber anderen staatlichen Stellen.

118 *Gusy*, POR, Rn. 77.

- der Schutz der öffentlichen Ordnung,
- die Vollzugshilfe für andere Behörden.

Als Schutzgüter der Gefahrenabwehr kristallisieren sich dabei die ersten drei der vier aufgeführten Gefahrenabwehrbereiche heraus[119]. An dieser Stelle soll für die folgende Untersuchung unerheblich sein, ob der Schutz privater Rechte als eigenständiger Schutzbereich neben dem Schutz der öffentlichen Sicherheit und Ordnung steht[120], oder aber ob der subsidiäre, eingeschränkte Schutz der privaten Rechte als Einschränkung der der öffentlichen Sicherheit unterfallenden Individualrechtsgüter angesehen wird[121].

1. Die öffentliche Sicherheit

Der Begriff der öffentlichen Sicherheit stellt sich als ein „Sammelbecken" für vielzählige Schutzgüter dar. Der Ausgangspunkt für die Auslegung des Begriffes ist auch heute noch die auf der Rechtsprechung des preußischen Oberverwaltungsgerichts beruhende amtliche Begründung zu § 14 PreußPVG[122], welche ausführt:

> „Als Aufrechterhaltung der öffentlichen Sicherheit im Sinne des § 14 gilt der Schutz vor Schäden, die entweder den Bestand des Staates oder seiner Einrichtungen oder das Leben, die Gesundheit, Freiheit, Ehre oder das Vermögen der einzelnen bedrohen, sei es, daß die Gefährdung ausgeht
> a) von Ereignissen oder Zuständen in der belebten oder unbelebten Natur,
> b) von Handlungen oder Unterlassungen von Menschen, insbesondere von dem Bruch einer Norm der öffentlichen oder privaten Rechtsordnung"[123].

Entsprechend dieser Begründung hat sich in Rechtsprechung und Literatur eine interpretationsbedürftige Kurzformel für den Begriff der öffentlichen Sicherheit herausgebildet. Danach umfasst die öffentliche Sicherheit

---

119 Vgl. Wortlaut des § 1 Abs. 1 S. 1, Abs. 2 PolG NRW.

120 So beispielsweise *Gusy*, POR, Rn. 92.

121 So *Kingreen/Poscher*, POR, § 3 Rn. 41 f. und *Schenke*, POR, Rn. 54.

122 Drews/Wacke/Vogel/*Martens*, Gefahrenabwehr, § 15 Ziff. 1; *Kingreen/Poscher*, POR, § 7 Rn. 4; *Möller/Warg*, POR, Rn. 78; *Schenke*, POR, Rn. 53.

123 Abgedruckt in *W. Franzen*, Lehrkommentar zum Polizeiverwaltungsgesetz, Bd. 1, 1932, S. 80 ff.

„die Unverletzlichkeit der Rechtsordnung, der subjektiven Rechte und Rechtsgüter des Einzelnen sowie der Einrichtungen und Veranstaltungen des Staates und sonstiger Träger der Hoheitsgewalt"[124]. Diese drei Teilschutzgüter, welche regelmäßig nebeneinander gestellt werden, überschneiden sich in vielen Bereichen[125]. Beispielsweise sind die subjektiven Rechte des Einzelnen ebenso Teil der gesamten Rechtsordnung, wie auch bei Art. 2 Abs. 1 GG die Rechte anderer in den Begriff der verfassungsmäßigen Ordnung aufgenommen sind[126].

Eine vertiefte Auseinandersetzung mit allen drei Teilschutzgütern der öffentlichen Sicherheit soll an dieser Stelle nicht erfolgen. Eine nähere Betrachtung der *Unverletzlichkeit der Rechtsordnung* sowie der Schutz der *subjektiven Rechte und Rechtsgüter des Einzelnen* sollte für die Vergleichbarkeit der Schutzgüter nach PolG/OBG NRW gegenüber denen des BHKG genügen.

a) Die Unverletzlichkeit der Rechtsordnung

Die *Unverletzlichkeit der Rechtsordnung* verdeutlicht, dass die *öffentliche Sicherheit* sich selbst nicht als Recht oder Rechtsgut erweist. Die *öffentliche Sicherheit* kennzeichnet den „Soll-Zustand" allen geltenden Rechts und beschreibt den Zustand, in dem sich ein Rechtsgut befinden kann, namentlich den Zustand der Abwesenheit von Gefahren[127]. Ihre Zielrichtung ist die Wahrung des Rechts und die damit verbundene Einhaltung des geregelten menschlichen Zusammenlebens im staatlichen Gemeinwesen[128]. Das *geltende Recht* umfasst dabei sämtliche Rechtsnormen, unabhängig von ihrem Normtyp, vom Grundgesetz bis hin zur Rechtsverordnung oder Satzung[129]. Mit umschlossen sind dabei das Allgemeine und das Besondere Verwaltungsrecht, das Straf- und Ordnungswidrigkeitenrecht, das Privat-

---

124 *Denninger*, HdbPR, D Rn. 16; inhaltlich so auch *Götz/Geis*, POR, § 4 Rn. 3; *Gusy*, POR, Rn. 79; *Kingreen/Poscher*, POR, § 7 Rn. 2; Tegtmeyer/*Vahle*, PolG NRW, § 1 Rn. 13.

125 *Knemeyer*, POR, Rn. 101.

126 *Kingreen/Poscher*, POR, § 7 Rn. 3.

127 *Gusy*, POR, Rn. 80.

128 Drews/Wacke/Vogel/*Martens*, Gefahrenabwehr, § 15 Ziff. 2 lit. c; *Kingreen/Poscher*, POR[9], § 8 Rn. 11.

129 *Thiel*, POR, § 8 Rn. 10.

recht (jedenfalls nach überwiegender Auffassung[130]) und das Europarecht[131]. Diese Normen dienen der Anerkennung der Rechtsgüter, um deren Schutz willen die Normen geschaffen wurden[132]. Durch die detaillierte „Durchnormierung“ fast sämtlicher Lebensbereiche begründet jeder Verstoß gegen ein normatives Ge- oder Verbot zwangsläufig auch eine Gefahrenlage für ein Rechtsgut, das von der Rechtsordnung geschützt wird, sodass eine Gefahr für die öffentliche Sicherheit vorliegt[133]. In den Fokus rücken dabei das Straf- und Ordnungswidrigkeitenrecht sowie das Verwaltungsrecht[134].

aa) Das Straf- und Ordnungswidrigkeitenrecht als Teil der gesamten Rechtsordnung

Das Straf- und Ordnungswidrigkeitenrecht definiert mit den in den Gesetzen enthaltenen Tatbeständen die Voraussetzungen, unter denen regelmäßig eine einschlägige Gefährdung oder Verletzung der Rechtsordnung anzunehmen ist[135], denn nur ausnahmsweise wird bei Vorliegen der Tatbestandsvoraussetzungen eines Straf- oder Ordnungswidrigkeitengesetzes die Rechtswidrigkeit nicht durch die Tatbestandsmäßigkeit indiziert[136]. Ob auch die Antragsdelikte des StGB, wie beispielsweise der Hausfriedensbruch gem. § 123 StGB oder die Beleidigung gem. § 185 StGB, von diesem Grundsatz umfasst werden, wird nicht einheitlich beurteilt. Nach *Götz/Geis* oder *Kingreen/Poscher* ist die Eigenschaft einer Straftat als Antragsdelikt für deren Rechtswidrigkeit und damit auch für die zum Schutze der Unverletzlichkeit der Rechtsordnung berufene Polizei unerheblich[137]. *Denninger* verneint hingegen einen Verstoß gegen Normen des öffentlichen Rechts, soweit bei einem reinen Antragsdelikt ein Strafantrag fehle und der Verletzte damit rechtswirksam auf den Schutz seines Rechtes ver-

130 *Kugelmann*, POR, 5. Kap. Rn. 35, 43; *Möller/Warg*, POR, Rn. 90; *Thiel*, POR, § 8 Rn. 17; a.A. *Gusy*, POR, Rn. 81.
131 *Kingreen/Poscher*, POR, § 7 Rn. 8.
132 *Gusy*, POR, Rn. 80.
133 *Thiel*, POR, § 8 Rn. 10; *Wolffgang/Hendricks/Merz*, POR, Rn. 61.
134 *Thiel*, POR, § 8 Rn. 12 f.; Tegtmeyer/*Vahle*, PolG NRW, § 1 Rn. 13.
135 *Möller/Warg*, POR, Rn. 86.
136 *Denninger*, HdbPR, D Rn. 17; Drews/Wacke/Vogel/*Martens*, Gefahrenabwehr, § 15 Ziff. 2 lit. c; *Kingreen/Poscher*, POR, § 7 Rn. 9.
137 *Götz/Geis*, POR, § 4 Rn. 11; *Kingreen/Poscher*, POR, § 7 Rn. 9.

zichten könne und dies tue[138]. Er knüpft damit an den strafprozessualen Grundsatz des Legalitätsprinzips aus § 152 Abs. 2 StPO und dessen Durchbrechung an, wonach die Staatsanwaltschaft bei hinreichenden tatsächlichen Anhaltspunkten zur Verfolgung von Straftaten von Amts wegen berufen ist, die Verfolgung von Antragsdelikten aus diesem Grundsatz jedoch ausgenommen ist[139]. Der Verzicht des Verletzten auf den Schutz seines Rechtsgutes stehe dem polizeilichen Entschließungsermessen zum präventiven Handeln entgegen[140]. Eine abschließende Beurteilung der vorgenannten Unstimmigkeiten würde an dieser Stelle zu sehr ausufern und den Fokus von den eigentlich zu untersuchenden Auswirkungen der verschiedenen Schutzgüter des BHKG gegenüber denen des PolG/OBG NRW ablenken. Die vorgenannten Ausführungen eignen sich auch ohne den Einbezug der Antragsdelikte des StGB für eine prägnante Faustformel:

Der fortbestehende oder drohende Verstoß gegen Normen des Straf- oder Ordnungswidrigkeitenrechts, welche einen Verbots- und Sanktionscharakter besitzen, stellt eine Gefahr für die öffentliche Sicherheit dar, bei bereits eingetretener Tatbestandsverwirklichung sogar in Gestalt einer sog. Störung der öffentlichen Sicherheit[141].

bb) Das Verwaltungsrecht als Teil der gesamten Rechtsordnung

Das Verwaltungsrecht knüpft gegensätzlich zum Straf- und Ordnungswidrigkeitenrecht weniger an die Voraussetzungen an, unter denen eine Gefährdung oder Verletzung der Rechtsordnung anzunehmen ist. Vielmehr stellt es auf die Voraussetzungen ab, unter denen die Rechtsordnung gewahrt werden kann[142]. Neben diesen öffentlich-rechtlichen Geboten sind aber auch verwaltungsrechtliche Verbote dem Schutzgut der öffentlichen Sicherheit zuzuordnen[143]. Dies erscheint insbesondere deshalb wichtig und sinnvoll, da die verwaltungsrechtlichen Vorschriften, die zum Schutz der verschiedenen öffentlichen Belange statuiert sind, ihre Gebots- und Verbotsvorschriften zwar mit der Androhung von Geldbuße oder Strafe bewehren, grundsätzlich jedoch keine Ermächtigung zum Erlass eines Ver-

---

138 *Denninger*, HdbPR, D Rn. 18.

139 *R. Schnabl*, in: H. Satzger/W. Schluckebier (Hrsg.), Strafprozessordnung. Mit GVG und EMRK, Kommentar, 3. Aufl. 2018, § 152 StPO Rn. 3, 13 f.

140 *Denninger*, HdbPR, D Rn. 18.

141 Ähnlich: *Möller/Warg*, POR, Rn. 86; *Thiel*, POR, § 8 Rn. 13.

142 *Kingreen/Poscher*, POR, § 7 Rn. 11.

143 *Thiel*, POR, § 8 Rn. 12.

waltungsaktes enthalten, der geeignet wäre, das generelle gesetzliche Gebot oder Verbot im Einzelfall zu konkretisieren[144]. Zu beachten ist allerdings, dass nicht jegliche Abweichung eines tatsächlichen Zustandes von dem gesetzlich vorausgesetzten Zustand schon eine einschlägige Verletzung der Rechtsordnung darstellt. Findet der rechtswidrige Zustand beispielsweise seine Grundlage in einem unanfechtbaren rechtswidrigen Verwaltungsakt, so stellt diese Abweichung keine Verletzung der Rechtsordnung dar, gegen welche mit Mitteln des Polizei- und Ordnungsrechts vorgegangen werden könnte[145]. Die Behörde wäre zunächst gehalten, den rechtswidrigen Verwaltungsakt gemäß § 48 VwVfG NRW zurückzunehmen, bevor von dem Vorliegen einer Gefahr für die öffentliche Sicherheit ausgegangen werden kann[146]. Aber wie auch im Bereich der Straf- und Ordnungswidrigkeitentatbestände soll das Vorgenannte an dieser Stelle aus den oben erwähnten Zweckmäßigkeitsgründen nicht weiter vertieft werden. Festzuhalten bleibt allerdings auch hier als Grundsatz, dass eine drohende oder bereits eingetretene Zuwiderhandlung gegen ein verwaltungsrechtliches Ge- oder Verbot die öffentliche Sicherheit beeinträchtigt[147].

cc) Die Unverletzlichkeit der gesamten Rechtsordnung als Faustformel

Abschließend soll als Faustformel für das Schutzgut der „Unverletzlichkeit der gesamten Rechtsordnung" ein Zitat von *Martens* dienen:

> „Wer eine Rechtsnorm bricht, negiert damit den ‚Staatswillen' und stört die öffentliche Sicherheit."[148]

b) Die subjektiven Rechte und Rechtsgüter des Einzelnen

Die subjektiven Rechte und Rechtsgüter des Einzelnen umfassen klassischerweise Schutzgüter wie Leib, Leben, Gesundheit, Ehre oder Eigen-

144 *Götz/Geis*, POR, § 4 Rn. 8; *Schenke*, POR, Rn. 59.
145 *Götz/Geis*, POR, § 4 Rn. 14.
146 *Kingreen/Poscher*, POR, § 7 Rn. 11 f.
147 *Thiel*, POR, § 8 Rn. 12.
148 Drews/Wacke/Vogel/*Martens*, Gefahrenabwehr, § 15 Ziff. 2 lit. c.

tum[149]. Allerdings ist die Mehrzahl der geschützten Güter ohnehin in verfassungs- oder einfachgesetzlichen Normen niedergelegt. Dies hat zur Folge, dass die Schutzkomponente der *subjektiven Rechte und Rechtsgüter des Einzelnen* eine erhebliche Schnittmenge mit der Schutzkomponente der *Unverletzlichkeit der Rechtsordnung* aufweist[150]. Zu nennen sind hier beispielsweise die strafrechtlich geschützten Rechtsgüter *Leben* (§§ 211 ff. StGB), *körperliche Unversehrtheit* (§§ 223 ff. StGB), *Eigentum* (§§ 242 f. StGB), *Ehre* (§§ 185 ff. StGB) oder *höchstpersönlicher Lebensbereich* (§ 201a StGB). Durch die immer weiter voranschreitende Ausgestaltung und Verdichtung der Rechtsordnung zur Regelung des menschlichen Verhaltens durch den Gesetzgeber ist die *Unverletzlichkeit der Rechtsordnung* seit geraumer Zeit zum Inbegriff der öffentlichen Sicherheit geworden und hat damit die anderen Teilschutzgüter, die Unverletzlichkeit der *subjektiven Rechte und Rechtsgüter des Einzelnen* sowie der *Einrichtungen und Veranstaltungen des Staates und sonstiger Träger der Hoheitsgewalt* in den Hintergrund gedrängt[151]. Soweit also das Schutzgut der *Unverletzlichkeit der Rechtsordnung* betroffen ist und somit der zuständigen Behörde die Durchführung einer Maßnahme ermöglicht, wird die Prüfung des Vorliegens der übrigen Teil-Schutzgüter in der Praxis entbehrlich[152].

aa) Eigenständiger Anwendungsbereich

Ein gegenüber dem Schutz der objektiven Rechtsordnung eigenständiger Anwendungsbereich kommt der Schutzkomponente des Individualrechtsschutzes nur in wenigen Fällen zu[153]. Der Anwendungsbereich erscheint jedoch jedenfalls dann eröffnet, wenn die betroffenen Rechtsgüter ohne einen Normverstoß bedroht oder eingeschränkt werden. Dies kann zum einen dann der Fall sein, wenn ein bedrohendes menschliches Verhalten gänzlich fehlt, beispielsweise bei Naturereignissen und Naturkatastrophen wie etwa Überschwemmungen, Erdbeben oder Lawinen[154]. Ein weiterer

---

149 *Gusy*, POR, Rn. 84; *Möller/Warg*, POR, Rn. 80; *Wolffgang/Hendricks/Merz*, POR, Rn. 55.
150 *Thiel*, POR, § 8 Rn. 25.
151 *Kingreen/Poscher*, POR, § 7 Rn. 6.
152 *Götz/Geis*, POR, § 4 Rn. 8; *Knemeyer*, POR, Rn. 101.
153 *Thiel*, POR, § 8 Rn. 25.
154 *Thiel*, POR, § 8 Rn. 25.

eigenständiger Anwendungsbereich könnte möglicherweise im Falle der menschlichen Selbstgefährdung angenommen werden[155].

bb) Das Spannungsfeld zwischen staatlichem Schutzauftrag und freier Selbstbestimmung des Einzelnen

Der Schutz der Individualrechtsgüter Leben und Gesundheit stellt eine zentrale Aufgabe des Staates dar, unabhängig von der Ursache der Bedrohung der Rechtsgüter. Diese Aufgabe kann aber in Widerspruch zur Entscheidungsfreiheit des Einzelnen geraten, wenn dieser mit eigenen Handlungen seine eigene Gesundheit oder sein Leben gefährdet[156]. Erfasst von diesen entgegenlaufenden Interessen werden neben der bewussten Selbstverletzung auch Bereiche wie die Ausübung von Extremsportarten, der Konsum gesundheitsgefährdender Substanzen, gefährliche Berufe oder die freiwillige Obdachlosigkeit[157]. Der Konflikt dieser entgegenlaufenden Interessen, freie Selbstbestimmung einerseits, staatlicher Schutz des Lebens gem. Art. 2 Abs. 2 S. 1 GG auf der anderen Seite, beruht insbesondere auf der grundgesetzlich geschützten allgemeinen Handlungsfreiheit nach Art. 2 Abs. 1 GG[158] bzw. nach abweichender Auffassung auf dem spezielleren Art. 2 Abs. 2 S. 1 GG, der mit dem Recht auf Leben und körperliche Unversehrtheit auch das negative Freiheitsrecht schütze, nicht zu leben und nicht gesund zu bleiben[159]. Das Spannungsfeld zwischen dem staatlichen Schutzauftrag und den grundgesetzlich geschützten Freiheiten des Einzelnen hat zur Folge, dass die Subsumtionsmöglichkeit der menschlichen Selbstgefährdung unter das Schutzgut der Individualrechtsgüter in der Literatur und Rechtsprechung nicht einheitlich beurteilt wird. Grundsätzlich übereinstimmend wird noch angenommen, dass jedenfalls die Konstellationen in den Schutzbereich der öffentlichen Sicherheit fallen und damit den Gefahrenabwehrstellen ein Eingreifen ermöglichen, in denen der sich selbst Gefährdende die Tragweite seines Handelns nicht absehen kann[160]. Dies gelte insbesondere für Kinder und auch für Erwachsene,

---

155 *Gusy*, POR, Rn. 85; *Kingreen/Poscher*, POR, § 7 Rn. 23.

156 *Kugelmann*, POR, 5. Kap. Rn. 60; *Thiel*, POR, § 8 Rn. 30.

157 *Möller/Warg*, POR, Rn. 83; *Thiel*, POR, § 8 Rn. 30.

158 *Dreier*, in: ders., GG I, Art. 2 I Rn. 29; *Kugelmann*, POR, 5. Kap. Rn. 62; *Möller/Warg*, POR, Rn. 83.

159 *Kingreen/Poscher*, POR, § 7 Rn. 23.

160 *Kingreen/Poscher*, POR, § 7 Rn. 25; *Möller/Warg*, POR, Rn. 83; *Wolffgang/Hendricks/Merz*, POR, Rn. 57.

die sich in einem die freie Willensbildung ausschließenden Zustand befinden[161]. Uneins ist jedoch insbesondere die Literatur darüber, wie die Fälle der Selbsttötung/Selbsttötungsversuche zu behandeln sind.

(a) Unabdingbarkeit staatlichen Eingreifens

Nach verbreiteter Auffassung ist der Staat grundsätzlich zum Einschreiten berufen. Dies wird unter anderem damit begründet, dass der Einzelne kein Verfügungsrecht über sein eigenes Leben besitze[162]. Weiterhin wird argumentiert, dass für den Staat gem. Art. 2 Abs. 2 GG, Art. 2 Abs. 1 EMRK die Pflicht bestehe, menschliches Leben zu schützen. Die durch den Selbsttötungsversuch geschaffene Lage stelle einen Unglücksfall im Sinne des § 323c StGB dar und löse eine strafrechtlich sanktionierbare Hilfeleistungspflicht aus[163]. Allein das gefährdete und wertige Schutzgut *Leben* erfordere und rechtfertige das staatliche Schutzhandeln, solange nicht auszuschließen sei, dass die Selbsttötung nicht auf einem freien Willensentschluss beruhe und keine Dritten gefährde[164]. Mit sehr hoher Wahrscheinlichkeit müsse bei einem Selbsttötungsversuch damit gerechnet werden, dass der Betroffene sein Handeln aufgrund psychopathologischer Ursachen nicht mit voller Einsichtsfähigkeit steuern könne[165]. Hierbei sei unerheblich, ob ihm die Einsichtsfähigkeit von vorneherein fehle, oder sie durch eine Kurzschlusshandlung vorrübergehend verhindert sei. Auch seien Konstellationen denkbar, in denen der Selbsttötungsversuch bereit begonnen habe, der Betroffene aus eigener Kraft diesen Versuchsbeginn aber nicht mehr beenden könne[166]. Durch das Einschreiten der Polizei bleibe die Freiheit des Menschen, über Art und Zeitpunkt seines Ablebens selbst zu bestimmen, unberührt. Die Schutz- und Hilfeleistungspflicht stelle ledig-

---

161 *Denninger*, HdbPR, D Rn. 33; *Götz/Geis*, POR, § 4 Rn. 31; *Kugelmann*, POR, 5. Kap. Rn. 65.

162 *Kugelmann*, POR, 5. Kap. Rn. 64; *H. Scholler/B. Schloer*, Grundzüge des Polizei- und Ordnungsrechts in der Bundesrepublik Deutschland, 4. Aufl. 1993, S. 64; *Starck*, in: v. Mangoldt/Klein/ders., GG I, Art. 2 Rn. 207.

163 *Denninger*, HdbPR, D Rn. 32; *Kugelmann*, POR, 5. Kap. Rn. 64; *Möller/Warg*, POR, Rn. 83.

164 *Denninger*, HdbPR, D Rn. 32; *T. Würtenberger*, in: D. Ehlers/M. Fehling/H. Pünder (Hrsg.), Besonderes Verwaltungsrecht, Bd. III, 3. Aufl. 2013, § 69 Rn. 226.

165 *Schenke*, POR, Rn. 57; *Scholler/Schloer*, Grundzüge (Fn. 162), S. 64.

166 *Götz/Geis*, POR, § 4 Rn. 32.

lich sicher, dass die Entscheidung des Betroffenen frei und nicht übereilt getroffen werde[167].

(b) Autonome Entscheidungsfreiheit des Einzelnen als Handlungsmaxime für staatliches Einschreiten

Andere Literaturstimmen verneinen die absolute Schutzpflicht des Staates und betonen das Recht auf Selbstbestimmung über das eigene Leben. Im Interesse individueller Autonomie seien strenge Anforderungen an das Nichtvorliegen der Voraussetzungen für eine eigenverantwortliche Entscheidung über eine Selbstschädigung zu stellen. Ein aufgedrängter Schutz vor solch selbstschädigenden Handlungen dürfe gegenüber zurechnungsfähigen Erwachsenen nur in Betracht kommen, wenn Dritte oder sonstige Gemeingüter gefährdet würden[168]. Dass gleichwohl das Einschreiten der Polizei bei einem Selbstmordversuch als klassisches Beispiel für rechtmäßiges Handeln gelte, sei der meist miteinhergehenden Gefährdung Dritter geschuldet oder aber dem naheliegenden Verdacht, dass sich der Selbstmörder in einem der freien Willensbildung nicht zugänglichen Zustand befinde[169]. Im letzteren Falle dürfe die Polizei nach teilweise vertretener Ansicht aus dogmatischen Gesichtspunkten lediglich Gefahrerforschungsmaßnahmen treffen, soweit der handelnde Polizeibeamte von der Möglichkeit ausgehe, dass die Selbsttötung aus gänzlichen freien Stücken erfolge. Sei allerdings offensichtlich, dass der Betroffene nicht aus situativer Verzweiflung handle, sondern ernsthaft kraft seiner geistigen Fähigkeiten gewillt ist, sein Leben zu beenden, dürfe die Polizei nicht zur Verhinderung der Selbsttötung einschreiten[170]. Als Beispiel ließe sich der unheilbar Kranke anführen, der bei klarem Bewusstsein den Entschluss gefasst hat, im Kreise seiner Angehörigen und in Begleitung eines Arztes dem Leben ein Ende zu setzen[171]. Allerdings lässt sich im Rahmen dieses Beispiels anmerken, dass ein einsatzbereiter Beamter einer Gefahrenabwehrbehörde, sei es der Ordnungsbehörden oder aber der Polizei, in der vorbeschriebe-

167 *Götz/Geis*, POR, § 4 Rn. 32; *Möller/Warg*, POR, Rn. 83.

168 *Dreier*, in: ders., GG I, Art. 2 I Rn. 29; *Gusy*, POR, Rn. 86; *Jarass*/Pieroth, GG, Art. 2 Rn. 100; *Schulze-Fielitz*, in: Dreier, GG I, Art. 2 II Rn. 84; *Wittreck*, POR, Rn. 36.

169 *Götz/Geis*, POR, § 4 Rn. 32; *Kingreen/Poscher*, POR, § 7 Rn. 27; *Schenke*, POR, Rn. 57; *Scholler/Schloer*, Grundzüge (Fn. 162), S. 64.

170 *Kingreen/Poscher*, POR, § 7 Rn. 28.

171 *Kingreen/Poscher*, POR, § 7 Rn. 29.

nen Situation regelmäßig nicht zugegen sein wird, sodass sich die Relevanz dieser Fallkonstellation als eher gering erweisen dürfte.

(c) Übereinstimmung beider „Lager"

Zusammenfassend kann festgehalten werden, dass in Fällen der beabsichtigten Selbsttötung die Gefahrenabwehrbehörden grundsätzlich zum Einschreiten berufen sind. Dies gilt jedenfalls für Gefahrerforschungsmaßnahmen, mit denen der handelnde Beamte den geistigen Zustand und die Willensrichtung des Suizidenten erforschen muss. Solche Gefahrerforschungsmaßnahmen werden aber aus der Natur der Sache heraus zumindest vorübergehend mit sich bringen, dass der handelnde Beamte den Betroffenen zunächst von der sein Leben gefährdenden Handlung abzuhalten hat. Täte er dies nicht, liefe eine Gefahrerforschung aufgrund der Unwiderruflichkeit der tödlichen Handlung ins Leere und käme einem Nichteingreifen gleich, was den staatlichen Schutzauftrag aus Art. 2 Abs. 2 S. 1 GG konterkarieren würde.

c) Schutz privater Rechte

Die öffentliche Sicherheit umschließt dem Grundsatz nach den Individualrechtsschutz in all seinen Ausprägungen. Dies beruht auf der gemeinsamen Schnittmenge der Schutzkomponente der *gesamten Rechtsordnung* mit der Schutzkomponente der *Individualrechtsgüter*. Die Rechtsordnung ist eben in ihrer Gesamtheit zu schützen. Dies erfasst zunächst auch die *privaten Rechte*[172]. Hierunter fallen alle Rechte, die nicht zu den subjektiven öffentlichen Rechten zu zählen sind, also ihre Grundlage im bürgerlichen Recht finden[173].

Allerdings hat der Gesetzgeber im PolG NRW eine Einschränkung für den polizeilichen Schutz privater Rechte vorgesehen. Wie zuvor erläutert, obliegt der Polizei nach § 1 Abs. 2 PolG NRW, der sogenannten Privatrechtsklausel, der Schutz privater Rechte nur dann, wenn gerichtlicher Schutz nicht rechtzeitig zu erlangen ist oder wenn ohne Eingreifen der Polizei die Gefahr bestünde, dass die Verwirklichung des Rechts des Bürgers vereitelt oder jedenfalls wesentlich erschwert würde. Für die Ordnungsbe-

172 *Kugelmann*, POR, 5. Kap. Rn. 67; Tegtmeyer/*Vahle*, PolG NRW, § 1 Rn. 27.
173 *Gusy*, POR, Rn. 91.

hörden gelte die polizeiliche Privatrechtsklausel analog, da keine Gründe bestünden, dass sie den ordentlichen Gerichten umfangreicher vorgreifen dürften, als die Polizei[174]. Begründet wird die Existenz der Privatrechtsklausel mit dem Ursprung der privaten Rechte. Da diese ihre Grundlage im bürgerlichen Recht fänden, unterliege ihre Durchsetzung auch den Maximen des bürgerlichen Rechts in Form der Inanspruchnahme der ordentlichen Gerichte und deren Vollstreckungsorgane[175]. Der Bürger solle die Polizeibehörden nicht als billige Hilfskräfte nutzen, um für seine rein privaten Angelegenheiten das Prozessrisiko zu minimieren[176]. Ein polizeiliches Einschreiten sei nur dann geboten, wenn die ordentlichen Gerichte im Einzelfall die Individualrechte nicht – auch nicht im Wege des einstweiligen Rechtsschutzes – schützen können. Die polizeiliche Hilfe müsse darüber hinaus dem Willen des Rechtsinhabers entsprechen[177]. Angesichts des strafrechtlichen Schutzes privater Rechtsgüter sind von der Privatrechtsklausel im Wesentlichen jedoch nur private Ansprüche betroffen[178]. Soweit ein privates Recht auch öffentlich-rechtlich verankert ist, gelten die einschränkenden Voraussetzungen des § 1 Abs. 2 PolG NRW nicht[179]. Dass sich alle privaten Rechte Grundrechten zuordnen lassen und in diesen ihren Ursprung finden, führt indes nicht zu einer automatisierten öffentlich-rechtlichen Anknüpfung der privaten Rechte. Auch die Schutzfunktion der Grundrechte kann die einfach-gesetzliche Rechtsordnung mit ihrer Unterscheidung zwischen Privat- und öffentlichem Recht nicht außer Kraft setzen[180]. Ohne eine strafrechtliche oder öffentlich-rechtliche Sanktionierung eines Eingriffs in ein privates Recht handelt es sich um ein rein privates Recht im Sinne des § 1 Abs. 2 PolG NRW[181]. An dieser Stelle verdeutlichen sich wieder die zuvor beschriebene Überschneidung der Schutzkomponenten der einzelnen Teil-Rechtsgüter sowie deren nur ausnahmsweise eigenständigen Anwendungsbereiche.

174 *Kingreen/Poscher*, POR, § 3 Rn. 41.
175 *Kugelmann*, POR, 5. Kap. Rn. 70; *Möller/Warg*, POR, Rn. 81.
176 *Kugelmann*, POR[1], 4. Kap. Rn. 60.
177 *Schenke*, POR, Rn. 54.
178 *Kingreen/Poscher*, POR, § 3 Rn. 47.
179 *Kugelmann*, POR, 5. Kap. Rn. 71; *Möller/Warg*, POR, Rn. 81.
180 *Kingreen/Poscher*, POR, § 3 Rn. 42.
181 *Kingreen/Poscher*, POR, § 3 Rn. 42.

2. Die öffentliche Ordnung

Wie der Begriff der öffentlichen Sicherheit ist die heute herrschende Definition der öffentlichen Ordnung durch die amtliche Begründung zu § 14 PreußPVG geprägt. Dieser war zu entnehmen:

> „Die öffentliche Ordnung bedeutet den Inbegriff der Normen, deren Befolgung nach den jeweils herrschenden sozialen und ethischen Anschauungen als unentbehrliche Voraussetzung für ein gedeihliches Miteinanderleben der innerhalb eines Polizeibezirkes wohnenden Menschen angesehen wird. Zur öffentlichen Ordnung gehört insbesondere auch die Sorge für die Leichtigkeit des Verkehrs.“[182]

Der dort genannte Begriff der „Normen“ beschreibt jedoch keine Regeln im Sinne von Rechtsnormen. Deren Einhaltung wäre ohnehin durch die Schutzkomponente der öffentlichen Sicherheit gewährleistet[183]. Vielmehr wird auf Regeln der Sitte und der Moral Bezug genommen, die bestimmte gesellschaftliche Erwartungen und Verhaltensmuster zum Ausdruck bringen[184]. Zwar erfuhr bereits diese Definition, wie auch sämtliche weiteren Verfeinerungen der Begriffsbestimmung, neben breiter Zustimmung auch durchaus erhebliche Kritik, welche an vorliegender Stelle aber nicht näher erörtert werden soll. Jedenfalls hat sich in der Rechtsprechung des Bundesverfassungsgerichts sowie in der herrschenden Literatur eine gängige Formel gebildet:

> Unter „öffentlicher Ordnung“ „[...]wird die Gesamtheit der ungeschriebenen Regeln verstanden, deren Befolgung nach den jeweils herrschenden sozialen und ethischen Anschauungen als unerläßliche Voraussetzung eines geordneten menschlichen Zusammenlebens innerhalb eines bestimmten Gebiets angesehen wird.“[185]

II. Schutzgüter des BHKG

Nachdem im vorherigen Teil (partiell) die Schutzgüter der öffentlichen Sicherheit und Ordnung dargestellt wurden, soll nunmehr eine nähergehen-

182 Abgedruckt in *Franzen*, Lehrkommentar, Bd. 1 (Fn. 123), S. 81 f.
183 *Schenke*, POR, Rn. 63.
184 *Wolffgang/Hendricks/Merz*, POR, Rn. 69.
185 BVerfGE 69, 315 (352); unter anderem zugrunde gelegt von: *Knemeyer*, POR, Rn. 102 und *Thiel*, POR, § 8 Rn. 37.

de Betrachtung der im BHKG aufgeführten Schutzgüter erfolgen. Beleuchtet werden soll an dieser Stelle dabei insbesondere, welche Aufgabenzuweisungen des BHKG an die Feuerwehr dem Bereich der Gefahrenabwehr zuzuordnen sind.

Das Ziel des BHKG wird in § 1 Abs. 1 BHKG in drei Teilbereiche unterteilt. Danach soll das BHKG neben dem Brandschutz (§ 1 Abs. 1 Nr. 1) auch die Hilfeleistung (§ 1 Abs. 1 Nr. 2) und den Katastrophenschutz (§ 1 Abs. 1 Nr. 3) gewährleisten. Jedoch obliegt den Gemeinden gem. § 2 Abs. 1 Nr. 1 BHKG von diesen drei Aufgaben „lediglich" der Brandschutz und die Hilfeleistung, für deren Sicherstellung die Gemeinden gem. § 3 Abs. 1 S. 1 BHKG den örtlichen Verhältnissen entsprechende leistungsfähige Feuerwehren zu unterhalten haben. § 3 Abs. 1 S. 2 BHKG verpflichtet die Gemeinden darüber hinaus mit ihren Feuerwehren am Katastrophenschutz *mitzuwirken*, dessen Wahrnehmung nach § 2 Abs. 1 Nr. 1 BHKG den Kreisen und kreisfreien Städten obliegt. Aufgrund der mangelnden primären Zuständigkeit der Feuerwehren zur Gewährleistung des Katastrophenschutzes soll dieses Teilschutzgut bei der folgenden Darstellung der (feuerwehrlichen) Schutzgüter des BHKG keine Berücksichtigung finden.

1. Der Brandschutz

Der Brandschutz dient der Bevölkerung zur Abwendung und Verhinderung von Brandgefahren. Dabei ist entsprechend dem Wortlaut von § 1 Abs. 1 BHKG zwischen vorbeugenden und abwehrenden Maßnahmen zu differenzieren[186].

a) Der vorbeugende Brandschutz

An verschiedenen Stellen des BHKG finden sich Regelungen zum vorbeugenden Brandschutz. Erfasst werden u.a. die Stellungnahmen im bauaufsichtlichen Verfahren (§ 25 BHKG), die Durchführung der Brandverhütungsschau (§ 26 BHKG), die Gestellung von Brandsicherheitswachen

186 Die Differenzierung erfolgt in vergleichbarer Art und Weise zum Polizeirecht. Bei dem vorbeugenden Brandschutz handelt es sich primär um „Gefahrenvorsorge", wie sie § 1 Abs. 1 S. 2 PolG NRW aufgeführt wird. Siehe hierzu die Ausführungen in dem Abschnitt C.II.1.a)aa) (S. 72 ff.). Der abwehrende Brandschutz ist hingegen dem Bereich der konkreten Gefahrenabwehr zuzuordnen.

(§ 27 BHKG), die Brandschutzerziehung und Brandschutzaufklärung (§ 3 Abs. 5 BHKG) sowie die Möglichkeit zur Anbringung von Feuermeldern und Alarmeinrichtungen (§ 44 Abs. 1 BHKG). Bei sämtlich aufgezählten Maßnahmen handelt es sich, wie sich aus dem Überbegriff „vorbeugender Brandschutz" unschwer entnehmen lässt, um vorbeugende Maßnahmen. Solche sollen im Allgemeinen verhindern, dass überhaupt eine konkrete Gefahr[187] eintritt bzw. im Falle des späteren Eintretens der konkreten Gefahr deren Bekämpfung erleichtern[188]. Ob allerdings vorbeugende Maßnahmen der Feuerwehr im Sinne des BHKG unter den Begriff der *Gefahrenabwehr* eingeordnet werden können, lässt sich nicht ohne weiteres beantworten. Der Hintergrund der folgenden nähergehenden Untersuchung wird aus dem Thema der vorliegenden Arbeit deutlich, „Die Befugnisse der Feuerwehr zur Gefahrenabwehr in Nordrhein-Westfalen". Zur Erforschung dieses Problems bietet sich zunächst eine Betrachtung des Meinungsstandes in der Literatur hinsichtlich der rechtlichen Einordnung von vorbeugenden Maßnahmen der Polizei an.

aa) Vorbeugende Maßnahmen der Polizei als Tätigkeit im Bereich der Gefahrenabwehr?

Gemäß § 1 Abs. 1 S. 2 PolG NRW hat die Polizei im Rahmen der Gefahrenabwehr die Aufgabe, Straftaten zu verhüten sowie vorbeugend zu bekämpfen und die erforderlichen Vorbereitungen für die Hilfeleistung und das Handeln in Gefahrenfällen zu treffen. Es erscheint daher eine Unterscheidung zwischen der Verhütung von Straftaten, der vorbeugenden Bekämpfung von Straftaten sowie der Vorbereitung auf die Gefahrenabwehr möglich. Der Fokus soll an dieser Stelle auf der letztgenannten Vorbereitung auf die Gefahrenabwehr liegen, auch Gefahrenvorsorge genannt[189]. Die Verhütung und vorbeugende Bekämpfung von Straftaten kann hingegen vernachlässig werden. Eine vergleichbare Aufgabe kommt der Feuerwehr unter keinem Gesichtspunkt zu, sodass in diesen Bereichen keine Vergleichsbemühungen angestellt werden müssen.

---

187 Siehe Fn. 199.
188 *Schenke*, POR, Rn. 71.
189 *M. Soiné*, Vorbereitung für die Hilfeleistung und das Handeln in Gefahrenfällen, DÖV 2000, S. 173 (174).

(a) Die Gefahrenvorsorge als Teil der Gefahrenabwehr?

Ob die Gefahrenvorsorge den traditionellen Auftrag der Polizei zur Gefahrenabwehr ausweitet, mithin die Vorbereitung zur künftigen Gefahrenabwehr eigenständig neben der typischen Gefahrenabwehr steht, oder ob sie als Unterfall der Gefahrenabwehr lediglich aus Klarstellungsgründen in bestimmte Polizeigesetze (u.a. PolG NRW) aufgenommen wurde, wird in der Literatur uneinheitlich beurteilt.

(b) Auffassungen innerhalb der Literatur

Nach *W.-R. Schenke* fallen auch vorbeugende Maßnahmen unter den Begriff der Gefahrenabwehr[190]. Es genüge, dass die Tätigkeit allgemein der Gefahrenabwehr diene. Die Gefahrenvorsorge solle u.a. zukünftige Gefahren verhindern und sei deshalb als Bestandteil der Gefahrenabwehr in einem vorgelagerten Stadium zu werten. Die Gefahrenabwehr könne schon aus praktischen Gründen ohne eine Einbeziehung vorbeugender Maßnahmen mit der zeitlichen Vorverlagerung polizeilicher Tätigkeit nur in ineffizienterer Weise betrieben werden[191]. Dabei geht *W.-R. Schenke* (wohl) davon aus, dass andernfalls für das Tätigwerden im Rahmen der Gefahrenabwehr zunächst der Eintritt einer Gefahr abgewartet werden müsse. Dies könnte zur Folge haben, dass mit der bereits eingetretenen Gefahrenlage die Wahrscheinlichkeit der Gefahrenverwirklichung eher einhergehe, als in den Fällen, in denen schon vorab Maßnahmen zur Verhinderung des Eintritts der Gefahrenlage ergriffen werden können.

Gusy hingegen differenziert bei der Zuordnung zwischen den Aufgaben der Polizei nach § 1 Abs. 1 S. 2 PolG NRW. Er fasst nur die Vorbereitung auf die Gefahrenabwehr als Ausweitung des Auftrages der Gefahrenabwehr auf[192]. Für polizeiliche Tätigkeiten im Bereich der Gefahrenabwehr müsste zunächst eine Gefahr festgestellt werden. Diese bedinge das Vorliegen von Gefahrindizien, welche also die zeitliche Grenze für das Vorliegen bzw. Nichtvorliegen einer Gefahr bilden. Die Vorbereitungsmaßnahmen auf künftige Gefahrenabwehr lägen jedoch soweit im „Gefahrenvorfeld“, dass eine Anknüpfung an das Vorliegen einer Gefahr fehle. Eine Subsum-

190 *Schenke*, POR, Rn. 71.
191 *Schenke*, POR, Rn. 71.
192 *Gusy*, POR, Rn. 132.

tion unter den Begriff der Gefahrenabwehr scheide daher aus[193]. Die Gefahrenverhütung hingegen, welche insbesondere die Aufklärung und Vorbeugung zukünftiger Straftaten umfasse, könne wegen ihrer Nähe zu den zukünftig statistisch zu erwartenden Rechtsverletzungen eher dem Bereich der Gefahrenabwehr zugeordnet werden[194].

Soiné kritisiert das Subsumieren der Gefahrenvorsorge unter dem Begriff der Gefahrenabwehr. Diese Ansicht erweise sich insbesondere in den Ländern als problematisch, in denen aufgrund des sogenannten Trennungssystems lediglich ein subsidiäres Handeln der Vollzugspolizei bei der Gefahrenabwehr vorgesehen sei[195]. Nach *Soiné* sei ein polizeiliches Handeln zur Gefahrenvorsorge unter Beachtung der Subsidiaritätsregel kaum vorstellbar. Dies beruhe auf den Umständen, dass das Tätigwerden der Polizei zur Gefahrenabwehr immer eine tatsächlich eingetretene Gefahr, verbunden mit der Unaufschiebbarkeit des Einschreitens, voraussetze. Das zeitliche sich Befinden im Gefahrenvorfeld reiche zur Annahme einer Gefahr nicht aus. Die polizeiliche Zuständigkeit trete damit immer hinter der der Ordnungsbehörden zurück[196].

Kingreen/Poscher ordnen die Vorbereitung auf künftige Gefahrenabwehr ebenfalls wie *W.-R. Schenke* (oben) unter den Überbegriff Gefahrenabwehr ein. Allerdings umfasse der Überbegriff Gefahrenabwehr die drei Teilbereiche der *klassischen Gefahrenabwehr*, der *Vorbereitung auf künftige Gefahrenabwehr* sowie der *vorbeugenden Bekämpfung von Straftaten*. Diese Teilbereiche stünden eigenständig nebeneinander[197]. Unter dem Begriff *klassische Gefahrenabwehr* sei dabei die Abwehr konkreter Gefahren durch die Polizei sowie konkreter oder abstrakter Gefahren durch die Ordnungsbehörden zu verstehen[198]. Als *konkrete Gefahr* versteht sich eine Sachlage, die im einzelnen Falle mit hinreichender Wahrscheinlichkeit zu einem Schadenseintritt führen wird[199]. Eine *abstrakte Gefahr* liegt hingegen vor, wenn eine generell-abstrakte Betrachtung für bestimmte Arten von Verhaltensweisen oder Zuständen zu dem Ergebnis führt, dass mit hinreichender Wahrscheinlichkeit ein Schaden im Einzelfall einzutreten droht[200].

---

193 *Gusy*, POR, Rn. 132.
194 *Gusy*, POR, Rn. 132 f.
195 *Soiné*, Hilfeleistung (Fn. 189), S. 175.
196 *Soiné*, Hilfeleistung (Fn. 189), S. 175.
197 *Kingreen/Poscher*, POR, § 3 Rn. 2.
198 *Kingreen/Poscher*, POR^9, § 5 Rn. 3.
199 *Götz/Geis*, POR, § 6 Rn. 19.
200 *Götz/Geis*, POR, § 6 Rn. 21.

bb) Übertragbarkeit auf das BHKG?

Nach Darstellung dieses (wohl nur partiellen) Ausschnitts der literarischen Divergenzen lässt sich schnell erkennen, dass sich bereits im Gefahrenabwehrrecht der Polizei die Einordnung von Gefahrenvorsorgemaßnahmen als äußerst schwierig erweist. Nachfolgend soll beispielhaft untersucht werden, ob sich eine der aufgeführten Ansichten mit absoluter Überzeugungskraft durchzusetzen vermag und eine Übertragung der dort gefundenen Grundsätze auf die Gefahrenvorsorge im BHKG zu befriedigenden Ergebnissen führt. Ziel soll es sein, herauszukristallisieren, ob aufgrund der vorhandenen Literatur zur Gefahrenvorsorge im Bereich des Polizeiwesens, eine Subsumtion der *Gefahrenvorsorge durch die Feuerwehr* unter den Begriff der *Gefahrenabwehr* möglich erscheint.

Soiné ist beizupflichten, dass im Rahmen des Trennungssystems die rechtliche Möglichkeit der polizeilichen Gefahrenvorsorge faktisch leerlaufen könnte, sofern man den Begriff der Gefahrenvorsorge unter den Überbegriff der Gefahrenabwehr fasst. Im Rahmen der allgemeinen Subsidiarität polizeilicher Zuständigkeit erscheinen Konstellationen wahrhaftig schwerlich vorstellbar, in denen die Polizei aufgrund von zeitlicher Unaufschiebbarkeit zu Gefahrenvorsorgemaßnahmen berufen sein dürfte. Diese Auswirkungen, verbunden mit der expliziten Nennung der Aufgabe der Gefahrenvorsorge in vielen Polizeigesetzen, könnten einen erheblichen Wertungswiderspruch nach sich ziehen. Um einen solchen zu vermeiden, sprächen einige Argumente dafür, die Gefahrenvorsorge als eigene polizeiliche Aufgabenkategorie zu verstehen. Im nordrhein-westfälischen Polizeirecht läuft *Soinés* Kritik jedoch ins Leere. Auch im hiesigen Landesrecht ist das Trennungssystem statuiert. Danach sind Polizei- und Ordnungsbehörden als zwei unabhängige Stellen eingerichtet, die jeweils zur Gefahrenabwehr im Bereich der öffentlichen Sicherheit und Ordnung berufen sind. Die Polizei darf jedoch gem. § 1 Abs. 1 S. 3 PolG NRW lediglich in Eilfällen tätig werden. Die Zuständigkeit liegt daher grundsätzlich bei den Ordnungsbehörden. Explizit ausgenommen von diesem Grundsatz sind gem. § 1 Abs. 1 S. 3 PolG NRW die Verhütung und vorbeugende Bekämpfung von Straftaten sowie die erforderliche Vorbereitung für die Hilfeleistung und das Handeln in Gefahrenfällen. Die Subsidiarität polizeilichen Handelns mag sich zwar auf den Begriff der Gefahrenabwehr beziehen, ausgenommen hat der Gesetzgeber aber die Gefahrenvorsorge, sodass die polizeiliche Zuständigkeit auch außerhalb von (schwer denkbaren) Eilfällen hinsichtlich vorbeugender Maßnahmen angenommen werden kann. Darüber hinaus würde das von *Soiné* getroffene Ergebnis auch bei Außerachtlassung der zuvor beschriebenen nordrhein-westfälischen polizeirechtlichen Gegebenheiten in letzter Konsequenz nicht zu einer befriedigenden Ausgangslage für einen allgemeingültigen Gefahrenabwehrbegriff führen. Dies zeigt sich an dem gedanklichen Experiment, *Soinés* Ergebnis auf die vorbeugenden Maßnahmen zur Gewährleistung des Brandschutzes durch die Feuerwehr zu übertragen. Dabei müsste nun der vorbeugende Brandschutz als eigenständige feuerwehrliche Aufgabenkategorie neben der Gefahrenabwehr eingeordnet werden, um einen einheitlichen Begriff der Gefahrenabwehr für *alle* Gefahrenabwehrstellen zu schaffen. Ähnlich zum PolG NRW ist auch in § 1 Abs. 3 S. 1 BHKG eine Subsidiaritätsklausel enthalten, welche die Anwendung des BHKG ausschließt, soweit vorbeugende und abwehrende Maßnahmen im Sinne des § 1 Abs. 1 BHKG aufgrund anderer Rechtsvorschriften gewährleistet werden[201]. Der ausschlaggebende Unterschied gegenüber der polizeilichen Subsidiaritätsklausel liegt indes darin, dass durch die Rechtsordnung keine weiteren Gefahrenabwehrstellen neben der Feuerwehr zu entsprechenden Maßnahmen des *vorbeugenden* Brandschutzes berufen sind. Ein Leerlaufen der im BHKG verankerten Gefahrenvorsorge durch die Feuerwehr ist daher nicht zu befürchten. Praktische Gründe, wie sie *Soiné* im Polizeirecht sieht, bestünden daher nicht für die Einordnung des vorbeugenden Brandschutzes als eigenständige feuerwehrliche Aufgabenkategorie. Das unbefriedigende Ergebnis an *Soinés* Forderung zeigt sich gerade an dieser Stelle. Um einen einheitlichen Gefahrenabwehrbegriff zu schaffen, müssten die Gefahrenvorsorgemaßnahmen der Feuerwehr ebenso in eine eigenständige Aufgabenkategorie eingeordnet werden wie die Gefahrenvorsorgemaßnahmen der Polizei. Im Rahmen des BHKG besteht jedoch überhaupt kein (praktisches) Bedürfnis nach solch einer Einordnung, jedenfalls nicht unter dem Gesichtspunkt, dass durch die Subsidiaritätsregel in § 1 Abs. 3 S. 1 BHKG das Leerlaufen feuerwehrlicher Zuständigkeit zu befürchten sei. Dies wurde im vorherigen Absatz gezeigt. Die Herausnahme der feuerwehrlichen Gefahrenvorsorge aus dem Bereich der Gefahrenabwehr und Einordnung in einen eigenständigen Aufgabenbereich würde lediglich aufgrund des von *Soiné* herausgearbeiteten Wertungswiderspruches zwischen der polizeilich Subsidiaritätsklausel und der polizeilichen Gefahrenvorsorge erfolgen. Eine *inhaltliche* Auseinandersetzung mit den Gefahrenvorsorgemaßnahmen und der Schaffung einer eigenen Aufgabenkategorie hat nicht stattgefunden.

Als allgemeingültige Frage lässt sich daher aufwerfen, ob der systembedingte Wertungswiderspruch in einem Teilbereich des Gefahrenabwehr-

---

201 *Müller-Platz*, BHKG, § 1 (Dezember 2016) Ziff. 4.

rechts zu einem allgemeinverbindlichen Ausschluss der Gefahrenvorsorge aus dem Bereich der Gefahrenabwehr erfolgen kann. Hieran bestehen unter den oben aufgezeigten Gesichtspunkten erhebliche Zweifel, sodass *Soinés* Forderung nach einer Aufspaltung zwischen Gefahrenabwehr und Gefahrenvorsorge jedenfalls mit der von ihm zugrunde gelegten Argumentation nicht überzeugen kann. Eine Übertragung seines Grundsatzes auf das Gefahrenabwehrrecht der Feuerwehr erübrigt sich daher.

Kingreen/Poscher stellen nicht den Oberbegriff der Gefahrenabwehr in den Mittelpunkt, sondern fokussieren den Begriff der *klassischen Gefahrenabwehr*. Dieser Bereich stehe eigenständig neben den Bereichen *Vorbereitung auf künftige Gefahrenabwehr* sowie der *vorbeugenden Bekämpfung von Straftaten*. All diese Bereiche unterfielen jedoch dem Begriff der Gefahrenabwehr. Ob dabei die in § 1 Abs. 1 S. 3 PolG NRW vorgesehene Subsidiaritätsklausel nur auf den Begriff der *klassischen Gefahrenabwehr* zu reduzieren sei, also auf die Bekämpfung konkreter Gefahren durch die Polizei, erwähnen *Kingreen/Poscher* nicht. Jedenfalls wäre dies aufgrund der oben beschriebenen Ausnahme des § 1 Abs. 1 S. 2 PolG NRW auch nicht notwendig. Der von *Soiné* erläuterte Wertungswiderspruch ist im nordrhein-westfälischen PolG nicht zu befürchten. Eine inhaltliche Begründung für die Notwendigkeit der aufgeführten Unterkategorien bzw. das Erfassen der Kategorien vom Begriff der Gefahrabwehr bleiben jedoch auch diese Autoren schuldig und umgehen mit der Unterscheidung der Begriffe *Gefahrenabwehr* und *klassische Gefahrenabwehr* eine inhaltliche Auseinandersetzung mit der Einordnung der Gefahrenvorsorge.

Argumentativ spricht für diese Auffassung der Wortlaut von § 1 Abs. 1 S. 1, 2 PolG NRW, welcher zur Verdeutlichung nachfolgend aufgeführt wird:

> „(1) Die Polizei hat die Aufgabe, Gefahren für die öffentliche Sicherheit oder Ordnung abzuwehren (Gefahrenabwehr). Sie hat **im Rahmen dieser Aufgabe** Straftaten zu verhüten sowie vorbeugend zu bekämpfen und die erforderlichen Vorbereitungen für die Hilfeleistung und das Handeln in Gefahrenfällen zu treffen.“[202]

Explizit nennt das Gesetz die *Verhütung und vorbeugende Bekämpfung von Straftaten* sowie die *Gefahrenvorsorge* im Rahmen der Aufgabe der Gefahrenabwehr. Dies könnte ein deutlicher Hinweis auf das Unterfallen der Gefahrenvorsorge unter den Begriff der Gefahrenabwehr sein.

---

202 Wortlaut des § 1 Abs. 1, 2 PolG NRW mit Hervorhebungen durch den Autor.

Allerdings führt auch die vorgenannte Auffassung verbunden mit der Wortlaut-Argumentation wiederum zu Folgeproblemen. Um einen einheitlichen Gefahrenabwehrbegriff zu gewährleisten, müssten auch sämtliche Gefahrenvorsorgemaßnahmen der Feuerwehr dem Begriff der Gefahrenabwehr zugeschrieben werden, da es sich bei der Feuerwehr unstreitig um eine Gefahrenabwehrstelle handelt. Allerdings ist eine Zuordnung solcher Maßnahmen zu dem Begriff der Gefahrenabwehr, ähnlich der Zuordnung des § 1 Abs. 1 S. 2 PolG NRW, im BHKG nicht vorhanden. Die Einordnung der Gefahrenvorsorge im Bereich des Feuerwehrwesens würde daher, wie nach *Soiné*, ausschließlich aufgrund der Gegebenheiten des PolG NRW erfolgen, in diesem Fall aufgrund des Wortlautes von § 1 Abs. 1 S. 2 PolG NRW.

Darüber hinaus bereiten die von *Kingreen/Poscher* aufgestellten Unterkategorien, insbesondere die Definition der klassischen Gefahrenabwehr durch die Polizei und die Ordnungsbehörden, bei dem Versuch der Erstellung eines allgemeingültigen klassischen Gefahrenabwehrbegriffs Probleme. Als klassische polizeiliche Gefahrenabwehr sei nur die Abwehr konkreter Gefahren zu verstehen. Für Ordnungsbehörden falle klassische Gefahrenabwehr im Bereich der Bekämpfung konkreter, aber auch abstrakter Gefahren an. Überträgt man diese Grundsätze auf die Tätigkeit der Feuerwehr, lassen sich insbesondere die Gefahrenvorsorgemaßnahmen nur schwerlich einer Kategorie fest zuordnen. Problematisch erscheint dabei, dass die Feuerwehr weder mit der Polizei noch mit den Ordnungsbehörden gleichgesetzt werden kann. Dies zeigen Untersuchungen an andere Stelle, auf die hier Bezug genommen werden wird[203].

Als Frage ließe sich daher aufwerfen, ob die vorbeugende Tätigkeit der Feuerwehr nach der Auffassung von *Kingreen/Poscher* überhaupt unter den Begriff der klassischen Gefahrenabwehr subsumierbar ist. Dabei käme es zum einen darauf an, ob auch die Bekämpfung von *abstrakten* Gefahren durch die Feuerwehr, ähnlich im Falle der Ordnungsbehörden, zur klassischen Gefahrenabwehr zu zählen ist. Zum anderen müsste die Frage beantwortet werden, ob die Maßnahmen im vorbeugenden Brandschutz überhaupt der Verhütung *abstrakter* Gefahren dienen.

Die zweite Frage lässt sich mit der Betrachtung verschiedener Maßnahmen des vorbeugenden Brandschutzes beantworten. Bei der Durchführung der Brandverhütungsschau (§ 26 BHKG) sowie der Gestellung von Brandsicherheitswachen (§ 27 BHKG) wird sich sicherlich vertreten lassen,

---

203 Vgl. hierzu die Ausführungen in dem Kapitel B (S. 32 ff.) und dem Abschnitt E.III.1.c)cc) (S. 263 ff.).

dass es sich in den Konstellationen, in denen das Gesetz die Notwendigkeit dieser Maßnahmen anordnet, um abstrakte Gefahren handelt. Beide Tatbestände sprechen von abstrakt erhöhten Brandgefahren, die nach allgemeiner Erfahrung im Einzelfall zu erheblichen Rechtsgutschädigungen führen können und somit zur Verhütung zukünftig entstehender Gefahren einer gesonderten Behandlung bedürfen. Bei Vorliegen der in den Tatbeständen vorausgesetzten Umstände kann also von einer abstrakten Gefahr im Sinne des Polizei- und Ordnungsrechts ausgegangen werden. Hingegen knüpfen die Brandschutzerziehung und Brandschutzaufklärung nach § 3 Abs. 5 BHKG schon dem Wortlaut nach nicht an eine erhöhte Gefahrenlage an, sondern sollen insbesondere den Umgang mit Gefahrenquellen sowie ein adäquates Verhalten im Falle des Gefahreneintritts näher bringen. Auf eine typisierte Situation wird gerade nicht Bezug genommen, sodass dieser Bereich der vorbeugenden Maßnahmen jedenfalls nicht zur Bekämpfung abstrakter Gefahren zu zählen ist. Eine einheitliche Beurteilung der Gefahrenvorsorge durch die Feuerwehr als Bekämpfung abstrakter Gefahren erscheint daher nicht möglich.

Als erstere aufgeworfene Frage wäre nun weiterhin zu überlegen, ob die feuerwehrlichen Maßnahmen, welche nach den vorgehenden Ausführungen zur Verhütung abstrakter Gefahren zu zählen sind, überhaupt unter den Begriff der klassischen Gefahrenabwehr gefasst werden können. Dies wäre nur dann der Fall, wenn ähnlich der Tätigkeit von Ordnungsbehörden, die Feuerwehr im Rahmen der *klassischen Gefahrenabwehr* überhaupt zur Bekämpfung abstrakter Gefahren berufen ist. Die Feuerwehr müsste daher den Ordnungsbehörden gleichgesetzt werden können, was äußerst problematisch erscheint. Dabei ist zu berücksichtigen, dass die Feuerwehr einerseits klassischerweise ähnlich der Polizei in meist dringlichen Fällen vor Ort einzuschreiten hat, jedoch aus historischen Gründen in einem gänzlich anderen Rechtsinstitut angelegt wurde und daher nicht wie die Vollzugspolizei behandelt werden kann[204]. Andererseits kommt ihr gerade auch nicht die Stellung einer (Sonder-) Ordnungsbehörde zu[205]. Eine Gleichbehandlung scheint weder von Feuerwehr und Polizei, noch von Feuerwehr und Ordnungsbehörden möglich. Zu Beantwortung der aufgeworfenen Frage bedürfte es daher einer intensiven Erörterung des Problems, ob die Feuerwehr ihrem Wesen nach eher der Polizei oder aber den Ordnungsbehörden *näher* steht. Dieses Problem kann und soll aber mit der vorliegenden Arbeit in einem angemessenen Umfang nicht beantwor-

---

204 Vgl. Ausführungen zu: E.III.1.c)bb) (S. 257 ff.) und E.III.1.c)cc) (S. 263 ff.).
205 Vgl. Ausführungen zu: B.IV (S. 45 ff.) und F.II.2.b)aa) (S. 294 ff.).

tet werden. Es bleibt daher die Frage offen, ob die *Verhütung abstrakter Gefahren* durch die Feuerwehr nach der von *Kingreen/Poscher* verwendeten Terminologie überhaupt unter den Begriff der *klassischen Gefahrenabwehr* subsumiert werden kann.

Gegen *Kingreen/Poscher* fasst *Gusy* zumindest den Bereich der Gefahrenvorsorge nicht unter den Begriff der Gefahrenabwehr. Überzeugend erscheint, dass die Gefahrenabwehr (im Polizeirecht) schon begriffstechnisch den Eintritt einer konkreten Gefahr bzw. das Vorliegen konkreter Gefahrindizien voraussetze[206], weshalb auch *W.-R. Schenkes* Auffassung nicht gefolgt werden kann. Die Gefahrenabwehr solle nicht erst dann einsetzen dürfen, wenn ein Schaden bereits eingetreten sei, weshalb die Gefahrenabwehr auch nicht an den Begriff der *Störung* anknüpfe, sondern an die *Gefahr*. Die *Gefahr* sei ein zukünftiger Schaden[207]. Dort, wo aber noch kein Schaden zu befürchten ist, kann keine Gefahr vorliegen. Eine Maßnahme, die daraufhin ohne Vorliegen einer Gefahr erfolge, kann begrifflich schon nicht dem Bereich der Gefahrenabwehr zugerechnet werden.

Gusys Ausführungen zur Gefahrenvorsorge beziehen sich jedoch lediglich auf die Abwehr konkreter Gefahren durch die Polizei. Wie es sich demgegenüber bei der Bekämpfung abstrakter Gefahren (durch die Ordnungsbehörden) verhält, dazu äußert sich *Gusy* nicht. Bei der reinen Gefahrenvorsorge dürften jedoch nur schwerlich vorstellbar konkrete Gefahrenlagen vorliegen. Ein Rückschluss auf die begriffstechnische Einbeziehung bzw. den Ausschluss vorbeugender Maßnahmen, welche sich auch als Bekämpfung abstrakter Gefahren darstellen, erscheint daher mangels nähergehender Ausführungen nicht möglich.

Die vorangehenden Ausführungen zeigen, dass eine Einordnung der Gefahrenvorsorge im Allgemeinen, insbesondere aber auch in Hinblick auf das BHKG, mit erheblichem Aufwand verbunden ist. Eine sachgerechte Bewertung der Materie unter Berücksichtigung sämtlicher aufgeworfener Problemstellungen würde den Umfang dieser Arbeit „sprengen" und von dem eigentlich zu behandelnden Thema ablenken. Im Fokus dieser Arbeit soll untersucht werden, welche Befugnisse der Feuerwehr im Rahmen Ihrer Tätigkeit, insbesondere aber an den Einsatzstellen zur Verfügung stehen. Durch die Schwierigkeiten der Einordnung der vorbeugenden Maßnahmen, ihrer aber nur untergeordneten Relevanz beim Einsatz der Feuerwehr an den „typischen" Einsatzstellen, soll der angestrebte Vergleich der Schutzgüter des BHKG einerseits und derer des PolG/OBG NRW anderer-

---

206 *Gusy*, POR, Rn. 117.
207 *Gusy*, POR, Rn. 108.

seits, sich auf den *abwehrenden* Brandschutz sowie die Hilfeleistung des BHKG beschränken.

b) Der abwehrende Brandschutz

Der abwehrende Brandschutz erfolgt im Kern durch die Bekämpfung von sog. Schadenfeuern[208]. Fraglich und näher zu untersuchen ist an späterer Stelle zudem, ob der Begriff des abwehrenden Brandschutzes noch weitere Aspekte umfasst. Die Einordnung in den Bereich der klassischen Gefahrenabwehr dürfte jedenfalls unproblematisch sein. Wie sich nachfolgend zeigen wird, ist der abwehrende Brandschutz durch hinreichend wahrscheinlich eintretende Rechtsgutschädigungen bedingt, sodass die Feuerwehr mit ihren Maßnahmen *konkrete* Gefahren bekämpft. Dies ist dem Bereich der klassischen Gefahrenabwehr zuzuordnen, unabhängig von der Frage, ob die Feuerwehr von ihrer Rechtsnatur und der Tätigkeit eher der Polizei oder aber den Ordnungsbehörden näher steht.

aa) Die Bekämpfung von Schadenfeuern

In diesem Abschnitt soll der Begriff des Schadenfeuers ausführlich dargestellt und insbesondere auf den zeitlichen „Umfang" eines Schadenfeuers vertiefter eingegangen werden.

(a) Der Begriff des Schadenfeuers

Nach stetiger Rechtsprechung der nordrhein-westfälischen Verwaltungsgerichte, insbesondere des Oberverwaltungsgerichts Münster, versteht man unter einem Schadenfeuer ein selbstständig fortschreitendes, unkontrollierbares Feuer außerhalb einer Feuerstätte, das nicht zum Verbrennen bestimmte oder nicht wertlose Gegenstände vernichtet und Personenschäden verursachen kann[209]. Bei der vorgenannten Begriffsfassung ist davon aus-

---

208 *Prendke*, Lexikon, S. 69; *Schneider*, BHKG, § 1 Rn. 37.

209 OVG Münster, Urt. v. 24.6.2008 – Az. 9 A 3961/06 – juris, Rn. 28; VG Aachen, Urt. v. 30.11.2009 –Az. 6 K 1608/09 – juris, Rn. 20; ebenso: *S. Bertkau*, Schadens- und Kostenrisiko für Ersthelfer, Betroffene sowie die Feuerwehr im Rahmen von Notlagen und Falschalarmen – Teil 2, ZFS 2018, S. 664 (666).

zugehen, dass auch die Rechtsgüter Umwelt und Tiere mit umfasst werden sollen[210]. Auch ein Schwelbrand[211] fällt nach der Rechtsprechung unter den Begriff des Schadenfeuers[212]. Der Hessische Verwaltungsgerichtshof konkretisiert zur zeitlichen Schwelle, dass das Feuer einen Schaden bereits ausgelöst oder eine unmittelbare Gefahr heraufbeschworen haben muss, einen Schaden auszulösen, um als Schadenfeuer zu gelten[213]. Ein kontrolliertes Feuer hingegen, wie beispielsweise ein Lagerfeuer oder ein Osterfeuer, sei jedenfalls so lange kein Schadenfeuer, wie die Kontrolle über das Feuer bestehe[214]. Daraus ergebe sich, dass auch ein Nutzfeuer durch Kontrollverlust zu einem Schadenfeuer umschlagen könne. Als Beispiele können hier der Müllkippenbrand, der auf die Umgebung übergreift, oder das Abbrennen von Ernteresten mit einem unbeabsichtigten Übergriff auf ein benachbartes Waldstück aufgeführt werden[215].

Uneinigkeit besteht darüber, ob ein Schadenfeuer auch dann anzunehmen sei, wenn Gegenstände *rechtswidrig* (aber kontrolliert) verbrannt und *dadurch* Gefährdungen für Personen, fremdes Eigentum oder Umwelt hervorgerufen würden. Als Beispiel lässt sich das Verbrennen von Gegenständen auf einem Privatgrundstück nennen, bei welchen durch das Feuer gesundheitsgefährdende Stoffe freigesetzt werden. *Schneider* bejaht die Annahme eines Schadenfeuers in solchen Fällen[216], das Oberverwaltungsgericht Münster lehnt diese Auffassung ab[217]. Es hält die Ergänzung des Schadenfeuerbegriffs in Hinblick auf die Schutzpflicht des Staates bzgl. der genannten Rechtsgüter nicht für geboten[218]. Eine explizite Begründung für diese Auffassung wird in der gerichtlichen Entscheidung nicht dargelegt. Allerdings lässt sich dem Kontext der Entscheidungsgründe entnehmen, dass der Senat ein Schadenfeuer nur im Falle des unkontrollierbaren Fortschreitens eines Feuers für vorliegend hält[219]. Daraus folgt, dass allein die Rechtswidrigkeit eines Feuers es nach Ansicht des Senates nicht

210 *Schneider*, BHKG, § 1 Rn. 42; *J. Tellenbröker*, Der rechtliche Rahmen der Zusammenarbeit von Polizei, Feuerwehr und Rettungsdienst an der Einsatzstelle am Beispiel der Rechtslage in NRW, Die Polizei 2015, S. 263 (263).

211 Zur Definition dieses Begriffs siehe *Prendke*, Lexikon, S. 329.

212 VG Minden, Urt. v. 13.5.2004 – Az. 9 K 1857/02 – juris, Rn. 22.

213 VGH Kassel, Urt. v. 6.12.2000 – Az. 5 UE 4389/99 – juris, Rn. 25.

214 OVG Münster, Urt. v. 24.6.2008 – Az. 9 A 3961/06 – juris, Rn. 30; VG Aachen, Urt. v. 30.6.1999 – Az. 6 K 974/97 – juris; *Schneider*, BHKG, § 1 Rn. 37.

215 *Schneider*, BHKG, § 1 Rn. 39.

216 *Schneider*, BHKG, § 1 Rn. 37.

217 OVG Münster, Urt. v. 24.6.2008 – Az. 9 A 3961/06 – juris, Rn. 33.

218 OVG Münster, Urt. v. 24.6.2008 – Az. 9 A 3961/06 – juris, Rn. 34.

219 OVG Münster, Urt. v. 24.6.2008 – Az. 9 A 3961/06 – juris, Rn. 32.

zu einem Schadenfeuer qualifizieren vermag. Die Auffassung des Oberverwaltungsgerichts Münster überzeugt. Zwar soll nicht in Abrede gestellt werden, dass auch durch ein rechtswidriges, aber kontrolliertes Feuer eine Gefährdung von Schutzgütern drohen kann. Allerdings erscheint solch eine Gefährdung auch bei behördlich genehmigten (also rechtmäßigen), kontrollierten Feuern denkbar. Als Beispiel ließe sich hier das genehmigte Osterfeuer aufführen. Je nach Windrichtung kann die Beeinträchtigung von fremden Rechtsgütern drohen. Zu denken wäre einerseits beispielsweise an das Verrußen von Hauswänden, also eine Eigentumseinwirkung. Auch ist nicht auszuschließen, dass bei starkem Wind und falscher Positionierung durch die Zuschauer eine Gesundheitsgefährdung durch Einatmen des Rauches droht. Jedenfalls in dem Beispiel der verrußten Hauswände können sich die Betroffenen der Beeinträchtigung nicht durch eigenes Handeln entziehen. Warum im Falle des rechtswidrigen Feuers dem staatlichen Schutzauftrag höheres Gewicht zukommen soll, ist nicht ersichtlich. Darüber hinaus würde die von *Schneider* vorgeschlagene Ausweitung des Schadenfeuerbegriffs dem Sinn und Zweck des feuerwehrlichen Brandschutzes zuwider laufen. Der Feuerwehr kommt als Gefahrenabwehrstelle eine eigene sachliche Spezialzuständigkeit zu[220]. Diese rechtfertigt sich aufgrund der Tatsache, dass der Gesetzgeber den Gemeinden in § 1 Abs. 1 Nr. 1 i.V.m. § 2 Abs. 1 Nr. 1 i.V.m. § 3 Abs. 1 BHKG aufgegeben hat, zur Gewährleistung des Brandschutzes leistungsfähige Feuerwehren zu unterhalten. Die Aufgaben der Feuerwehr beschränken sich aber auch eben nur auf die in § 1 Abs. 1 BHKG genannten Zuweisungen. Diese speziellen Gefahrenabwehraufgaben sollen nach dem gesetzgeberischen Konzept einer Stelle obliegen, welche zur Aufgabenerfüllung mit besonders ausgebildetem Personal und entsprechender Ausrüstung ausgestattet ist, § 3 Abs. 1 S. 1 und Abs. 4 BHKG. Daraus lässt sich schließen, dass die Feuerwehr in solchen Fällen handeln soll und muss, in denen andere Gefahrenabwehrstellen aufgrund mangelnder Ressourcen nicht in der Lage sind, entsprechend effektive Gefahrenabwehr zu gewährleisten[221]. Dem hat der Gesetzgeber bewusst auch mit der in § 1 Abs. 3 S. 1 BHKG enthaltenen Subsidiaritätsklausel Rechnung getragen[222]. Danach ist das BHKG nicht anzuwenden und somit auch eine Zuständigkeit der Feuerwehr nicht be-

---

220 Vgl. Ausführungen zu: B.III.2 (S. 44).

221 Ähnlich auch: *Hörstrup*, Organisation, S. 353; zu der vergleichbaren Regelung im rheinland-pfälzischem Brandschutzrecht: *S. Keiper*, Zuständigkeitsprobleme im Feuerwehreinsatz, LKRZ 2013, S. 365 (365 f.).

222 LT-Drs. 16/8293, S. 79.

gründet, soweit vorbeugende und abwehrende Maßnahmen im Sinne des § 1 Abs. 1 BHKG aufgrund anderer Rechtsvorschriften sichergestellt sind. Soweit also Polizei oder Ordnungsbehörden im Rahmen der Gefahrenabwehr für die öffentliche Sicherheit und Ordnung entsprechenden Schutz gewährleisten können, sollen diese auch vorrangig zuständig sein. Anders verhält es sich bei Gefahren, denen Polizei und Ordnungsbehörden nicht schlagkräftig begegnen können. Dies ist insbesondere bei der Bekämpfung von Schadenfeuern der Fall, welche daher im Mittelpunkt der feuerwehrlichen Tätigkeit steht. Geht zwar von einem Feuer eine Gefährdung für bestimmte Rechtsgüter aus, beruht die Gefährdung aber nicht darauf, dass das Feuer außer Kontrolle ist, können auch andere Gefahrenabwehrstellen den „Feuerbetreibern" im Rahmen einer Ordnungsverfügung aufgeben, das kontrollierte Feuer zu löschen. Die Feuerwehr wird dabei, zumindest vorerst, nicht benötigt. Müsste sie in diesen Fällen dennoch ausrücken, obwohl ihre Tätigkeit nicht erforderlich ist, um eine Gefährdung von Rechtsgütern zu beenden, liefe dies dem Zwecke der oben beschriebenen Spezialzuständigkeit zuwider. Daher kann in Einklang mit der Auffassung des Oberverwaltungsgerichts Münster ein Schadenfeuer nur dann angenommen werden, wenn es sich um ein unkontrolliert fortschreitendes Feuer handelt[223]. Gestützt wird diese Auffassung von dem Gesetzesentwurf der Landesregierung NRW[224]. Darin heißt es:

> „Statt des bisher im Gesetz verwandten Begriffs des Feuerschutzes wird dabei der präzisiere Begriff des Brandschutzes aufgenommen. Der Begriff ‚Feuer' umfasst neben dem ungewollten, zerstörerischen sog. ‚Schadenfeuer' auch das gewollte, kontrollierte sog. ‚Nutzfeuer'. [...] Inhaltliche Auswirkungen auf die wahrzunehmenden Aufgaben ergeben sich durch die veränderte Bezeichnung nicht."[225]

Dabei ist darauf hinzuweisen, dass sich der Begriff „Feuerschutz" neben der Nennung im Titel des Gesetzes (*Gesetz über den Feuerschutz und die Hilfeleistung)* auch an mehreren weiteren Stellen[226] im FSHG wiederfindet. In der Aufgabenzuweisung in § 1 Abs. 1 FSHG wurde dieser jedoch nicht verwendet. Gleichwohl hat der Gesetzgeber die bisherige Verwendung des Begriffs „Feuerschutz" zum Anlass genommen, klarzustellen, dass der Feuerwehr allein die Bekämpfung von unkontrollierten Feuern obliegt und kon-

223 Im Ergebnis ebenso: *Hörstrup*, Organisation, S. 363 f.
224 LT-Drs. 16/8293.
225 LT-Drs. 16/8293 S. 78.
226 Beispielsweise in § 1 Abs. 5 oder § 3 Abs. 1 FSHG.

trollierte, aber rechtswidrige Feuer nicht in den Aufgabenbereich der Feuerwehr nach dem BHKG fallen.

Einigkeit besteht darüber, dass die Ursache eines Schadenfeuers für dessen Einordnung als solches ohne Belang ist. Ein Schadenfeuer kann daher durch menschliches Verhalten hervorgerufen worden sein oder aber auch auf sonstigen Umständen beruhen, beispielsweise einem Blitzschlag[227]. Weiter spielt keine Rolle, ob das durch menschliches Verhalten verursachte Schadenfeuer vorsätzlich oder fahrlässig, rechtswidrig oder schuldhaft herbeigeführt worden ist[228].

(b) Der zeitliche „Umfang" eines Schadenfeuers

Bisher weitestgehend ungeklärt in Rechtsprechung und Literatur ist geblieben, in welchem zeitlichen Umfang das Vorliegen eines Schadenfeuers anzunehmen ist. Nach *Schneider* dauert ein Schadenfeuer solange an, wie von dem Feuer selbst oder seinen Folgen eine Gefährdung für die öffentliche Sicherheit ausgeht[229]. Diese Aussage erscheint auf den ersten Blick plausibel, erweist sich bei genauerer Betrachtung jedoch als juristisch unpräzise und zu weitreichend. Nach der oben zitierten Rechtsprechung des Oberverwaltungsgerichts Münster, die *Schneider* ebenfalls zur Definition des Schadenfeuers heranzieht[230], liegt ein solches dann vor, wenn ein fortschreitendes unkontrolliertes Feuer nicht zum Verbrennen bestimmte oder nicht wertlose Gegenstände oder die Gesundheit von Personen bedroht. Das Oberverwaltungsgericht Münster bezieht also in seine Definition die Rechtsgüter mit ein, welche die Feuerwehr im Rahmen des Brandschutzes bei der Bekämpfung von Schadenfeuern zu schützen hat. Kann ein Schadenfeuer der Definition nach nur bestimmte Rechtsgüter bedrohen, kann konsequenter Weise ein solches auch nur so lange andauern, wie eine Gefährdung durch das Feuer für die in der Definition genannten Rechtsgüter vorhanden ist. Eine Gefahr für anderweitige, nicht genannte Rechtsgüter, kann daher nicht die Annahme eines Schadenfeuers begründen. Die von *Schneider* aufgeführte „Gefährdung für die öffentliche Sicherheit" erweist sich daher als zu ungenau. Ebenfalls erscheint *Schneiders* Zu-

227 *Schneider*, BHKG, § 1 Rn. 38.
228 OVG Münster, Urt. v. 24.6.2008 – Az. 9 A 3961/06 – juris, Rn. 32 und 56 ff.; *Schneider*, BHKG, § 1 Rn. 38.
229 *Schneider*, BHKG, § 1 Rn. 39.
230 *Schneider*, BHKG, § 1 Rn. 37.

satz als zu weit gegriffen, dass ein Schadenfeuer solange andauere, wie auch dessen *Folgen* eine Gefährdung für die öffentliche Sicherheit verursachten, denn nicht alle Rechtsgutgefährdungen infolge eines (Schaden-) Feuers müssen das Fortbestehen eines Brandes bedingen. Dies lässt sich an folgendem simplen Beispiel erläutern:

> In einem Wohnhaus ist aufgrund einer vergessenen und später umgefallenen Kerze ein Feuer ausgebrochen. Bei eigenhändigen Löschversuchen zieht sich der Hausbewohner H eine schwere Rauchvergiftung sowie Verbrennungen der Haut zu. Die alarmierte Feuerwehr kann das Wohnhaus rechtzeitig vollends löschen und den H ins nahe gelegene Krankenhaus zur Notfallbehandlung verbringen. Der H befindet sich allerdings aufgrund der schweren Rauchvergiftung sowie den Verbrennungen noch für Wochen in einem äußerst kritischen Zustand.

Nach der Definition des Oberverwaltungsgerichts lag ein Schadenfeuer vor. Zum einen war das Wohnhaus als ein nicht zum Verbrennen bestimmter Gegenstand vom Feuer bedroht, zum anderen aber auch die Gesundheit des H. Als im Rahmen der Diskussion aufzuwerfende Frage stellt sich in Anschluss an das aufgeführte Beispiel nunmehr, über welchen Zeitraum vom Fortdauern des Schadenfeuers auszugehen ist. Nach *Schneiders* Ausführungen müsste das Schadenfeuer als so lange andauernd gelten, wie der H sich in einem gesundheitlich kritischen Zustand befand. Die Rauchvergiftung sowie die Verbrennungen zog er sich unmittelbar durch das Schadenfeuer zu, sie stellen sich mithin als unmittelbare Folgen des Feuers dar. Dies müsste nach *Schneiders* Definition zu einem Fortbestehen des Schadenfeuers führen, obwohl der Brand bereits seit geraumer Zeit gelöscht war. Die Ausführungen zur zeitlichen Komponente des Vorliegens eines Schadenfeuers können daher nicht überzeugen. Schon begriffslogisch widerspricht sich die Annahme des zeitlichen Fortdauerns eines Schaden*feuers*, wenn das Feuer bereits vollständig und endgültig erloschen ist. Die Definition des Andauerns eines Schadenfeuers bedarf daher zum einen einer Korrektur hinsichtlich der von dem Feuer bedrohten Rechtsgüter, zum anderen erscheint eine Einschränkung der zu beschreibenden Gefahrenquelle selbst sowie der bedrohten Rechtsgüter geboten. In Anknüpfung an die Definition „des Schadenfeuers" des Oberverwaltungsgerichts Münster, könnte daher eine Aussage zum „Fortdauern des Schadenfeuers" wie folgt lauten:

> Ein Schadenfeuer dauert an, solange zum einen von dem Feuer selbst eine Gefährdung für nicht zum Verbrennen bestimmte oder nicht wertlose Gegenstände oder die körperliche Integrität von Menschen

ausgeht, zum anderen durch die unmittelbaren Folgen des Brandes ein erneutes Entfachen des scheinbar erloschenen Feuers droht, welches ebenfalls eine erneute Gefährdung der zuvor genannten Rechtsgüter nach sich zieht.

Diese Definition des Andauerns trägt den vom Oberverwaltungsgericht Münster einbezogenen, durch ein Schadenfeuer gefährdeten Rechtsgütern Rechnung und beschränkt die Gefährdungen der Rechtsgüter auf solche Gefahren, die nur durch das Feuer selbst oder durch das erneute Entfachen des Feuers drohen, um eine zeitliche Ausuferung des Schadenfeuerbegriffes auch nach endgültigem Erlöschen des Feuers entgegenzuwirken. Auch *Hörstrup* sieht die Maßnahmen zum abwehrenden Brandschutz als *endgültige* Beseitigung der Brandgefahr, weshalb auch das Aufstellen einer Brandwache noch von dieser feuerwehrlichen Aufgabe umfasst sei[231]. Diese Auffassung impliziert jedoch entgegen *Schneiders* Definition ebenfalls, dass nach Erlöschen der Brandgefahr auch von einem Schadenfeuer nicht mehr ausgegangen werden kann.

bb) Weitere Aspekte des abwehrenden Brandschutzes

Neben der Bekämpfung von Schadenfeuern sind weitere mögliche Aspekte des abwehrenden Brandschutzes weder aus der Zielsetzung des BHKG selbst (§ 1 BHKG) noch aus den Unterlagen zum Gesetzgebungsverfahren oder aber der Kommentierung seitens der Literatur zu entnehmen.

(a) Gesetzlicher Inhalt

Der einschlägige Teil von § 1 BHKG ist wie folgt formuliert:

> „(1) Ziel dieses Gesetzes ist es, zum Schutz der Bevölkerung vorbeugende und abwehrende Maßnahmen zu gewährleisten
> 1. bei Brandgefahren (Brandschutz)"

Weiterführende Definitionen der Begriffe „Brandgefahr" oder „Brandschutz" finden sich im BHKG nicht. Anzumerken ist jedoch, dass die *Zielsetzung* hinsichtlich abwehrender Maßnahmen in § 1 des zuvor in Kraft gewesenen FSHG, wie folgt geregelt war:

231 *Hörstrup*, Organisation, S. 371 f.

> „(1) Die Gemeinden unterhalten den örtlichen Verhältnissen entsprechende leistungsfähige Feuerwehren, **um Schadenfeuer zu bekämpfen** sowie bei Unglücksfällen und bei solchen öffentlichen Notständen Hilfe zu leisten, die durch Naturereignisse, Explosionen oder ähnliche Vorkommnisse verursacht werden.“[232]

Auffällig bei dieser Gesetzesfassung ist, dass sich die gesetzliche Zielsetzung ausdrücklich auf die Bekämpfung von Schadenfeuern beschränkt. Durch die Veränderung des Wortlautes hin zur Gewährleistung von Maßnahmen im Bereich der (abwehrenden) Brandgefahren (Brandschutz) könnte sich der Schluss aufdrängen, dass der Gesetzgeber über die Bekämpfung von Schadenfeuern hinaus ein weiteres Ziel im Rahmen des abwehrenden Brandschutzes verfolgt. Dies könnte man auch beim anfänglichen Lesen des Gesetzesentwurfes der Landesregierung Nordrhein-Westfalen vom 27. März 2015 vermuten. Darin wird unter dem Punkt „A Problem“ auf S. 1 ausgeführt:

> „Das Gesetz über den Feuerschutz und die Hilfeleistung (FSHG) ist in seiner derzeitigen Form am 10.02.1998 in Kraft getreten. Seitdem besteht es in nahezu unveränderter Form. Es erfolgten lediglich geringfügige punktuelle Änderungen sowie die Einführung, Verlängerungen und Aufhebung einer Berichtspflicht.
> Seit Inkrafttreten des Gesetzes hat der Brand- und Katastrophenschutz in Nordrhein-Westfalen mehrere Veränderungen und Neuerungen erfahren. Diese werden durch das Gesetz nicht oder nur unzureichend abgebildet. Das Gesetz entspricht damit nicht mehr dem heutigen Entwicklungsstand.“[233]

Diese Erläuterungen Landesregierung erwecken den Eindruck, als sei eine umfangreiche Überarbeitung u.a. des Brandschutzes in Nordrhein-Westfalen für nötig gehalten worden, welche sich auch auf die Regelungen zum Brandschutz im Rahmen der konkreten Gefahrenabwehr beziehe. Untersucht man jedoch den Gesetzesentwurf sowie die nachfolgende Begründung nähergehend, findet sich nur eine äußerst knappe Begründung für die begriffliche Veränderung[234]. Darin weist der Gesetzgeber darauf hin, dass es sich bei der Einführung des Begriffs „Brandschutz“ lediglich um eine Konkretisierung der Aufgabenzuweisung handele, jedoch damit eine

232 Wortlaut des § 1 FSHG vom 10. Februar 1998, in der Fassung vom 3. Februar 2004 mit Hervorhebung durch den Autor.

233 LT-Drs. 16/8293 S. 1.

234 Siehe Fn. 225.

inhaltliche Veränderung nicht einhergehe und sich der Brandschutz nach dem BHKG somit weiterhin als die Bekämpfung von Schadenfeuern darstelle.

(b) Fehlende sonstige Hinweise

Auch der spärlichen Kommentierung in der Literatur ist kein Hinweis auf eine über die Bekämpfung von Schadenfeuern hinausgehende Aufgabe der Feuerwehr im Rahmen des abwehrenden Brandschutzes zu entnehmen. *Schneider* führt lediglich unter dem Punkt „Brandschutz“ aus, dass zum Schutz der Bevölkerung bei Brandgefahren die Bekämpfung von Schadenfeuern gehöre[235]. Eine weitere Aufgabenzuweisung ist aus seinen Ausführungen jedoch nicht zu entnehmen. Auch *Hörstrup* thematisiert unter dem Abschnitt „Brandbekämpfung“ ausschließlich die Abwehr von Schadenfeuern[236].

(c) Schlussfolgerung

Unter Berücksichtigung der vorgenannten Aspekte ist daher davon auszugehen, dass sich die Gewährleistung der abwehrenden Maßnahmen im Bereich der Brandgefahren mit der Bekämpfung von Schadenfeuern komplettiert. Dabei ist noch anzumerken, dass sich die Tätigkeit der Feuerwehr im Rahmen des abwehrenden Brandschutzes nach Rechtsprechung und Literatur nicht auf den Schutz privater Rechte bezieht.

2. Die Hilfeleistung

Neben dem abwehrenden Brandschutz sieht das BHKG noch einen weiteren großen Aufgabenbereich für die gemeindlichen Feuerwehren vor, die *Hilfeleistung*. Diese Aufgabenzuweisung erfolgt in § 1 Abs. 1 Nr. 2 BHKG. Die Hilfeleistung steht gleichwertig neben der Bekämpfung von Schadenfeuern und dient ebenfalls der unmittelbaren Gefahrenabwehr[237]. Sie umfasst dabei alle Maßnahmen zur Abwehr von Gefahren für Leben, Gesund-

---

235 *Schneider*, BHKG, § 1 Rn. 37.

236 *Hörstrup*, Organisation, S. 360 ff.

237 *Hörstrup*, Organisation, S. 372; *Schneider*, BHKG, § 1 Rn. 89.

heit, Tiere oder Sachen, hingegen nicht den Schutz privater Rechte[238]. Einschränkend ist allerdings zu beachten, dass die unmittelbaren Gefahren für die vorgenannten Rechtsgüter nach dem Wortlaut des § 1 Abs. 1 Nr. 2 BHKG auf *Unglücksfällen* oder solchen *öffentlichen Notständen* beruhen müssen, die durch Naturereignisse, Explosionen oder ähnliche Vorkommnisse verursacht worden sind. Dabei stehen die Ursachenkategorien *Unglücksfall* und *öffentlicher Notstand* gleichrangig nebeneinander. Der Unglücksfall selbst muss keinen öffentlichen Notstand begründen[239].

a) Unglücksfall

Eine Definition des Begriffs *Unglücksfall* ist weder in § 1 BHKG noch in einer anderen Bestimmung des BHKG enthalten. Auch in den Vorgängergesetzen[240] fand sich eine Begriffsbestimmung nicht. In der Rechtsprechung des Oberverwaltungsgerichts Münster hat sich daher unter Heranziehung verschiedener Unfall-Definitionen aus anderen Rechtsbereichen, beispielsweise dem Straf- oder Versicherungsrecht[241], für den Unglücksfall folgende Definition verfestigt:

> „Unter einem Unglücksfall ist jedes Ereignis zu verstehen, dass mit einer gewissen Plötzlichkeit eintritt und eine erhebliche Gefahr für Menschen oder Sachen gewirkt oder zu bewirken droht.“[242]

Ähnlich definiert das Verwaltungsgericht Lüneburg den Begriff des Unglücksfalls:

> „Ein Unglücksfall meint ein größeres Schadensereignis aller Art, also eine plötzliche Verschlechterung eines Zustands, verbunden mit bereits eingetretenen oder unmittelbar bevorstehenden erheblichen Nachteilen für Leben, Gesundheit oder Eigentum, ohne dass bereits die Merkmale eines Notstands oder einer Katastrophe erfüllt sind.“[243]

---

238 *Schneider*, BHKG, § 1 Rn. 84 mit Verweis auf DIN 14011 Teil 3.

239 OVG Münster, Urt. v. 16.2.2007 – Az. 9 A 4239/04 – juris, Rn. 46; VG Köln, Urt. v. 14.9.2004 – Az. 14 K 3671/02 – juris, Rn. 29.

240 FSHG in der Fassung von 1975 und 1998.

241 *Hörstrup*, Organisation, S. 373.

242 OVG Münster, DÖV 1986, S. 120 (120); OVG Münster, Urt. v. 2.7.1987 – Az. 20 A 1439/85 – juris, Rn. 31; OVG Münster, Urt. v. 16.2.2007 – Az. 9 A 4239/04 – juris, Rn. 41.

243 VG Lüneburg, Urt. v. 9.8.2013 – Az. 6 A 78/12 – juris, Rn. 38.

Bei diesen Definitionen beinhaltet der Begriff der Plötzlichkeit zwei verschiedene Elemente. Umfasst werden ein zeitliches Element sowie ein Moment des unerwarteten, nicht beherrschten Geschehensablaufes[244]. Die zeitliche Komponente setzt voraus, dass es sich um ein in seiner Dauer begrenztes Ereignis handeln muss[245]. Für das Moment des unerwarteten, nicht beherrschten Geschehens genügt es, dass der Geschädigte den Schadenseintritt zu diesem Zeitpunkt nicht erwartet[246]. *„Hierbei kommt es nicht darauf an, ob die Gefahrenlage dem Gefährdeten von außen zugestoßen oder von seinem Willen hervorgerufen ist. Das Merkmal des ‚Unerwarteten' wird nicht dadurch in Frage gestellt, dass den Betroffenen ein Verschulden am Schadenseintritt trifft und er die Gefahrenlage selbst herbeiführt."*[247]

Das plötzlich auftretende Ereignis muss eine erhebliche *Gefahr* für bestimmte Rechtsgüter hervorrufen. Als Gefahr erweist sich dabei ein Zustand, der bei objektiver Betrachtung den Eintritt eines Schadens nahelegt, wenn nicht entsprechende Abwehrmaßnahmen getroffen werden[248]. Dieser Gefahrenbegriff orientiert sich an der *klassischen* Definition der Gefahr des Polizeirechts, welcher auf das objektiv zu erwartende Geschehen abstellt[249]. Nach Ansicht des Oberverwaltungsgerichts Münster kommt es allerdings nicht darauf an, ob der Eintritt des Schadens in allernächster Zeit und mit an Sicherheit grenzender Wahrscheinlichkeit erfolgen wird[250]. Solch strenge Anforderungen seien an den Gefahrenbegriff nicht zu stellen. Eine weitere Verengung des Zeitmoments sowie eine Erhöhung der Schadenseintrittswahrscheinlichkeit könnten nur vorausgesetzt werden, wenn dafür im Gesetz eine Grundlage bestehe[251]. Vergleichbare Begriffe wie der der *gegenwärtigen erheblichen Gefahr* im Sinne § 6 Abs. 1 Nr. 1 PolG NRW oder aber der *dringenden Gefahr* im Sinne des § 41 Abs. 3 PolG NRW finden sich im BHKG nicht. Diese Gefahrenbegriffe definieren die Anforderungen an die zeitliche Nähe zum bevorstehenden Schadenseintritt, die Schadenseintrittswahrscheinlichkeit und teilweise auch die Wertigkeit der

244 OVG Münster, DÖV 1986, S. 120 (120); *Schneider*, BHKG, § 1 Rn. 48.

245 VG Münster Urt. v. 12.7.2006 – Az. 1 K 1341/03 – juris, Rn. 25.

246 OVG Münster, DÖV 1986, S. 120 (120).

247 OVG Münster Urt. v. 16.2.2007 – Az. 9 A 4239/04 – juris, Rn. 41; inhaltlich ebenso: *Hörstrup*, Organisation, S. 374 f.

248 *Schneider*, BHKG, § 1 Rn. 50.

249 BVerwGE 45, 51 (57); *Denninger*, HdbPR, D Rn. 39; *Gusy*, POR, Rn. 108; *Kingreen/Poscher*, POR, § 8 Rn. 2.

250 OVG Münster, Urt. v. 16.2.2007 – Az. 9 A 4239/04 – juris, Rn. 48; ebenso *Hörstrup*, Organisation, S. 375.

251 OVG Münster, Urt. v. 16.2.2007 – Az. 9 A 4239/04 – juris, Rn. 50.

bedrohten Rechtsgüter[252]. Aufgrund des Fehlens solcher gesetzlichen Regelungen im BHKG ist davon auszugehen, dass erhöhte Anforderungen an den Gefahrbegriff im Rahmen des Unglücksfalls vom Gesetzgeber so nicht vorgesehen worden sind und deshalb auch nicht gestellt werden dürfen.

Die Schutzgüter *Tiere* und *Umwelt* werden in der Begriffsbestimmung des Oberverwaltungsgerichts Münster zum *Unglücksfall* nicht explizit erwähnt. Dort findet sich lediglich der Begriff *Mensch*, dessen Leben und Gesundheit folglich geschützt werden, sowie der Begriff *Sachen*. Es ist allerdings davon auszugehen, dass auch die Schutzgüter Tiere und Umwelt vom Begriff des Unglücksfalls umfasst sein sollen. So führt der Senat in seiner Entscheidung vom 16. Februar 2007 aus, dass ein Unglücksfall auch in der zu entscheidenden Konstellation vorgelegen hätte, wäre von der dort streitgegenständlichen Ölspur eine Gefährdung für die Umwelt ausgegangen[253]. Warum das Schutzgut der Umwelt dennoch nicht in die Begriffsbestimmung mit aufgenommen wurde, ist nicht ersichtlich, wäre jedoch zu erwarten gewesen. Die ausdrückliche Nennung von Tieren scheint hingegen nicht zwingend geboten. Diese sind zwar nach § 90a BGB keine Sachen im Sinne des Gesetzes, jedoch sind auf sie die für Sachen geltenden Vorschriften entsprechend anzuwenden, soweit nicht etwas anderes bestimmt ist. Eine anderweitige Bestimmung über eine verschiedene Behandlung trifft weder das Gesetz noch die Rechtsprechung. Ein Grund für eine abweichende Behandlung von Tieren und Umwelt in Zusammenhang mit der feuerwehrlichen Hilfeleistung ist auch nicht ersichtlich und würde darüber hinaus dem gesetzgeberischen Zweck zuwider laufen. Nach Art. 29a Abs. 1 der Verfassung für das Land Nordrhein-Westfalen stehen natürliche Lebensgrundlagen und die Tiere unter dem Schutz des Landes, der Gemeinden und den Gemeindeverbänden. Da wiederum den Gemeinden die Hilfeleistung durch Einrichtung leistungsfähiger Feuerwehren obliegt, erscheint es nur konsequent und auch geboten, die Rechtsgüter Umwelt und Tiere ebenfalls bei Bedrohung in Unglücksfällen durch die Feuerwehr zu schützen[254].

Einschränkend zu berücksichtigen ist jedoch, dass nicht jedes plötzlich auftretende Ereignis, verbunden mit einer erheblichen Gefahr für Menschen, Sachwerte, Tiere oder die Umwelt eine (primäre) Zuständigkeit der Feuerwehr begründen kann. Wie die vorherigen Ausführungen gezeigt ha-

---

252 *Kingreen/Poscher*, POR, § 8 Rn. 21 ff.

253 OVG Münster, Urt. v. 16.2.2007 – Az. 9 A 4239/04 – juris.

254 Im Ergebnis auch: *Hörstrup*, Organisation, S. 339, 374; *Tellenbröker*, Rahmen (Fn. 210), S. 263.

ben, eröffnet der Begriff des Unglückfalles eine erhebliche Spannbreite von Situationen, in denen die Zuständigkeit der Feuerwehr in Betracht kommt. So stellt nach der vom Oberverwaltungsgericht Münster entwickelten Definition neben der Ölspur auf öffentlichen Straßen (wohl) beispielsweise auch eine sich plötzlich verschlimmernde Erkrankung oder das Verschwinden einer geistig gestörten Person einen Unglücksfall dar[255]. Würde in all den denkbaren Fällen eine primäre Zuständigkeit der Feuerwehr angenommen werden müssen, führte dies vermutlich zu einer extremem Aus- oder Überreizung der Leistungsfähigkeit der Feuerwehren. Das Verwaltungsgericht Gießen hat das Problem in der gesetzlich ähnlichen Ausgestaltung nach dem *Hessischen Gesetz über den Brandschutz, die Allgemeine Hilfe und den Katastrophenschutz* erkannt. So erläuterte die Kammer in ihrem Urteil vom 13. April 2005, dass die Hilfeleistung in Not- und Unglücksfällen keinesfalls zu einer nahezu unbegrenzten Verpflichtung der öffentlichen Feuerwehren und ihrer Träger führen dürfe. Eine solche hätte bei entsprechender Betrachtung eine Stellung der Feuerwehren als „Mädchen für Alles“ zur Folge[256]. Dieses Problem hat offensichtlich auch der nordrhein-westfälische Gesetzgeber bemerkt. Zwar begründet § 1 Abs. 1 Nr. 2 BHKG die Zuständigkeit der Feuerwehr in den zuvor beschriebenen Unglücksfällen. Jedoch wird durch die in § 1 Abs. 3 S. 1 BHKG enthaltene Subsidiaritätsklausel sichergestellt, dass die Feuerwehr nur tätig zu werden hat, soweit andere Gesetze einen entsprechenden Schutz der betroffenen Rechtsgüter nicht gewährleisten oder aber andere Gefahrenabwehrstellen nicht in die Lage versetzten, entsprechend effektiv zu reagieren[257]. In vielen denkbaren Fällen erscheint es hingegen möglich, dass die Ordnungsbehörden oder aber die sich durchgängig im Dienst befindende Polizei im Rahmen des Schutzes der öffentlichen Sicherheit und Ordnung zumindest gleich wirksam im Verhältnis zur Feuerwehr handeln können. Die Subsidiaritätsklausel des § 1 Abs. 3 S. 1 BHKG führt daher zu einer erheblichen Entlastung der Feuerwehren im Rahmen der Hilfeleistung nach § 1 Abs. 1 Nr. 2 BHKG.

---

255 *Schneider*, BHKG, § 1 Rn. 51-53.

256 VG Gießen, Urt. v. 13.4.2005 – Az. 2 E 6027/04 – juris.

257 Im Ergebnis ebenso zu einer vergleichbaren Regelung im bayerischen Brandschutzrecht: *N. Schulz*, Das neue Feuerwehrgesetz, BayVBl. 1982, 65 (65 f.).

b) Öffentlicher Notstand

Auch eine Definition des Begriffs *öffentlicher Notstand* findet sich im BHKG nicht. Allerdings lässt sich *Notstand* als „gemeine Not oder Gefahr" definieren[258]. Eine Gefahr ist dabei nach dem Bundessozialgericht ein Zustand, in dem nach den obwaltenden Umständen des Einzelfalles ein Schaden wahrscheinlich ist. Eine gemeine Gefahr sei gegeben, wenn die Gefahr der Allgemeinheit drohe[259]. Das Merkmal des *öffentlichen* Notstandes beschreibt der Verwaltungsgerichtshof Baden-Württemberg als eine Gefahr, von welcher die Allgemeinheit unmittelbar betroffen ist. Darunter sei eine unbestimmte und nicht bestimmbare Zahl von Personen zu verstehen. Die Gefährdung einzelner Personen in ihrer alleinigen Sphäre genüge nicht[260].

Einschränkend sieht § 1 Abs. 1 Nr. 2 BHKG vor, dass der öffentliche Notstand, um einen Einsatz der Feuerwehr begründen zu können, auf einem *Naturereignis*, einer *Explosion* oder einem *ähnlichen Vorkommnis* beruhen muss. Als *Naturereignisse* lassen sich beispielsweise Hochwasser, Überschwemmungen, Erdrutsche, Schneeverwehungen, Erdbeben oder Orkane nennen[261]. Der Begriff *Explosion* wird im BHKG nicht legaldefiniert und auch in anderen Rechtsvorschriften findet sich keine Begriffsbestimmung. Mehr noch als bei dem Begriff *Naturereignis*, bei welchem es keines erhöhten Sachverstandes bedarf, um diesen inhaltlich ausfüllen zu können, stellt sich hier die Frage, was unter *Explosion* begrifflich zu verstehen ist. Eine Antwort in der gefahrenabwehrrechtlichen Rechtsprechung findet sich nicht. Allerdings hatte sich das Landgericht Hamburg im Rahmen einer versicherungsrechtlichen Streitigkeit mit dem Begriff der Explosion auseinanderzusetzen. Die Kammer führte in ihrem Urteil vom 15. Januar 2003 aus:

> „Indes ist der Schaden infolge ‚Explosion' eingetreten. Mit Recht hebt die Bekl. hervor, dass der Begriff der ‚Explosion' vorliegend im versicherungsrechtlichen Sinn zu interpretieren ist, sodass dahinstehen mag, welche Definition der ‚Explosion' möglicherweise im Bereich der Naturwissenschaften für richtig gehalten wird. Insbesondere kommt es im vorliegenden Zusammenhang nicht darauf an, ob eine – gegebe-

258 *Schneider*, BHKG, § 1 Rn. 68.

259 BSG, Urt. v. 11.12.1980 – Az. 2/8a RU 102/78 – juris, Rn. 21; ebenso *Hörstrup*, Organisation, S. 376; *Keller*, Feuerschutz, S. 90.

260 VGH BW, Urt. v. 7.12.1992 – Az. 1 S 2079/92 – juris, Rn. 18; ebenfalls: *Tellenbröker*, Rahmen (Fn. 210), S. 263.

261 *Schneider*, BHKG, § 1 Rn. 75.

nenfalls – welche – chemische Reaktion den Vorgang herbeigeführt hat. Das Gericht folgt auch nicht der Definition des Begriffs ‚Explosion', wie er in der Brockhaus Enzyklopädie (19. Aufl. Bd. 7 1988) vertreten wird, wonach offenbar Explosionen auf chemische Reaktionen beschränkt sind und das plötzliche Zerreißen der Wand eines Behälters durch Überdruck als ‚Zerknall', nicht als ‚Explosion' zu bezeichnen sei.

Den an einem Versicherungsvertrag Beteiligten ist die naturwissenschaftliche Ursache für das Zerbersten eines Gefäßes unwichtig. Versichern wollten sie Schäden, die durch eine plötzliche Volumensvergrößerung entstehen. Schäden, die durch eine auf dem Ausdehnungsbestreben von Gasen beruhende plötzliche und heftig verlaufende Kraftäußerung entstanden sind, sind in diesem versicherungsrechtlichen Sinn durch ‚Explosion' verursacht, wobei als ‚Gas' auch die Luft als das die Erde umgebende Gasgemisch ohne Hinzutreten anderer weiterer Gase in Betracht kommt. Versicherungsrechtlich ist mithin auch – der Interessenlage der Beteiligten folgend – der von der Brockhaus Enzyklopädie als ‚Zerknall' beschriebene Vorgang im Sinne einer Explosion zu werten. Aus der versicherungsrechtlichen Sicht der Beteiligten besteht kein Unterschied zwischen einer ‚Gasexplosion' bei einem Erdgas-Hausanschluss einerseits und einem mit extremer Gewalt infolge Überdrucks auseinander berstenden Luftbehälter andererseits. Maßgebliches Abgrenzungskriterium zwischen einem ‚geplatzten Reifen' und einer ‚Explosion' ist nach der Auffassung der Kammer nicht die Zusammensetzung des auseinander strebenden Materials und auch nicht die Ursache dieses Vorgangs, sondern lediglich sein äußerer Ablauf"[262].

Diese Grundsätze des Landgerichts Hamburg überzeugen und lassen sich auf den Explosionsbegriff im Gefahrenabwehrrecht übertragen. In einer Situation, in der meist schnell gehandelt werden muss, um einen Schaden oder eine Schadensintensivierung von dem Bürger, Sachwerten oder der Umwelt abzuwenden, kann die Ursache des Zerberstens eines Gegenstandes keine Rolle spielen. Ziel der gefahrenabwehrrechtlichen Vorschriften, auch der des BHKG, ist die Gewährleistung einer wirkungsvollen Gefahrenabwehr. Diese soll sich aber nicht zunächst auf die Ursachenerforschung konzentrieren, um anschließend über die Zuständigkeit entscheiden zu können, sondern die bedrohten Rechtsgüter schützen und sichern.

262 LG Hamburg, VersR 2003, S. 727 (728).

Für den Betroffenen ist es unerheblich, ob das gefährdende Ereignis auf einer Explosion im naturwissenschaftlichen Sinne oder einem äußerlich ähnlichen Geschehensablauf beruht. Im Vordergrund der Diskussion um den Inhalt des Explosionsbegriffes und der damit verbundenen Begründung der Zuständigkeiten der Gefahrenabwehrstellen muss stehen, welche Gefahrenabwehrstelle am effektivsten durch technische Ausrüstung und geschultes Personal den Betroffenen zur Hilfe eilen kann. Da sich die Folgen einer Explosion im naturwissenschaftlichen Sinne und eines davon abzugrenzenden Zerknalls häufig kaum unterscheiden, kann entsprechend der Entscheidung des Landgerichts Hamburg bei der Begriffsbestimmung somit lediglich der äußere Vorgang zum Tragen kommen[263]. Als Explosionen im gefahrenabwehrrechtlichen Sinne sind daher plötzliche Volumensvergrößerungen anzusehen, die auf der Ausdehnung von Gasen (auch Luft) beruhen und eine erhebliche Kraftentfaltung nach sich ziehen[264]. Zwar ließe sich ebenfalls vertreten, solche Ereignisse, die nicht als Explosionen im naturwissenschaftlichen Sinne gelten, unter den Fall der *ähnlichen Vorkommnisse* im Sinne des § 1 Abs. 1 Nr. 2 BHKG zu fassen. Allerdings scheint die Annahme überzeugender, dass der Gesetzgeber diese Tatbestandsvariante für Naturereignissen und Explosionen entsprechenden, bisher unbekannten Situationen vorbehalten wollte[265].

Bei den *ähnlichen Vorkommnissen* im Sinne des § 1 Abs. 1 Nr. 2 BHKG handelt es sich um einen unbestimmten Rechtsbegriff, der durch die Verwaltungsgerichte voll überprüft werden kann[266]. Durch diesen Begriff hat der Gesetzgeber eine Möglichkeit eröffnet, auf die der Wirkung von Naturereignissen oder Explosionen ähnlichen Vorfällen entsprechend reagieren zu können, indem § 1 Abs. 1 Nr. 2 BHKG auch in diesen Fällen eine Zuständigkeit der Feuerwehr begründet[267]. Voraussetzung ist aber wiederum, dass der öffentliche Notstand ausschließlich oder jedenfalls ganz überwiegend Maßnahmen erfordert, welchen nur die Feuerwehr durch ihre technische Ausrüstung und die dafür besonders ausgebildeten Einsatzkräfte gerecht werden kann[268]. Als *ähnliche Vorkommnisse* lassen sich beispielsweise Chemieunglücke, das Aussetzen der Trinkwasserversorgung,

---

263 Ähnlich bereits: *H. Fuchs/K. Schneider*, Feuerschutzhilfeleistungsgesetz Nordrhein-Westfalen, § 1 Zif. 7.

264 Im Ergebnis ebenso: *Hörstrup*, Organisation, S. 378.

265 *Schneider*, BHKG, § 1 Rn. 70.

266 *Schneider*, BHKG, § 1 Rn. 81.

267 *Hörstrup*, Organisation, S. 377.

268 *Hörstrup*, Organisation, S. 353; *Keiper*, Zuständigkeitsprobleme (Fn. 221), S. 365 f.

das Einstürzen von Gebäuden, Flugzeugabstürze oder Massenverkehrsunfälle nennen. Auf den ersten Blick scheinen viele dieser Situationen sich mit den *Unglücksfällen*, der weiteren Tatbestandsvariante des § 1 Abs. 1 Nr. 2 BHKG zu überschneiden. Allerdings sei nochmals darauf hingewiesen, dass der *öffentliche Notstand* die Allgemeinheit, also eine unbestimmte und nicht bestimmbare Anzahl an Menschen betreffen muss[269]. Solch eine Einschränkung ist für den *Unglücksfall* nicht vorgesehen.

III. Auswirkungen der gesetzlich verschiedenen Aufgabenzuweisungen

Der Aufgabenzuweisung im Gefahrenabwehrrecht kommt unter zwei Gesichtspunkten besondere Bedeutung zu. Zunächst begründet und begrenzt die gesetzliche Aufgabenzuweisung den Bereich der Gefahrenabwehr, für welchen die entsprechende Gefahrenabwehrstelle im Verhältnis zu anderen Gefahrenabwehrstellen zuständig ist. Darüber hinaus begründet und begrenzt die Aufgabenzuweisung den Zuständigkeitsbereich der Gefahrenabwehrstelle gegenüber dem Bürger[270]. Im Nachfolgenden soll daher anhand der herausgearbeiteten Schutzbereiche und Schutzgüter im Sinne des PolG/OBG NRW einerseits und des BHKG andererseits dargestellt werden, wie sich die verschiedenen Aufgabenzuweisungen auswirken und die Befugnisse der entsprechenden Stellen im Verhältnis zum Bürger beeinflussen.

1. Die Zuständigkeit der Feuerwehr im Verhältnis zu den Polizei- und Ordnungsbehörden

Den Polizei- und Ordnungsbehörden kommt jeweils durch § 1 Abs. 1 PolG NRW und § 1 Abs. 1 OBG NRW die universelle Aufgabe der Gefahrenabwehr im Bereich der öffentlichen Sicherheit und Ordnung zu. Dabei ist zur Begründung der Zuständigkeit der Ordnungsbehörden und der Eilzuständigkeit der Polizei nach § 1 Abs. 1 S. 3 PolG NRW allein entscheidend, ob eines der von der *öffentlichen Sicherheit und Ordnung* umfassten Schutzgüter durch eine *Gefahr* bedroht ist. Nach der *klassischen*, vom Bundesverwaltungsgericht und der herrschenden Lehre vertretenen Definition der

269 VGH BW, Urt. v. 7.12.1992 – Az. 1 S 2079/92 – juris, Rn. 18.
270 *Gusy*, POR, Rn. 78; *Kugelmann*, POR, 5. Kap. Rn. 34.

Gefahr[271], stellt sich eine solche als eine Sachlage oder ein Verhalten dar, das bei ungehindertem Ablauf des zu erwartenden Geschehens mit hinreichender Wahrscheinlichkeit ein polizeilich geschütztes Rechtsgut schädigen wird[272]. Abgestellt wird also insbesondere auf die Wahrscheinlichkeit der Rechtsgutschädigung[273]. Unter dem Begriff des Schadens versteht man eine objektive Minderung des normalen vorhandenen Bestandes an geschützten Individual- oder Gemeinschaftsgütern[274]. Die Beeinträchtigung muss sich dabei als nicht unerheblich erweisen[275].

Für die Gefahrenabwehr durch die Feuerwehr gilt Ähnliches. Im Mittelpunkt des feuerwehrlichen Tätigwerdens in Form des abwehrenden Brandschutzes und der Hilfeleistung im Sinne des § 1 Abs. 1 BHKG steht grundsätzlich das Vorliegen einer Gefahr[276]. Der entscheidende Unterschied zwischen den Aufgabenzuweisungen nach dem PolG/OBG NRW einerseits und jenen des BHKG andererseits besteht jedoch darin, dass für die Zuständigkeit der Polizei- und Ordnungsbehörden die unmittelbare, konkrete Ursache der Gefahr unerheblich ist[277]. Dabei darf der hier verwendete Begriff der *konkreten Ursache* nicht mit dem des *Verursachers* verwechselt werden. Sowohl Polizei- und Ordnungsbehörden als auch die Feuerwehr haben (auch) Gefahren abzuwehren, die nicht durch einen „Störer" verursacht worden sind. Was unter einem solchen zu verstehen ist, soll an dieser Stelle nicht vertieft werden. Wichtig ist jedoch, dass alle genannten Gefahrenabwehrstellen tätig zu werden haben, unabhängig von der Frage, ob das gefährdende Ereignis auf der Handlung eines Menschen oder beispielsweise einer Naturgewalt beruht[278]. Der Unterschied aber liegt im Folgenden: Weder das PolG NRW noch das OBG NRW stellen darauf ab, aufgrund welcher *konkreten* Ursache die geschützten Rechtsgüter bedroht sind. Dies kann auf einem menschlichen Verhalten, aber auch auf einem Blitzschlag, einem Erdbeben, Überschwemmungen, epidemischen Krankheiten, Seuchen oder tierischen Schädlingen beruhen. Entscheidend ist nur, dass ein Rechtsgut bedroht wird. Wie diese Bedrohung erfolgt, ist unerheblich. Das BHKG hingegen knüpft für die Bestimmung der Zustän-

---

271 BVerwGE 45, 51 (57); *Denninger*, HdbPR, D Rn. 39; *Gusy*, POR, Rn. 108; *Schenke*, POR, Rn. 39.
272 *Gusy*, POR, Rn. 108.
273 *Götz/Geis*, POR, § 6 Rn. 4.
274 *Denninger*, HdbPR, D Rn. 40; *Wolffgang/Hendricks/Merz*, POR, Rn. 78.
275 *Schenke*, POR, Rn. 74.
276 Vgl. Ausführungen zu: C.II.1.b) (S. 81 ff.) und C.II.2 (S. 89 ff.).
277 *Denninger*, HdbPR, D Rn. 40.
278 *Denninger*, HdbPR, D Rn. 40; *Schneider*, BHKG, § 1 Rn. 3.

digkeit der Feuerwehr explizit an bestimmte Ursachen an. So muss im Rahmen des abwehrenden Brandschutzes gemäß § 1 Abs. 1 Nr. 1 BHKG für ein Tätigwerden der Feuerwehr ein *Schadenfeuer* vorliegen[279]. Auch im Bereich der Hilfeleistung nach § 1 Abs. 1 Nr. 2 BHKG muss beispielsweise der *öffentliche Notstand* auf einem Naturereignis, einer Explosion oder einem ähnlichen Vorkommnis beruhen[280]. Dies trägt der Spezialzuständigkeit der Feuerwehr[281] Rechnung und verdeutlicht sich auch in der Subsidiaritätsklausel des § 1 Abs. 3 S. 1 BHKG. Die Gemeinden haben gemäß § 1 Abs. 1 Nr. 1, 2 i.V.m. § 2 Abs. 1 Nr. 1 i.V.m. § 3 Abs. 1 BHKG durch Einrichtung leistungsfähiger Feuerwehren den Brandschutz und die Hilfeleistung wahrzunehmen. Diese Bereiche sind aber gerade nicht aus der Zuständigkeit der Polizei- und Ordnungsbehörden im Rahmen der ihnen obliegenden Gefahrenabwehr ausgeklammert. Sie beschränken vielmehr eine vorrangige Zuständigkeit der Feuerwehr auf die Fälle, in denen die Feuerwehr aufgrund der entsprechenden technischen Ausrüstung und des besonders ausgebildeten Personals die Gefahrenabwehr effizienter wahrnehmen kann als die Polizei- und Ordnungsbehörden. Für die Zuständigkeit der Feuerwehr ist daher neben der Frage des „Ob" der Gefährdung von Rechtsgütern insbesondere nach dem „Wie" der Gefährdung zu fragen. Dieses „Wie" der Gefährdung stellt sich im Rahmen der Zuständigkeitszuweisung an die Polizei- und Ordnungsbehörden durch § 1 Abs. 1 PolG NRW bzw. § 1 Abs. 1 OBG NRW nicht.

Gerade das Kriterium, des „Wie" der Gefährdung dient daher der Umgrenzung der Aufgabenzuweisung durch das BHKG an die Feuerwehr. Mit der Umgrenzung der Aufgabenzuweisung erfolgt auch automatisch eine Abgrenzung zu den Zuständigkeiten anderer Gefahrenabwehrstellen. Dabei handelt es sich jedoch aufgrund der Spezialzuständigkeit der Feuerwehr nicht um eine „Entweder-Oder-Abgrenzung", sondern vielmehr um das Verhältnis der Spezial- zur Generalzuständigkeit. Die gefährdeten Rechtsgüter treten bei der Abgrenzung deutlich in den Hintergrund. Im BHKG finden sich keine explizit aufgeführten und zu schützenden Rechtsgüter. Zwar ist zuzugeben, dass der Begriff der *öffentlichen Sicherheit* im Rahmen des Polizei- und Ordnungsrechts selbst kein Schutzgut darstellt, sondern sich mehr als „Sammelbecken" für verschiedene Teilschutzgüter versteht[282], jedoch gehen diese Begriffe auf eine lange historische Prägung

279 Vgl. Ausführungen zu: C.II.1.b) (S. 81 ff.).
280 Siehe Wortlaut von § 1 Abs. 1 Nr. 2 BHKG.
281 Vgl. Ausführungen zu: B.III.2 (S. 44).
282 Vgl. Ausführungen zu: C.I.1 (S. 59 ff.).

zurück[283]. Der Gesetzgeber hat sich daher im Rahmen der Aufgabenzuweisung an die Polizei- und Ordnungsbehörden eines Begriffes bedient, der schon seit Jahrzehnten zuvor stark geprägt und inhaltlich umrissen war. Insbesondere die Teilschutzgüter der öffentlichen Sicherheit, welche sich aus der Unverletzlichkeit der Rechtsordnung, der subjektiven Rechte und Rechtsgüter des Einzelnen sowie der Einrichtungen und Veranstaltungen des Staates und sonstiger Träger der Hoheitsgewalt zusammensetzt, haben daher auch ohne ausdrückliche Nennung in das PolG NRW und das OBG NRW Einzug gefunden. Eine vergleichbare Situation ist im BHKG nicht anzutreffen. Dort werden weder Teilschutzgüter noch ein Sammelbegriff für zu schützende Rechtsgüter aufgeführt. Bei den Begriffen *Brandschutz* und *Hilfeleistung* dürfte es sich vielmehr um unbestimmte Rechtsbegriffe handeln, die von den zuständigen Behörden auszulegen sind und von der Judikative vollumfänglich überprüft werden können[284]. Mit der Auslegung dieser Begriffe geht selbstverständlich auch die Bestimmung der von ihnen umfassten Rechtsgüter einher. Nach den obigen Darstellungen des (abwehrenden) Brandschutzes und der Hilfeleistung hat sich herauskristallisiert, dass die Rechtsprechung als durch das BHKG schützenswerte Rechtsgüter das Leben und die Gesundheit von Menschen, Sachwerte, Tiere und die Umwelt auffasst[285]. Diese nach dem BHKG zu schützenden Rechtsgüter sind aber allein nicht dienlich, um eine Abgrenzung der feuerwehrlichen Zuständigkeit gegenüber derer der Polizei- und Ordnungsbehörden vorzunehmen. Sie werden alle von Gesetzen geschützt, beispielsweise den §§ 211 ff. oder §§ 242 f. StGB und sind somit Bestandteil der gesamten Rechtsordnung, welche von der öffentlichen Sicherheit umfasst ist. Eine Gefährdung für die öffentliche Sicherheit führt aber wiederum nach § 1 Abs. 1 S. 1 PolG NRW bzw. § 1 Abs. 1 OBG NRW zur Zuständigkeit der Polizei- und Ordnungsbehörden. Als Abgrenzungskriterium für die Bestimmung der Zuständigkeit der Feuerwehr kann daher nur der Ausgangspunkt der Gefährdung für die entsprechenden Rechtsgüter herangezogen werden. Dabei hat der Gesetzgeber mit dem Brandschutz im Sinne des § 1 Abs. 1 Nr. 1 BHKG und der Hilfeleistung gemäß § 1 Abs. 1 Nr. 2 BHKG solche Gefährdungskategorien gewählt, in denen regelmäßig eine nicht explizit ausgebildete und ausgestattete Gefahrenabwehrstelle zu der

283 Vgl. Ausführungen zu: C.I.1 (S. 59 ff.).

284 So auch: *Hörstrup*, Organisation, S. 359; S. 369 zur gerichtlichen Überprüfbarkeit des Vorliegens der tatbestandlichen Voraussetzungen des § 1 Abs. 1 Nr. 1 und Nr. 2 BHKG.

285 Vgl. Ausführungen zu: C.II.1.b) (S. 81 ff.) und C.II.2 (S. 89 ff.).

Aufgabenerfüllung gar nicht oder nur äußerst schwerlich in der Lage sein wird. So erscheint es kaum vorstellbar, dass ein sich rasch ausbreitendes Feuer ohne qualifizierte Kenntnisse über Brandbekämpfung sowie die entsprechende Löschausrüstung unter Kontrolle gebracht werden kann. Auch halten weder Polizei- noch Ordnungsbehörden beispielsweise taugliche Gerätschaften bereit, um ein in einem Pkw eingeklemmtes Unfallopfer „freizuschneiden". Die Ursache einer Gefahr, die zu ihrer wirksamen Bekämpfung die personellen und ausrüstungstechnischen Fähigkeiten einer spezialisierten Gefahrenabwehrstelle erfordert, erscheint als geeignetes Kriterium, um eine vorrangige Spezialzuständig der entsprechenden Stelle zu begründen.

Unterstützung findet diese These in einem Urteil des Verwaltungsgerichts Koblenz vom 8. September 1998. Darin führt die Kammer zu einer dem nordrhein-westfälischen Abgrenzungsproblem äußerst ähnlichen gesetzlichen Situation im rheinland-pfälzischen Gefahrenabwehrrecht aus:

> „Lediglich in dem Falle, in dem die Polizei trotz Heranziehung von Dritten und Inanspruchnahme von Amtshilfe insbesondere technisch überfordert ist, die konkrete Gefahr abzuwehren und diese zu einer ‚technischen Gefahr' erwächst, ist eine originäre Zuständigkeit der Feuerwehr in diesen Bereichen überhaupt denkbar. Für den davor gelagerten Bereich, in dem die Polizei durchaus mit eigenen Mitteln oder Beauftragten die Gefahr abzuwehren in der Lage ist, sich jedoch auf den Sachverstand der Feuerwehr und deren technische Ausrüstung verlassen möchte, ist allenfalls Platz für eine nach den Grundsätzen der Amtshilfe zu beurteilende Unterstützung der Polizei durch die Feuerwehr. Insoweit kann es keinen Unterschied machen, ob die Polizei das Technische Hilfswerk, die Bundeswehr oder etwa die Feuerwehr um Mithilfe bittet. Verantwortlich für die Beurteilung der Gefahr und die Anordnung der Hilfsmaßnahmen bleibt dabei aber in jedem Falle die Polizei."[286]

Als Abgrenzungskriterium zieht das Verwaltungsgericht Koblenz die Fähigkeiten der Polizei zur eigenständigen Gefahrenabwehr heran[287]. Diese Auffassung wird ebenfalls von *Hörstrup* und *Keller* geteilt. Nach ihren Ausführungen ließe sich erst (insbesondere im Rahmen der Hilfeleistung) von dem Können der Feuerwehr auf ihre Aufgabe und der damit verbundenen Zuständigkeit geschlossen werden. Im Kern handelt es sich dabei um die

286 VG Koblenz Urt. v. 8.9.1998 – Az. 2 K 4232/97.KO – juris, Rn. 22.
287 Ähnlich: *Hörstrup*, Organisation, S. 353.

gleiche „Art" des Abgrenzens der Zuständigkeiten[288]. Der Unterschied zwischen der zuvor beschriebenen Abgrenzung nach dem Kriterium der *Ursache* der Gefährdung und der Abgrenzung des Verwaltungsgerichts Koblenz nach den *Fähigkeiten* der Polizei und Feuerwehr liegt jedoch darin, dass die Fähigkeit oder Unfähigkeit zur Gefahrenabwehr erst aus der Ursache der Gefährdung folgt. Der Gesetzgeber hat in Nordrhein-Westfalen in § 1 Abs. 1 Nr. 1 und Nr. 2 BHKG Gefährdungskategorien für bestimmte Rechtsgüter geschaffen, die typischerweise den Einsatz bestimmten Personals mit bestimmter Ausrüstung voraussetzen. Erst die Einrichtung von speziellen Gefahrenabwehrstellen mit entsprechender Ausstattung für situativ spezifische Gefahren führt zur Fähigkeit bzw. Unfähigkeit anderer, allgemeinerer Gefahrenabwehrstellen, welche nicht über eine entsprechende Ausrüstung verfügen. Es mag vielleicht kleinlich erscheinen, jedoch muss daher nach der vorliegend vertretenen Auffassung die Abgrenzung zwischen polizeilicher und feuerwehrlicher Zuständigkeit zunächst über die Ursache der Gefährdung erfolgen, welche nachfolgend über die Fähigkeiten der entsprechenden Stellen zur effektiven Gefahrenabwehr entscheidet[289].

Soweit also eine Gefahr für das Leben und die Gesundheit von Menschen, Sachwerte, Tiere oder die Umwelt vorliegt, die aus den in den Abschnitten II.1.b) (S. 81 ff.) und II.2 (S. 89 ff.) beschriebenen Fällen resultiert, und kann darüber hinaus die Gefahrenabwehr durch die Feuerwehr am ertragreichsten gewährleistet werden, begründet dies eine vorrangige Spezialzuständigkeit der Feuerwehr gegenüber den Polizei- und Ordnungsbehörden. Werden jedoch die Maßnahmen des abwehrenden Brandschutzes und der Hilfeleistung im Sinne des § 1 Abs. 1 Nr. 1 und Nr. 2 BHKG aufgrund anderer Rechtsvorschriften gewährleistet – bedarf also die Gefahrenlage den Einsatz der speziell ausgerüsteten Feuerwehr nicht oder ist eine andere Spezialbehörde zuständig – kommt der Feuerwehr gem. § 1 Abs. 3 S. 2 BHKG nur eine Eilzuständigkeit zu. Danach trifft die Feuerwehr bis zum Eingreifen der zuständigen Stellen unter Beachtung ihrer Aufgaben nach § 1 Abs. 1 BHKG im Wege des erstens Zugriffs bei bestehender oder unmittelbar bevorstehender konkreter Gefährdung von Leben, Tieren, Gesundheit, natürlichen Lebensgrundlagen oder Sachen die erforderlichen Maßnahmen[290].

---

288 *Hörstrup*, Organisation, S. 379 f. mit Bezug auf *Keller*, Feuerschutz, S. 91.
289 Im Ergebnis ebenso für den Brandschutz in Bayern: *Keller*, Feuerschutz, S. 90.
290 Vgl. Wortlaut des § 1 Abs. 3 S. 2 BHKG.

2. Auswirkung der gefahrenabwehrrechtlichen Aufgabenzuweisung an die Feuerwehr im Verhältnis zum Bürger

Die gesetzliche Aufgabenzuweisung an eine Gefahrenabwehrstelle begründet, begrenzt aber auch ihre Zuständigkeit im Verhältnis zum Bürger[291]. Mit dem Recht, gegenüber dem Bürger tätig zu werden, geht jedoch häufig auch eine Pflicht zum Einschreiten einher. Im Folgenden sollen nun diese beiden Aspekte, die Berechtigung sowie die Verpflichtung der Feuerwehr zum Tätigwerden im Rahmen ihrer Aufgabenzuweisung, beleuchtet werden.

a) Pflicht zum Tätigwerden im Allgemeinen

Bei der Feuerwehr handelt es sich in Nordrhein-Westfalen um eine gemeindliche Einrichtung im Sinne des § 8 Abs. 1 GO NRW, wie sich aus § 3 Abs. 1 S. 1 BHKG ergibt. Dies hat unter anderem zur Folge, dass dem Bürger gem. § 8 Abs. 2 GO NRW ein gebundener Anspruch auf Tätigwerden der Feuerwehr zusteht[292]. Weiterhin erscheint ein „Zulassungserfordernis" mit einer vorherigen Antragsstellung durch den Bürger im Rahmen des Anspruchs auf feuerwehrliches Tätigwerden verfehlt und würde zu unhaltbaren Zuständen führen[293]. Um einen umfassenden Schutz des Bürgers durch die Feuerwehr im Sinne der ihr zugewiesenen Aufgaben zu gewährleisten, wird die Feuerwehr im Rahmen ihrer anstaltsrechtlichen Zweckbestimmung, zum Brandschutz und zur Hilfeleistung nach § 1 Abs. 1 Nr. 1 und Nr. 2 BHKG, von Amts wegen tätig[294].

b) Pflicht zum Tätigwerden bei entgegenstehendem Willen

Bisher unberücksichtigt geblieben ist jedoch die Frage, ob mit dem gebundenen Anspruch des Bürgers auf feuerwehrliches Einschreiten nach § 8 Abs. 2 GO NRW auch eine Pflicht der Feuerwehr korrespondiert, in solchen Konstellationen von Amts wegen einzuschreiten, in denen die Zu-

---

291 *Gusy*, POR, Rn. 78; *Kugelmann*, POR, 5. Kap. Rn. 34.

292 Vgl. Ausführungen zu: B.I.3.c)cc) (S. 41 f.).

293 Vgl. Ausführungen zu: B.I.2.a)cc) (S. 37 f.).

294 OVG Münster, DÖV 1987, S. 646 (648); *Hörstrup*, Organisation, S. 368; *Schneider*, BHKG, § 1 Rn. 3.

ständigkeit der Feuerwehr nach dem BHKG begründete wäre, das Einschreiten der Feuerwehr aber nicht dem (hypothetischen) Willen des Betroffenen entspricht. Dieser Frage soll unter Betrachtung der jeweiligen Schutzgüter nachgegangen werden. Dabei wird sich zeigen, dass die Beantwortung hinsichtlich der verschiedenen geschützten Rechtsgüter unterschiedlichen Aufwand erfordert. Die folgende Darstellung nimmt in ihrer Reihenfolge keine Rücksicht auf die „Wertigkeit" der Schutzgüter, sondern orientiert sich nach der Schwierigkeit der aufgeworfenen Probleme.

Dabei soll vorab darauf hingewiesen werden, dass die geschilderte Fallkonstellation im Rahmen des *öffentlichen Notstandes* nicht beleuchtet zu werden braucht. Nach den obigen Ausführungen setzt dieser voraus, dass die Allgemeinheit, mithin eine unbestimmte und nicht bestimmbare Zahl von Personen, betroffen ist[295]. Kann jedoch der Kreis der Betroffenen nicht umgrenzt werden, ist die Ermittlung des Willens der betroffenen Personen (-gruppe) auch nicht möglich, welcher dem Einschreiten der Feuerwehr entgegenstehen könnte. Dies gilt ebenso für den hypothetischen Willen.

aa) Sachwerte

Hinsichtlich der Gefährdung von Sachwerten sind drei Konstellationen zu unterscheiden:

Sind Sachwerte von Feuer oder einem Unglücksfall bedroht und geschieht diese ohne oder gegen den Willen des Eigentümers, wird das Einschreiten der Feuerwehr mit an Sicherheit grenzender Wahrscheinlichkeit dem (hypothetischen) Willen des Betroffenen entsprechen. In diesem Fall besteht unproblematisch ein gebundener Anspruch des Bürgers im Sinne des § 8 Abs. 2 GO NRW auf feuerwehrliches Tätigwerden. Diese Konstellation fällt also nicht in die eigentlich zu untersuchende Problemstellung.

Geht eine Gefährdung von Sachwerten im Einverständnis des Eigentümers vor sich, sind wiederum zwei Unterfälle zu unterscheiden. In der ersten Variante besteht die Gefahr ausschließlich für Sachwerte, die der Sphäre des einverstandenen Eigentümers angehören. Verbrennt der Eigentümer sein Eigentum, ohne eine Gefahr für Dritte zu begründen, liegt keine Brandgefahr im Sinne des § 1 Abs. 1 Nr. 1 BHKG vor. Eine solche kann nur im Falle eines Schadenfeuers angenommen werden[296]. Die oben aufgeführte Definition des Schadenfeuers in stetiger Rechtsprechung des Ober-

295 VGH BW, Urt. v. 7.12.1992 – Az. 1 S 2079/92 – juris, Rn. 18.
296 Vgl. Ausführungen zu: C.II.1.b) (S. 81 ff.).

verwaltungsgerichts Münster setzt aber wiederum voraus, dass *„nicht zum Verbrennen bestimmte oder nicht wertlose Gegenstände vernichtet“*[297] werden. Wird nun Eigentum in Einverständnis des Eigentümers verbrannt, ist dieses auch zum Verbrennen *bestimmt*. Eine Brandgefahr scheidet daher aus und somit auch die Zuständigkeit der Feuerwehr. Ähnlich verhält es sich in der Konstellation des Unglücksfalls im Sinne des § 1 Abs. 1 Nr. 2 BHKG. Ist der Eigentümer mit der Schädigung seines Eigentums vor Eintritt der gefährdenden Umstände einverstanden, liegt kein Unglücksfall vor, da es an dem Kriterium des für den Betroffenen *unerwarteten Geschehensablaufes* fehlt[298].

Mit dem zweiten Unterfall ist die Konstellation gemeint, in der neben den Sachwerten, welche der Sphäre des einverstandenen Eigentümers angehören, auch Rechtsgüter von Dritten gefährdet sind. Hinsichtlich der Gefährdung durch Feuer wurde die aufgeworfene Frage bereits oben beantwortet. Abzustellen ist darauf, ob es sich um ein kontrolliertes Feuer handelt. Befindet sich das Feuer nicht außer Kontrolle, liegt kein Schadenfeuer vor[299]. Die Feuerwehr ist also nicht zuständig. Kann das Feuer hingegen nicht mehr kontrolliert werden und sind Rechtsgüter von Dritten betroffen, hat die Feuerwehr das nunmehr vorliegende Schadenfeuer zu bekämpfen. Beruht die Gefahr für Sachwerte des einverstandenen Eigentümers und für Rechtsgüter Dritter auf einem Unglücksfall im Sinne des § 1 Abs. 1 Nr. 2 BHKG, hat die Feuerwehr die Unglücksursache jedenfalls insoweit zu bekämpfen, als von ihr Gefahren für die Rechtsgüter der Dritten ausgehen. Ist nach dem Einschreiten der Feuerwehr eine Gefahr für Dritte beseitigt, dürfte es dem mit der Gefährdung einverstandenen Eigentümer freistehen, die Rettungshandlungen der Feuerwehr nicht in Anspruch zu nehmen. Dies ergibt sich aus der sog. positiven Eigentümerbefugnis des § 903 S. 1 BGB. Danach kann der Eigentümer *„mit der Sache nach Belieben verfahren und andere von jeder Einwirkung ausschließen.“* Der Eigentümer ist daher neben der beliebigen Nutzung unter anderem auch zur Vernichtung der Sache berechtigt[300]. Mit der freien Verfügungsbefugnis über sein Eigentum geht auch das Recht einher, staatlichen Schutz seines Eigentums abzulehnen, soweit anderweitige Rechtsgüter nicht gefährdet werden und die Rechtsordnung hiergegen keine Einwände erhebt. Vorschriften, die

297 OVG Münster, Urt. v. 24.6.2008 – Az. 9 A 3961/06 – juris, Rn. 28.

298 Vgl. Ausführungen zu: C.II.2.a) (S. 90 ff.).

299 Vgl. Ausführungen zu: C.II.1.b)aa) (S. 81 ff.).

300 *Brückner*, in: MüKo BGB, Bd. 7, § 903 Rn. 23; *Denninger*, HdbPR, D Rn. 33.

einer solchen Befugnis des Eigentümers entgegenstehen könnten, sind jedenfalls aus dem BHKG nicht ersichtlich.

bb) Tiere

Zur Rettung von Tieren dürfte die Feuerwehr bei Brandgefahren im Sinne des § 1 Abs. 1 Nr. 1 BHKG und in Fällen der Hilfeleistung gemäß § 1 Abs. 1 Nr. 2 BHKG ausnahmslos berufen sein[301]. Dies muss auch für den Fall gelten, in welchem das gefährdete Tier im Eigentum eines Menschen steht und dieser mit der Gefährdung einverstanden ist. Der Eigentümer kann im Rahmen seines Eigentumsrechts nach § 903 S. 1 BGB nicht unbeschränkt über die ihm gehörenden Tiere entscheiden. Nach § 903 S. 2 BGB hat er bei der Ausübung seiner Befugnisse die besonderen Vorschriften zum Schutz der Tiere zu beachten. Insbesondere das Tierschutzgesetz steht der freien Verfügungsbefugnis des Eigentümers entgegen. So bestimmt bereits die Zielsetzung des Gesetzes in § 1:

> „Zweck dieses Gesetzes ist es, aus der Verantwortung des Menschen für das Tier als Mitgeschöpf dessen Leben und Wohlbefinden zu schützen. Niemand darf einem Tier ohne vernünftigen Grund Schmerzen, Leiden oder Schäden zufügen."[302]

Welche Voraussetzungen an einen *vernünftigen Grund* geknüpft werden, soll an dieser Stelle nicht weiter vertieft werden. Jedenfalls ist aus der Zielsetzung des Tierschutzgesetzes ersichtlich, dass die Entscheidung über die Rettung eines Tieres nicht im Belieben des Eigentümers steht. Die Feuerwehr hat daher bei der Gefährdung von Tieren stets von Amts wegen tätig zu werden.

cc) Umwelt

Die vorgenannte Feststellung muss im Ergebnis auch für das Tätigwerden der Feuerwehr zum Schutz der Umwelt gelten. Nach Art. 29a Abs. 1 der Verfassung für das Land Nordrhein-Westfalen stehen natürliche Lebensgrundlagen und die Tiere unter dem Schutz des Landes, der Gemeinden und Gemeindeverbände. Schon aufgrund der gesetzlich verankerten Wer-

---

301 Vgl. Ausführungen zu: C.II.1.b) (S. 81 ff.) und C.II.2 (S. 89 ff.).

302 § 1 Tierschutzgesetz in der Fassung der Bekanntmachung vom 18. Mai 2006.

tigkeit dieser Güter und des hervorgehobenen Schutzauftrages kann die Entscheidung über eine Rettung solcher Güter nicht von dem Einverständnis des betroffenen Eigentümers abhängen. Die Feuerwehr hat daher auch zur Abwehr von Gefahren für die Umwelt von Amts wegen einzuschreiten.

dd) Leben und Gesundheit von Menschen

Wohl am meisten Probleme bereitet die Fallgruppe der einverständlichen Gefährdung von Leben und Gesundheit von Menschen. Hier lässt sich zunächst die Frage aufwerfen, ob diese Konstellation anders zu bewerten ist, als das in dem Abschnitt C.I.1.b) (S. 63 ff.) beschriebene Spannungsfeld zwischen polizei- und ordnungsbehördlichem Schutzauftrag und freier Selbstbestimmung des Einzelnen.

Eine unterschiedliche Behandlung könnte sich aufgrund der Tatsache rechtfertigen, dass dem Bürger ein gebundener Anspruch auf Tätigwerden der Feuerwehr gem. § 8 Abs. 2 GO NRW bei Vorliegen der Voraussetzungen des BHKG zusteht[303]. Ein gesetzlich gebundener Anspruch auf Einschreiten der Polizei- und Ordnungsbehörden ist in der Rechtsordnung des Landes Nordrhein-Westfalen hingegen nicht vorgesehen. Nur in Ausnahmefällen ist eine „Ermessenreduzierung auf Null“ anzunehmen, welche von der Wirkung her dem gebundenen Anspruch gleich kommt. Solch eine Ermessenreduzierung auf Null setzt voraus, dass die Untätigkeit der Behörde sich aufgrund der Umstände stets als rechtswidrig erweisen würde[304]. Die nun zu stellende Frage beinhaltet also, ob die verschiedene Ausgestaltung des *Anspruchs* des Bürgers auf Gefahrenabwehr im PolG NRW/OBG NRW einerseits und im BHKG i.V.m. der GO NRW andererseits zu einer unterschiedlichen Bewertung der *Pflicht zum Einschreiten* der entsprechenden Gefahrenabwehrstellen führt. Dies muss im Ergebnis verneint werden und lässt sich mit folgenden Überlegungen begründen. Wie zuvor beschrieben, liegt eine Pflicht der Polizei- und Ordnungsbehörden zum Einschreiten nur im Falle der Ermessenreduzierung auf Null vor. Ob als Maßstab hierfür die Wertigkeit der bedrohten Rechtsgüter eine Rolle spielen kann, wird uneinheitlich beurteilt[305]. Einigkeit besteht in Literatur

---

303 Vgl. Ausführungen zu: B.I.3.c)cc) (S. 41 f.).

304 Vgl. Ausführungen zu: B.I.3.c)bb) (S. 40).

305 Bejahend z.B. *Schenke*, POR, Rn. 101; ablehnend hingegen z.B. *Kingreen/Poscher*, POR, § 10 Rn. 43.

und Rechtsprechung jedoch darüber, dass eine Pflicht zum Schutze hochwertiger Güter anzunehmen ist, also zur Abwehr von Gefahren für Leben, Gesundheit und bedeutende Vermögenswerte[306]. In solchen Fällen besteht für den Bürger ein ermessensreduzierter, mithin ein gebundener Anspruch auf polizei- oder ordnungsbehördliches Einschreiten[307]. Dieser Anspruch kommt faktisch dem gebundenen Anspruch des Bürgers auf feuerwehrliche Gefahrenabwehr gleich. Aufgrund der situativen Gleichrangigkeit der Ansprüche in Fallkonstellationen, in denen hochwertige Rechtsgüter bedroht sind, kann daher aus den sonst grundsätzlich verschiedenen Rechtsinstituten, Anspruch auf ermessensfehlerfreie Entscheidung einerseits und gebundener Anspruch andererseits, kein Schluss auf eine unterschiedliche Behandlung hinsichtlich der *Pflicht zum Einschreiten* gezogen werden.

Lassen sich also aus der grundsätzlich unterschiedlichen Ausgestaltung der *Ansprüche auf Tätigwerden* keine Hinweise zur *Verpflichtung zum Tätigwerden* entgegen des Willens des Bürgers entnehmen, verbleibt allein die Überlegung, ob sachliche Gründe eine unterschiedliche Behandlung zwischen Feuerwehr und Polizei- und Ordnungsbehörden hinsichtlich des Umgangs mit menschlicher Selbstgefährdung gebieten. Auch diese Frage muss vorab verneint werden. Die vom Staat zu gewährleistende Sicherheit der Bevölkerung vor Gefahren für Leib, Leben und Freiheit sind Verfassungswerte, die mit anderen hochwertigen Rechtsgütern in gleichem Rang stehen. Die Schutzpflicht findet ihren Grund in Art. 2 Abs. 2 S. 1 sowie in Art. 1 Abs. 1 S. 2 GG[308]. Die Feuerwehr ist eine Gefahrenabwehrstelle, welche einen Schwerpunkt ihrer Tätigkeit im Bereich des abwehrenden Brandschutzes nach § 1 Abs. 1 Nr. 1 BHKG sowie der Hilfeleistung nach § 1 Abs. 1 Nr. 2 BHKG hat. Hierbei handelt es sich, ähnlich der polizeilichen Tätigkeit im Rahmen ihrer Eilzuständigkeit nach § 1 Abs. 1 S. 3 PolG NRW, um Gefahrenabwehraufgaben, die ein kurzfristiges und entschlossenes Eingreifen zum Schutz der bedrohten Rechtsgüter erfordern. Gründe, welche eine zwischen Feuerwehr und Polizei differenzierende Beurteilung des Spannungsfeldes zwischen staatlichem Schutzauftrag und freier Selbstbestimmung des Einzelnen rechtfertigen könnten, sind nicht ersichtlich.

An dieser Beurteilung vermag auch *Schneiders* Ausführung nichts zu ändern, dass eine Zustimmung des Betroffenen zum Einsatz der Feuerwehr aufgrund des Tätigwerdens von Amts wegen zur Beendigung eines gefahr-

---

306 *Götz/Geis*, POR, § 11 Rn. 6; *Graulich*, HdbPR, E Rn. 115; *Schenke*, POR, Rn. 100.
307 *Graulich*, HdbPR, E Rn. 124.
308 BVerfGE 120, 274 (319).

bringenden Zustandes nicht erforderlich sei[309]. Dabei bezieht er sich auf einen Beschluss des Oberverwaltungsgerichts Münster vom 14. Februar 1985. Zu diesem Beschluss formulierte die Veröffentlichungskommission des Oberverwaltungsgerichts Münster folgenden Leitsatz:

> „Auf die Willentlichkeit der Inanspruchnahme der Feuerwehr kann nur dann verzichtet werden, wenn sie im Rahmen ihrer durch das Gesetz über den Feuerschutz und die Hilfeleistung bei Unglücksfällen und öffentlichen Notständen festgelegten Aufgaben tätig wird.“[310]

Der Leitsatz mit dem zugrunde liegenden Sachverhalt bezieht sich jedoch auf eine Konstellation, in welcher aus dem LKW des ortsabwesenden Betroffenen Öl ausgelaufen war und sowohl das Auslaufen des Öls als auch der Feuerwehreinsatz zum Abstreuen der Öllache ohne Kenntnis des Betroffenen erfolgte. Der Senat hatte daher gerade nicht darüber zu entscheiden, ob das Eingreifen der Feuerwehr gegen den Willen des Bürgers erfolgen durfte. Vielmehr ging es in dem zugrunde liegenden Fall um die Frage, ob dem Halter des LKWs auch ohne dessen willentliche Inanspruchnahme der Feuerwehr die Kosten für deren Einsatz auferlegt werden können. Zur Frage der Zuständigkeit der Feuerwehr bei einvernehmlicher Selbstgefährdung, also einem entgegenstehenden Willen eines Betroffenen, äußerte sich der Senat nicht. Der von *Schneider* gezogene oder zumindest angedeutete Rückschluss auf die grundsätzliche Unbeachtlichkeit des entgegenstehenden Willens des Betroffenen überzeugt aus diesem Grund nicht und findet auch in der von ihm zitierten Entscheidung keine Stütze.

Entsprechend der oben aufgezeigten Diskussion[311] gilt daher zusammenfassend für die Feuerwehr in gleicher Weise, dass sie in Fällen der beabsichtigten Selbstgefährdung oder Selbsttötung von Menschen grundsätzlich zum Einschreiten berufen ist. Die handelnden Einsatzkräfte haben dabei zumindest solche Gefahrerforschungsmaßnahmen zu treffen, mit denen der geistige Zustand und die Willensrichtung des Suizidenten erforscht werden können. Eine vollumfängliche abschließende Beurteilung des aufgeführten Spannungsfeldes zwischen dem staatlichen Schutzauftrag und der freien Selbstbestimmung des Einzelnen kann aber auch an dieser Stelle aufgrund der Vielschichtigkeit der zu beantwortenden Frage ohne „Sprengung“ des Umfangs dieser Arbeit nicht erfolgen. Als Ergebnis soll daher der vorgenannte und aus dem Polizeirecht übertragene Grundsatz

---

309 *Schneider*, BHKG, § 1 Rn. 3.

310 OVG Münster, NVwZ 1985, S. 673 (673).

311 Vgl. Ausführungen zu: C.I.1.b)bb) (S. 65 ff.).

der Eingriffspflicht der Feuerwehr, zumindest zur Durchführung von Gefahrerforschungsmaßnahmen genügen.

3. Auswirkungen der Spezialzuständigkeit auf die Befugnisse gegenüber dem Bürger

Die Auswirkungen der Spezialzuständigkeit der Feuerwehr auf die ihr zur Verfügung stehenden Befugnisse, insbesondere auf diejenigen der Generalklausel des § 34 Abs. 2 BHKG, sollen in einem eigenständigen Kapitel untersucht werden. In diesem Zusammenhang bietet es sich an, zunächst die vorgenannte Ermächtigungsgrundlage intensiver in den Fokus zu nehmen, um anschließend zu ermitteln, welche Maßnahmen die Feuerwehr im Rahmen der Aufgabenerfüllung nach dem BHKG zu treffen vermag.

D. Befugnisse der Feuerwehr im Rahmen des § 34 BHKG

In diesem Kapitel sollen die der Feuerwehr zur Verfügung stehenden Befugnisse sowie die dafür dienende Ermächtigungsgrundlage näher untersucht werden. Nach § 34 Abs. 2 S. 1 BHKG veranlasst die Einsatzleitung nach pflichtgemäßem Ermessen die zur Erfüllung der Aufgaben nach dem BHKG an der Einsatzstelle notwendigen Maßnahmen, soweit Polizei und andere Stellen nicht in der Lage sind, in eigener Zuständigkeit entsprechende Maßnahmen zu treffen. Im Rahmen der folgenden Darstellungen wird zunächst kurz auf den dort genannten Begriff der Einsatzleitung eingegangen. Anschließend bedarf es einer Untersuchung des Verhältnisses von § 34 Abs. 1 S. 1 BHKG und § 34 Abs. 2 BHKG, da sich der Norm (§ 34 BHKG) nicht zweifelsfrei entnehmen lässt, in welchem Absatz die Ermächtigungsgrundlage für die Einsatzleitung angesiedelt ist. Dabei ist auch ein Augenmerk darauf zu werfen, wie die Befugnisnorm in § 34 BHKG ausgestaltet ist. Anschließend erfolgt eine Differenzierung zwischen Maßnahmen, die der unmittelbaren Erfüllung des Brandschutzes und der Hilfeleistung im Sinne des § 1 Abs. 1 Nr. 1 und Nr. 2 BHKG dienen sowie solchen Maßnahmen, die „lediglich" einen reibungslosen Ablauf der Brandschutz- und Hilfeleistungsmaßnahmen sicherstellen sollen. Vorab zu nennen ist hier insbesondere der Platzverweis im Sinne des § 34 Abs. 1 PolG NRW. Im Rahmen dieser Differenzierung werden sodann weitergehend beispielhaft Maßnahmen der Feuerwehr zum abwehrenden Brandschutz und zur Hilfeleistung erläutert. Zuletzt erfolgt eine ausführliche Untersuchung, welche Befugnisse der Feuerwehr zur Sicherstellung ihrer gesetzlichen Aufgabenerfüllung durch den Verweis in § 34 Abs. 2 S. 2 BHKG auf das OBG NRW faktisch zur Verfügung stehen.

Die vorliegende Arbeit befasst sich im Kern mit den Befugnissen der Feuerwehr im Rahmen der Gefahrenabwehr. Da das BHKG jedoch nicht allein das Feuerwehrwesen regelt, sondern unter anderem auch den Katastrophenschutz mit umfasst, sollen solche, die Feuerwehr nicht betreffenden Aspekte, bei den folgenden Untersuchungen unberücksichtigt bleiben. Dies gilt insbesondere für den Katastrophenschutz. Aber auch auf Großeinsatzlagen im Sinne der §§ 35 ff. BHKG, die meist eine Koordinierung unterschiedlichster Stellen erfordern, soll im Nachfolgenden nicht näher eingegangen werden.

I. Die Einsatzleitung

Der Einsatz der Feuerwehr nach dem BHKG unterliegt dem Konzept der Führung durch eine Einsatzleitung. Dies wird durch die gesetzlichen Regelungen der §§ 33 ff. BHKG deutlich.

1. Sinn und Zweck der Einsatzleitung

Hintergrund der gesetzlichen Vorgabe des Feuerwehreinsatzes unter Führung durch die Einsatzleitung ist, dass Schadensereignisse oder Gefahrenlagen im Umfang und im Gefährdungsgrad auch während des Einsatzes weiter anwachsen können[312]. Aber auch ein ursächlich abgeschlossenes Schadensereignis kann erhebliche technische und organisatorische Einsatzmaßnahmen erforderlich machen[313]. Der Einsatzleitung kommt deshalb die Aufgabe zu, sämtliche erforderlichen Maßnahmen zur Abwehr von Gefahren und zur Begrenzung von Schäden zu veranlassen. Hierfür muss sie im Stande sein, die Einsatzlage schnell zu erfassen und zu beurteilen, damit sie insbesondere die Einsatzkräfte möglichst wirkungsvoll auch in nicht vollends bekannten Situationen einzusetzen vermag[314].

2. Auswahl der Einsatzleitung

Nach § 34 Abs. 1 S. 1 BHKG ist die Einsatzleitung u.a. befugt, den Einsatz der Feuerwehr zu regeln, erforderliche Einsatzmaßnahmen zu treffen und zusätzliche Einsatzmittel und Einsatzkräfte über die Leitstelle[315] anzufordern. Die Einsatzleitung selbst ist in § 33 BHKG aufgeführt. Dieser bestimmt, dass die zur Erfüllung der Aufgaben nach dem BHKG erforderlichen Abwehrmaßnahmen von dem durch die Gemeinde bestellten Einsatzleiter geleitet werden. Der Begriff des Leitens umfasst dabei das gesamtverantwortliche Handeln für eine Einsatzstelle und für die dort eingesetzten Einsatzkräfte[316]. Die Regelung des § 33 BHKG betrifft die Einsatzlei-

---

312 Feuerwehr-Dienstvorschrift 100 (kurz: FwDV 100) Ziff. 1.1.

313 FwDV 100 Ziff. 1.1.

314 *Färber*, in: Kamp, FeuSchR NRW, § 34 BHKG (April 2017) Rn. 18; *Müller-Platz*, BHKG, § 33 (Dezember 2016) Ziff. 3.

315 Zur Definition dieses Begriffs siehe *Prendke*, Lexikon, S. 242.

316 FwDV 100 Ziff. 2.1.

tung im „täglichen Geschehen". Hingegen bezieht sich § 37 BHKG, welcher ebenfalls den Begriff der Einsatzleitung nennt, als Spezialvorschrift auf Großeinsatzlagen und Katastrophen[317].

Die von der Gemeinde zu bestellende Leitungsposition wird in der Regel von einer Führungskraft der Feuerwehr besetzt[318], häufig ist dies der Leiter der Feuerwehr[319]. Ausreichend ist jedoch auch, dass sich die Bestellung des jeweiligen Einsatzleiters aus der allgemeinen Alarm- und Ausrückordnung (AAO) abstrakt ergibt[320]. Die Pflicht der Gemeinde aus § 3 Abs. 1 S. 1 BHKG zur ständigen Unterhaltung einer den örtlichen Verhältnissen entsprechenden leistungsfähigen Feuerwehr umfasst u.a. die Erarbeitung und laufende Überprüfung solch einer ortsspezifischen Alarm- und Ausrückordnung[321]. Diese legt aufgrund von Erfahrungswerten fest, mit welchen Einsatzmitteln (Fahrzeuge und Geräte) sowie mit welcher Mannschaftsstärke[322] auf die verschiedenen Notrufe reagiert wird[323]. Durch die Alarmierung im Sinne der AAO wird der zuvor abstrakt benannte Einsatzleiter im Einzelfall konkret festgelegt[324]. Im Falle von hauptamtlichen Kräften kann die Festlegung des Einsatzleiters aber auch durch das Erstellen des Dienstplans erfolgen[325].

Solange der Einsatzleiter an der Einsatzelle noch nicht vor Ort ist und somit die Einsatzleitung noch nicht übernehmen kann, leitet gem. § 33 S. 2 BHKG der zuerst am Einsatzort eintreffende oder bisher dort tätige Einheitenführer den Einsatz.

---

317 *Schneider*, BHKG, § 33 Rn. 2.
318 *Hörstrup*, Organisation, S. 226; *Schneider*, BHKG, § 33 Rn. 3.
319 *Hörstrup*, Organisation, S. 226; *Schneider*, BHKG, § 33 Rn. 12; *W. Wolf*, Gemeinsam Dienst auf der Feuerwache, Städte- und Gemeinderat 1-2/2014, S. 6 (7).
320 OVG Münster, NWVBl. 2013, 375 (377); *Hörstrup*, Organisation, S. 226; *Schneider*, BHKG, § 33 Rn. 12.
321 *Schneider*, BHKG, § 3 Rn. 46.
322 Zur Definition dieses Begriffs siehe *Prendke*, Lexikon, S. 256.
323 *Hörstrup*, Organisation, S. 128 f.; *Schneider*, BHKG, § 3 Rn. 46.
324 *Hörstrup*, Organisation, S. 129, 226.
325 *Schneider*, BHKG, § 33 Rn. 12.

3. Strategie der Einsatzleitung nach der Feuerwehr-Dienstvorschrift 100

Nach der Feuerwehr-Dienstvorschrift 100 soll die Einsatzleitung die sog. Auftragstaktik[326] im Rahmen der Gefahrenabwehr verfolgen[327]. Die Auftragstaktik versteht sich als Führungskonzeption, in der den Einsatzkräften möglichst viel Freiraum bei der Aufgabenerfüllung zustehen soll. Dies setzt zum einen bei der Führungskraft, welche die Aufgaben verteilt, aber auch bei den ausführenden Einsatzkräften ein hohes Maß an fachlichen Fähigkeiten und verantwortungsbewusster Selbstständigkeit voraus. Damit die Einsatzleitung den Einsatz effektiv koordinieren kann, erfordert das größtenteils selbstständige Handeln der Einsatzkräfte aber auch die Erfüllung ihrer Informationspflicht gegenüber dem Führenden. Bei Anwendung der Auftragstaktik kann sich der Auftrag auf eine eindeutige Vorgabe des Ziels beschränken und dabei mehrere Wege zum Erreichen des Ziels offen lassen. Somit besteht für die ausführenden Einsatzkräfte eine größtmögliche Handlungsfreiheit, welche als Voraussetzung für eine selbstständige und flexible Reaktion auf neue Erkenntnisse und Herausforderungen dient.

II. Befugnisse der Feuerwehr zum (abwehrenden) Brandschutz und zur Hilfeleistung

Im Folgenden sollen die Befugnisse der Feuerwehr zum abwehrenden Brandschutz sowie zur Hilfeleistung dargestellt werden. Zuvor bedarf es jedoch einer Untersuchung, aus welcher Norm sich die Ermächtigung der Einsatzleitung zum Anordnen der erforderlichen Gefahrenabwehrmaß-

326 Das Führungsprinzip der Auftragstaktik stammt aus dem preußischen Militär und wurde erstmals im 19. Jahrhundert angewandt. Durch das Anwachsen der Heere und den technischen Fortschritt stieg das Unvermögen eines Feldherrn, alle Einzelheiten der Operation überblicken zu können. Dieser neuen Komplexität konnte nach preußischer Auffassung nur durch Dezentralisierung von Führungsverantwortung und Initiative begegnet werden. Hierdurch sollte die Führungsfähigkeit im Gefecht sichergestellt werden, um zügig und angemessen auf die Veränderung und Unvorhersehbarkeit der Lage reagieren zu können. Jedem Unterführer stand zur Verwirklichung des Ziels ein gewisser Entscheidungsspielraum bei der Wahl des „Weges" offen, den er nach bestem Wissen und eigenen Vorstellungen verwirklichen sollte. Als zentrales Element der Auftragstaktik lässt sich die Selbstständigkeit erkennen. Hierzu ausführlich: M. *Sigg*, Der Unterführer als Feldherr im Taschenformat, 2014, S. 173 ff.

327 Nachfolgend für die Ausführungen zur Auftragstaktik: FwDV 100 Ziff 2.3.2.

nahmen explizit ergibt und wie diese ausgestaltet ist. Bis zu dieser Stelle wurde vom Autor zur Vermeidung von Missverständnissen § 34 Abs. 2 S. 1 BHKG als Ermächtigungsgrundlage für die sog. Generalklausel der Einsatzleitung zugrunde gelegt. Dies dürfte im Ergebnis auch richtig sein, was sich allerdings nicht eindeutig dem Wortlaut der Norm entnehmen lässt.

1. Ermächtigungsgrundlage in § 34 BHKG

Zur Verdeutlichung des Problems wird nachfolgend § 34 Abs. 1 S. 1 und Abs. 2 BHKG mit Hervorhebungen durch den Autor abgedruckt:

> „(1) **Die Einsatzleitung ist befugt**, den Einsatz der Feuerwehren sowie der Einheiten des Katastrophenschutzes zu regeln, **erforderliche Einsatzmaßnahmen zu treffen** und zusätzliche Einsatzmittel und Einsatzkräfte über die Leitstelle anzufordern."
> „(2) **Die Einsatzleitung veranlasst nach pflichtgemäßem Ermessen die zur Erfüllung der Aufgaben nach diesem Gesetz an der Einsatzstelle notwendigen Maßnahmen**, soweit die Polizei oder andere Stellen nicht in der Lage sind, in eigener Zuständigkeit entsprechende Maßnahmen zu treffen. **Sie hat insoweit die Befugnisse nach dem Gesetz über Aufbau und Befugnisse der Ordnungsbehörden vom 13. Mai 1980 (GV. NRW. S. 528) in der jeweils geltenden Fassung**. Soweit dies zur Abwehr von Gefahren nach § 1 Absatz 1 erforderlich ist, kann die Einsatzleitung insbesondere das Betreten des Einsatzgebietes oder einzelner Einsatzbereiche verbieten, Personen von dort verweisen, das Einsatzgebiet oder einzelne Einsatzbereiche sperren und räumen lassen."

Betrachtet man § 34 Abs. 1 S. 1 sowie Abs. 2 S. 1 BHKG, springt nicht unmittelbar ins Auge, in welchem dieser beiden Sätze der Gesetzgeber die Ermächtigungsgrundlage für die Einsatzleitung zur Anordnung von Gefahrenabwehrmaßnahmen niederlegen wollte. Verwirrung stiftet hier insbesondere die Tatsache, dass sich bereits in § 34 Abs. 1 S. 1 BHKG der Begriff „befugt" in Bezug auf erforderliche Einsatzmaßnahmen findet. Jedoch lässt sich erst aus § 34 Abs. 2 S. 1 BHKG entnehmen, zur Verfolgung welchen Zwecks die Einsatzmaßnahmen erforderlich bzw. notwendig sein müssen. Anschließend wird in § 34 Abs. 2 S. 2 BHKG mit einem Verweis auf das OBG NRW aufgeführt, welche Maßnahmen der Einsatzleitung zur Verfolgung des vorgenannten Zwecks zur Verfügung stehen.

Möglicherweise lässt sich der Frage nach der Platzierung der Ermächtigungsgrundlage näher kommen, indem man sich zunächst die rechtsstaatlichen Anforderungen an eine Ermächtigungsgrundlage, auch Befugnisnorm genannt[328], vergegenwärtigt.

Allein aus einer gesetzlichen Aufgabenzuweisung der Gefahrenabwehr an entsprechende Gefahrenabwehrstellen lässt sich nicht die Befugnis dieser Behörden ableiten, Maßnahmen zu ergreifen, die für den Bürger rechtlich belastend sind[329]. Lediglich solche behördliche Handlungen, die nicht in Rechte des Bürgers eingreifen, können auf die gesetzliche Aufgabenzuweisung gestützt werden[330]. Maßnahmen hingegen, denen eine grundrechtseingreifende Wirkung zukommt, unterliegen dem Vorbehalt des Gesetzes aus Art. 20 Abs. 3 GG und bedürfen daher einer Ermächtigungsgrundlage, welche die möglichen Eingriffe nach Inhalt, Zweck und Ausmaß hinreichend bestimmen muss[331]. Eine vermeintliche Ausnahme hiervon bilden die sog. Generalklauseln. Diese ermächtigen die Gefahrenabwehrstellen zu unbestimmten Maßnahmen und sind unverzichtbar, um diesen unter anderem eine angemessene Reaktion auf unvorhersehbare Gefahrenlagen zu ermöglichen[332]. So kann im Rahmen des Polizei- und Ordnungsrechts die handelnde Behörde beispielsweise die notwendigen Maßnahmen treffen, um eine im Einzelfall bestehende Gefahr für die öffentliche Sicherheit oder Ordnung abzuwehren[333]. Zwar liegen bei den polizei- und ordnungsbehördlichen Generalklauseln unbestimmte Rechtsbegriffe auf Tatbestands- und auch auf Rechtsfolgenseite vor[334], sodass die oben genannten Voraussetzungen der hinreichenden Bestimmtheit nicht erfüllt zu sein scheinen. Jedoch begegnete das Bundesverfassungsgericht mit seinem Beschluss „Taubenfütterung“ vom 23. Mai 1980 diesen rechtsstaatlichen Bedenken:

> „Die Verwendung der polizeirechtlichen Generalklausel ist unter diesem verfassungsrechtlichen Aspekt unbedenklich, weil sie in jahrzehntelanger Entwicklung durch Rechtsprechung und Lehre nach Inhalt,

328 Begriff beispielsweise verwendet von: *Gusy*, POR, Rn. 168.
329 *Schenke*, POR, Rn. 36.
330 *Kingreen/Poscher*, POR, § 5 Rn. 6; *Schenke*, POR, Rn. 36.
331 *Gusy*, POR, Rn. 168; *Kingreen/Poscher*, POR, § 2 Rn. 41 ff.; *Schenke*, POR, Rn. 37.
332 *Kingreen/Poscher*, POR, § 5 Rn. 12; *Kugelmann*, POR, 6. Kap. Rn. 10.
333 *Gusy*, POR, Rn. 312.
334 *Kingreen/Poscher*, POR, § 5 Rn. 5.

Zweck und Ausmaß hinreichend präzisiert, in ihrer Bedeutung geklärt und im juristischen Sprachgebrauch verfestigt ist."[335]

Aus der zitierten Entscheidung wird ersichtlich, dass eine Befugnisnorm in Form einer Generalklausel auch die rechtsstaatlichen Erfordernisse der hinreichenden Bestimmtheit bezogen auf Inhalt, Zweck und Ausmaß erfüllen muss. Jedoch geht das Bundesverfassungsgericht davon aus, dass die verwendeten unbestimmten Rechtsbegriffe auf Tatbestands- und Rechtsfolgenseite aufgrund einer stetigen Prägung durch Rechtsprechung und Literatur hinreichend konkretisiert sind, sodass die aufgeführten Voraussetzungen trotz der gesetzlichen Einarbeitung der unbestimmten Rechtsbegriffe erfüllt sind.

Berücksichtigt man die rechtsstaatlichen Voraussetzungen für die Statuierung einer Ermächtigungsgrundlage sowie die vom Bundesverfassungsgericht aufgestellten Grundsätze, wird ersichtlich, dass § 34 Abs. 1 S. 1 BHKG nicht als Ermächtigungsgrundlage dienen kann. Dies ergibt sich bereits aus folgender Überlegung:

Zwar enthält § 34 Abs. 1 S. 1 BHKG mit dem Begriff „erforderliche" Einsatzmaßnahmen einen unbestimmten Rechtsbegriff auf Rechtsfolgenseite, mit welchem die Einsatzleitung in die Lage versetzt wäre, der Situation entsprechend eine angemessene Maßnahme zu treffen. Allerdings finden sich in § 34 Abs. 1 S. 1 BKKG keine (unbestimmten) Voraussetzungen auf Tatbestandsebene, welche durch Rechtsprechung oder Literatur konkretisiert und damit inhaltlich bestimmt werden könnten. Gerade die „Situation", der entsprechend gehandelt werden müsste, ergibt sich aus diesem Satz nicht. Auch ist kein durch die erforderlichen Einsatzmaßnahmen anzustrebender Zweck in § 34 Abs. 1 S. 1 BHKG zu finden. Ohne die Nennung von (zumindest bestimmbaren) Tatbestandsvoraussetzungen kann § 34 Abs. 1 S. 1 BHKG daher nicht als Ermächtigungsgrundlage fungieren. In der spärlich vorhandenen Kommentierung in der Literatur findet sich zudem die Anmerkung, dass *„sich § 34 Abs. 1 BHKG mehr an die Einsatzkräfte wendet"*[336]. Hierbei handelt es sich jedoch eher um eine äußerst unpräzise Schilderung des Sinn und Zwecks der Vorschrift. Dem Gesetzesentwurf zum BHKG[337] lässt sich entnehmen, dass § 34 Abs. 1 *„die Befugnisse der Einsatzleitung zur Organisation der Abwehrmaßnahmen"*[338] bestimmt. Neben dem Anforderungsrecht und Koordinationsrecht aus der Vorschrift

335 BVerfGE 54, 143 (144 f.).

336 *Schneider*, BHKG, § 34 Rn. 7.

337 LT-Drs. 16/8293.

338 LT-Drs. 16/8293 S. 103; inhaltlich ebenso: *Hörstrup*, Organisation, S. 351.

ist davon auszugehen, dass der „Befugnis" zum Treffen der erforderlichen Einsatzmaßnahmen lediglich eine klarstellende Funktion zukommt. Sowohl aus dieser Vorschrift als auch aus§ 34 Abs. 2 BHKG wird deutlich, dass die Ermächtigung zur Anordnung von Maßnahmen lediglich der Einsatzleitung und nicht jeder einzelnen Einsatzkraft zukommen soll[339].

Als Befugnisnorm der Einsatzleitung dürfte daher § 34 Abs. 2 S. 1 BHKG heranzuziehen sein. Dieser entspricht den oben genannten Voraussetzungen. Zunächst ist der Zweck der Ermächtigungsgrundlage aus Abs. 2 S. 1 ersichtlich. Die Einsatzleitung soll nach dem Wortlaut der Vorschrift in die Lage versetzt werden, die Aufgaben des BHKG, mithin den (abwehrenden) Brandschutz, die Hilfeleistung sowie den Katastrophenschutz nach § 1 Abs. 1 BHKG, zu gewährleisten. Die Aufgabenerfüllung nach dem BHKG dient ebenfalls als inhaltlicher Anknüpfungspunkt auf Tatbestandsebene. Soweit also im Sinne der § 1 Abs. 1 Nr. 1 und Nr. 2 BHKG Brandgefahren oder aber Unglücksfälle oder solche öffentliche Notstände, die durch Naturereignisse, Explosionen oder ähnliche Vorkommnisse verursacht worden sind, vorliegen, hat die Einsatzleitung die notwendigen Maßnahmen zur Gefahrenabwehr zu treffen. Dabei eröffnet die Ermächtigungsgrundlage der Einsatzleitung auf Rechtsfolgenseite mit dem Begriff „notwendige Maßnahmen" die Möglichkeit, der Einzelfallsituation entsprechende Maßnahmen anzuordnen. Einschränkend ist aber wiederum darauf hinzuweisen, dass die Befugnis für die Einsatzleitung gem. § 34 Abs. 2 S. 1 Hs. 2 BHKG nur besteht, soweit Polizei oder andere Stellen in eigener Zuständigkeit nicht in der Lage sind, entsprechende Maßnahmen zu treffen.

2. Ausgestaltung der Ermächtigungsgrundlage

An dieser Stelle soll auf einige Aspekte der Ausgestaltung der Ermächtigungsgrundlage näher eingegangen werden. Dabei stehen insbesondere die vom BHKG umfassten Befugnisse der Feuerwehr im Allgemeinen sowie der in § 34 Abs. 2 S. 2 BHKG enthaltene Verweis auf das OBG NRW im Fokus.

---

339 *Hörstrup*, Organisation, S. 352; *Müller-Platz*, BHKG, § 34 (Dezember 2016) Ziff. 2.

a) Umfang und Grenzen der Befugnisse im Allgemeinen

Von der Ermächtigungsgrundlage des § 34 Abs. 2 S. 1 BHKG sind diejenigen Maßnahmen umfasst, welche dem abwehrenden Brandschutz und der Hilfeleistung dienen. Soweit also die Tatbestandsvoraussetzungen des § 1 Abs. 1 Nr. 1 oder Nr. 2 BHKG vorliegen und somit die Zuständigkeit der Feuerwehr begründet ist, kann die Einsatzleitung nach ihrem pflichtgemäßen Ermessen die erforderlichen Maßnahmen zur Bekämpfung der bestehenden Gefahren treffen. Durch die Formulierung des § 34 Abs. 2 S. 1 BHKG ist für den Normanwender unmittelbar ersichtlich, dass es sich bei der Vorschrift um eine Ermessensnorm handelt. Dabei mag sich zunächst die Frage aufdrängen, weshalb der Gesetzgeber den „Status" der Befugnisnorm als Ermessensvorschrift nicht durch das Wort „kann" gekennzeichnet hat. Allerdings ist hier darauf hinzuweisen, dass die gewählte Formulierung in § 34 Abs. 2 S. 1 BHKG einer der prägnanten Unterscheidungen zwischen den Polizei- und Ordnungsbehörden einerseits sowie der Feuerwehr andererseits Rechnung trägt. Der Einsatzleitung steht kein „vollumfängliches" Ermessen zur Verfügung. Da die Feuerwehr von Amts wegen tätig zu werden hat[340], kommt ihr kein Entschließungsermessen („Ob" des Handelns) zu. Das in § 34 Abs. 2 S. 1 BKHG aufgeführte Ermessen gilt daher nur als Ermessen für die Auswahl der geeigneten Maßnahmen, sog. Auswahlermessen („Wie" des Handelns)[341]. Durch die Formulierung „kann" hätte der Gesetzgeber der Einsatzleitung auf der Stufe des „Ob" und des „Wie" den Entschluss über das Einschreiten freigestellt oder jedenfalls ein umfängliches Ermessen „vorgetäuscht". Hingegen eröffnet die Formulierung „*Die Einsatzleitung veranlasst nach pflichtgemäßen Ermessen…*"[342] dem Normanwender die Auslegungsmöglichkeit, das dort erwähnte Ermessen bei feststehender Pflicht zum Einschreiten nur auf das „Wie" des Tätigwerdens zu beziehen. Durch die Formulierung in § 34 Abs. 2 S. 1 BHKG vermeidet der Gesetzgeber also einen „Konflikt" zwischen der Befugnis-Ermessensnorm sowie der Ausgestaltung der Feuerwehr als gemeindliche Einrichtung nach § 3 Abs. 1 S. 1 BHKG, die einen gebundenen Anspruch des Bürgers auf Einschreiten nach sich zieht.

---

340 OVG Münster, DÖV 1987, S. 646 (648); OLG Hamm, Urt. v. 8.2.2012, Az. 11 U 150/10 – juris, Rn. 29; *Hörstrup*, Organisation, S. 368; *Schneider*, BHKG, § 1 Rn. 3.

341 Vgl. Ausführungen zu: B.I.3.c)dd) (S. 42).

342 Vgl. Wortlaut des § 34 Abs. 2 S. 1 BHKG.

Die Ausübung des pflichtgemäßen Auswahlermessens der Einsatzleitung unterliegt stets dem Grundsatz der Verhältnismäßigkeit[343]. Dies ergibt sich daraus, dass dieser Grundsatz das gesamte öffentliche Recht bestimmt[344]. Er umfasst im weitesten Sinne drei Teilgrundsätze. Zunächst muss das behördlich angewandte Mittel zur Gefahrenabwehr geeignet sein (*Geeignetheit*). Weiter ist von mehreren gleich geeigneten Maßnahmen diejenige zu ergreifen, die den Einzelnen und/oder die Allgemeinheit am wenigsten beeinträchtigt (*Erforderlichkeit*). Zuletzt dürfen die ergriffenen Maßnahmen nicht zu einem Schaden führen, welcher zu dem beabsichtigten Erfolg erkennbar außer Verhältnis steht (*Verhältnismäßigkeit im engeren Sinne*)[345]. Dass das Verhältnismäßigkeitsprinzip im BHKG nicht explizit statuiert wurde, wie es beispielsweise für die Polizei in § 2 PolG NRW der Fall ist, schadet nicht. Bei den einfachgesetzlichen Niederschriften des Verhältnismäßigkeitsprinzips handelt es sich „lediglich" um deklaratorische Vorschriften, da dieses bereits kraft Verfassungsrecht, als Bestandteil des Rechtsstaatsprinzips, gilt[346]. Von dem Verhältnismäßigkeitsgrundsatz umfasst wird nach dem Vorstehenden also insbesondere auch die Ausübung von Ermessen. Aus dem Begriff der „notwendigen Maßnahmen" (im Sinne des § 34 Abs. 2 S. 1 BHKG) folgt, dass der Ermessensrahmen für die Einsatzleitung, also die Art und der Umfang der Maßnahme, jeweils nach den Umständen des konkreten Einzelfalls zu ermitteln ist[347]. Das Prinzip der Verhältnismäßigkeit dient dabei als rechtliche Begrenzung des Ermessens[348]. Es greift bei der Ermessensausübung nicht nur dann ein, wenn Grundrechte beschränkt werden sollen, sondern bei jeder öffentlich-rechtlichen Maßnahme[349]. Die Einsatzleitung darf demnach im Rahmen der Gefahrenabwehr nach dem BHKG solche Maßnahmen anordnen, die geeignet und erforderlich sind, die Gefahr zu beseitigen[350], wobei im Angesicht der von der Feuerwehr zu bekämpfenden Gefahren im Zweifel *„grundsätzlich eher ein Mehr als ein Weniger an Personal und Hilfsmitteln zur*

---

343 VG Aachen, Urt. v. 30.11.2009 – Az. 6 K 1608/09 – juris, Rn. 30.

344 *F. Ossenbühl*, Der Grundsatz der Verhältnismäßigkeit (Übermaßverbot) in der Rechtsprechung der Verwaltungsgerichte, Jura S. 1997, 617 (617).

345 *Götz/Geis*, POR, § 11 Rn. 11; *Thiel*, POR, § 8 Rn. 178; *Wolffgang/Hendricks/Merz*, POR, Rn. 321.

346 *Schenke*, POR, Rn. 331; *Thiel*, POR, § 8 Rn. 177.

347 *Möller/Warg*, POR, Rn. 158.

348 *Möller/Warg*, POR, Rn. 158; *Schenke*, POR, Rn. 331; *Wolffgang/Hendricks/Merz*, POR, Rn. 321.

349 *Kugelmann*, POR, 10. Kap. Rn. 32.

350 *Hörstrup*, Organisation, S. 368 f.

Verfügung zu stellen ist“[351]. Jedoch darf durch die getroffenen Maßnahmen kein Nachteil herbeigeführt werden, der erkennbar außer Verhältnis zu dem beabsichtigten Erfolg steht[352].

Die vorstehenden Ausführungen zum Verhältnismäßigkeitsprinzip sollen an dieser Stelle genügen, um die Bindung der Feuerwehr an die rechtsstaatlichen Grundsätze zu verdeutlichen.

b) Begriffliche Ungenauigkeiten in Rechtsprechung und Literatur

Einer näheren Betrachtung bedarf die Ausgestaltung des Auswahlermessens der Einsatzleitung. Hintergrund ist, dass *Schneider*[353] und auch das Oberlandesgericht Hamm in seinem Urteil vom 8. Februar 2012[354] von einem der Feuerwehr zuzubilligenden gewissen Beurteilungsspielraum im Rahmen des Auswahlermessens ausgehen[355]. Die Verwendung des Begriffs „Beurteilungsspielraum“ in diesem Kontext stellt sich jedoch als juristisch unpräzise, möglicherweise sogar als irreführend dar. Problematisch erscheint insbesondere, dass der Begriff „Beurteilungsspielraum“ im Verwaltungsrecht ganz herrschend in Zusammenhang mit sog. unbestimmten Rechtsbegriffen verwendet wird[356]. Unbestimmte Rechtsbegriffe ermöglichen der Verwaltung Gesetze auch auf atypische, unvorhersehbare Situationen anzuwenden. Dies realisiert der Gesetzgeber, indem er den Gesetzeswortlaut als Grundlage des Verwaltungshandelns in gewissem Umfang offen gestaltet[357]. Prominentes und bereits oben aufgeführtes Beispiel ist die *öffentliche Sicherheit*[358]. Soweit also gesetzliche Präzisierungen fehlen, wird es zur Aufgabe der Verwaltungsbehörden und Gerichte, die unbe-

---

351 OLG Hamm, Urt. v. 8.2.2012 – Az. I-11 U 150/10 – juris, Rn. 29; so bereits auch schon VG Neustadt an der Weinstraße, Gerichtsbescheid vom 18.9.1986 – Az. 8 K 157/85 – unveröffentlicht.

352 OLG Hamm, Urt. v. 8.2.2012 – Az. I-11 U 150/10 – juris, Rn. 29; *Schneider*, BHKG, § 1 Rn. 46.

353 *Schneider*, BHKG, § 1 Rn. 46; § 34 Rn. 7.

354 OLG Hamm, Urt. v. 8.2.2012 – Az. I-11 U 150/10 – juris, Rn. 29.

355 Auch *Bertkau*, Schadens- und Kostenrisiko – Teil 2 (Fn. 209), S. 666 verwendet unter Bezug auf die Kommentierung von *Schneider* den Begriff des Beurteilungsspielraums.

356 H. Hofmann/J. Gerke/*U. Hildebrandt*, Allgemeines Verwaltungsrecht, 11. Aufl. 2016, Rn. 386; *Maurer/Waldhoff*, Allg. Verwaltungsrecht, § 7 Rn. 31.

357 *W. Erbguth/A. Guckelberger*, Allgemeines Verwaltungsrecht, 9. Aufl. 2018, § 14 Rn. 26.

358 Vgl. Ausführungen zu: C.I.1 (S. 59 ff.).

stimmten Rechtsbegriffe zu konkretisieren[359]. Neben dem offenen Wortlaut spielen auch häufig der Regelungszusammenhang, die Absicht des Gesetzgebers sowie der Gesamtzweck der Vorschrift und des gesamten Gesetzes eine Rolle bei der Auslegung[360]. Hinsichtlich der gerichtlichen Kontrolle der Behörden durch die Verwaltungsgerichte ist umstritten, ob die behördlich vorgenommene Auslegung, also die Subsumtion eines Einzelfallsachverhalts unter einen unbestimmten Rechtsbegriff, in vollem Umfang überprüfbar ist, oder ob den Behörden insoweit ein durch die Gerichtsbarkeit im Einzelfall nicht überprüfbarer „Beurteilungsspielraum" zusteht[361]. Dieser Streit soll an vorliegender Stelle nicht vertieft werden, da er für das eigentlich hier zu untersuchende Problem ohne Belang ist. Festzuhalten bleibt jedoch, dass sich der Beurteilungsspielraum immer auf Tatbestandsebene befindet[362], das Ermessen hingegen auf der Rechtsfolgeseite anzusiedeln ist[363].

Die Verwendung des Begriffs „Beurteilungsspielraum" im Rahmen des Auswahlermessens durch *Schneider* und das Oberlandesgericht Hamm verwischt daher die vorgenannte Trennung von Tatbestands- und Rechtsfolgenseite einer Ermächtigungsnorm. Dabei ist durchaus möglich, dass solch eine Vermischung der Begriffe durch *Schneider* und den elften Senat des Oberlandesgerichts Hamm gar nicht beabsichtigt war. Überprüft man die von *Schneider* aufgeführten Nachweise in seiner Kommentierung von § 1 BHKG[364] und § 34 BKHG[365], stößt man auf ein Urteil des Oberlandesgerichts München vom 5. Juni 2003, in welchem ebenfalls der Begriff „Beurteilungsspielraum" in Zusammenhang mit einer feuerwehrlichen Ermächtigung der Einsatzleitung verwendet wird. Zu der gleichen Fundstelle gelangt man bei Betrachtung des Urteils vom Oberlandesgericht Hamm, welches sich wiederum auf die Kommentierung von *Schneider* bezieht. In dieser zugrunde gelegten Entscheidung des Oberlandesgerichts München führt der Senat aus:

---

359 *Ipsen*, Allg. Verwaltungsrecht, Rn. 469.

360 *W. Frenz*, Öffentliches Recht, 7. Aufl. 2017, Rn. 862.

361 *Erbguth/Guckelberger*, Allg. Verwaltungsrecht (Fn. 357), § 14 Rn. 27; *Maurer/Waldhoff*, Allg. Verwaltungsrecht, § 7 Rn. 31.

362 Hofmann/Gerke/*Hildebrandt*, Allg. Verwaltungsrecht (Fn. 356), Rn. 386; *Ipsen*, Allg. Verwaltungsrecht, Rn. 518 ff.; *Maurer/Waldhoff*, Allg. Verwaltungsrecht, § 7 Rn. 51, 57.

363 *Erbguth/Guckelberger*, Allg. Verwaltungsrecht (Fn. 357), § 14 Rn. 36; *Maurer/Waldhoff*, Allg. Verwaltungsrecht, § 7 Rn. 7.

364 *Schneider*, BHKG, § 1 Rn. 46.

365 *Schneider*, BHKG, § 34 Rn. 7.

„Darüber hinaus teilt der Senat die Auffassung des Landgerichts, dass der Einsatzleitung ein gewisser Beurteilungsspielraum bei ihren Entscheidungen zugebilligt werden muss. Dies entspricht der Kommentierung zu Art. 66 BayWG, nur dass der Kommentar von Sieder/Zeitler a.a.O. Randnr. 17 (unter Hinweis auf ein Urteil des LG Gießen) nicht von einem Beurteilungs- sondern von einem Ermessensspielraum spricht, den die Bediensteten einer Gemeinde bei ihrer Entscheidung über die notwendigen Maßnahmen zur Abwehr eines Überschwemmungsschadens haben. [...] Ohne dass es auf eine präzise Einordnung in die verwaltungsrechtliche Begrifflichkeit (und die Abgrenzung zur Vorwerfbarkeit beziehungsweise zum Verschulden bei Wahl einer weniger geeigneten Maßnahme) ankommt, ist der hinter dieser Erwägung stehende Gedanke einleuchtend. Die Einsatzleitung muss unter ständig wechselnden Bedingungen die vorhandenen Kräfte auf die verschiedenen Brennpunkte verteilen und im Bedarfsfall verschieben, die Erfolgsaussicht, den Zeitbedarf und den Ressourcenverbrauch geplanter Maßnahmen unter höchstem Zeitdruck bewerten, immer wieder improvisieren und versuchen, eingetretene Friktionen zu beseitigen"[366].

Aus der Entscheidung wird deutlich, dass es dem Oberlandesgericht München nicht auf eine verwaltungsrechtlich korrekte Einordnung des verwendeten Begriffs „Beurteilungsspielraum" ankam. Vielmehr sollte im Rahmen der Frage um eine Amtspflichtverletzung durch die Einsatzleitung die Schwierigkeit der Beurteilung der vorliegenden Gefahrensituation in den Fokus genommen werden. Aus der komplexen Einsatzlage folge laut dem Oberlandesgericht München, dass die zu verübende Gefahrenabwehrtätigkeit nicht mit einem geordneten Verwaltungsverfahren zu vergleichen sei[367].

Durch *Schneiders* Bezug auf dieses Urteil ist davon auszugehen, dass auch er mit der Verwendung des Begriffs „Beurteilungsspielraum" keine dogmatische Zuordnung zur Tatbestandsebene vornehmen wollte. Es lässt sich erkennen, dass sich die Einsatzleitung bei der den Maßnahmen zugrundeliegenden Einsatztaktik keiner gerichtlichen Zweckmäßigkeitskontrolle unterziehen muss[368]. Dies rechtfertigt sich gerade aufgrund des vom Oberlandesgericht München aufgegriffenen Gedankens, dass die meist

366 OLG München, Urt. v. 5.6.2003 – Az. 1 U 3878/02 – juris, Rn. 195.
367 OLG München, Urt. v. 5.6.2003 – Az. 1 U 3878/02 – juris, Rn. 195.
368 So auch: *Hörstrup*, Organisation, S. 369.

komplexen Gefahrenlagen bei Einsätzen der Feuerwehr aus Sicht der verantwortlich Handelnden nicht bloß eine richtige Entscheidung zulassen[369]. Zwar betont das Oberlandesgericht Hamm, dass es sich bei der Frage, welche Maßnahmen nach Art und Umfang erforderlich sind, um eine durch die Gerichte vollumfänglich überprüfbare Rechtsfrage handelt, jedoch widerspricht dies nicht der zuvor genannten Freiheit der Einsatzleitung von einer Zweckmäßigkeitskontrolle. Die gerichtliche Überprüfung betrifft allein die Rechtmäßigkeit[370]. Worauf der Senat des Oberlandesgerichts Hamm (wahrscheinlich) hinauswollte ist, dass die Beurteilung der Rechtmäßigkeit des Handelns die Feststellung umfasst, dass ein milderes Mittel nicht in Betracht gekommen wäre[371]. In diesem Zusammenhang weist der Senat allerdings darauf hin, dass bei der gerichtlichen Überprüfung stets auf den Sach- und Kenntnisstand zum Zeitpunkt des behördlichen Handelns abzustellen ist[372]. Diese Vorgabe trägt wiederum dem vom Oberlandesgericht München aufgegriffenen Gedanken Rechnung, dass sich die Gefahrenlagen bei Einsätzen der Feuerwehr jeder Zeit verändern können und somit auch einer immer wieder neuen Beurteilung bedürfen, welche im Rahmen der gerichtlichen Rechtmäßigkeitsüberprüfungen zu berücksichtigen sind. In Einklang mit der Rechtsprechung des Oberlandesgerichts München[373] ist daher bei der Beurteilung der Rechtmäßigkeit der angeordneten Maßnahmen durch die Einsatzleitung danach zu fragen, ob diese gemessen an den Schwierigkeiten der Situation nachvollziehbar und überlegt waren.

Die vorgenannten Ausführungen zeigen, dass *Schneiders* Überlegungen sowie die Ausführungen des Oberlandesgerichts Hamm inhaltlich überzeugen, jedoch die Verwendung des Begriffs „Beurteilungsspielraum“ unglücklich erscheint. Hiermit erwecken sie den Eindruck, der Einsatzleitung stünde auf der Tatbestandsebene des § 34 Abs. 2 S. 1 BHKG ein Spielraum bei der Wertung unbestimmter Rechtsbegriffe zu. Bei dem Begriff der Gefahr, welcher im Rahmen der Tatbestandsprüfung von § 1 Abs. 1 Nr. 1 und Nr. 2 BHKG heranzuziehen ist, handelt es sich zwar tatsächlich um einen unbestimmten Rechtsbegriff, jedoch lässt dieser keinen Beurtei-

369 Ähnlich auch: *Hörstrup*, Organisation, S. 369 f.

370 *Hörstrup*, Organisation, S. 369; für das Gefahrenabwehrrecht allgemein: *Kugelmann*, POR, 10. Kap. Rn. 12.

371 *Kugelmann*, POR, 10. Kap. Rn. 12.

372 OLG Hamm, Urt. v. 8.2.2012 – Az. I-11 U 150/10 – juris, Rn. 29.

373 OLG München, Urt. v. 5.6.2003 – Az. 1 U 3878/02 – juris, Rn. 196.

lungsspielraum zu[374]. Folge ist, dass die Behörde im Zeitpunkt ihrer Entscheidung eine eindeutige Prognose über den zu erwartenden Schadenseintritt auf der Grundlage der ihr zur Verfügung stehenden Erkenntnisse treffen muss[375]. Diese Prognose ist durch die Gerichte später vollumfänglich überprüfbar[376].

c) Der Einsatzleitung zur Verfügung stehende Maßnahmen im Rahmen ihrer Aufgabenerfüllung

Im BHKG findet sich kein eigener Maßnahmenkatalog, welcher der Einsatzleitung zur Erfüllung ihrer Aufgaben nach § 1 Abs. 1 BHKG zur Verfügung gestellt wird. Jedoch enthält § 34 Abs. 2 S. 2 BHKG einen Verweis auf die Befugnisse des OBG NRW, sodass aus diesem die der Einsatzleitung zugebilligten Ermächtigungen entnommen werden können.

Bereits an dieser Stelle soll aber eine Differenzierung zwischen solchen Maßnahmen erfolgen, die der unmittelbaren Erfüllung des Brandschutzes und der Hilfeleistung im Sinne des § 1 Abs. 1 Nr. 1 und Nr. 2 BHKG dienen, sowie jenen Maßnahmen, die „lediglich" einen reibungslosen Ablauf des Brandschutz- und Hilfeleistungsvorganges sicherstellen sollen. Die zum Verständnis erforderliche Differenzierung ergibt sich schon aus dem Wesen der Maßnahmen. Diejenigen Maßnahmen, welche zur Gewährleistung des abwehrenden Brandschutzes und der Hilfeleistung nach § 1 Abs. 1 BHKG getroffen werden, dienen *unmittelbar* der gesetzlichen Aufgabenerfüllung. Hingegen sind Maßnahmen, die den reibungslosen Einsatz der Feuerwehr gewährleisten sollen, nur *mittelbar* der Aufgabenerfüllung nach § 1 Abs. 1 BHKG zuträglich, da sich die primäre Zielrichtung dieser Maßnahmen gegen die Beseitigung der Störung des Feuerwehreinsatzes richtet und daher nur sekundär auf die Aufgabenerfüllung nach dem BHKG ausgerichtet ist. Darüber hinaus ergeben sich zwischen beiden Arten der genannten Maßnahmen erhebliche Unterschiede bei dem dogmatischen Ursprung der Ermächtigungsgrundlage, soweit sie einer solchen überhaupt bedürfen.

---

374 *Hörstrup*, Organisation, S. 369; zur Gefahrenabwehr allgemein: *Möller/Warg*, POR, Rn. 103; *Wolffgang/Hendricks/Merz*, POR, Rn. 92.

375 *Thiel*, POR, § 8 Rn. 52; *Wolffgang/Hendricks/Merz*, POR, Rn. 83.

376 *Hörstrup*, Organisation, S. 369; zur Gefahrenabwehr allgemein: *Kugelmann*, POR, 5. Kap. Rn. 112.

Zunächst ist daher zu klären, ob sämtliche der Feuerwehr zur Verfügung stehende Maßnahmen eine Ermächtigungsgrundlage voraussetzen. Dies ist der Fall, wenn die entsprechende Maßnahme in Rechte des Bürgers eingreift[377]. Hingegen können solche behördliche Handlungen, die keinen grundrechtseingreifenden Charakter aufweisen, auf die gesetzliche Aufgabenzuweisung gestützt werden[378]. Im Falle des BHKG wäre also danach zu fragen, welchen Maßnahmen im Rahmen der Aufgabenerfüllung nach § 1 Abs. 1 Nr. 1 und Nr. 2 BHKG die gesetzliche Aufgabenzuweisung zum Einschreiten genügt. Solche Maßnahmen werden „schlicht hoheitliches Handeln" genannt[379]. Im nächsten Schritt kann sodann die vorgenannte Differenzierung zwischen denen dem Brandschutz und der Hilfeleistung *unmittelbar* und *mittelbar* dienlichen Maßnahmen vorgenommen werden, die aufgrund ihres grundrechtseingreifenden Charakters eine Ermächtigungsgrundlage zwingend voraussetzen. Für sie wird der Begriff „obrigkeitliches Handeln" verwendet[380].

aa) Schlicht hoheitliches Handeln im Sinne des BHKG

Im Polizei- und Ordnungsrecht ist allgemein anerkannt, dass nicht jegliche Maßnahme im Rahmen der Gefahrenabwehr in Rechte des Bürgers eingreift[381]. So stellt beispielsweise das Handeln eines Polizeibeamten, welcher einem alten Menschen über die Straße hilft oder das des Versammlungsleiters, der die Versammlungsteilnehmer auf ein nahendes Unwetter aufmerksam macht, keinen Grundrechtseingriff dar, sodass eine Ermächtigungsgrundlage für diese Tätigkeiten nicht erforderlich ist[382]. Auch dient eine polizeiliche Warnung vor Glatteis oder die Beseitigung eines Verkehrshindernisses durch einen Polizisten zwar der Gefahrenabwehr, jedoch beinhalten diese Tätigkeiten keinen Eingriff[383]. Es handelt sich um rein tatsächliches Verwaltungshandeln, auch Realakt genannt[384].

---

377 *Gusy*, POR, Rn. 13.
378 *Götz/Geis*, POR, § 7 Rn. 7; *Kingreen/Poscher*, POR, § 5 Rn. 6; *Kugelmann*, POR, 5. Kap. Rn. 4; *Schenke*, POR, Rn. 36.
379 *Kingreen/Poscher*, POR, § 2 Rn. 41.
380 *Kingreen/Poscher*, POR, § 2 Rn. 43.
381 *Schenke*, POR, Rn. 36.
382 *Kingreen/Poscher*, POR, § 2 Rn. 42.
383 *Maurer/Waldhoff*, Allg. Verwaltungsrecht, § 9 Rn. 8; *Schenke*, POR, Rn. 36.
384 *Maurer/Waldhoff*, Allg. Verwaltungsrecht, § 9 Rn. 8.

Im Gefahrenabwehrrecht der Feuerwehr muss Ähnliches gelten. Dies ergibt sich aus dem Umstand, dass vielen Maßnahmen der Feuerwehr im Rahmen ihrer Lösch- und Rettungstätigkeit keine grundrechtsbeeinträchtigende Wirkung zugeschrieben werden kann. Ihnen fehlt es an dem für einen Verwaltungsakt im Sinne des § 35 VwVfG NRW erforderlichen Merkmal der Regelung. Es wird kein Verwaltungsrechtsverhältnis mit rechtlicher Verbindlichkeit gestaltet, mithin keine Rechtsfolge gesetzt[385]. So stellen sich beispielsweise das Heraustragen einer verletzten und hilflosen Person aus einem brennenden Haus sowie das Löschen des Brandes als schlichtes Verwaltungshandeln ohne Grundrechtsbezug dar. Solche Maßnahmen, die die Rechte des Bürgers unberührt lassen, kann die Feuerwehr bzw. deren Einsatzleitung im Sinne des § 33 BHKG ohne Ermächtigungsgrundlage anordnen und durchführen. Hierzu genügt das Vorhandensein der gesetzlichen Aufgabenzuweisung des (abwehrenden) Brandschutzes und der Hilfeleistung im Sinne des § 1 Abs. 1 Nr. 1 und Nr. 2 BHKG.

bb) Obrigkeitliches Handeln im Sinne des BHKG

Anders verhält es sich in den Bereichen, in denen zwar ebenfalls Realakte der Feuerwehr vorliegen, jedoch diese Maßnahmen einen Grundrechtsbezug aufweisen. Das schlichte Verwaltungshandeln ist demnach rechtswidrig, soweit es Rechte des Bürgers, wie etwa das Eigentumsrecht, tangiert und durch keine Ermächtigungsgrundlage oder sonstigen Rechtfertigungsgrund gedeckt ist[386]. Für solch schlichtes Verwaltungshandeln mit grundrechtseingreifender Wirkung kann exemplarisch in Anlehnung an eines der vorgenannten Beispiele das gewaltsame Aufbrechen der Wohnungstür genannt werden, um die Rettung von schlafenden Personen aus dem brennenden Haus zu ermöglichen. Bei diesem Beispiel soll dahinstehen, ob das gewaltsame Öffnen der Tür nicht möglicherweise durch Rechtfertigungsgründe des BGB oder andere Vorschriften gedeckt sein könnte. Vielmehr soll verdeutlicht werden, dass auch schlichtes Verwaltungshandeln der Feuerwehr denkbar ist, welches nicht allein auf die Aufgabenzuweisung in § 1 Abs. 1 BHKG gestützt werden kann. Für dieses tatsächliche Handeln mit Grundrechtsbezug wie auch für grundrechtseingreifendes, rechtlich regelndes Verhalten der Gefahrenabwehrstelle bedarf es einer gesetzlichen

---

385 Zu den Erfordernissen eines Verwaltungsaktes: *Ipsen*, Allg. Verwaltungsrecht, Rn. 336.

386 *Maurer/Waldhoff*, Allg. Verwaltungsrecht, § 15 Rn. 5.

Ermächtigung zum Grundrechtseingriff[387]. Unter anderem hierfür kann § 34 Abs. 2 S. 1 BHKG herangezogen werden.

Im Folgenden soll nun die oben erwähnte Differenzierung zwischen solchen Maßnahmen erfolgen, die der unmittelbaren Erfüllung des Brandschutzes und der Hilfeleistung im Sinne des § 1 Abs. 1 Nr. 1 und Nr. 2 BHKG dienen, sowie jenen Maßnahmen, die „lediglich" einen reibungslosen Ablauf des Brandschutz- und Hilfeleistungsvorganges sicherstellen sollen. Insbesondere soll dabei auf die dogmatischen Unterschiede bei der „Herleitung" der jeweiligen Ermächtigungsgrundlagen sowie auf die mit der Formulierung des § 34 Abs. 2 S. 2 BHKG einhergehenden Probleme eingegangen werden.

(a) Ermächtigungsgrundlage für Störungsbeseitigungsmaßnahmen

Von dem Verweis in § 34 Abs. 2 S. 2 BHKG auf die Maßnahmen des OBG NRW ist auch § 24 Abs. 1 OBG NRW erfasst. Die Vorschrift ermöglicht den Ordnungsbehörden, zur Erfüllung ihrer Aufgaben die dort aufgeführten Standardmaßnahmen des PolG NRW zu nutzen. § 34 Abs. 2 S. 2 BHKG hat daher für die Einsatzleitung im Sinne des § 33 BHKG zur Folge, dass ebenfalls ihr die in § 24 Abs. 1 OBG NRW aufgeführten Standardermächtigungen nach dem PolG NRW zur Verfügung stehen[388]. Beispielsweise wird der Einsatzleitung über die Normenkette § 34 Abs. 2 BHKG i.V.m. § 24 Abs. 1 OBG NRW i.V.m. § 34 Abs. 1 S. 1 PolG NRW ermöglicht, einen Platzverweis gegen solche Personen auszusprechen, die durch ihre Anwesenheit am Einsatzort die Aufgabenerfüllung nach § 1 Abs. 1 BHKG behindern. Neben dem Platzverweis im Sinne des § 34 Abs. 1 PolG NRW stehen der Einsatzleitung – jedenfalls in der Theorie – aber auch eine größere Anzahl weiterer Standardmaßnahmen nach dem PolG NRW offen. Diese Ermächtigungen, welche gerade unmittelbar aus dem PolG NRW stammen und daher deutlich polizeirechtlich geprägt sind, sollen der Einsatzleitung im Falle der Abwesenheit der Polizei garantieren, dass sie durch entsprechende Kompetenzen selbst in die Lage versetzt wird, den ungestörten Ablauf ihrer Aufgabenerfüllung nach § 1 Abs. 1 BHKG zu gewährleisten. Deutlich wird durch den in § 34 Abs. 2 S. 2 BHKG enthaltenen Verweis also, dass dieser insbesondere solche Maßnahmen umfasst,

387 Zu Maßnahmen mit Grundrechtsbezug in Bayern: *Keller*, Feuerschutz, S. 129 f.; für das Gefahrenabwehrrecht allgemein: *Kingreen/Poscher*, POR, § 2 Rn. 43, 45.

388 *Schneider*, BHKG, § 34 Rn. 9.

welche „lediglich" die Rahmenbedingungen für einen effektiven Einsatz der Feuerwehr sicherstellen sollen.

(b) Ermächtigungsgrundlage für grundrechtseingreifende Maßnahmen zur unmittelbaren Aufgabenerfüllung nach dem BHKG

Durch die Tatsache, dass weder PolG NRW noch OBG NRW explizit auf die Bekämpfung von Brandgefahren sowie die Hilfeleistung im Sinne des § 1 Abs. 1 BHKG ausgerichtet sind, da hierfür der Feuerwehr eine Spezialzuständigkeit zukommt[389], enthalten beide Gesetze keine Standardermächtigungen zur Bekämpfung von Brandgefahren und zur Hilfeleistung. Die Befugnis der Einsatzleitung zur Anordnung von Maßnahmen zur unmittelbaren Aufgabenerfüllung nach § 1 Abs. 1 BHKG findet sich daher nicht in dem Verweis auf die Maßnahmen des OBG NRW mit der dortigen Weiterverweisung in § 24 Abs. 1 auf die Standardermächtigungen des PolG NRW. Die Ermächtigung der Einsatzleitung zur Anordnung von Maßnahmen zur Brandbekämpfung und zur Hilfeleistung, welche aufgrund ihres grundrechtseingreifenden Charakters einer Ermächtigungsgrundlage bedürfen, muss daher auf andere Weise „hergeleitet" werden. Woraus die vorgenannte Ermächtigungsgrundlage, welche der unmittelbaren Aufgabenerfüllung nach § 1 Abs. 1 BHKG dienen soll, zu entnehmen ist, ist aus der Fassung des § 34 Abs. 2 BHKG nicht unmittelbar ersichtlich. Bei einer eindeutigen Zuordnung bereitet insbesondere die folgende Konstellation erhebliche Probleme:

Die Formulierung des § 34 Abs. 2 S. 1 BHKG spricht isoliert betrachtet dafür, dass dieser Satz bereits genügen könnte, der Einsatzleitung die Befugnis zur Anordnung von im Einzelfall erforderlichen Maßnahmen zur unmittelbaren Aufgabenerfüllung nach § 1 Abs. 1 BHKG zuzusprechen. Problematisch erscheint jedoch bei nachfolgender Betrachtung des § 34 Abs. 2 S. 2 BHKG, dass dieser der Einsatzleitung zur Erfüllung der Aufgaben des BHKG „insoweit" die Befugnisse nach dem OBG NRW zur Verfügung stellt. Bei dieser Formulierung ergibt sich daher die Frage, ob der Begriff „insoweit" die Befugnisse der Einsatzleitung abschließend auf die im OBG NRW aufgeführten Ermächtigungen (einschließlich der in § 24 Abs. 1 OBG NRW genannten polizeirechtlichen Standardmaßnahmen) festlegt. Hierfür spräche, dass der Begriff „insoweit" nach dem allgemeinen Sprachverständnis als „in dieser Hinsicht" oder „was dies betrifft" aufge-

389 Vgl. Ausführungen zu: B.III.2 (S. 44).

fasst wird. Durch die Verwendung des Begriffs „insoweit" in Anschluss an § 34 Abs. 2 S. 1 BHKG könnte dies darauf hindeuten, dass der Einsatzleitung (nur) die Befugnisse des OBG NRW im Rahmen ihrer (grundrechtseinschränkenden) Aufgabenerfüllung nach dem BHKG zur Verfügung stehen sollen. Dies hätte zur Folge, dass § 34 Abs. 2 S. 1 BHKG nicht eigenständig als Ermächtigungsgrundlage für Maßnahmen zum abwehrenden Brandschutz und zur Hilfeleistung fungieren könnte, sondern die entsprechende Befugnis in § 34 Abs. 2 S. 1, 2 BHKG i.V.m. OBG NRW zu suchen wäre. Dabei erscheint allerdings allein die ordnungsbehördliche Generalklausel, § 14 Abs. 1 OBG NRW, geeignet, dem Brandschutz und der Hilfeleistung unmittelbar dienliche Maßnahmen zu ermöglichen. So müsste für jede anzuordnende (grundrechtseingreifende) Maßnahme, die im Rahmen des Brandschutzes oder der Hilfeleistung nach § 1 Abs. 1 BHKG getroffen würde, als Ermächtigungsgrundlage § 34 Abs. 2 S. 1, 2 BHKG i.V.m. § 14 Abs. 1 OBG NRW herangezogen werden. Diese „Hilfskonstruktion" erscheint jedoch umständlich und darüber hinaus überflüssig. Allein der Rückgriff über § 34 Abs. 2 S. 2 BHKG auf § 14 Abs. 1 OBG NRW wäre an sich noch nicht geeignet, um eine der gesetzgeberischen Aufgabenzuweisung an die Feuerwehr entsprechende Befugnisnorm zu schaffen. Dies zeigt sich anhand der Überlegung, dass aufgrund des Verweises in § 34 Abs. 2 S. 2 BHKG der Einsatzleitung in der Theorie sämtliche im OBG NRW aufgeführten Befugnisse zur Verfügung stehen. Hiervon ist auch die ordnungsbehördliche Generalklausel, § 14 Abs. 1 OBG NRW, umfasst. Voraussetzung der „Nutzbarkeit" der Befugnisse des OBG NRW wäre, dass die Tatbestandsvoraussetzungen der entsprechenden Norm erfüllt sind[390]. Jedoch soll die Feuerwehr aufgrund ihrer Spezialzuständigkeit gerade nicht zur Abwehr von Gefahren für die öffentliche Sicherheit oder Ordnung, wie sie in § 14 OBG NRW aufgeführt sind, berufen sein, sondern ausschließlich zum Brandschutz und für die Hilfeleistung tätig werden. Als Konsequenz ergäbe sich daher, dass der Anwendungsbereich des § 14 OBG NRW im Rahmen des § 34 Abs. 2 S. 2 BHKG zunächst auf die Fälle des abwehrenden Brandschutzes und der Hilfeleistung eingeschränkt werden müsste, um der Feuerwehr lediglich in den Bereichen Befugnisse zuzusprechen, in welchen die Erfüllung ihrer gesetzlichen Aufgabe nach § 1 Abs. 1 BHKG erforderlich ist. Darüber hinaus ist nicht ersichtlich, wieso der Gesetzgeber in § 34 Abs. 2 S. 1 BHKG eine Generalklausel als Ermächtigungsgrundlage „angedeutet" haben sollte, müsste dennoch für die Tätig-

390 Zu einer vergleichbaren Situation im Feuerwehrrecht des Landes Mecklenburg-Vorpommern: *Schäfer*, Primär- und Sekundärbefugnisse (Fn. 61), S. 209 f.

keiten des Brandschutzes und der Hilfeleistung auf die Generalklausel des OBG NRW zurückgegriffen werden.

Aus den vorgenannten Gründen erscheint es nicht überzeugend, dass der Begriff „insoweit" einen abschließenden Verweis auf die Maßnahmen des OBG NRW zum Ausdruck bringt, welche neben der unmittelbaren Aufgabenerfüllung nach § 1 Abs. 1 BHKG auch der Sicherstellung des reibungslosen Feuerwehreinsatzes dienen sollen. Hinzu kommt, dass der Begriff „insoweit" ohne jegliche Zusätze wie „insbesondere" oder „nur" kaum geeignet scheint, eine eindeutige oder vielmehr zwingende Aussage über die gesetzgeberische Intention zu treffen.

Zur Lösung des dogmatischen Problems der Ermächtigungsgrundlage erscheint es nach Auffassung des Autors überzeugender, jedoch ohne dass sich hierauf ein Hinweis im Wortlaut des § 34 Abs. 2 BHKG finde ließe, folgende Grundsätze in Bezug auf die jeweilige Ermächtigungsgrundlagen aufzustellen:

1. Maßnahmen, die als schlichtes Verwaltungshandeln unmittelbar dem abwehrenden Brandschutz und der Hilfeleistung dienen und keinen Grundrechtsbezug aufweisen, bedürfen der Generalklausel als Ermächtigungsgrundlage in § 34 Abs. 2 S. 1 BHKG nicht und können allein auf die Aufgabenzuweisung des § 1 Abs. 1 Nr. 1 und Nr. 2 BHKG gestützt werden.
2. Solche Maßnahmen, die ebenfalls die unmittelbare Aufgabenerfüllung nach § 1 Abs. 1 BHKG fokussieren, jedoch aufgrund ihres grundrechtseingreifenden Charakters einer Ermächtigungsgrundlage bedürfen, sind ausschließlich auf die Generalklausel § 34 Abs. 2 S. 1 BHKG zu stützen.
3. Hingegen könnte für anderweitige Maßnahmen, wie beispielsweise Platzverweise im Sinne des § 34 Abs. 1 PolG NRW, die Verweisung in § 34 Abs. 2 S. 2 BHKG auf das OBG NRW mit der in § 24 Abs. 1 enthaltenen Aufzählung der Standardermächtigungen nach dem PolG NRW herangezogen werden.

An dieser Stelle soll aber nochmals betont werden, dass sich für diese Differenzierung zwischen den letzten beiden Gruppen (solchen mit Grundrechtsbezug) keine eindeutigen Indizien aus der Gesetzesformulierung entnehmen lassen.

Die vorhergehenden Ausführungen zeigen jedenfalls, dass der Gesetzgeber berufen ist, an der Ermächtigungsgrundlage des § 34 Abs. 2 BHKG nachzubessern, um dadurch eine Befugnisnorm zu schaffen, aus welcher sich eindeutig ihr gesetzlicher Ursprung ergibt, um so die dogmatischen Spekulationen um die gesetzliche Grundlage zu erübrigen.

d) Die konkreten Befugnisse der Feuerwehr im Rahmen der Tätigkeit des unmittelbar abwehrenden Brandschutzes und der Hilfeleistung

Im Vordergrund der Brandbekämpfung im Sinne des § 1 Abs. 1 Nr. 1 BHKG und der Hilfeleistung nach § 1 Abs. 1 Nr. 2 BHKG steht im Regelfall ein Realakt als tatsächliches schlichtes Verwaltungshandeln[391]. Dies erscheint schon unter der Prämisse logisch, dass sich die Maßnahmen der Feuerwehr in erster Linie nicht gegen einen Störer oder Nichtstörer im Sinne des PolG NRW bzw. OBG NRW richten, sondern einen gefahrbringenden Zustand beenden sollen[392] und prinzipiell im Interesse des Betroffenen erfolgen[393]. Die Einsatzleitung ist sowohl zu grundrechtseingreifenden Maßnahmen aufgrund der Ermächtigungsgrundlage in § 34 Abs. 2 S. 1 BHKG als auch zu schlicht hoheitlichem Handeln durch die Aufgabenzuweisung in § 1 Abs. 1 Nr. 1 und Nr. 2 BHKG befugt[394]. Häufig dürfte sich eine Differenzierung zwischen diesen Maßnahmen jedoch im konkreten Einzelfall als „künstliche Aufspaltung“ erweisen, sodass folgend auf beide Arten vom Maßnahmen, grundrechtseingreifende und nichtgrundrechtseingreifende, welche der *unmittelbaren* Aufgabenerfüllung nach dem BHKG dienen, Bezug genommen wird.

Die konkreten Befugnisse der Feuerwehr zur Brandbekämpfung im Sinne des § 1 Abs. 1 Nr. 1 BHKG und im Rahmen der Hilfeleistung nach § 1 Abs. 1 Nr. 2 BHKG sollen an dieser Stelle aber nicht ausführlich dargestellt werden. Hierbei würde es sich zumeist um technische Ausführungen handeln, die in juristischer Hinsicht eher uninteressant sein dürften und darüber hinaus nicht in den Kompetenzbereich des Autors fallen. Einige Beispiele sollen genügen, um eine grobe Vorstellung über die praktische feuerwehrliche Tätigkeit zu ermöglichen.

---

391 *Hörstrup*, Organisation, S. 342; *Keller*, Feuerschutz, S. 127 f.,342; *Schäfer*, Primär- und Sekundärbefugnisse (Fn. 61), S. 208; *Schneider*, BHKG, § 1 Rn. 42; so bereits ebenfalls für das Bayrische Brandschutzrecht: *D. Baldauf*, Die Rechtsstellung der Freiwilligen Feuerwehr in Bayern, BayVBl. 1964, 218 (219).

392 *Hörstrup*, Organisation, S. 342; *Schäfer*, Primär- und Sekundärbefugnisse (Fn. 61), S. 208; *Schneider*, BHKG, § 1 Rn. 45.

393 *Keller*, Feuerschutz, S. 128.

394 Vgl. Ausführungen zu: D.II.2.c) (S. 125 ff.).

aa) Befugnisse zur Brandbekämpfung

Der abwehrende Brandschutz umschließt alle feuerwehrtechnischen und feuerwehrtaktischen Maßnahmen, die zur Abwehr von durch Schadenfeuer unmittelbar drohenden Gefahren für Menschen, Tiere, Umwelt oder Sachwerte erforderlich sind[395]. „Abwehren" ist dabei die auf die Verhinderung von Schäden gerichtete Tätigkeit[396]. Selbstverständlich steht hier insbesondere das Löschen des Brandes im Vordergrund. Beispielhaft kann daneben aber auch das Einschlagen von Fensterscheiben oder das gewaltsamen Öffnen von Türen erfasst sein, soweit dies von Nöten ist, um so an den Brandherd zu gelangen[397].

bb) Maßnahmen zur Hilfeleistung

Das Maßnahmenspektrum im Rahmen der Hilfeleistung stellt sich als äußerst breit gefächert dar. Zu nennen sind hier Tätigkeiten im Bereich des Rettens, des In-Sicherheit-Bringens, des Bergens und des Räumens[398]. Das Retten definiert sich als das Abwenden eines lebensbedrohlichen Zustandes von Menschen oder Tieren aus einer Zwangslage[399]. Das In-Sicherheit-Bringen stellt sich als ein Herausführen von Menschen oder Tieren aus einem Gefahrenbereich[400] dar[401]. Das Bergen versteht sich als Einbringen von Leichen, Kadavern oder gefährdeten Sachwerten[402], und unter den Begriff des Räumens fällt das Beseitigen von Trümmern und Hindernissen[403]. Exemplarisch sollen einige von diesen Aspekten dargestellt werden, um die Mannigfaltigkeit der feuerwehrlichen Tätigkeit zu verdeutlichen.

Soweit ein Tier bei hohen Außentemperaturen und direkter Sonneneinstrahlung in einem verschlossenen PKW über einen längeren Zeitraum zurückgelassen wird, rechtfertigt diese Situation ein gewaltsames Öffnen des

---

395 *Bode*, Haftung, S. 34 f.; *Hörstrup*, Organisation, S. 367; *Schneider*, BHKG, § 1 Rn. 42.
396 *Hörstrup*, Organisation, S. 367.
397 OLG, Hamm Urt. v. 15.6.1988 – Az. 11 U 295/87 – juris, Rn. 16.
398 *Schneider*, BHKG, § 1 Rn. 86.
399 *Prendke*, Lexikon, S. 303; *Schneider*, BHKG, § 1 Rn. 86.
400 Zur Definition dieses Begriffs siehe *Prendke*, Lexikon, S. 173.
401 VG Hannover, Urt. v. 5.2.2001 – Az. 10 A 5326/00 – juris; *Prendke*, Lexikon, S. 211.
402 *Prendke*, Lexikon, S. 54; *Schneider*, BHKG, § 1 Rn. 86.
403 *Prendke*, Lexikon, S. 297.

Fahrzeugs im Rahmen der Hilfeleistung[404]. Dies gilt jedenfalls für den Fall, in welchem die Polizei nicht über entsprechende Gerätschaften verfügt, um selbst dies Ziel zu erreichen[405].

Von der Hilfeleistung der Feuerwehr wird unter anderem auch eine Vielzahl an Konstellationen auslaufenden Öls umfasst. Dies ist wiederum darauf zurückzuführen, dass meist nur die Feuerwehr über die notwendigen technische Geräte und Fähigkeiten verfügt[406]. So ist beispielsweise bei entweichendem Öl aus einem Heizöltank im Keller eines Wohnhauses von einem Unglücksfall auszugehen[407] und auch die Beseitigung von Ölspuren auf Straßen gehört zur feuerwehrlichen Hilfeleistung[408]. Die Feuerwehr hat in diesen Fällen die Ölspur mit Bindemitteln abzustreuen sowie anschließend das abgestreute Bindemittel aufzunehmen und fachgerecht zu entsorgen[409]. In Zusammenhang mit Verkehrsunfällen gehört auch das Säubern der Unfallstelle zur Aufgabe der Feuerwehr, um zu verhindern, dass weitere Verkehrsteilnehmer verunfallen[410].

Im Rahmen von öffentlichen Notständen im Sinne des § 1 Abs. 1 S. 2 BHKG kann die Feuerwehr beispielsweise bei Hochwasser einen Bootspendeldienst einrichten[411] oder bei starkem Schneefall (Flach-) Dächer von Schneemassen befreien, soweit der Eigentümer zu einer eigenverantwortlichen Räumung des Daches nicht mehr in der Lage ist[412].

Alle aufgeführten Maßnahmen haben gemeinsam, dass die Feuerwehr aufgrund ihres speziell ausgebildeten Personals und ihrer besonderer Ausrüstung zur Erfüllung dieser Gefahrenabwehraufgaben besser in der Lage ist, als andere Gefahrenabwehrstellen. Dieser Umstand bildet zunächst die Voraussetzung für die Zuständigkeit der Feuerwehr und schlägt sich anschließend in der von ihr zu verrichtenden Gefahrenabwehrtätigkeit nieder[413].

---

404 OVG Koblenz, Urt. v. 25.8.2005 – Az. 12 A 10619/05 – juris, Rn. 21.

405 Vgl. zur Subsidiarität feuerwehrlichen Handelns die Ausführungen zu: D.II.3.a)aa)(1) (S. 136 f.) und D.II.3.a)aa)(3) (S. 139 f.).

406 VG Minden, Urt. v. 21.2.2002 – Az. 9 K 618/01 – juris, Rn. 15.

407 OVG Münster, Urt. v. 26.11.1996 – Az. 5 A 5712/94 – juris, Rn. 10.

408 OVG Münster, Urt. v. 16.2.2007 – Az. 9 A 4239/04 –juris, Rn. 41; bestätigt durch: OVG Münster, Beschl. v. 16.5.2013 – Az. 9 A 198/11 – juris, Rn. 9-11.

409 VG Minden, Urt. v. 21.2.2002 – Az. 9 K 618/01 – juris, Rn. 2; OVG Münster, Beschl. v. 16.5.2013 – Az. 9 A 198/11 – juris, Rn. 13.

410 VG Lüneburg Urt. v. 9.8.2013 – Az. 6 A 78/12 – juris, Rn. 39.

411 *Schneider*, BHKG, § 1 Rn. 75.

412 *Schneider*, BHKG, § 1 Rn. 86.

413 Vgl. Ausführungen zu: C.III.1 (S. 97 ff.).

cc) Lediglich Maßnahmen am Einsatzort

Aus dem Wortlaut des § 34 Abs. 2 S. 1 BHKG ist allerdings ersichtlich, dass die Ermächtigungsgrundlage der Einsatzleitung „lediglich" Maßnahmen an der konkreten Einsatzstelle zubilligt. Im Rahmen des unmittelbaren Brandschutzes und der Hilfeleistung nach § 1 Abs. 1 BHKG erweist sich dies nicht als Einschränkung des der Einsatzleitung zur Verfügung stehenden Maßnahmenspektrums. Dies ergibt sich bereits aus der Überlegung, dass die Brandbekämpfung und die Hilfeleistung ohnehin ein Tätigwerden an der konkreten Einsatzstelle voraussetzen. Fraglich ist allerdings, wie sich die vom Gesetzgeber vorgesehene Prämisse der ausschließlichen Ermächtigung an der Einsatzstelle auf die der Einsatzleitung nach dem Gesetzeswortlaut des OBG NRW eingeräumten Befugnisse auswirkt. In dem nächsten Abschnitt, in dem die in § 24 Abs. 1 OBG NRW aufgezählten Standardermächtigungen aus dem PolG NRW näher betrachtet werden sollen, ist daher insbesondere auf die Tauglichkeit der Maßnahmen am Einsatzort einzugehen.

3. Der Einsatzleitung durch § 34 Abs. 2 S. 2 BHKG zur Verfügung stehende Maßnahmen

In diesem Abschnitt soll der in § 34 Abs. 2 S. 2 BHKG enthaltene Verweis auf die Maßnahmen des OBG NRW näher untersucht werden. Dabei ist insbesondere in den Fokus zu rücken, auf welche Ermächtigungen die Einsatzleitung der Feuerwehr nach dem OBG NRW bzw. dem PolG NRW in Zusammenspiel mit der gesetzlichen Aufgabenzuweisung des § 1 Abs. 1 BHKG sowie der in § 34 Abs. 2 S. 1 BHKG enthaltenen Formulierung „an der Einsatzstelle" theoretisch und faktisch zugreifen kann.

a) Einschränkung des Maßnahmenkataloges aufgrund von allgemeinen Grundsätzen und gesetzlichen Vorgaben

§ 34 Abs. 2 S. 2 BHKG stellt der Einsatzleitung zur Erfüllung ihrer Aufgaben nach dem BHKG die Maßnahmen des OBG NRW zur Seite. Aufgrund dieses Verweises ist daher insbesondere davon auszugehen, dass auch § 24 Abs. 1 OBG NRW umfasst ist, welcher wiederum auf eine Vielzahl von Standardmaßnahmen des PolG NRW verweist. Polizeiliche Standardmaßnahmen sind durch das Gesetz benannte Maßnahmen, zu deren Durchführung die Behörden aufgrund besonderer Ermächtigungsgrundlagen berechtigt sind[414]. Sie enthalten typisierte Befugnisse zur Abwehr bestimmter Gefahren, die an besondere Tatbestandsvoraussetzungen explizite Rechtsfolgen knüpfen[415]. Als Beispiel sind der Platzverweis oder die Durchsuchung zu nennen. Die (Weiter-) Verweisung vom OBG NRW in das PolG NRW hat zur Folge, dass auch die Einsatzleitung der Feuerwehr zu ihrer gesetzlichen Aufgabenerfüllung auf die in § 24 Abs. 1 OBG NRW aufgezählten polizeilichen Standardmaßnahen zurückgreifen kann[416]. Dies gilt jedenfalls auf den ersten Blick. Fraglich ist allerdings, ob der Maßnahmenkatalog bereits aufgrund allgemeiner Grundsätze oder aber gesetzlicher Vorgaben (des BHKG) eingeschränkt sein könnte. Diese sollen im Folgenden zunächst näher dargestellt werden. Anschließend erfolgt eine Überprüfung, ob und ggf. welche der in § 24 Abs. 1 OBG NRW aufgeführten Befugnisse für die Aufgabenerfüllung der Feuerwehr durch diese gesetzlichen Vorgaben oder aufgrund der allgemeinen Grundsätze ausscheiden.

aa) Gesetzliche Vorgaben

Im BHKG sind mehrere Vorschriften zu finden, die sich unmittelbar auf die Zuständigkeit der Feuerwehr sowie auf deren Art und Weise des Tätigwerdens und damit einhergehend auch auf die der Feuerwehr zur Verfügung stehenden Befugnisse im Rahmen des § 34 Abs. 2 BHKG auswirken.

(1) § 1 Abs. 3 S. 1 BHKG

Eine Einschränkung des der Einsatzleitung zugebilligten Maßnahmenkataloges gemäß § 34 Abs. 2 S. 2 BHKG i.V.m. § 24 Abs. 1 OBG NRW dürfte zunächst aufgrund § 1 Abs. 3 S. 1 BHKG erfolgen. Danach sind das BHKG und die damit verbundene Gefahrenabwehr durch die Feuerwehr nicht einschlägig, soweit vorbeugende und abwehrende Maßnahmen nach § 1 Abs. 1 BHKG aufgrund anderer Rechtsvorschriften gewährleistet werden.

Den Polizei- und Ordnungsbehörden kommt nach § 1 Abs. 1 S. 1 PolG NRW und § 1 Abs. 1 OBG NRW die Aufgabe der Gefahrenabwehr im Be-

---

414 *Gusy*, POR, Rn. 179.
415 *Gusy*, POR, Rn. 184; *Kingreen/Poscher*, POR, § 11 Rn. 1; *Kugelmann*, POR, 6. Kap. Rn. 6.
416 *Hörstrup*, Organisation, S. 351; *Schneider*, BHKG, § 34 Rn. 9.

reich der öffentlichen Sicherheit und Ordnung zu. Die Polizei hat in diesem Rahmen nach § 1 Abs. 1 S. 2 PolG NRW auch die „*Aufgabe, Straftaten zu verhüten sowie vorbeugend zu bekämpfen und die erforderlichen Vorbereitungen für die Hilfeleistung und das Handeln in Gefahrenfällen zu treffen.*" Aus diesen Vorschriften ist ersichtlich, dass soweit die Polizei- und Ordnungsbehörden im Rahmen der Gefahrenabwehr einen effektiven Schutz der bedrohten Rechtsgüter gewährleisten können, diese Stellen auch zunächst zuständig sind. Falls hingegen eine Gefahrensituation die Gefahrenabwehrfähigkeiten dieser Behörden „überfordert", sollen nach dem gesetzgeberischen Konzept die speziellen Gefahrenabwehraufgaben (im Sinne des § 1 Abs. 1 BHKG) einer Stelle obliegen, die zur Aufgabenerfüllung mit besonders ausgebildetem Personal und entsprechender Ausrüstung ausgestattet ist. Exemplarisch für die Ausstattung ist § 3 Abs. 1 S. 1 und Abs. 4 BHKG zu nennen. Die Feuerwehr ist daher in solchen Fällen zum Einschreiten berufen, in denen andere Gefahrenabwehrstellen schon aufgrund mangelnder personeller und technischer Voraussetzungen nicht befähigt sind, entsprechend wirkungsvolle Gefahrenabwehr sicherzustellen[417].

Die vorgenannten Ausführungen zeigen, dass aufgrund von § 1 Abs. 3 S. 1 BHKG aus dem in § 24 Abs. 1 OBG NRW enthaltenen Maßnahmenkatalog solche Befugnisse für die Einsatzleitung ausscheiden, mit denen die Feuerwehr keine effektivere Gefahrenabwehr im Bereich des Brandschutzes und der Hilfeleistung nach § 1 Abs. 1 Nr. 1 und Nr. 2 BHKG leisten kann als andere Gefahrenabwehrstellen. Dies gilt sowohl für unmittelbar der Brandbekämpfung und Hilfeleistung zuträgliche Maßnahmen, als auch für mittelbare, um die Konzentration der Feuerwehr auf ihre gesetzlichen Ziele sicherzustellen[418]. Vereinfacht gesagt müssen zunächst sämtliche in § 24 Abs. 1 OBG NRW aufgeführten Befugnisse überhaupt dem Gefahrenabwehrbereich des Brandschutzes und der Hilfeleistung zuträglich sein, um für die Feuerwehr nutzbar zu sein. Ermächtigungen hingegen, die durch ihre Charakteristiken nicht sinnvoll im Rahmen des Brandschutzes und der Hilfeleistung verwendet werden können, dürfen der Feuerwehr aufgrund ihrer Spezialzuständigkeit auch nicht zur Verfügung stehen. Dies ergibt sich aus dem Umstand, dass die gesetzliche Aufgabenzu-

---

417 *Hörstrup*, Organisation, S. 353; zu einer vergleichbaren Regelung im rheinland-pfälzischem Brandschutzrecht: *Keiper*, Zuständigkeitsprobleme (Fn. 221), S. 367.

418 Für eine weitergehende Argumentation siehe auch die Ausführungen zu: D.II.3.a)aa)(3) (S. 139 f.).

weisung an eine Gefahrenabwehrstelle nicht nur deren Zuständigkeit gegenüber dem Bürger begründet, sondern sie auch begrenzt[419]. Im zweiten Schritt ist dann zu prüfen, welche Stelle mit der jeweiligen Befugnis wirkungsvoller agieren kann.

(2) § 1 Abs. 3 S. 2 BHKG

Darüber hinaus ergibt sich eine weitere Einschränkung aus § 1 Abs. 3 S. 2 BHKG. Dort ist eine Eilzuständigkeit der Feuerwehr für die Fälle vorgesehen, in denen vorbeugende und abwehrende Maßnahmen im Sinne des § 1 Abs. 1 BHKG durch andere Rechtsvorschriften gewährleistet werden, die vorrangig zuständigen Stellen allerdings (noch) nicht vor Ort sind. Die Zuständigkeit der Feuerwehr im Wege des „ersten Zugriffs" liegt jedoch nur dann vor, falls eine konkrete Gefährdung von Leben, Gesundheit, Tieren, natürlichen Lebensgrundlagen oder Sachen bereits vorhanden ist oder unmittelbar bevorsteht. Für diese Fälle kann die Einsatzleitung der Feuerwehr die zur Beseitigung der Gefahr erforderlichen Maßnahmen treffen[420]. In allen weiteren Zuständigkeitsbereichen der Polizei- und Ordnungsbehörden bezüglich des Brandschutzes und der Hilfeleistung (und somit auch im Bereich der öffentlichen Sicherheit), die nicht der Abwehr einer konkreten Gefahr (für die in § 1 Abs. 3 S. 2 BHKG genannten Rechtsgüter) unterfallen, scheidet ein Einschreiten der Feuerwehr aus. Als Folge ergibt sich selbstverständlich, dass auch ein Rückgriff auf die in § 24 Abs. 1 OBG NRW genannten Befugnisse in diesen Konstellationen nicht in Betracht kommt. Hier handelt es sich allerdings nur um eine situative Einschränkung des Maßnahmenkataloges aus § 24 Abs. 1 OBG NRW. Soweit die Feuerwehr im Wege des ersten Zugriffs tätig wird, kann sie schon denklogisch nicht auf Maßnahmen zurückgreifen, die nicht auf die Abwehr einer konkreten Gefahr für die in § 1 Abs. 3 S. 2 BHKG genannten Rechtsgüter ausgerichtet sind, da die Nutzung solcher Maßnahmen zum Ausdruck brächte, dass eine Eilsituation für die gesetzlich vorgesehenen Fälle gerade nicht vorliegt.

Ergänzend sieht § 1 Abs. 3 S. 2 BHKG vor, dass der erste Zugriff durch die Feuerwehr unter Beachtung ihrer Aufgaben nach § 1 Abs. 1 BHKG zu erfolgen hat. Aus der Formulierung ergibt sich, dass die Feuerwehr nur in solchen Situationen Gefahrenabwehraufgaben anderer (abwesender) Be-

419 *Gusy*, POR, Rn. 78; *Kugelmann*, POR, 5. Kap. Rn. 34.
420 *Schneider*, BHKG, § 1 Rn. 133 f.

hörden wahrnehmen darf, soweit durch die Tätigkeit die Ziele des Gesetzes, der Brandschutz und die Hilfeleistung, nicht beeinträchtigt werden[421]. Mit dieser Einschränkung lässt sich verhindern, dass die Feuerwehr Kapazitäten für Aufgaben bindet, die grundsätzlich von anderen Stellen wahrgenommen werden können, und hierdurch Kapazitäten für solche Gefahrenabwehrtätigkeiten nicht mehr zur Verfügung stehen, für welche die Feuerwehr aufgrund ihrer Ausrüstung und Spezialkenntnisse dringend benötigt wird.

(3) § 34 Abs. 2 S. 1 BHKG

§ 34 Abs. 2 S. 1 BHKG eröffnet der Einsatzleitung nach Ausübung pflichtgemäßen Ermessens die Möglichkeit, die zur Erfüllung der Aufgaben des § 1 Abs. 1 BHKG notwendigen Maßnahmen an der Einsatzstelle anzuordnen. Die Formulierung „an der Einsatzstelle" kann im Kontext des § 34 Abs. 2 BHKG sowie des gesamten Gesetzes nur als Einschränkung der Befugnisse der Einsatzleitung aufgefasst werden. Hiermit trägt der Gesetzgeber auch wiederum der Spezialzuständigkeit der Feuerwehr Rechnung, die aus der besonderen personellen und technischen Ausstattung der Feuerwehr resultiert. Sie soll gemäß § 1 Abs. 3 S. 1 BHKG nur einschreiten, soweit andere Stellen nicht zu einer entsprechend effizienten Gefahrenabwehr im Bereich des Brandschutzes und der Hilfeleistung im Sinne des § 1 Abs. 1 Nr. 1 und Nr. 2 BHKG in der Lage sind. Dabei wird es sich um Gefahrensituationen handeln, wie sie beispielhaft im vorherigen Kapitel dargestellt wurden. Die Überlegenheit der Feuerwehr gegenüber anderen Gefahrenabwehrstellen aufgrund ihrer besonders ausgebildeten Einsatzkräfte und ihrer Ausrüstung zeigt sich dann gerade *an der Einsatzstelle*. Um die Aufgabenerfüllung der Feuerwehr nach dem BHKG zu unterstützen, kann sie im Rahmen ihrer Tätigkeit seit Einführung des BHKG Anfang des Jahres 2016 an der Einsatzstelle auf die Befugnisse des OBG NRW sowie die in § 24 Abs. 1 OBG NRW aufgeführten Standardermächtigungen des PolG NRW zurückgreifen. Der Gesetzgeber scheint jedoch die „Reservefunktion" der Feuerwehr zusätzlich zu dem Niederschlag in der Subsidiaritätsklausel des § 1 Abs. 3 S. 1 BHKG auch in § 34 Abs. 2 S. 1 BHKG betonen zu wollen. Er hat daher den Rückgriff auf die Standardermächtigungen ausschließlich auf solche Situationen beschränkt, in denen die Feuerwehr „an der Einsatzstelle" die zu ihrer Aufgabenerfüllung notwendigen Maßnah-

421 *Schneider*, BHKG, § 1 Rn. 134.

men zu treffen hat. Aus der Formulierung wird in Zusammenspiel mit der Spezialzuständigkeit der Feuerwehr deutlich, dass § 34 Abs. 2 BHKG die Feuerwehr vor Ort bei der konkreten Aufgabenerfüllung unterstützen soll.

Diese Grundsätze müssen auch insbesondere für solche Maßnahmen gelten, die zwar an der Einsatzstelle getroffen werden, jedoch einen zeitlich späterliegenden Zweck verfolgen. Zu denken ist hier beispielsweise an die Vorladung im Sinne des § 10 PolG NRW. Die Vorladung soll der Erörterung von Tatsachen zu einem Zeitpunkt in der Zukunft dienen, wie folgend noch ausführlicher dargestellt wird[422]. Tritt die Wirkung der Maßnahme jedoch erst in der Zukunft ein und unterstützt daher die Abwehr der konkreten Gefahr im Einzelfall an der Einsatzstelle nicht, ist nicht ersichtlich, weshalb die Spezialzuständigkeit der Feuerwehr auch in der Zukunft noch weiter „fortwirken“ sollte.

Des Weiteren enthält § 34 Abs. 2 S. 1 BHKG ebenfalls eine Subsidiaritätsklausel. Danach ordnet die Einsatzleitung die zur Erfüllung der Aufgaben nach dem BHKG notwendigen Maßnahmen nur dann an, *„soweit die Polizei oder andere Stellen nicht in der Lage sind, in eigener Zuständigkeit entsprechende Maßnahmen zu treffen.“* Mit dieser Vorschrift unterstreicht der Gesetzgeber zum einen nochmals die „Reservefunktion“ der Feuerwehr. Sie soll nur dort tätig werden, wo das Unvermögen anderer Gefahrenabwehrstellen ein Einschreiten der Feuerwehr erfordert. Zum anderen lässt sich durch den Gesetzeswortlaut sicherstellen, dass die Feuerwehr ihre gesamte Kompetenz auf die Abwehr von Brandgefahren und die Hilfeleistung konzentrieren kann, ohne weitere „Nebenschauplätze“ eröffnen zu müssen. Dies erscheint auch konsequent, denn die Polizei ist aufgrund ihrer Befugnisse sowie ihren umfangreichen Vollstreckungsmöglichkeiten nach dem PolG NRW besser als alle anderen Gefahrenabwehrstellen in der Lage, den reibungslosen Einsatz der Feuerwehr zu gewährleisten. Befinden sich beispielsweise Personen an einem Einsatzort der Feuerwehr, welche die Einsatzkräfte behindern oder sogar angreifen, wird das notfalls gewaltsame Entfernen dieser Personen der Polizei aufgrund ihrer Erfahrung, Ausrüstung und Zwangsbefugnisse weit weniger Probleme bereiten, als den für solche Tätigkeiten nicht ausgebildeten Feuerwehrkräften. Darüber hinaus bestünde nach dem Treffen von Verfügungen seitens der Feuerwehr auch das Risiko, dass die Adressaten der Verfügungen ihre Aggres-

422 Vgl. Ausführungen zu: D.II.3.b)bb) (S. 150 f.).

sion bewusst gegen die Einsatzkräfte und deren Gerätschaften richten[423]. Solche Reaktionen könnten mögliche Verletzungen der Einsatzkräfte sowie die Beschädigung oder Zerstörung der Einsatzmittel zur Folge haben, was wiederum die durchzuführende Brandbekämpfung und Hilfeleistung ernsthaft gefährden würde[424]. Die ureigenen Aufgaben der Feuerwehr und des Rettungsdienste bestehen aber darin, das Leben und die Gesundheit gefährdeter Personen zu retten und wichtige Sachgüter zu schützen. Diese Aufgaben können die vorgenannten Stellen jedoch nur erfüllen, wenn die eigenen Einsatzkräfte neben den aufgabenbedingten Gefahren, wie der Lebensgefahr bei der Bekämpfung unkontrollierter Brände unter Atemschutz, nicht noch typischen Polizeigefahren durch Ausübung polizeilicher Tätigkeit ausgesetzt sind[425]. Etwas drastisch, jedoch dem Gedanken nach treffend, formulieren *Blätte/Fuhrmann*:

> „Die klare Trennung zwischen Polizei und Rettungskräften, die sich zumindest in diesem Punkt durchaus mit der Trennung zwischen Kombattanten und Rettungskräften im Kriegsfall vergleichen ließe, hat sich in der Praxis bewährt und dient nicht zuletzt der sicheren Erfüllung eigener Aufgaben."[426]

bb) Allgemeine Grundsätze

Neben den gesetzlichen Einschränkungen durch das BHKG selbst sind im Rahmen der Tätigkeit der Feuerwehr auch „allgemeine Grundsätze" zu beachten. Der Feuerwehr kommt insbesondere keine Zuständigkeit für die Verfolgung von Straftaten zu[427]. Eine solche ist weder dem Gesetz zu entnehmen, noch ließe sie sich aus dem Verhältnis zwischen Polizei und Feuerwehr[428] herleiten. Diese Aufgabe liegt in der Zuständigkeit der Staatsanwaltschaften nach § 152 Abs. 2 StPO und ihrer (polizeilichen) Ermittlungsbeamten, § 163 StPO. Auch die Verhütung von Straftaten unterfällt dem

---

423 *H. J. Blätte/U. Fuhrmann*, Entwicklungen zur Verpolizeilichung der kommunalen Feuerwehren und Rettungsdienste, 2010, S. 46; *Schwill*, Gewalt (Fn. 10), S. 17.

424 *Blätte/Fuhrmann*, Entwicklungen (Fn. 423), S. 55.

425 *Blätte/Fuhrmann*, Entwicklungen (Fn. 423), S. 55.

426 *Blätte/Fuhrmann*, Entwicklungen (Fn. 423), S. 55.

427 *Hörstrup*, Organisation, S. 356; *Keller*, Feuerschutz, S. 128; *Schneider*, BHKG, § 1 Rn. 18.

428 Vgl. Ausführungen zu: E.III.1.c)cc) (S. 263 ff.).

Kernbereich polizeilichen Handelns, welcher nicht auf die Feuerwehr „abgewälzt" werden kann[429]. Insbesondere ist die Feuerwehr kein Hilfsorgan der Polizei[430]. Maßnahmen, die der Erreichung der vorgenannten Ziele dienen sollen, liegen nicht im Zuständigkeitsbereich der Feuerwehr und können daher auch nicht auf § 34 Abs. 2 S. 1, 2 i.V.m. § 24 Abs. 1 OBG NRW i.V.m. PolG NRW gestützt werden.

b) Die Maßnahmen im Einzelnen

Nachdem die im BHKG verankerten „Schranken" der Anwendbarkeit der in § 24 Abs. 1 OBG NRW enthaltenen Befugnisse sowie die allgemeinen Einschränkungen dargestellt wurden, soll nunmehr eine Untersuchung der dort aufgeführten Maßnahmen erfolgen. Dabei soll der Fokus insbesondere darauf liegen, inwieweit die jeweiligen Standardermächtigungen bereits aufgrund der vorgenannten gesetzlichen Einschränkungen und Grundsätze für die Feuerwehr unanwendbar sind. Ziel dieser Untersuchung ist es, einen Katalog von Standardermächtigungen zu erstellen, welcher ausschließlich die Befugnisse beinhaltet, auf die die Einsatzleitung der Feuerwehr auch tatsächlich zugreifen kann.

aa) Befragung, § 9 Abs. 2 PolG NRW

Zunächst erfolgt eine nähere Betrachtung der Befragung im Sinne des § 9 Abs. 2 PolG NRW.

(1) Die Befragung im Sinne des Polizeirechts

Die Befragung im Sinne des § 9 Abs. 2 PolG NRW bezweckt die Informationsgewinnung im Wege der mündlichen Äußerung durch eine Person[431]. Falls die Polizei im Rahmen ihrer Befugnisse nach § 9 Abs. 2 PolG NRW eine Person zur Befragung anhält und vernimmt, ist diese Befugnisnorm so zu verstehen, dass der Adressat das (kurzfristige) Angehalten- und Be-

---

429 VG Koblenz, Urt. v. 8.9.1998 – Az. 2 K 4232/97.KO – juris, Rn. 22.
430 So schon LT-Drs. 3/297, S. 11.
431 *Thiel*, POR, § 10 Rn. 7.

fragtwerden dulden muss[432]. Insoweit besitzt § 9 Abs. 2 PolG NRW auch Eingriffscharakter[433]. Die Gefahrenabwehrbehörden können jede beliebige Person befragen, wenn anzunehmen ist, dass diese Person zu einer „bestimmten“ Gefahrenart, -quelle, -situation, oder einem potentiell gefährdeten Rechtsgut sachdienliche Angaben machen kann[434]. Die Störer- oder Nichtstörereigenschaft dieser Person ist für die Rechtmäßigkeit der Befragung ohne Belang[435]. Der „Verdacht“ hinsichtlich der Auskunftsfähigkeit beruht auf einer Prognoseentscheidung, die aus „ex ante“ Sicht zu beurteilen ist[436]. Tatbestandsvoraussetzung ist jedenfalls, dass die Befragung der Erfüllung einer bestimmten polizei- bzw. ordnungsrechtlichen Aufgabe dienen muss[437]. Dem umfassenden Befragungsrecht der Gefahrenabwehrstelle steht jedoch nur eine eingeschränkte Pflicht zur Antwort gegenüber[438]. Gemäß § 9 Abs. 3 S. 1 PolG NRW ist die befragte Person „lediglich“ zur Angabe des Vor- und Nachnamens, Geburtsdatum und Geburtsort, Staatsangehörigkeit und Wohnanschrift verpflichtet. Diese Auskunftspflicht über die vorgenannten Grunddaten dient dazu, die Aufnahme der Informationen zu ermöglichen, damit zu einem späteren Zeitpunkt weitere Befragungen der Person durchgeführt werden können[439]. Darüber hinausgehende Informationspflichten treffen den Adressaten nach § 9 Abs. 3 S. 2 PolG NRW nur, soweit gesetzliche Handlungspflichten bestehen. Die „weiteren Auskünfte“ definieren sich dabei als personenbezogene Angaben über einen Dritten oder sachbezogene Angaben[440]. Gesetzliche Handlungspflichten ergeben sich unmittelbar aus dem BHKG selbst. Nach § 42 BHKG ist eine Person, „*die ein Schadenfeuer, einen Unglücksfall oder ein anderes Ereignis bemerkt, durch das Menschen oder erheblich Sachwerte gefährdet sind, […] verpflichtet, unverzüglich die Feuerwehr oder die Polizei zu benachrichtigen, sofern sie die Gefahr nicht selbst beseitigt oder beseitigen kann.*“[441] Auch eine „*Person, die um die Übermittlung einer Gefahrenmeldung ersucht wird, ist im Rahmen ihrer Möglichkeiten hierzu verpflichtet, wenn die ersuchen-*

432 *C. Gusy*, Polizeiliche Befragung am Beispiel des § 9 NRWPolG, NVwZ 1991, S. 614 (615); *Möller/Warg*, POR, Rn. 282.
433 *Gusy*, POR, Rn. 220; *Kugelmann*, POR, 7. Kap. Rn. 55; *Thiel*, POR, § 10 Rn. 7.
434 *Gusy*, POR, Rn. 221.
435 *Thiel*, POR, § 10 Rn. 13.
436 *Thiel*, POR, § 10 Rn. 9.
437 *Gusy*, Befragung (Fn. 432), S. 616; *Kingreen/Poscher*, POR, § 13 Rn. 2.
438 *Möller/Warg*, POR, Rn. 282; *Thiel*, POR, § 10 Rn. 10.
439 *Thiel*, POR, § 10 Rn. 10.
440 *Graulich*, HdbPR, E Rn. 284.
441 Wortlaut des § 42 S. 1 BHKG.

de Person zur Gefahrenmeldung nicht selbst imstande ist.“[442] Wer gegen diese Verpflichtung verstößt, handelt nach § 49 Abs. 1 Nr. 7 BHKG ordnungswidrig und kann gem. § 49 Abs. 2 BHKG mit einer Geldbuße belegt werden. Weitere gesetzliche Handlungspflichten können beispielsweise im Falle von § 138 StGB (Anzeigepflicht für bestimmte Straftaten), § 323c StGB (unterlassene Hilfeleistung) oder § 1626 BGB (Sorgfaltspflicht der Eltern) vorliegen[443]. Aber auch eine strafrechtliche Garantenstellung, welche bei Untätigkeit nach § 13 StGB in Verbindung mit dem entsprechenden Delikt als Straftat verfolgbar ist, kann eine gesetzliche Handlungspflicht im Sinne des § 9 Abs. 3 S. 2 PolG NRW auslösen. Die Anknüpfung an gesetzliche Handlungspflichten verdeutlicht, dass eine Auskunftspflicht ausschließlich auf polizeirechtlicher Grundlage nicht bestehen kann. Daher können nur solche Tatbestände zur Auskunft verpflichten, die außerhalb des Polizeigesetzes angesiedelt sind[444].

(2) Die Anwendbarkeit der Befragung für die Einsatzleitung der Feuerwehr

An dieser Stelle drängt sich jedoch die Frage auf, in wieweit die vorgenannten Erläuterungen bereits die Anwendbarkeit der Befragung im Sinne des § 9 Abs. 2 PolG NRW für die Einsatzleitung der Feuerwehr ausschließen oder jedenfalls als überflüssig erscheinen lassen. Diese Frage beruht auf folgenden Überlegungen:

Zunächst ist noch davon auszugehen, dass die Feuerwehr bzw. deren Einsatzleitung an der Einsatzstelle auf sachdienliche Informationen von Dritten zu einer erfolgreichen Gefahrenabwehr angewiesen sein können. Ist beispielsweise eine Fabrikhalle in Brand geraten, in welcher explosive Stoffe gelagert werden, so erscheint es für die Feuerwehr sicherlich als vorteilhaft, wenn sie nähere Informationen über die genaue Art der explosiven Stoffe sowie deren Lagerungsort und Lagerungsweise in Erfahrung bringen kann. Auch wird es sich für die Feuerwehr in einer anderen Beispielkonstellation als hilfreich erweisen, wenn sie bei einem Brand eines Mehrfamilienhauses oder eines Hotels frühzeitig darüber informiert wird, wie viele Personen sich noch in dem brennenden Gebäude befinden[445].

---

442 Wortlaut des § 42 S. 2 BHKG.

443 *Möller/Warg*, POR, Rn. 282; *Thiel*, POR, § 10 Rn. 11.

444 *Graulich*, HdbPR, E Rn. 284.

445 *Graulich*, HdbPR, E Rn. 278.

Zur Erlangung solcher Informationen könnte sich die Feuerwehr der Befragung im Sinne des § 9 Abs. 2 PolG NRW bedienen. Die Befragung besitzt dann Eingriffscharakter, soweit der Befragte das Angehalten- und Befragtwerden dulden muss, dies also gegen seinen Willen geschieht. In allen anderen Fällen der Befragung, die nach der ganz herrschenden Auffassung in der Literatur keinen Eingriffscharakter aufweisen, ist daher davon auszugehen, dass ein Rückgriff auf die gesetzliche Ermächtigungsgrundlage des § 9 Abs. 2 PolG NRW nicht erforderlich ist[446] und solche Befragungen daher auf die Aufgabenerfüllung der Gefahrenabwehr gestützt werden können[447] [448]. An vorliegender Stelle wird nun die eingeschränkte Anwendbarkeit der Befragung im Sinne des § 9 Abs. 2 PolG NRW für die Feuerwehr deutlich. Auch für den Fall, dass der Adressat der (polizei- oder ordnungsbehördlichen) Befragung diese dulden muss, ist er zunächst nur zur Auskunft über die in § 9 Abs. 3 S. 1 PolG NRW aufgeführten Angaben verpflichtet, soweit kein Fall des § 9 Abs. 3 S. 2 PolG NRW vorliegt. Die Aufnahme der vorgenannten Angaben soll dann weitere Befragungen zu einem späteren Zeitpunkt ermöglichen. Gerade dieser Zweck des § 9 Abs. 3 S. 1 PolG NRW widerspricht jedoch der Einschränkung des § 34 Abs. 2 S. 1 BHKG, dass die Einsatzleitung die *an der Einsatzstelle* notwendigen Maßnahmen treffen kann. Nach dem Grundgedanken dieser Vorschrift soll die Feuerwehr nur dann tätig werden, wenn andere Gefahrenabwehrstellen zu entsprechenden Gefahrenabwehrmaßnahmen nicht in der Lage sind. Diese Spezialzuständigkeit beruht auf der besonderen personellen und materiellen Ausstattung der Feuerwehr. Aus dem BHKG (und ebenfalls aus den gesetzlichen Vorgängerregelungen) ist nicht ersichtlich, dass durch Einrichtung der Feuerwehr die Schaffung einer Gefahrenabwehrstelle beabsichtigt war, die neben den Polizei- und Ordnungsbehörden „allgemeine" Tätigkeiten im Bereich der Gefahrenabwehr verüben

446 Ausführlich: *Gusy*, Befragung (Fn. 432), S. 618 f.; ebenso: *Götz/Geis*, POR, § 8 Rn. 21; *Graulich*, HdbPR, E Rn. 275; *Schenke*, POR, Rn. 182; *Thiel*, POR, § 10 Rn. 7.

447 *Götz/Geis*, POR, § 7 Rn. 7; *Kingreen/Poscher*, POR, § 5 Rn. 6; *Kugelmann*, POR, 5. Kap. Rn. 4; *Schenke*, POR, Rn. 36.

448 *Gusy*, Befragung (Fn. 432), S. 619 weist jedoch zu Recht darauf hin, dass der Bürger regelmäßig nicht erkennen könne, ob er zur Duldung der Frage verpflichtet sei und in diesen Fällen deshalb nicht wirksam einwilligen könne. Daher müsse eine Belehrung über die Freiwilligkeit oder Unfreiwilligkeit der Befragung nach § 9 Abs. 6 PolG NRW erfolgen. Eine Ausnahme hiervon gelte, wenn die Freiwilligkeit der Auskunft für den Betroffenen offenkundig sei oder wenn durch die Belehrung die Erfüllung der polizeilichen Aufgabe erheblich erschwert oder gefährdet würde.

soll, insbesondere nicht zur allgemeinen Gefahrenvorsorge. Weshalb die Feuerwehr daher mit späteren Befragungen auf eine Person nach Abschluss der Tätigkeit vor Ort zurückkommen sollte, ist nicht ersichtlich. Auch kann dem Gesetz nicht entnommen werden, dass die Feuerwehr im Falle der Abwesenheit der Polizei für diese die betroffenen Personen zu befragen hat, um der Polizei die „Arbeit abzunehmen oder zu erleichtern“. Solch eine Hilfstätigkeit erscheint dem Verhältnis zwischen Feuerwehr und Polizei fremd, sei es für präventive oder aber repressive Zwecke. Hervorzuheben ist hierbei nochmals, dass der Feuerwehr keine staatsanwaltschaftlichen Aufgaben oder Befugnisse zukommen[449] und sie auch nicht als Hilfsorgan der Polizei fungiert[450]. Die Aufgabe der Strafverfolgung liegt in der Zuständigkeit der Staatsanwaltschaften nach § 152 Abs. 2 StPO und ihrer (polizeilichen) Ermittlungsbeamten, § 163 StPO. Aus diesem Grund läuft auch § 9 Abs. 3 S. 2 PolG NRW in Bezug auf die Feuerwehr teilweise leer. Zwar handelt es sich bei Fällen der Brandstiftung nach §§ 306 ff. BGB um sog. Katalogtaten im Sinne des § 138 StGB, sodass die Person, welche über die Planung oder Ausführung solcher Taten in Kenntnis ist, zur Anzeige verpflichtet wäre. Jedoch ist die Feuerwehr keine zur Anzeigenaufnahme befugte Stelle. Nach § 158 Abs. 1 S. 1 StPO sind dies allein die Staatsanwaltschaften, die Behörden und Beamten des Polizeidienstes sowie die Amtsgerichte.

Für die Befragung durch die Feuerwehr verbleibt daher nur noch der Anwendungsbereich, in welchem dem Betroffenen bestimmte Handlungspflichten im Sinne des § 9 Abs. 3 S. 2 PolG NRW obliegen, der Betroffene also selbst zur aktiven Gefahrbeseitigung oder Gefahrverringerung verpflichtet ist. Zu dieser Handlungspflicht tritt dann die Pflicht zur Erteilung von Auskünften, wenn die Gefahrenbeseitigung durch die Gefahrenabwehrstelle schneller und wirksamer vorgenommen werden kann als durch den Verantwortlichen selbst oder der Verantwortliche die Gefahrbeseitigung unterlässt[451]. Einschränkend sieht § 34 Abs. 2 S. 1 BHKG allerdings vor, dass die Feuerwehr an der konkreten Einsatzstelle die zu erteilenden Auskünfte zur effektiven Gefahrenabwehr verwenden können muss. Weigert sich der Adressat dennoch, die erfragten Informationen zu erteilen, kann die Einsatzleitung der Feuerwehr (zumindest in der Theo-

449 *Schneider*, BHKG, § 1 Rn. 18.

450 Siehe Fn. 430.

451 *Graulich*, HdbPR, E Rn. 285; *Keller*, Feuerschutz, S. 128; *Kingreen/Poscher*, POR, § 13 Rn. 7.

rie) auch auf die Vorschriften der Verwaltungsvollstreckung[452] zurückgreifen. In Frage kommt dabei die Androhung und Festsetzung eines Zwangsgeldes[453]. Ob jedoch die Vollstreckung von Maßnahmen der Einsatzleitung nach der Ausgestaltung des BHKG tatsächlich möglich ist, bildet einen eigenen Schwerpunkt der vorliegenden Arbeit und soll an späterer Stelle untersucht werden.

(3) Mit der Befragung einhergehende Probleme

Ein weiteres erhebliches Problem in Zusammenhang mit der Befragung ergibt sich aus der Ungewissheit, wie die Grenzen der Aussagepflicht abzustecken sind. Insbesondere fehlt es an einer ausdrücklichen Regelung über unzulässige Vernehmungsmethoden und Auskunftsverweigerungsrechte mit den entsprechenden Belehrungspflichten[454]. Lediglich in den vollstreckungsrechtlichen Vorschriften findet sich in § 55 Abs. 2 PolG NRW bzw. § 62 Abs. 2 VwVG NW die Maßgabe, dass unmittelbarer Zwang zur Abgabe einer Erklärung ausgeschlossen ist. Für einen umfangreicheren Schutz des Betroffen hinsichtlich unzulässiger Vernehmungsmethoden wird nach der herrschenden Meinung angenommen, dass die Vorgaben des § 136a StPO auch auf die Befragung im Sinne des § 9 Abs. 2 PolG NRW anzuwenden sind[455]. In jedem Falle verbietet sich eine „Präventionsfolter"[456].

Die Frage der Auskunftsverweigerungsrechte und deren möglicher gesetzlicher Grundlage wird jedoch uneinheitlicher beurteilt. Dabei wird die Problemstellung durch *W.-R. Schenke* für das PolG NRW exemplarisch dargestellt[457]. Soweit die Polizei- und Ordnungsgesetze Aussageverpflichtungen begründen, jedoch keine Auskunfts- und Zeugnisverweigerungsrechte, ähnlich der der §§ 52 ff. StPO, enthalten, sei fraglich, ob solche Rechte aus den allgemeinen Regelungen der Landesverwaltungsverfahrensgesetze[458] herzuleiten seien. § 26 Abs. 2 S. 4 VwVfG NRW sehe vor, dass der Pflichtige die Auskunft auf solche Fragen, zu deren Beantwortung er durch Gesetz verpflichtet sei, verweigern könne, falls die Beantwortung ihn selbst oder einer der in § 383 Abs. 1 Nr. 1 bis Nr. 3 ZPO aufgeführten

452 VwVG NRW.
453 *Thiel*, POR, § 10 Rn. 15.
454 *Gusy*, POR, Rn. 223.
455 *Kugelmann*, POR, 7. Kap. Rn. 62; *Thiel*, POR, § 10 Rn. 12.
456 *Knemeyer*, POR, Rn. 374a.
457 *Schenke*, POR, Rn. 183.
458 VwVfG NRW.

Angehörigen der Gefahr einer strafgerichtlichen Verfolgung oder eines Ordnungswidrigkeitenverfahrens aussetze. Dies werfe die Frage auf, ob das PolG NRW ein Auskunftsverweigerungsrecht (aufgrund der Nichtregelung) konkludent ausschließe und dem VwVfG NRW vorgehe. Die andere Auslegungsmöglichkeit sei, dass das PolG NRW bezüglich der Auskunftsverweigerungsrechte eine Lücke beinhalte, welche durch Rückgriff auf § 26 Abs. 2 S. 4 VwVfG NRW zu schließen sei. *W.-R. Schenke* selbst präferiert aufgrund des hohen verfassungsrechtlichen Stellenwerts des informationellen Selbstbestimmungsrechts das letztgenannte Modell[459]. Diese Auffassung wird ebenfalls von *Kugelmann* befürwortet[460]. *Gusy* hingegen teilt diese Bedenken nicht, dass die Vorschriften der StPO aufgrund der verschiedenen Zielrichtungen zwischen Polizei- und Strafprozessrecht nicht analog angewandt werden könnten und plädiert für eine entsprechende Anwendung der §§ 52 ff. StPO auf die Regelung des § 9 Abs. 2 PolG NRW[461]. Einigkeit besteht zwischen diesen Literaturstimmen jedenfalls in der Hinsicht, dass Auskunftsverweigerungsrechte auch im präventiven Bereich polizeilichen Handelns für erforderlich gehalten werden[462].

Weiterhin erscheinen die Grenzen der Aufklärungsverpflichtung durch die Gefahrenabwehrstelle durchaus problematisch. Eine solche Verpflichtung ist in § 9 Abs. 6 PolG NRW vorgesehen. „*Werden durch Befragung Daten bei der betroffenen Person oder bei Personen oder Stellen außerhalb des öffentlichen Bereichs erhoben, sind diese in geeigneter Weise über die Rechtsvorschriften für die Datenerhebung sowie entweder über die bestehende Auskunftspflicht oder über die Freiwilligkeit der Auskunft aufzuklären, es sei denn, dies ist wegen besonderer Umstände offenkundig nicht angemessen oder die Erfüllung der polizeilichen Aufgaben wird hierdurch erheblich erschwert oder gefährdet.*" Damit scheint sich das von *Graulich* aufgezeigte Problem zu erübrigen, dass im Falle einer mündlichen Befragung für den Adressaten nicht ohne weiteres erkennbar sei, ob er zur Auskunft verpflichtet ist[463]. Gewisse Probleme bereiten jedoch die Einschränkungen dieser Aufklärungsverpflichtung. Kann dem Kriterium der erheblichen Erschwerung oder Gefährdung polizeilicher Aufgaben noch ein gewisser „gedanklicher Inhalt" beigemessen werden, erscheint die Formulierung in § 9 Abs. 6 PolG NRW „*wegen besonderer Umstände offenkundig nicht angemessen*" recht vage, sodass von

459 *Schenke*, POR, Rn. 183.
460 *Kugelmann*, POR, 7. Kap. Rn. 59.
461 *Gusy*, POR, Rn. 223.
462 *Gusy*, POR, Rn. 223; *Kugelmann*, POR, 7. Kap. Rn. 59; *Schenke*, POR, Rn. 183.
463 *Graulich*, HdbPR, E Rn. 300.

einer inhaltlichen Bestimmtheit oder jedenfalls Bestimmbarkeit nur mit erhöhtem Argumentationsaufwand gesprochen werden kann. Darüber hinaus ergibt sich für die Feuerwehr, welche wie vorgehend aufgezeigt ausschließlich vor Ort (mündliche) Befragungen durchführen darf, das Problem, dass eine rechtliche Ausbildung hinsichtlich des Bestehens oder Nichtbestehens von Auskunftsverpflichtungen vorausgesetzt werden muss. Denn mit der Einräumung von rechtlichen Befugnissen korrespondiert auch eine Verpflichtung zur Beachtung der rechtlichen Grenzen[464]. Nur wenn der Befugte über die Reichweite und Grenzen der Befugnisse in Kenntnis ist, kann eine ordnungsgemäße Ausübung der ihm zugebilligten Rechte gewährleistet werden.

Eine abschließende Bewertung der aufgeführten Probleme soll an dieser Stelle nicht erfolgen. Hierbei handelt es sich primär um polizeirechtliche Fragestellungen, die allein aufgrund des Verweises in § 34 Abs. 2 S. 2 BHKG auf das OBG NRW in den Fokus rücken und daher auch im Rahmen von polizeirechtlichen Arbeiten näher beleuchtet werden sollten. Festzuhalten bleibt jedoch, dass sich der Feuerwehr mit der Möglichkeit der Befragung im Sinne des PolG NRW auch die polizeirechtlichen Problemstellungen eröffnen und von ihr nicht außer Acht gelassen werden dürfen.

(4) Fazit zur Befragung

Die vorgenannten Ausführungen zeigen, dass für die Feuerwehr keine Berechtigung besteht, gegen den Willen des Befragten die in § 9 Abs. 3 S. 1 PolG NRW genannten Daten zu erfragen und aufzunehmen, soweit diesen keine Handlungspflichten im Sinne des § 9 Abs. 3 S. 2 PolG NRW treffen. Für sämtliche Befragungen, die in Einvernehmen mit dem Befragten stehen, bedarf es mangels Eingriffscharakters keiner gesetzlichen Ermächtigungsgrundlage, sodass für diese Fälle die Aufgabenzuweisung in § 1 Abs. 1 BHKG genügt. In solchen Fällen, in denen der zu Befragende jedoch selbst zur Gefahrbeseitigung oder -verringerung verpflichtet ist, ist die Feuerwehr an der Einsatzstelle befugt, nähere Informationen zu verlangen, soweit diese der Gefahrenabwehr zuträglich sind. Dabei hat sie jedoch ebenfalls die polizeirechtlichen Pflichten zu beachten und sich mit deren Problemstellungen auseinanderzusetzen.

---

464 *Gusy*, POR, Rn. 168.

bb) Vorladung, § 10 PolG NRW

Unter einer Vorladung versteht man die mündliche oder schriftliche Aufforderung gegenüber einer bestimmten Person, zu einem bestimmten Zeitpunkt an einem anderen Ort zur Erörterung von Tatsachen zu erscheinen[465]. Sie beinhaltet jedoch keine eigenständige Befugnis zur Datenerhebung[466]. Diese knüpft vielmehr an die Tatbestandsvoraussetzungen der erkennungsdienstlichen Maßnahmen im Sinne des § 14 Abs. 1 PolG NRW und der Befragung nach § 9 Abs. 2 PolG NRW an[467].

Gemäß § 24 Abs. 1 Nr. 2 OBG NRW ist die Vorladung zu erkennungsdienstlichen Maßnahmen im Sinne des § 10 Abs. 1 Nr. 2 PolG NRW durch die Ordnungsbehörden ohnehin ausgeschlossen, sodass diese Maßnahme bereits aufgrund des nicht vorhandenen Verweises auch für die Einsatzleitung der Feuerwehr ausscheidet. Die Vorladung zur Befragung im Sinne des § 9 Abs. 2 PolG NRW steht der Einsatzleitung der Feuerwehr aber ebenfalls nicht zur Verfügung. Dies ergibt sich bereits aus den zur Befragung aufgestellten Überlegungen im vorherigen Abschnitt. Kann die Einsatzleitung schon an der Einsatzstelle keine Befragung (gegen den Willen des Betroffenen) vornehmen, soweit für den Adressaten keine Handlungspflichten im Sinne des § 9 Abs. 3 S. 2 PolG NRW bestehen, muss erst recht eine Vorladung zur Befragung auf der Dienststelle der Feuerwehr ausscheiden. Eine spätere Befragung auf der Dienststelle würde keinen Bezug zu den *an der Einsatzstelle notwendigen Maßnahmen* im Sinne des § 34 Abs. 2 S. 1 BHKG aufweisen und so der Spezialzuständigkeit sowie der Subsidiarität feuerwehrlichen Handelns zuwiderlaufen.

cc) Erhebung von Personaldaten zur Vorbereitung auf die Hilfeleistung und das Handeln in Gefahrenfällen, § 11 PolG NRW

§ 11 PolG NRW dient der gesetzlichen Überschrift sowie dem Wortlaut der Vorschrift nach ausschließlich der Vorbereitung für die Hilfeleistung und das Handeln in Gefahrenfällen. Ähnlich der Vorladung handelt es sich um eine Maßnahme, die zwar am Einsatzort getroffen werden kann, deren Zweck sich jedoch in einem in der Zukunft liegenden (potentiellen)

---

465 *Gusy*, POR, Rn. 225; *Möller/Warg*, POR, Rn. 284; *Wolffgang/Hendricks/Merz*, POR, Rn. 133.

466 *Möller/Warg*, POR, Rn. 284.

467 *Gusy*, POR, Rn. 225.

Ereignis erfüllen soll. Nach den herausgearbeiteten gesetzlichen Einschränkungen des Maßnahmenkataloges aus § 24 Abs. 1 OBG NRW ist auch diese Vorschrift für die Feuerwehr unanwendbar. Zum einen entfaltet die Maßnahme am Einsatzort keine Wirkung, sodass auch sie vom Sinn und Zweck des § 34 Abs. 2 S. 1 BHKG mit der u.a. dort verdeutlichen Spezialzuständigkeit der Feuerwehr nicht erfasst sein dürfte. Zum anderen widerspricht die Maßnahme auch der Subsidiarität des § 1 Abs. 3 S. 1 BHKG. Selbst für den Fall, dass die Erhebung der Personaldaten der Vorbereitung auf den Brandschutz und die Hilfeleistung im Sinne des § 1 Abs. 1 Nr. 1 und Nr. 2 BHKG zuträglich sein sollte, handelt es sich um eine Tätigkeit, die aufgrund anderer Rechtsvorschriften gewährleistet ist. Gemäß § 1 Abs. 1 S. 2 PolG NRW ist es ausdrücklich Aufgabe der Polizei, *„die erforderlichen Vorbereitungen für die Hilfeleistung und das Handeln in Gefahrenfällen zu treffen.“* Bereits die Tatsache, dass die hierfür vorgesehenen Befugnisse im PolG NRW angelegt sind, so auch § 11 PolG NRW, zeigt, dass diese Aufgabenerfüllung durch die Polizei wahrzunehmen ist und effizient wahrgenommen werden kann. Für eine Anwendbarkeit dieser Vorschrift durch die Einsatzleitung der Feuerwehr bleibt daher kein Raum.

dd) Identitätsfeststellung, § 12 PolG NRW

(1) Die Identitätsfeststellung im Sinne des Polizeirechts

Die Identitätsfeststellung betrifft die Feststellung der Personalien einer unbekannten Person oder die Prüfung, ob eine bestimmte Person mit einer gesuchten Person identisch ist[468]. In gewissen Situationen muss die Polizei in Erfahrung bringen können, „wer“ jemand ist, mit wem sie es zu tun hat[469]. Diese Situationen sind in § 12 Abs. 1 PolG NRW niedergelegt. Um das vorbenannte Ziel zu erreichen, kann nach dem PolG NRW die Identität durch den Besitz bestimmter Legitimationspapiere, wie beispielsweise des Personalausweises, oder durch das Wissen um bestimmte Daten, z.B. eines Geburtsdatums, festgestellt werden[470]. In Rechtsprechung und Literatur wird jedoch uneinheitlich beurteilt, ob es sich bei der Identitätsfeststellung um eine Maßnahme zur Gefahrenabwehr handelt. So führt das

468 *Götz/Geis*, POR, § 8 Rn. 12; *Gusy*, POR, Rn. 228.
469 *Graulich*, HdbPR, E Rn. 307.
470 *Gusy*, POR, Rn. 228; *Möller/Warg*, POR, Rn. 293 f.

Oberverwaltungsgericht Lüneburg in seinem Beschluss vom 19. Juni 2013 aus:

> „Die Identitätsfeststellung zur Abwehr einer Gefahr ist in erster Linie als eine Maßnahme der Gefahrerforschung zu verstehen. Sie dient regelmäßig der weiteren Aufklärung einer Gefahrenlage, indem am Geschehen beteiligte Personen namhaft gemacht werden und ihr Gefährdungspotential festgestellt wird, und damit der Überprüfung, ob jemand Störer ist oder nicht. Insofern ist sie Voraussetzung dafür, dass polizeiliche Maßnahmen gegenüber der richtigen Person getroffen werden. Die Identitätsfeststellung ist dabei typischerweise nur Mittel zum Zweck, andere polizeiliche Maßnahmen zu ermöglichen (vgl. Rachor, in: Lisken/Denninger, Handbuch des Polizeirechts, 5. Aufl., Kap. E, Rn. 328; siehe auch: OVG Berlin-Brandenburg, Beschl. v. 6.6.2012 – OVG 1 N 28.11 –, juris, Rn. 5).“[471]

Dieser Auffassung schließen sich ebenfalls *Gusy* und *Nimtz/Thiel* an. Mit der Identitätsfeststellung könne etwa festgestellt werden, ob die angetroffene Person der Verantwortliche sei, gegen den weitere Maßnahmen getroffen werden sollen. Eine Maßnahme zur Gefahrenabwehr sei diese praktisch jedoch niemals. Sie diene stets der Vorbereitung zur Gefahrenabwehr[472].

Der Verwaltungsgerichtshof Baden-Württemberg sieht die Identitätsfeststellung hingegen zur Gefahrenabwehr geeignet. In seinem Urteil vom 14. Dezember 2010 legt er dar:

> „Der potentielle Störer wird durch die Feststellung seiner Personalien aus der Anonymität gerissen und weiß, dass er fortan für jede weitere ihm zuzurechnende Störung verantwortlich gemacht werden kann (vgl. BayVGH, Urt. v. 02.12.1991 – 21 B 90.1066 – BayVBl 1993, 429). Die Personenfeststellung ist daher ein geeignetes Mittel, potentielle Störer von der Begehung weiterer Störungen abzuhalten.“[473]

Die vorgenannte Ansicht wurde bereits in dem von dem Verwaltungsgerichtshof Baden-Württemberg zitierten Urteil des Bayrischen Verwaltungsgerichtshofes vom 2. Dezember 1991 vertreten[474]. Daraus lässt sich jeden-

471 OVG Lüneburg, Beschl. v. 19.6.2013 – Az. 11 LA 1/13 – juris, Rn. 7.

472 *Gusy*, POR, Rn. 228; *H. Nimtz/M. Thiel*, Eingriffsrecht Nordrhein-Westfalen, 2017, Rn. 289; ähnlich auch: Tegtmeyer/*Vahle*, PolG NRW, § 12 Rn. 5.

473 VGH BW, Urt. v. 14.10.2010 – Az. 1 S 338/10 – juris, Rn. 28.

474 BayVGH, Urt. v. 2.12.1991 – Az. 21 B 90.1066 – juris, Rn. 70.

falls erkennen, dass es sich nicht um eine einzelne, abweichende Auffassung handelt, die ansonsten „auf einsamem Posten" stünde. Sie wird jedoch ausdrücklich von *Graulich* und *Rachor* aufgegriffen und kritisiert, die die Identitätsfeststellung nicht als taugliches Mittel zur Abwehr einer konkreten Gefahr ansehen[475]. Soweit der Polizei ernstzunehmende Hinweise auf eine bevorstehende Straftat vorlägen, ziele das polizeiliche Vorgehen auf die Einleitung eines strafrechtlichen Ermittlungsverfahrens ab. Dies geschehe entweder durch den Versuch, den Täter auf frischer Tat zu ertappen oder aber beim Betroffenen Beweismittel für strafbare Versuchs- oder Vorbereitungshandlungen aufzufinden[476]. Falls hingegen noch keine verdichteten Anhaltspunkte für eine Straftat vorlägen, sei die Identitätsfeststellung ein Mittel der Abschreckung[477]. Auch wenn die Annahme zutreffe, dass sich der Einzelne in der Anonymität der Masse eher zu Gewalttaten hinreißen lasse, sei das Herausreißen einer Person aus der Anonymität kein Zweck, der im Aufgabenbereich der Polizei wiederzufinden sei. Das Aufhalten in der Masse sowie der Wunsch, darin anonym zu bleiben seien nicht polizeirechtswidrig[478].

(2) Die Anwendbarkeit der Identitätsfeststellung für die Einsatzleitung der Feuerwehr

Der vorgenannte Streit spielt für die Anwendbarkeit der Identitätsfeststellung im Rahmen des § 34 Abs. 2 BHKG bereits unter abstrakten Gesichtspunkten eine Rolle. Der von der Rechtsprechung und Literatur in Zusammenhang mit dem Feuerwehrwesen verwendete Begriff der Gefahr orientiert sich an der Definition, wie sie vom Bundesverwaltungsgericht und der herrschenden Auffassung in der Literatur zum Polizei- und Ordnungsrecht vertreten wird[479]. Innerhalb dieses Gefahrbegriffs geht die herrschende Meinung vom „subjektiven Gefahrbegriff" aus. Dies hat zur Folge, dass auch der sog. Gefahrenverdacht erfasst wird[480]. Ein solcher besteht, wenn der handelnde Beamte bei der gebotenen Sorgfalt *„über die Gegebenheiten einer Situation oder die einschlägigen Erfahrungssätze im Ungewissen ist und*

475 *Graulich*, HdbPR, E Rn. 315; *Rachor*, HdbPR^5, E Rn. 327.
476 *Graulich*, HdbPR, E Rn. 315.
477 *Graulich*, HdbPR, E Rn. 315.
478 *Graulich*, HdbPR, E Rn. 100.
479 Vgl. Ausführungen zu: C.II.2.a) (S. 90 ff.).
480 *Denninger*, HdbPR, D Rn. 46 ff.; *Gusy*, POR, Rn. 111 ff.; *Kingreen/Poscher*, POR, § 8 Rn. 48, 51.

zwar nicht von einer Gefahr, aber der Möglichkeit einer Gefahr ausgeht.“[481] Aufgrund der Anlehnung des feuerwehrrechtlichen Gefahrbegriffs an den des Polizei- und Ordnungsrechts ist davon auszugehen, dass im Rahmen des BHKG auch der subjektive Gefahrbegriff zugrunde zu legen ist[482]. Dieser erfasst also auch hier den Gefahrenverdacht, welcher mit der sog. Gefahrerforschung korrespondiert. Soweit ein Gefahrenverdacht vorliegt, sind die Abwehrmaßnahmen zunächst auf die Klärung des Gefahrensachverhaltes auszurichten und an diesem zu bemessen[483]. Soweit man also die Zuständigkeit der Feuerwehr in den Strukturen des Gefahrenabwehrrechts ganz abstrakt und losgelöst vom Einzelfall betrachtet, erscheint die polizeirechtliche Identitätsfeststellung nach beiden vorgenannten Rechtsauffassungen für die Feuerwehr anwendbar. Einerseits ist die Feuerwehr zur Abwehr von konkreten Gefahren berufen. Fasst man die Identitätsfeststellung entsprechend den Ausführungen des Verwaltungsgerichtshofs Baden-Württemberg[484] als Maßnahme im Bereich der konkreten Gefahrenabwehr auf, könnte eine solche Eingriffsbefugnis der Feuerwehr angenommen werden. Aber auch die Entscheidung des Oberverwaltungsgerichts Lüneburg[485], die der Identitätsfeststellung Gefahrerforschungscharakter beimisst, könnte die Maßnahme der Einsatzleitung im Rahmen des § 34 Abs. 2 BHKG zur Verfügung stehen.

Die folgenden Ausführungen sollen zeigen, weshalb der Identitätsfeststellung im Sinne des § 12 PolG NRW dennoch nur ein geringer Anwendungsbereich im Rahmen der feuerwehrlichen Zuständigkeit zukommen kann.

Die Identitätsfeststellung weist zwei verschiedene Zielrichtungen auf. Zum einen ermöglicht sie die Feststellung der Personalien einer unbekannten Person, zum anderen die Prüfung, ob eine bestimmte Person mit einer gesuchten Person identisch ist[486]. Für die Einsatzleitung der Feuerwehr muss der Rückgriff auf die zweite Variante von vornherein ausscheiden. Dies ergibt sich aus der einfachen Überlegung, dass die Feuerwehr

---

481 *Kingreen/Poscher*, POR, § 8 Rn. 51.

482 Jedenfalls wurde der subjektiven Gefahrbegriff im Rahmen des FSHG durch die nordrhein-westfälische Verwaltungsrechtsprechung zugrunde gelegt: VG Münster, Urt. v. 12.7.2006 – Az. 1 K 1341/03 – juris, Rn. 28; VG Düsseldorf, Urt. v. 30.9.2014 – Az. 26 K 284/13 – juris, Rn. 48; für das BHKG ausdrücklich: *Färber*, in: Kamp, FeuSchR NRW, § 34 BHKG (April 2017) Rn. 12.

483 *Denninger*, HdbPR, D Rn. 48; *Kingreen/Poscher*, POR, § 8 Rn. 59.

484 VGH BW, Urt. v. 14.10.2010 – Az. 1 S 338/10 – juris, Rn. 28.

485 OVG Lüneburg, Beschl. v. 19.6.2013 – Az. 11 LA 1/13 – juris, Rn. 7.

486 Siehe Fn. 468.

aufgrund keiner ihrer gesetzlich zugewiesenen Aufgaben im Sinne des § 1 Abs. 1 BHKG nach *bestimmten* Personen sucht. Im Rahmen des Brandschutzes und der Hilfeleistung sind zwar Situationen denkbar, in denen die Feuerwehr eine Suche nach Personen vornimmt. Ist sie beispielsweise bei einem Brand eines Gebäudes darüber in Kenntnis, dass sich in diesem noch Personen aufhalten oder ist sie darüber in Unkenntnis, wie viele Personen sich in dem Gebäude befinden, wird die Feuerwehr im Rahmen der Gefahrenabwehr nach gefährdeten Personen suchen. Allerdings tut sie dies unabhängig von der Identität der Personen. Soweit Leben oder Gesundheit von Menschen, Sachwerte, Tiere oder die Umwelt bedroht sind, hat die Feuerwehr von Amts wegen tätig zu werden[487]. Wer die bedrohte Person ist oder wie die Rechtsverhältnisse an den gefährdeten Gütern gestaltet sind, ist für die Rettungsmaßnahmen ohne Belang.

Es verbleibt also nur noch die Zielrichtung der Feststellung der Personalien einer unbekannten Person. An dieser Stelle ist für die Anwendbarkeit von § 12 PolG NRW entscheidend, ob man der Auffassung des Oberverwaltungsgerichts Lüneburg folgt, die die Identitätsfeststellung als Gefahrerforschungsmaßnahme charakterisiert, oder ob man in Einklang mit der Rechtsprechung des Verwaltungsgerichtshofes Baden-Württemberg die Identitätsfeststellung als Maßnahme der konkreten Gefahrenabwehr einstuft:

Nach dem Oberverwaltungsgericht Lüneburg und den oben benannten Literaturstimmen dient diese Variante der Identitätsfeststellung regelmäßig der Namhaftmachung der an einem Geschehen Beteiligten, um das Gefährdungspotential dieser Personen zu analysieren. Hiermit könne festgestellt werden, ob jemand Störer sei oder nicht. Erst anschließend könnten die eigentlichen Gefahrenabwehrmaßnahmen gegen die nunmehr identifizierten Personen getroffen werden. Diese Fokussierung der Störereigenschaft ist dem Wesen der feuerwehrlichen Gefahrenabwehr jedoch fremd[488]. Grundsätzlich richtet sich die Tätigkeit der Feuerwehr im Rahmen des Brandschutzes und der Hilfeleistung nicht gegen einen Störer oder Nichtstörer im Sinne des PolG NRW bzw. OBG NRW[489]. Sie ist vielmehr darauf gerichtet, einen gefahrbringenden Zustand zu beenden[490].

487 OVG Münster, DÖV 1987, S. 646 (648); *Hörstrup*, Organisation, S. 368; *Schneider*, BHKG, § 1 Rn. 3.

488 *Schäfer*, Primär- und Sekundärbefugnisse (Fn. 61), S. 208.

489 *Hörstrup*, Organisation, S. 342.

490 *Schäfer*, Primär- und Sekundärbefugnisse (Fn. 61), S. 208; *Schneider*, BHKG, § 1 Rn. 3.

Die in § 34 Abs. 2 S. 1 BHKG enthaltene Subsidiaritätsklausel verfolgt den Zweck, der Feuerwehr die Konzentration auf die Aufgabenerfüllung im Sinne des § 1 Abs. 1 BHKG zu erleichtern. Daher hat sie nur dort Maßnahmen zu treffen, wo andere Gefahrenabwehrstellen zu entsprechenden Maßnahmen nicht in der Lage sind. Diese Norm soll die unmittelbare Durchführung des Feuerwehreinsatzes sicherstellen, jedoch auch die Tätigkeit der Feuerwehr dem Grunde nach hierauf beschränken. Nur falls die Durchführung des Feuerwehreinsatzes gefährdet erscheint, soll ein Rückgriff auf § 34 Abs. 2 BHKG möglich sein. Erst wenn eine solche Situation vorliegt, soll dann die Feuerwehr anstatt der abwesenden Polizei gegen die Störer einschreiten. Das vorherige Analysieren des Gefährdungspotentials in einem Stadium, im welchem noch keine konkrete Gefahr vorliegt, ist mit dieser Subsidiarität feuerwehrlichen Einschreitens nicht vereinbar. Durch solch ein Vorgehen würden Kapazitäten gebunden, die nach dem Gesetzeszweck des BHKG auf den Brandschutz und/oder die Hilfeleistung im Sinne des § 1 Abs. 1 Nr. 1 und Nr. 2 BHKG zu verwenden sind. Sieht man die Identitätsfeststellung nach § 12 PolG NRW nicht als Maßnahme der konkreten Gefahrenabwehr an, scheidet ihre Anwendung für die Feuerwehr daher aus.

Nach der Auffassung des Verwaltungsgerichtshofes Baden-Württemberg ist die Maßnahme hingegen geeignet, um dem potentiellen Störer zu verdeutlichen, dass er durch die Erlangung seiner personenbezogenen Daten jederzeit für eine ihm zurechenbare Störung verantwortlich gemacht werden kann. Hierdurch sei das Abstandnehmen von weiteren Störungen zu erreichen. Das Gefahrenabwehrpotential der Identitätsfeststellung wird dabei in einem psychologischen Vorgang bei dem Störer erkannt. Wägt er sich nach Feststellung seiner Identität nicht mehr in der „Sicherheit der Anonymität", wird er die Vornahme von weiteren Störungen überdenken, um sich nicht der Gefahr einer strafrechtlichen Verfolgung auszusetzen. Diese Auffassung erscheint plausibel. In der konkreten Situation kann der anonyme Störer – zumindest denkt er dies – abschätzen, ob seine Handlungen Konsequenzen nach sich ziehen könnten oder eben nicht. Dies mag beispielsweise auf die vorhandene Anzahl von Einsatzkräften oder aber deren „Gebundenheit" im Einsatz zurückzuführen sein. Weiß der namhaftgemachte Störer indes nicht, ob im Anschluss an den Einsatz ein strafrechtliches Ermittlungsverfahren drohen könnte, ist für ihn das Risiko für Konsequenzen seines Handelns deutlich weniger kalkulierbar. Die Identitätsfeststellung erscheint daher grundsätzlich geeignet, ähnlich einer

Gefährderansprache[491], dem Betroffenen zu verdeutlichen, das er „im Visier" der Behörden steht. Dieser Umstand könnte ihn dazu veranlassen, weitere Störungen zu unterlassen, sodass § 12 PolG NRW in einem gewissen Umfang Gefahrenabwehrcharakter zugeschrieben werden kann. Die Kritik von *Graulich* und *Rachor* vermag hieran nichts zu ändern. Der Umstand, dass der Maßnahme auch repressive Qualität zukommt, schließt die Funktion der Gefahrenabwehr nicht aus.

Von den in § 12 Abs. 1 PolG NRW genannten Tatbeständen kommt für die Anwendung durch die Feuerwehr lediglich Nr. 1 in Betracht. Nr. 2 sowie Nr. 3 stellen ausschließlich auf die Verhütung und Aufklärung von Straftaten ab. Dies sind jedoch keine der Feuerwehr zugewiesene Aufgabenbereiche[492], sodass ein Rückgriff der Feuerwehr auf § 12 Abs. 1 Nr. 2 und Nr. 3 ausscheitet.

Die Identitätsfeststellung nach § 12 Abs. 1 Nr. 1 PolG NRW durch die Feuerwehr erscheint nach den vorherigen Ausführungen grundsätzlich möglich. Allerdings ist zu berücksichtigen, dass die Identitätsfeststellung durch die Feuerwehr weitaus weniger Wirkung entfalten dürfte, als durch die Polizei. Die Feuerwehr verfügt über kein eigenes System der Datenverarbeitung. Dies würde der Subsidiarität feuerwehrlichen Handelns nach § 1 Abs. 3 S. 1 BHKG zuwiderlaufen und gegen die Einschränkung in § 34 Abs. 2 S. 1 BHKG „an der Einsatzstelle" verstoßen. Auch wäre sie mangels Eigenschaft als Strafverfolgungsbehörde darauf beschränkt, die Daten des Störers an Polizei oder Staatsanwaltschaft zu übermitteln. Der Anwendungsbereich der Identitätsfeststellung ist daher auf die Wirkung, ähnlich der Gefährderansprache, beschränkt.

Aus der Subsidiarität feuerwehrlichen Handelns ist weiter zu folgern, dass die Anwendung von Zwang im Sinne des § 12 Abs. 2 S. 3 PolG NRW oder die Durchsuchung nach § 12 Abs. 2 S. 4 PolG NRW ausscheidet. Wird der Störer von der Einsatzleitung der Feuerwehr aufgefordert, seine Identität preiszugeben und kommt er dieser Aufforderung nicht nach, muss die Einsatzleitung davon ausgehen, dass der Störer nicht gewillt ist, den behördlichen Anweisungen Folge zu leisten. Die zwangsweise Feststellung seiner Identität könnte für die Feuerwehr nun keinen „Gewinn" mehr einbringen. Wie gezeigt, beschränkt sich die Wirkung der feuerwehrlichen Identitätsfeststellung auf eine Art Gefährderansprache. Eine solche ist jedoch aussichtslos, wenn der Betroffene bereits zum Ausdruck gebracht hat, dass er zum Einlenken nicht bereit ist. Die Feuerwehr müsste

491 So *Gusy*, POR, Rn. 132.

492 VG Koblenz, Urt. v. 8.9.1998 – Az. 2 K 4232/97.KO – juris, Rn. 22.

anschließend also weitere Maßnahmen ergreifen, um die Störung zu beenden. Hierdurch verlöre sie wiederum Zeit und Einsatzkapazitäten. Um diese ertraglose Stufe zu überspringen, ist die Feuerwehr gehalten, bei Widerstand des Störers gegen die Identitätsfeststellung unmittelbar geeignete Maßnahmen zur Beendigung der Störung zu ergreifen. Beispielhaft wäre hier der Platzverweis[493] mit seiner notfalls zwangsweisen Durchsetzung zu nennen.

(3) Fazit zur Identitätsfeststellung

Die Identitätsfeststellung nach § 12 Abs. 1 Nr. 1 PolG NRW steht der Feuerwehr grundsätzlich zur Verfügung. Dieser Maßnahme kommt im Anwendungsbereich des BHKG (ausschließlich) die Wirkung einer Gefährderansprache zu, indem dem Betroffenen verdeutlicht wird, dass er für seine Handlungen verantwortlich gemacht werden kann. Sowohl die weiteren Tatbestandsvarianten, als auch die zwangsweise Durchsetzung und Durchsuchung scheiden für die Einsatzleitung der Feuerwehr hingegen aus.

ee) Prüfung von Berechtigungsscheinen, § 13 PolG NRW

§ 13 PolG NRW ermöglicht Polizei und Ordnungsbehörden, die Aushändigung von Berechtigungsscheinen zur Prüfung zu verlangen, zu deren Mitführung der Betroffene im Einzelfall verpflichtet ist[494]. Die Befugnis beschränkt sich auf solche Situationen, in denen der Betroffene die Tätigkeit gerade ausübt, für die er der Berechtigung bedarf[495]. Aber auch ohne diese Einschränkung ist der Anwendungsbereich der Vorschrift gering[496]. Überwiegend findet sich die Verpflichtung, Berechtigungsscheine mitzuführen und einem Berechtigten auf Verlangen auszuhändigen, in Spezialgesetzen wieder[497]. So regelt beispielsweise § 2 Abs. 1 S. 1, 3 StVG, dass es zum Führen eines Kraftfahrzeuges auf öffentlichen Straßen einer Erlaubnis der Fahrerlaubnisbehörde bedarf. Diese ist durch eine amtliche Bescheini-

493 Ausführlich hierzu der Abschnitt:D.II.3.b)ii) (S. 165 ff.).
494 *Graulich*, HdbPR, E Rn. 372; *Möller/Warg*, POR, Rn. 298.
495 *Kingreen/Poscher*, POR, § 13 Rn. 15.
496 *Gusy*, POR, Rn. 219.
497 *Möller/Warg*, POR, Rn. 298.

gung im Sinne eines Führerscheins nachzuweisen. Die Pflicht zur Mitführung dieser Fahrerlaubnis und zur Aushändigung an die zuständige Person ist in § 4 Abs. 2 S. 2 FeV niedergelegt. Eine Sonderbestimmung für die Polizei bzgl. des Prüfungsrechts des Führerscheins ergibt sich auch aus § 36 Abs. 5 StVO[498]. Hinter Spezialgesetzen wie dem vorgenannten tritt § 13 PolG NRW zurück[499].

Neben dem ohnehin schon geringen Anwendungsbereich des § 13 PolG NRW für die Polizei (und Ordnungsbehörden) stellt sich die Frage, ob diese Vorschrift der Feuerwehr im Rahmen ihrer Aufgabenerfüllung nach § 1 Abs. 1 Nr. 1 und Nr. 2 BHKG behilflich sein kann. In den meisten Konstellationen, in denen für den Bürger die Notwendigkeit eines Berechtigungsscheins besteht, liegt kein Bezug zum Brandschutz oder zur Hilfeleistung vor. Zu nennen ist hier neben dem Erfordernis des Führerscheins beispielsweise § 60c GewO für die Reisegewerbekarte, § 38 WaffG für die Waffenbesitzkarte und den Waffenschein oder §§ 15. Abs. 1, 16 BJagdG für den Jagdschein[500]. Dies hat zur Folge, dass die Feuerwehr schon aufgrund mangelnder sachlicher Zuständigkeit die Aushändigung der Berechtigungen ohne Bezug zum Brandschutz und zur Hilfeleistung zur Prüfung nicht verlangen darf. Aber auch in solchen Fällen, in denen eine Berechtigung des Bürgers einen Bezug zu den gesetzlichen Aufgaben des BHKG aufweisen könnte, ist diskussionsbedürftig, ob dies zur Rückgriffmöglichkeit der Feuerwehr auf § 13 PolG NRW führt. Daran bestehen erhebliche Zweifel. Dem Problem lässt sich mit der Überlegung näher kommen, ob und inwieweit die Prüfung der Berechtigung der Feuerwehr im Rahmen des abwehrenden Brandschutzes und der Hilfeleistung an der Einsatzstelle zuträglich sein kann. Dies ist eine der Voraussetzungen, welche das Gesetz nach § 34 Abs. 2 S. 1 BHKG an die Eingriffsbefugnis der Einsatzleitung knüpft. Dabei ist entsprechend der Ausführungen zu § 12 PolG NRW, der Identitätsfeststellung, darauf hinzuweisen, dass sich die Tätigkeit der Feuerwehr im Rahmen des Brandschutzes und der Hilfeleistung grundsätzlich nicht gegen einen Störer oder Nichtstörer im Sinne des PolG NRW bzw. OBG NRW richtet[501]. Die Prüfung des Berechtigungsscheins müsste daher für die Feuerwehr erforderlich sein, um ihre Gefahrenabwehrtätigkeit effektiver durchführen zu können. Solche Konstellationen erscheinen kaum konstruierbar:

---

498 *Gusy*, POR, Rn. 219.
499 *Gusy*, POR, Rn. 219.
500 *Möller/Warg*, POR, Rn. 298.
501 *Hörstrup*, Organisation, S. 342.

Im Rahmen des abwehrenden Brandschutzes kommt es für das Einschreiten der Feuerwehr allein auf das Vorliegen eines Schadenfeuers an[502]. Unter einem solchen versteht man ein selbstständig fortschreitendes, unkontrollierbares Feuer außerhalb einer Feuerstätte, das nicht zum Verbrennen bestimmte oder nicht wertlose Gegenstände vernichtet und Personenschäden verursachen kann[503]. Des Weiteren wurde vom Autor bereits herausgearbeitet[504], dass in Einklang mit der Auffassung des Oberverwaltungsgerichts Münster[505] ein Schadenfeuer nur dann vorliegt, wenn es sich um ein unkontrolliert fortschreitendes Feuer handelt. Auf die Rechtswidrigkeit des Feuers und eine damit einhergehende fehlende behördliche Genehmigung kommt es nicht an. Sofern also ein „Brandbetreiber" über eine behördliche Genehmigung verfügt und darüber hinaus (nach fiktiver Gesetzeslage) zur Mitführung und Aushändigung dieser Genehmigung gegenüber einem Berechtigten verpflichtet sein sollte, besteht für die Feuerwehr dennoch kein Anlass, eine solche zu überprüfen. Auch bei einem rechtswidrig durchgeführten Feuer hat die Feuerwehr ausschließlich dann einzuschreiten, wenn das Feuer außer Kontrolle gerät. Ebenso zur Ahndung von Verstößen gegen die Pflicht zur Einholung von Genehmigungen oder beispielsweise gegen die Anzeigepflicht im Sinne des § 27 Abs. 1 S. 1 BHKG ist die Feuerwehr nicht berufen, wie sich aus § 49 Abs. 3 BHKG entnehmen lässt. Dies ist vielmehr die örtliche Ordnungsbehörde. Aufgrund dieser Gesichtspunkte kommt ein Rückgriff auf die Befugnis der Einsatzleitung zur Aushändigung von Berechtigungsscheinen nicht in Betracht.

Auch im Rahmen der Hilfeleistung nach § 1 Abs. 1 Nr. 2 BHKG erscheinen Situationen nur schwerlich vorstellbar, in denen die Feuerwehr durch die Prüfung von Berechtigungsscheinen an der Einsatzstelle eine erfolgreichere Gefahrenabwehr leisten könnte, als andere Stellen hierzu im Sinne des § 1 Abs. 3 S. 1 BHKG in der Lage wären.

Aufgrund des mangelnden Anwendungsbereichs dieser Vorschrift sowie der fehlenden Dienlichkeit für die Aufgabenerfüllung der Feuerwehr scheidet auch diese Befugnis aus dem der Einsatzleitung zur Verfügung gestellten Katalog des § 24 Abs. 1 OBG NRW aus.

502 Vgl. Ausführungen zu: C.II.1.b) (S. 81 ff.).
503 OVG Münster, Urt. v. 24.6.2008 – Az. 9 A 3961/06 – juris, Rn. 28; VG Aachen, Urt. v. 30.11.2009 – Az. 6 K 1608/09 – juris, Rn. 20.
504 Vgl. Ausführungen: C.II.1.b)aa)(a) (S. 81 ff.).
505 Münster, Urt. v. 24.6.2008 – Az. 9 A 3961/06 – juris.

ff) Datenerhebung bei öffentlichen Veranstaltungen und Ansammlungen, § 15 PolG NRW

Diese Vorschrift ermächtigt die Polizei und Ordnungsbehörden zu personenbezogener Datenerhebung bei solchen Veranstaltungen und Ansammlungen, die sich nicht als „Versammlungen" im Sinne des Art. 8 Abs. 1 GG und des Versammlungsgesetzes erweisen[506]. Öffentliche Veranstaltungen sind für jedermann zugängliche Zusammenkünfte, die organisiert erfolgen. Deren Teilnehmer mögen aus denselben Beweggründen erscheinen, jedoch sind sie innerlich nicht durch einen gemeinsamen Zweck verbunden, anders als die Teilnehmer einer Versammlung[507]. Als Kriterium ist erforderlich, dass die Veranstaltungen einer unbestimmten Personenzahl offen stehen. Ob sie unter freiem Himmel oder in geschlossenen Räumen stattfinden, ist ohne Relevanz[508]. Als Beispiel lassen sich Messen, Volksfeste, Konzerte, Sportveranstaltungen, Kirmesveranstaltungen oder Schützenfeste aufführen[509]. Öffentliche Ansammlungen hingegen sind meist zufällige Zusammentreffen einer Vielzahl von Personen, die keinen „Veranstaltungscharakter" aufweisen. Exemplarisch sind das Umringen einer Unfallstelle durch Schaulustige oder das Zusammenkommen von Fußballfans zur Feier des Pokalsieges ihrer Mannschaft zu nennen[510]. Neben der eigentlichen Veranstaltung oder Ansammlung selbst ist auch die An- und Abreise zu den Zusammenkünften von der Vorschrift mit umfasst[511]. Die Datenerhebung kann dabei mit, oder aber auch ohne technische Mittel zur Anfertigung von Bild- und Tonaufzeichnungen vorgenommen werden[512].

Weitere Voraussetzung dieser Vorschrift ist, dass Tatsachen die Annahme rechtfertigen, dass in Zusammenhang mit den Veranstaltungen oder Ansammlungen Straftaten oder Ordnungswidrigkeiten begangen werden[513]. Spätestens an dieser Stelle zeigt sich die Ungeeignetheit dieser Befugnis für die Feuerwehr. Bei der Verhütung und vorbeugenden Bekämpfung von Straftaten handelt es sich nach § 1 Abs. 1 S. 2 PolG NRW um explizit der Polizei zugewiesene Aufgaben[514]. Diese stellen sich als solche des

506 *Thiel*, POR, § 10 Rn. 43.
507 *Kingreen/Poscher*, POR, § 13 Rn. 86.
508 *Möller/Warg*, POR, Rn. 302.
509 *Thiel*, POR, § 10 Rn. 43.
510 *Möller/Warg*, POR, Rn. 302.
511 *Kingreen/Poscher*, POR, § 13 Rn. 88.
512 *Kingreen/Poscher*, POR, § 13 Rn. 88.
513 *Thiel*, POR, § 10 Rn. 43.
514 Vgl. Ausführungen zu: D.II.3.a)bb) (S. 141 f.).

Kernbereichs polizeilicher Tätigkeit dar, der nicht auf andere Stellen übertragen werden kann, was auch im Verhältnis zur Feuerwehr gelten muss, selbst wenn die zu befürchtenden Straftaten in Zusammenhang mit dem Brandschutz oder der Hilfeleistung stehen sollten[515]. Unterstützt wird diese Annahme von dem Umstand, dass die Verhütung und vorbeugende Bekämpfung von Straftaten nicht in der Aufgabenzuweisung der Gefahrenabwehr an die Ordnungsbehörden in § 1 OBG NRW zu finden sind. Darüber hinaus widerspräche eine solche Aufgabenwahrnehmung durch die Feuerwehr dem in § 1 Abs. 3 S. 1 BHKG niedergelegten Grundsatz der Subsidiarität feuerwehrlicher Tätigkeit. Allein die ausdrückliche Aufgabenzuweisung an die Polizei in § 1 Abs. 1 S. 2 PolG NRW sowie die technische Ausrüstung der Polizei zur Datenerhebung durch Bild- und Tonaufnahmen zeigen, dass die Feuerwehr diese Tätigkeit unter keinen Umständen durchgreifender ausüben könnte als die Polizei selbst.

Die Datenerhebung bei öffentlichen Veranstaltungen und Ansammlungen im Sinne des § 15 PolG NRW durch die Feuerwehr scheidet aus den vorgenannten Gründen somit aus.

gg) Zwischenergebnis

Bisher ist eine nähere Untersuchung der in § 24 Abs. 1 Nr. 1 bis Nr. 6 OBG NRW aufgeführten Befugnisse des PolG NRW erfolgt. Hierbei handelt es sich um solche der *Datenerhebung*[516]. Gemeinsam haben die Befugnisse der Datenerhebung, dass sie das Beschaffen personenbezogener Daten ermöglichen[517]. Nach § 3 Abs. 1 BDSG sind dies *„Einzelangaben über persönliche oder sachliche Verhältnisse einer bestimmten oder bestimmbaren natürlichen Person (Betroffener).“*

Wie sich aus den vorangestellten Ausführungen entnehmen lässt, ist ein Rückgriff auf die in § 24 Abs. 1 Nr. 1 bis Nr. 6 OBG NRW genannten Befugnisse für die Einsatzleitung der Feuerwehr überwiegend nicht möglich. Allein die Befragung im Sinne des § 9 Abs. 2 PolG NRW sowie die Identitätsfeststellung nach § 12 Abs. 1 Nr. 1 PolG NRW stehen der Feuerwehr innerhalb stark eingeschränkter Anwendungsbereiche zur Verfügung. Im Wesentlichen beruht die mangelnde Rückgriffmöglichkeit auf der Subsidiarität feuerwehrlichen Handelns nach § 1 Abs. 3 S. 1 BHKG sowie der

---

515 VG Koblenz , Urt. v. 8.9.1998 – Az. 2 K 4232/97.KO – juris, Rn. 22.

516 *Gusy*, POR, Rn. 198.

517 *Kingreen/Poscher*, POR^9, § 15 Rn. 1; *Schenke*, POR, Rn. 177.

Einschränkung aus § 34 Abs. 2 S. 1 BHKG, welche einen Zugriff auf die Befugnisse des OBG NRW durch die Feuerwehr lediglich an der Einsatzstelle vorsieht.

hh) Die Folgen der mangelnden Datenerhebungs- auf die Datenverarbeitungsbefugnisse

Die Datenerhebung bildet die Grundlage für die Informations- und Datenverarbeitung[518]. Zwar handelt es sich laut der Gliederung des PolG NRW bei der Datenerhebung um einen Unterfall der Datenverarbeitung[519]. Jedoch ist aus den einzelnen Titeln des Unterabschnitts „Datenverarbeitung" ersichtlich, dass das Gesetz innerhalb dieses Unterabschnitts zwischen „Datenerhebung", „Weiterverarbeitung von personenbezogenen Daten", „Datenübermittlung", „Berichtigung, Löschung und Sperrung von Daten" sowie „Sicherung des Datenschutzes" differenziert. Zur einfacheren Verständlichkeit soll die Einteilung entsprechend des BDSG erfolgen, welches nur zwischen Datenerhebung und Datenverarbeitung unterscheidet[520]. Letzterer Begriff definiert sich nach § 3 Abs. 4 BDSG dabei als *„das Speichern, Verändern, Übermitteln, Sperren und Löschen personenbezogener Daten."* Grundsätzlich dient die allgemeine Datenerhebung nach § 9 Abs. 3 S. 2 i.V.m. Abs. 1 S. 1 PolG NRW gefahrenabwehrbehördlichen Aufgaben[521]. Zu dieser Aufgabenwahrnehmung ist es Ziel, durch Datenerhebung und Datenverarbeitung eine Informationsverwaltung zu ermöglichen, die auf Vollständigkeit, Aktualität und Verfügbarkeit der Daten basiert[522]. Die Datenverarbeitung setzt jedoch logischerweise voraus, dass Daten zur Speicherung, Veränderung, Übermittlung, Sperrung oder Löschung bei der verarbeitenden Stelle vorhanden sind. Aufgrund der fehlenden Möglichkeit der Datenerhebung durch die Feuerwehr verbliebe ihr lediglich die Option, durch unaufgefordertes Zugehen von Daten an solche zu gelangen. Diese Variante fällt nicht unter das „Beschaffen" von Daten[523]. Das PolG NRW erlaubt die Datenerhebung nur zu bestimmten Zwecken, weshalb auch ausschließlich das bewusste Wahrnehmen von Daten mit einer

---

518 *Schenke*, POR, Rn. 177.
519 *Kingreen/Poscher*, POR, § 14 Rn. 2.
520 *Kingreen/Poscher*, POR, § 14 Rn. 2.
521 *Thiel*, POR, § 10 Rn. 18.
522 *Gusy*, POR, Rn. 187.
523 *Kingreen/Poscher*, POR, § 12 Rn. 3.

Verwendungsabsicht eine Datenerhebung darstellen kann[524]. Soweit die verarbeitende Stelle nicht zur Kenntnisnahme der „aufgedrängten Daten“[525] verpflichtet ist, liegt keine Datenerhebung im Sinne des Polizeirechts vor[526]. Für die Feuerwehr, der lediglich die vorgenannte Variante zur Erlangung von Daten offen stünde, scheiden jedoch sämtliche der in § 24 Abs. 1 OBG NRW aufgeführten Befugnisse zur Datenverarbeitung aus. Dies ergibt sich wiederum aus der Aufgabenzuweisung in § 1 Abs. 1 BHKG, der Subsidiarität feuerwehrlichen Handelns nach § 1 Abs. 3 S. 1 BHKG sowie der in § 34 Abs. 2 S. 1 BHKG genannten Einschränkung des Handelns an der Einsatzstelle:

Der Feuerwehr kommt aufgrund des § 1 Abs. 1 Nr. 1 und Nr. 2 BHKG eine sachliche Spezialzuständigkeit für den Brandschutz und die Hilfeleistung zu. Innerhalb der vorliegenden Problemstellung bedeutet dies, dass die Verarbeitung von „aufgedrängten Daten“ auch diesem Spezialbereich der Gefahrenabwehr zuträglich sein müsste. Hierbei handelt es sich um die nächste Einschränkung des Anwendungsbereichs für die aufgedrängten Daten. Des Weiteren soll nach der Subsidiaritätsregel des § 1 Abs. 3 S. 1 BHKG die Feuerwehr nur in solchen Fällen einschreiten, in denen andere Gefahrenabwehrstellen aufgrund mangelnder personeller und technischer Ausstattung nicht in der Lage sind, entsprechend effiziente Gefahrenabwehr zu leisten. Für die Unanwendbarkeit der polizeirechtlichen Regelungen zur Datenverarbeitung durch die Feuerwehr gilt dabei das gleiche Argument wie im Bereich der Datenerhebung[527]. Der Umstand, dass die Polizei mit einem umfassenden Katalog an Befugnissen, §§ 9 ff. PolG NRW, zur Datenerhebung und Datenverarbeitung berufen ist, zeigt, dass sie auf solche Tätigkeiten spezialisiert ist. Das Gesetz weist der Polizei explizit diese Art der Gefahrenabwehr durch Gefahrenaufklärung zu[528]. Der einzig mögliche Anwendungsbereich für die Feuerwehr, die unaufgeforderte Übermittlung von Daten, dürfte weder in Theorie noch in Realität dazu führen, dass sie in diesem Bereich die Tätigkeit der Datenverarbeitung effektiver Wahrnehmen könnte, als die Polizei selbst. Darüber hinaus müsste die Datenverarbeitung nach dem Sinn und Zweck des § 34 Abs. 2 S. 1

---

524 *Petri*, HdbPR, G Rn. 150.

525 Begriff verwendet von: *Petri*, HdbPR, G Rn. 150.

526 *Kingreen/Poscher*, POR, § 12 Rn. 3.

527 Erläutert bei der Untersuchung der Maßnahmen *Erhebung von Personaldaten zur Vorbereitung für die Hilfeleistung und das Handeln in Gefahrenfällen, § 11 PolG NRW* (D.II.3.b)cc), S. 150) und *Datenerhebung bei öffentlichen Veranstaltungen und Ansammlungen,§ 15 PolG NRW* (D.II.3.b)ff), S. 161).

528 *Gusy*, POR, Rn. 186.

BHKG unmittelbar an der Einsatzstelle erfolgen. Dabei erscheinen nur wenige Konstellationen konstruierbar, in denen die in §§ 22 ff. PolG NRW statuierten Befugnisse der Datenverarbeitung der Feuerwehr bei ihrer Tätigkeit im Bereich des abwehrenden Brandschutzes und der Hilfeleistung im Sinne des § 1 Abs. 1 Nr. 1 und Nr. 2 BHKG vor Ort an der Einsatzstelle von Nutzen sein könnte.

Als Konsequenz der mangelnden Datenerhebungsermächtigungen sowie der grundsätzlichen Unanwendbarkeit der Datenverarbeitungsbefugnisse für die Feuerwehr ergibt sich, dass aus dem Katalog des § 24 Abs. 1 OBG NRW auch Nr. 7 bis 11 für eine Anwendung durch die Einsatzleitung der Feuerwehr ausscheiden.

ii) Platzverweisung, § 34 PolG NRW

In diesem Abschnitt soll der „Platzverweis" näher dargestellt und auf seine Tauglichkeit für die Feuerwehr untersucht werden. Schon die gesetzliche Regelung des § 34 Abs. 2 S. 3 BHKG zeigt, dass dem Platzverweis unter den Befugnissen der Feuerwehr eine herausragende Bedeutung zukommt. Neben den Anforderungen an die polizeirechtliche Befugnisnorm ist daher insbesondere auch auf den Regelungsgehalt und den Sinn und Zweck von § 34 Abs. 2 S. 3 BHKG sowie dessen Verhältnis zu § 34 Abs. 1 PolG NRW einzugehen.

(1) Der Platzverweis im Sinne des Polizeirechts

Einigkeit besteht in der Literatur in Anlehnung an die landesrechtlichen Regelungen zur Platzverweisung, so auch an § 34 Abs. 1 S. 1 PolG NRW, darüber, dass es sich bei dem Platzverweis um die an eine oder mehrere Personen gerichtete Anordnung handelt, vorübergehend einen Ort zu verlassen oder nicht zu betreten[529]. Die Vorschrift kombiniert also zwei verschiedene polizeiliche Handlungsmöglichkeiten, ein Entfernungsgebot und ein Betretungsverbot[530]. Über die weiteren Tatbestandsvoraussetzungen und Rechtsfolgen der Norm herrscht jedoch weitestgehend Uneinigkeit zwischen vielen Literaturstimmen.

---

529 *Gusy*, POR, Rn. 276; *Kingreen/Poscher*, POR, § 15 Rn. 14; *Möller/Warg*, POR, Rn. 349; *Thiel*, POR, § 10 Rn. 70.

530 *Dietlein*/Hellermann, Öffentliches Recht in NRW, § 3 Rn. 157.

(a) Das Verhältnis von § 34 Abs. 1 S. 1 und Abs. 1 S. 2 PolG NRW

Zunächst besteht ein Dissens hinsichtlich der Frage, ob es sich bei § 34 Abs. 1 PolG NRW um einen einheitlichen Tatbestand handelt, oder ob in § 34 Abs. 1 S. 1 und Abs. 1 S. 2 PolG NRW jeweils zwei verschiedene Tatbestandsvarianten mit unterschiedlichen Voraussetzungen zu erkennen sind. Nach § 34 Abs. 1 S. 1 PolG NRW setzt die Befugnisnorm das Vorliegen einer Gefahr voraus. *Dietlein* und *Thiel* halten § 34 Abs. 1 S. 1 PolG NRW für den Grundtatbestand, hingegen § 34 Abs. 1 S. 2 PolG NRW lediglich für ein Regelbeispiel des Abs. 1 S. 1. Dies habe zur Folge, dass auch unter Beteiligung von Hilfs- und Rettungskräften eine Behinderung dieser Einsatzkräfte zur Erfüllung des Tatbestandes nicht ausreiche. Vielmehr müsse entsprechend zu § 34 Abs. 1 S. 1 PolG NRW eine Gefahr vorliegen[531]. *Knemeyer* teilt diese Auffassung. Er weist darauf hin, dass die „Sondervorschrift" bzgl. der Behinderung des Einsatzes der Feuerwehr oder Hilfs- und Rettungsdienste überflüssig erscheine, da die dort aufgeführten Fallgestaltungen auch von dem Grundtatbestand der Platzverweisung erfasst seien[532]. *Möller/Warg* sowie *Kingreen/Poscher* und *Graulich* sehen die in § 34 Abs. 1 S. 2 PolG NRW genannte Behinderung des Einsatzes von Feuerwehr, Hilfs- und Rettungsdiensten als eigenständige Tatbestandsvariante an. Dies führe zu einer Herabsetzung der Eingriffsvoraussetzungen. Ausreichend sei das Vorliegen einer Behinderung der Einsatzkräfte, welche noch nicht in eine Gefahr umgeschlagen sei[533].

Zwar ist *Thiel* zuzustimmen, dass regelmäßig durch die Behinderung von Einsatzkräften eine indizierte Gefahr vorliegen wird[534]. Jedoch ist diese Auffassung dennoch dem Grunde nach abzulehnen. Zunächst erscheint äußerst fraglich, wie sie mit dem Wortlaut des § 34 Abs. 1 S. 2 PolG NRW zu vereinbaren ist. Dort findet sich die Formulierung „*kann ferner…*", welche eher darauf hinweisen dürfte, dass der Gesetzgeber neben der Tatbestandsvariante des § 34 Abs. 1 S. 1 PolG NRW einen weiteren Anwendungsbereich, die Behinderung von Feuerwehr sowie Hilfs- und Rettungsdiensten, regeln wollte. Hierfür spricht auch die Verwaltungsvorschrift

531 *Dietlein*/Hellermann, Öffentliches Recht in NRW, § 3 Rn. 160; *Thiel*, POR, § 10 Rn. 72.

532 *Knemeyer*, POR, Rn. 217.

533 *Graulich*, HdbPR, E Rn. 419; *Kingreen/Poscher*, POR, § 15 Rn. 14; *Möller/Warg*, POR, Rn. 349; so auch: *R. Bösch*, Rechtswidrige polizeiliche Verweisungsmaßnahmen, Jura 2009, S. 650 (654).

534 *Thiel*, POR, § 10 Rn. 72.

zum Polizeigesetz NRW (VV PolG NRW). Dort findet sich unter Ziffer 34.12 folge Ausführung:

> „Eine Platzverweisung kann auch gegen Schaulustige angeordnet werden, wenn allein deren Anwesenheit den Einsatz von Feuerwehr, Hilfs- und Rettungsdiensten behindert, insbesondere die Zu- und Abfahrt der Fahrzeuge hierdurch versperrt ist."[535]

Diese Verwaltungsvorschrift spricht ebenfalls eindeutig von der Möglichkeit der Anordnung eines Platzverweises bei der reinen Behinderung des Einsatzes von Feuerwehr, Hilfs- und Rettungsdiensten. Die Voraussetzung des Vorliegens einer Gefahr kann auch hier nicht entnommen werden. Als gewichtiges Argument lässt sich darüber hinaus der Sinn und Zweck und die damit verbundene Ausgestaltung des Feuerschutz- und Rettungswesens anführen. Dies soll exemplarisch anhand der folgenden gesetzlichen Regelung erläutert werden:

§ 3 Abs. 3 BHKG verpflichtet die Gemeinden *„unter Beteiligung ihrer Feuerwehr Brandschutzbedarfspläne und Pläne für den Einsatz der öffentlichen Feuerwehr aufzustellen, umzusetzen und spätestens alle fünf Jahre fortzuschreiben."* Solche Brandschutzbedarfspläne haben u.a. ein Schutzziel zu formulieren[536]. Dort muss der Rat der Gemeinde festlegen, welche Einsatztätigkeiten die Feuerwehr mit wie viel Personal in welcher Zeit durchführen können soll[537]. Von hervorzuhebender Bedeutung ist dabei die sog. Hilfsfrist. Hierunter versteht sich die Zeitdifferenz zwischen Eingehen des Notrufs in der Notrufabfragestelle und dem Eintreffen des ersten Feuerwehrfahrzeugs am Einsatzort[538]. Nach dem Urteil des Oberverwaltungsgerichts Münster vom 22. Februar 2010 beruht sie *„auf dem Grundsatz, dass effektive Hilfe in Notlagen nur möglich ist, wenn sie schnellstmöglich erfolgt."*[539] So erläutern beispielsweise die „Hinweise und Empfehlungen für die Anfertigung von Brandschutzbedarfsplänen für die Gemeinden des Landes Nordrhein-Westfalen" des Landesfeuerwehrverbandes Nordrhein-Westfalen e.V., dass die zeitkritischste Aufgabe bei einem Brand die Menschenrettung sei. Nach einer Bundesstatistik sei die häufigste Todesursache bei Wohnungsbränden eine Rauchgasintoxikation. Wissenschaftliche Untersuchungen hätten gezeigt, dass die Erträglichkeitsgrenze für eine Person im

535 Ziff. 34.12 VV PolG NRW.
536 *Schneider*, BHKG, § 3 Rn. 102.
537 *Schneider*, BHKG, § 3 Rn. 104.
538 *Schneider*, BHKG, § 3 Rn. 102.
539 OVG Münster, Urt. v. 22.2.2010 – Az. 7 A 1235/08 – juris, Rn. 36.

Brandrauch bei ca. 13 Minuten, die Reanimationsgrenze bei Rauchgasvergiftungen bei ca. 17 Minuten nach dem Brandausbruch liege[540]. Nur durch organisatorische Strukturen, wie die Brandbedarfspläne mit ihren Alarm- und Ausrückanordnungen, sei zu gewährleisten, dass besonders bei Hilfeleistungen für Menschen keine unnötigen und unvertretbaren zeitlichen Verzögerungen auftreten[541]. Aus den vorstehenden Ausführungen ist ersichtlich, dass das alsbaldige Eintreffen der Feuerwehr und anderer Rettungskräfte am Einsatzort oberste Priorität besitzt, um eine wirkungsvolle Gefahrenabwehr leisten zu können. Bei diesem Grundsatz kann keine Rolle spielen, ob in einem Sachverhaltsgeschehen zunächst „nur" eine Behinderung oder aber schon eine Gefahr zu erblicken ist. Eine Behinderung von Einsatzkräften der Feuerwehr oder des Rettungsdienstes muss daher unter allen Umständen verhindert werden, was sich durch die Herabsetzung der Eingriffsschwelle im Falle der Beteiligung von Feuerwehr, Hilfs- und Rettungsdiensten verwirklichen lässt. § 34 Abs. 1 S. 2 PolG NRW ist daher nach dem Sinn und Zweck des Feuerwehr- und Rettungswesens so auszulegen, dass es sich bei dieser Variante um einen eigenen Tatbestand mit gegenüber § 34 Abs. 1 S. 1 PolG NRW herabgesetzten Tatbestandsvoraussetzungen handelt. Den Ausführungen von *Kingreen/Poscher*[542] ist daher zuzustimmen, dass bereits eine Behinderung der Einsatzkräfte grundsätzlich zu der Eingriffsbefugnis nach § 34 Abs. 1 S. 2 PolG NRW führt und zwar unabhängig von der Frage, ob die Behinderung schon in eine Gefahr umgeschlagen ist.

(b) Die zeitliche Komponente des Platzverweises

Das Merkmal „vorübergehend" in § 34 Abs. 1 S. 1 PolG NRW beschreibt die zeitliche Komponente des Platzverweises. Durch die Unbestimmtheit dieses Begriffs lässt sich jedoch in der Literatur keine einheitliche Auslegung erzielen. Ein Schwerpunkt der Diskussion liegt dabei auf der Frage, ob für den zeitlichen Anwendungsbereich der Maßnahme eine starre Grenze zu ziehen sei. Diese befürworten *Möller/Warg* und *W.-R. Schenke*.

---

540 Hinweise und Empfehlungen für die Anfertigung von Brandschutzbedarfsplänen für die Gemeinden des Landes Nordrhein-Westfalen, Stand: 01/2001, S. 36, abrufbar unter: http://www.idf.nrw.de/service/downloads/downloads_hilfsmitte l.php#frage1 (Stand 29.5.2018).

541 VGH BW, Urt. v. 8.6.1998 – Az. 1 S 1390/97 – juris, Rn. 22; ähnlich auch: *Hörstrup*, Organisation, S. 126 ff.

542 *Kingreen/Poscher*, POR, § 15 Rn. 14.

Der Schutzbereich von Art. 11 GG erzwinge eine restriktive verfassungskonforme Auslegung der Norm. Die maximale Dauer dieser Maßnahme dürfe daher 24 Stunden unter keinen Umständen überschreiten[543]. Eine darüber hinausgehende Anordnung könne nur auf ein Aufenthaltsverbot gestützt werden[544]. In Nordrhein-Westfalen findet sich dieses in § 34 Abs. 2 PolG NRW, welches von dem Verweis auf das PolG NRW in § 24 Abs. 1 Nr. 12 OBG NRW explizit ausgenommen ist, sodass eine solche Maßnahme für Ordnungsbehörden und Feuerwehr ausscheidet. *Dietlein* und *Kugelmann* nennen keine genaue Dauer der Maßnahme. Jedoch werde der Charakter der Norm, insbesondere in zeitlicher Hinsicht, von § 34 Abs. 1 S. 2 PolG NRW geprägt. Da auch Rettungseinsätze nur mehrere Stunden andauerten, müsse hier die zeitliche Grenze für die Platzverweisung zu erkennen sein[545]. Eine weitere Gruppe von Literaturstimmen sieht in dem Begriff „vorübergehend“ zwar ebenfalls eine zeitliche Beschränkung, lässt hingegen im Rahmen einer funktionalen Auslegung des Begriffs Ausnahmen von dem zeitlichen Regelumfang zu. *Rachor* plädiert beispielsweise ebenfalls für einen Wert von 24 Stunden, der aber nur als Anhaltspunkt dienen solle[546]. Besondere Gefahrenlagen könnten auch längerfristige Rückkehrverbote rechtfertigen, wie ein Großbrand über mehrere Tage[547]. Im Ergebnis wird diese Auffassung auch von *Gusy* geteilt. Er sieht in der Platzverweisung eine kurzfristig wirkende Maßnahme, die regelmäßig nur für wenige Stunden, nie länger als drei bis vier Tage getroffen werden könne[548]. *Götz/Geis* halten nicht in jedem Fall eine zeitliche Höchstgrenze für geboten. Vielmehr bedürfe es einer Differenzierung. Der Begriff „vorübergehend“ sei auf die Gefahr zu beziehen. Handele es sich um eine zeitlich umgrenzte Gefahr, beispielsweise einen Unglücksfall, könne der Platzverweis für die gesamte Dauer der Gefahrenabwehrmaßnahmen, wie beispielsweises des Einsatzes der Rettungskräfte, angeordnet werden. Sei die Gefahr hingegen nicht nur vorübergehend, wie diejenige, die von einer örtlichen Drogenszene ausgehe, müsse eine zeitliche Höchstgrenze gezogen werden. Einen konkreten Wert nennen sie jedoch nicht[549]. *Thiel* hält

543 *Möller/Warg*, POR, Rn. 350; *Schenke*, POR, Rn. 132; ähnlich auch: *J. Bialon/U. Springer*, Eingriffsrecht, 3. Aufl. 2016, Rn. 369.

544 *Schenke*, POR, Rn. 132.

545 *Dietlein*/Hellermann, Öffentliches Recht in NRW, § 3 Rn. 157; *Kugelmann*, POR, 6. Kap. Rn. 26.

546 *Rachor*, HdbPR^5, E Rn. 435.

547 *Tegtmeyer*/Vahle, PolG NRW, § 34 Rn. 1.

548 *Gusy*, POR, Rn. 277.

549 *Götz/Geis*, POR, § 8 Rn. 23.

diese Auffassung für zu weitreichend. Zwar ist auch er der Auffassung, den Begriff „vorübergehend“ allein funktional zu interpretieren. Er müsse im Einzelfall an dem Zweck der konkreten Maßnahme ausgerichtet werden. Allerdings könne nicht in jeder Sachverhaltskonstellation der Platzverweis bis zu dem Zeitpunkt andauern, in welchem die Gefahr beseitigt werde oder die zuständige Behörde feststelle, dass die Gefahr nicht mittels der Platzverweisung zu heben sei. Dies überdehne den Tatbestand des § 34 Abs. 1 PolG NRW. Eine konkrete zeitliche Einschränkung nennt auch er nicht[550].

Eine abschließende und umfassende Bewertung der vorgenannten divergierenden Auffassungen soll an dieser Stelle nicht herbeigeführt werden, denn primär handelt es sich bei der Auslegung des Begriffs „vorübergehend“ um ein Thema des Polizeirechts. Allerdings erscheint eine (teilweise) funktionale Auslegung des Begriffs „vorübergehend“, insbesondere in Zusammenhang mit dem Einsatz der Feuerwehr und anderen Hilfs- und Rettungskräften, sinnvoll. *Thiel* weist zu Recht darauf hin, dass bei gewissen Sachverhalten, wie Pkw-Unfällen mit leichten Verletzten, der Platzverweis zum Freihalten der Unfallstelle von „Gaffern“ in der Regel für wenige Stunden genüge, bis das Unfallopfer geborgen und die Unfallstelle bereinigt sei. Jedoch seien auch Sachverhalte denkbar, in denen eine (vorübergehende) Gefahr innerhalb von 24 Stunden nicht beseitigt werden könne[551]. Zu nennen ist beispielsweise der von *Rachor* aufgeführte Großbrand über mehrere Tage oder die mit Komplikationen verbundene Entschärfung einer Fliegerbombe aus dem Zweiten Weltkrieg. Einschränkend ist aber sowohl für die Ordnungsbehörden als auch für die Feuerwehr zu berücksichtigen, dass weder das OBG NRW noch das BHKG entsprechend dem Zitiergebot aus Art. 19 Abs. 1 S. 2 GG die Einschränkbarkeit von Art. 11 GG, die Freizügigkeit, aufführt. Ein Eingriff in den Schutzbereich von Art. 11 GG ohne die Erfüllung der Anforderungen des Art. 19 Abs. 1 S. 2 GG ist unzulässig[552] und muss daher durch die Feuerwehr unter allen Umständen vermieden werden. Zwar kann dieses spezielle Thema in der vorliegenden Arbeit nicht ausführlich behandelt werden, jedoch soll als Orientierung die Entscheidung des Bundesverfassungsgerichts vom 25. März 2008 dienen. In dieser führt der erste Senat unter anderem zum Platzverweis und dessen zeitlichen Grenzen aus:

---

550 *Thiel*, POR, § 10 Rn. 76.
551 *Thiel*, POR, § 10 Rn. 76.
552 *Gusy*, in: v. Mangoldt/Klein/Starck, GG I, Art. 11 Rn. 54.

> „Die Platzverweisung berührt den Schutzbereich des Grundrechts des Beschwerdeführers auf Freizügigkeit im ganzen Bundesgebiet nicht. Freizügigkeit bedeutet das Recht, unbehindert durch die deutsche Staatsgewalt an jedem Ort innerhalb des Bundesgebiets Aufenthalt und Wohnung zu nehmen [...]. Hierzu gehört auch der freie Zug von Land zu Land, von Gemeinde zu Gemeinde und innerhalb einer Gemeinde [...]. Der eigenständige Schrankenvorbehalt des Art. 11 Abs. 2 GG, der Beschränkungen nur aus besonders gewichtigen Anlässen erlaubt, indiziert, dass Art. 11 Abs. 1 GG nur Verhaltensweisen erfasst, die sich als Fortbewegung im Sinne eines Ortswechsels qualifizieren lassen und dadurch eine über die insbesondere durch Art. 2 GG geschützte körperliche Bewegungsfreiheit hinausgehende Bedeutung für die räumlich gebundene Gestaltung des alltäglichen Lebenskreises haben [...].
> Vorliegend bedarf keiner allgemeinen Klärung, wann eine durch eine polizeiliche Maßnahme bewirkte zeitweilige Beschränkung der örtlichen Bewegungsfreiheit aufgrund ihrer Art und Intensität an dem Grundrecht aus Art. 11 GG zu messen ist. Der Beschwerdeführer hat sich gegen die Platzverweisung nur unter Hinweis darauf gewandt, dass sie ihn daran hindere, sich zur Freizeitgestaltung und zu alltäglichen Verrichtungen nach Lindau zu begeben, diese Stadt also für eine begrenzte Zeit aufsuchen zu können, um danach an seinen Wohnsitz zurückzukehren. Diese durch die Platzverweisung beeinträchtigten Verhaltensweisen bedürfen des besonderen Schutzes aus Art. 11 GG nicht.“[553]

An dieser Stelle soll jedoch noch darauf hingewiesen werden, dass aufgrund des Erfordernisses einer wertenden Gesamtbetrachtung jede Maßnahme im Einzelfall vollumfänglich zu würdigen und am Schutzbereich des Art. 11 GG zu messen ist[554].

(c) Die örtliche Komponente des Platzverweises

Neben der zeitlichen Komponente herrscht auch über die räumliche Dimension des Platzverweises eine rege Diskussion. Einigkeit scheint jeden-

553 BVerfG, Nichtannahmebeschl. v. 25.3.2008 – Az. 1 BvR 1548/02 – juris, Rn. 25 f.; aufgegriffen und unterstützt u.a. von: *Gusy*, in: v. Mangoldt/Klein/Starck, GG I, Art. 11 Rn. 34; *Wollenschläger*, in: Dreier, GG I, Art. 11 Rn. 29.

554 *Wollenschläger*, in: Dreier, GG I, Art. 11 Rn. 29.

falls darüber zu bestehen, dass der Begriff des Ortes nicht anhand einer Quadratmeteranzahl gemessen werden könne[555] und sich auch eine pauschale Gleichsetzung mit den Begriffen „Ortschaft“ oder „Gemeinde“ verbiete[556]. Über weitergehende Konkretisierungen besteht jedoch Uneinigkeit. Dabei lassen sich die verschiedenen Auffassungen grob in zwei Lager unterteilen. Innerhalb der ersten Gruppe wird vertreten, dass sich die Wirkung des Platzverweises nur auf geringe Distanzen erstrecke. Beispielhaft zu nennen seien hier Wohnungen, Bürgersteige, Plätze und Parks[557]. Bereits die Bezeichnung „Platzverweisung“ lege nahe, dass sich die Maßnahme nur auf eng umgrenzte Örtlichkeiten beziehen könne, *„deren genaue räumliche Abgrenzung durch die Natur der jeweiligen Gefahr mitbestimmt“*[558] werde. Die zweite Gruppe legt das Merkmal des „Ortes“ unter funktionalen Gesichtspunkten aus. Soweit zur Gefahrenabwehr bei Beachtung der Umstände des Einzelfalls erforderlich, könne der Platzvereis auch mit Wirkung für ein größeres Areal, wie ein Stadtteil oder ein gesamtes Gemeindegebiet ausgesprochen werden[559]. Eine restriktive Auslegung überzeuge nicht, denn durch die Beschränkung auf einen eng umgrenzten Raum sei die Maßnahme kaum praktikabel und weitestgehend untauglich zur Gefahrenabwehr[560]. Innerhalb dieser Gruppe wird aber ebenfalls darauf hingewiesen, dass auch bei örtlich weitreichenden Entfernungsgeboten oder Betretungsverboten die zeitliche Einschränkung und das Verhältnismäßigkeitsprinzip gewahrt werden müssen[561]. *Kugelmann* ergänzt, dass zusätzlich der Anwendungsbereich des spezielleren Aufenthaltsverbotes gemäß § 34 Abs. 2 PolG NRW zu beachten sei[562].

Auch an dieser Stelle soll eine vollumfängliche Streitentscheidung zwischen den vorgenannten Auffassungen nicht erfolgen, da dieses Problem wieder mals primär eines des Polizeirechts ist und die vorliegende Arbeit dem Thema nicht gerecht werden könnte. Jedoch sei darauf hingewiesen, dass unter dem Aspekt der Effektivität der Gefahrenabwehr sicherlich

555 *Götz/Geis*, POR, § 8 Rn. 23; *Thiel*, POR, § 10 Rn. 77.
556 *Dietlein*/Hellermann, Öffentliches Recht in NRW, § 3 Rn. 158; *Schenke*, POR, Rn. 132.
557 *Götz/Geis*, POR, § 8 Rn. 23; *Gusy*, POR, Rn. 277; *Schenke*, POR, Rn. 132.
558 *Schenke*, POR, Rn. 132.
559 *Bialon/Springer*, Eingriffsrecht (Fn. 543), Rn. 368; *Dietlein*/Hellermann, Öffentliches Recht in NRW, § 3 Rn. 158; *Kugelmann*, POR, 6. Kap. Rn. 26; *Thiel*, POR, § 10 Rn. 77.
560 *Thiel*, POR, § 10 Rn. 77.
561 *Thiel*, POR, § 10 Rn. 77.
562 *Kugelmann*, POR, 6. Kap. Rn. 26.

Konstellationen denkbar sind, innerhalb derer eine Umfassung von großflächigeren Bereichen durch den Platzverweis förderlich, möglicherweise notwendig wäre. So erscheint es nicht ausreichend, im Falle von Bombenentschärfungen, Großbränden oder Überflutungen den örtlichen Anwendungsbereich nur auf das „allernächste Umfeld" zu beschränken. Vielmehr bedürfte es unter diesem Gesichtspunkt eines der Gefahr angepassten örtlichen Anwendungsbereiches, um die Abwendung der Gefahr von den betroffenen Personen durch die Anordnung eines Entfernungsgebotes oder Betretungsverbotes zu gewährleisten. Darüber hinaus erscheint eine Streitentscheidung im Anwendungsbereich des Platzverweises durch die Einsatzleitung der Feuerwehr ohnehin entbehrlich, wie sich den Ausführungen an späterer Stelle[563] entnehmen lassen wird.

(d) Der Adressatenkreis des Platzverweises

Gegenüber welchen Personen die Platzverweisung im Sinne des § 34 Abs. 1 PolG NRW angeordnet werden kann, wird ebenfalls nicht einheitlich beurteilt. Überwiegend wird in Rechtsprechung und Literatur vertreten, dass sich die Pflichtigkeit der Maßnahme nach den allgemeinen Regelungen des Polizeirechts richte. Dies ergebe sich aus dem Umstand, dass bei der Nichtnennung eines Adressaten in einer polizeirechtlichen Standardermächtigung auf die allgemeinen Regelungen des Polizeirechts zurückgegriffen werden könne[564]. Grundlage für diese Auffassung ist in Nordrhein-Westfalen der aus §§ 4 Abs. 4, 5 Abs. 4 und 6 Abs. 3 PolG NRW zu ziehende Umkehrschluss. Neben den sog. Störern (§§ 4, 5 PolG NRW) könnten daher unter den gesetzlichen Voraussetzungen der „Nichtstörer-Inanspruchnahme" (§ 6 PolG NRW) auch Nichtverantwortliche im Sinne des Gefahrenabwehrrechts Adressat einer Platzverweisung sein[565]. Es bestehe kein überzeugender Grund im Anwendungsbereich der Platzverweisung von dem *„Erfordernis eines spezifischen Zurechnungsgrundes kraft Verantwortlichkeit oder polizeilichen Notstandes abzuweichen."*[566] Eine kleinere Gruppe von Stimmen stellt sich dieser Auffassung entgegen. Zwar ergebe

563 Vgl. Ausführungen zu: D.II.3.b)ii)(3)(a) (S. 183 ff.).
564 *Möller/Warg*, POR, Rn. 349; *Thiel*, POR, § 10 Rn. 79.
565 VG Schleswig, NVwZ 2000, S. 464 (465); *Dietlein*/Hellermann, Öffentliches Recht in NRW, § 3 Rn. 158; *Götz/Geis*, POR, § 8 Rn. 24; *Möller/Warg*, POR, Rn. 349; *Schenke*, POR, Rn. 132; *Thiel*, POR, § 10 Rn. 79.
566 *Dietlein*/Hellermann, Öffentliches Recht in NRW, § 3 Rn. 161.

sich nicht aus dem Wortlaut selbst, jedoch aus dem einzig möglichen Sinn der Vorschrift, dass Adressat der Maßnahme nur die die polizeilich relevante Gefahr verursachende Person sein könne[567]. *Kingreen/Poscher* können weder der erstgenannten noch der zweiten Gruppe zugeordnet werden. Nach ihrer Auffassung sei die Regelung zur Platzverweisung eine „andere Vorschrift" im Sinne der §§ 4 Abs. 4, 5 Abs. 4 und 6 Abs. 3 PolG NRW. Sie bestimme, dass gegenüber einer Person das Verbot des Betretens eines Ortes oder das Gebot des Verlassens eines Ortes angeordnet werden könne, ohne dass die Norm diese Person als Verursacher der Gefahr bezeichne. Daher könne der Platzverweis im Anwendungsbereich des § 34 Abs. 1 S. 1 PolG NRW gegen jede Person gerichtet werden, wenn dies zur Abwehr einer Gefahr erforderlich sei[568]. Soweit die Platzverweisung der Beseitigung der Behinderung von Feuerwehr- oder Hilfs- und Rettungsdiensteinsatzkräften dienen solle, erfordere § 34 Abs. 1 S. 2 PolG NRW hingegen, dass der Adressat der Maßnahme die behindernde Person sei.

Dem Wortlaut des § 34 Abs. 1 PolG NRW folgend erscheint die Auffassung von *Kingreen/Poscher* überzeugend. Bei dieser Vorschrift handelt es sich zunächst um eine „andere Norm" des PolG NRW. § 34 Abs. 1 S. 1 PolG NRW nennt explizit als Adressaten „eine Person", ohne an ihre Verantwortlichkeit anzuknüpfen. § 34 Abs. 1 S. 2 PolG NRW nimmt demgegenüber diese (fehlende) Konkretisierung vor. Adressat kann nach dem Wortlaut ausschließlich die den Einsatz der Feuerwehr oder der Hilfs- und Rettungskräfte behindernde Person sein. Gerade diese Differenzierung zwischen den Varianten des § 34 Abs. 1 PolG NRW spricht dafür, in dieser Vorschrift unterschiedlich statuierte Voraussetzungen mit unterschiedlichen Rechtsfolgen zu erblicken. Dies gilt auch für die Anforderungen an die Störereigenschaft. Der Meinungsgruppe um *Knemeyer* muss dagegen ausdrücklich entgegengetreten werden. Ihre Auffassung lässt sich weder auf den Wortlaut der Platzverweisungsnorm noch auf die allgemeinen Vorschriften zur Pflichtigkeit polizeilichen Handelns (§§ 4, 5, 6 PolG NRW) stützen. Auch stellen sie bei ihren Ausführungen keinen Bezug zum von ihnen erwähnten Sinn und Zweck der Vorschrift her. Warum ausschließlich der Verursacher einer Gefahr Adressat der Platzverweisung sein können soll, ist nicht ersichtlich. Das simple und bereits erwähnte Beispiel, die Entschärfung einer Fliegerbombe aus dem Zweiten Weltkrieg, zeigt das Bedürfnis, einen Platzverweis zur Abwendung einer Gefahr

---

567 VG Frankfurt a.M., NVwZ 1998, S. 770 (771); *G. Berner/G. M. Köhler/R. Käß*, Polizeiaufgabengesetz, 20. Aufl. 2010, Art. 16 Rn. 2; *Knemeyer*, POR, Rn. 218.

568 *Kingreen/Poscher*, POR, § 15 Rn. 15 f.; ebenso: *Wittreck*, POR, Rn. 60.

auch gegen Unbeteiligte aussprechen zu können. Die Bewohner der dem Fundortsgrundstück der Bombe anliegenden Grundstücke, Straßenzüge und umliegenden Stadtteile können nicht als „Verhaltens- oder Zustandsstörer" im Sinne des Polizeirechts angesehen werden. Daher bedarf es jedenfalls unter den Voraussetzungen des § 6 PolG NRW der Möglichkeit der Inanspruchnahme nicht verantwortlicher Personen, um auch von diesen eine Gefahr abwenden zu können. Auf eine abschließende Bewertung zwischen der erstgenannten Gruppe sowie der von *Kingreen/Poscher* dargestellten Auffassung kann unter praktischen Gesichtspunkten indes verzichtet werden. In letzterem Werk wird selbst eingeräumt, dass der Anwendungsbereich von Platzverweisen gegen Unbeteiligte, die nicht die Voraussetzungen von § 6 PolG NRW erfüllen, verschwindend gering sei. Solche Situationen, die der Anordnung eines Platzverweises bedürften, zeigten, dass bei der Notwendigkeit des Vorgehens gegen Nichtstörer auch regelmäßig die gesetzlichen Voraussetzungen des § 6 PolG NRW vorlägen[569]. Festzuhalten bleibt daher, dass Adressaten des Platzverweises jedenfalls „Verhaltens- sowie Zustandsstörer" im Sinne der §§ 4, 5 PolG NRW als auch „nicht verantwortliche Personen" im Sinne des § 6 PolG NRW sein können.

(e) Weitere Aspekte des Platzverweises

Der Platzverweis ist ein Verwaltungsakt[570]. Seine Durchführung hängt von den Umständen des Einzelfalls sowie von den Adressaten ab[571]. Er kann gegenüber Einzelpersonen, aber auch in Gestalt einer Allgemeinverfügung im Sinne des § 35 S. 2 VwVfG NRW gegenüber einer – auch unbestimmten – Vielzahl von Personen ergehen[572]. Beispielsweise kann solch eine Allgemeinverfügung per Megafon erfolgen, um „Gaffer" aufzufordern, die Zufahrt für den Rettungsdienst freizumachen[573].

Neben dem Entfernungsgebot und Betretungsverbot kann im Rahmen der Platzverweisung von Zustandsstörern im Sinne des § 5 PolG NRW auch verlangt werden, eine gefährliche oder gefährdete Sache, wie bei-

569 *Kingreen/Poscher*, POR, § 15 Rn. 17 ff.

570 *Gusy*, POR, Rn. 277.

571 *Kugelmann*, POR, 6. Kap. Rn. 27.

572 *Dietlein*/Hellermann, Öffentliches Recht in NRW, § 3 Rn. 162; *Gusy*, POR, Rn. 277; *Thiel*, POR, § 10 Rn. 80.

573 *Gusy*, POR, Rn. 277.

spielsweise ein Fahrzeug oder ein Tier, zu entfernen oder mit dieser Sachen/diesem Tier den betroffenen Bereich nicht zu betreten. Dies ergibt sich u.a. aus Ziffer 34.11 VV PolG NRW:

> „Die Platzverweisung ist erforderlichenfalls mit der Anordnung zu verbinden, mitgeführte Sachen (insbesondere Fahrzeuge) oder Tiere zu entfernen."[574]

Dabei bedarf es der Stützung dieser Anordnung auf die Generalklausel des PolG NRW nicht. Die Ermächtigung zur Platzverweisung umfasst ebenfalls die vorgenannte Anordnungsbefugnis[575]. Als Beispiel lässt sich wiederum die Aufforderung der Gefahrenabwehrstelle per Lautsprecher zur Bildung einer Rettungsgasse nennen. Rührt die Gefahr allein von der Anwesenheit der Sache oder dem Tier her und kann sie durch die Entfernung behoben werden, bedarf es einer sorgfältigen Abgrenzung zur Sicherstellung im Sinne des § 43 PolG NRW[576].

(2) Die Anwendbarkeit des polizeirechtlichen Platzverweises für die Einsatzleitung der Feuerwehr

Nach Darstellung des polizeirechtlichen Platzverweises soll an dieser Stelle die Tauglichkeit der Maßnahme für die Anwendung durch die Einsatzleitung der Feuerwehr im Rahmen des § 34 Abs. 2 BHKG untersucht werden. Alle vorherig aufgeführten und näher beleuchteten Maßnahmen des § 24 Abs. 1 Nr. 1 bis 11 OBG NRW (mit Ausnahme eines kleinen Anwendungsbereichs der Befragung im Sinne des § 9 Abs. 2 PolG NRW und der Identitätsfeststellung nach § 12 PolG NRW) scheitern für die Nutzbarkeit durch die Einsatzleitung der Feuerwehr im Wesentlichen schon an der Spezialzuständigkeit der Feuerwehr nach § 1 Abs. 1 BHKG verbunden mit den Subsidiaritätsklauseln aus §§ 1 Abs. 3 S. 1, 34 Abs. 2 S. 1 BHKG sowie der Wortlauteinschränkung des § 34 Abs. 2 S. 1 BHKG „an der Einsatzstelle". Bei der Platzverweisung im Sinne des § 34 Abs. 1 PolG NRW verhält es sich anders.

---

574 Ziff. 34.11 VV PolG NRW.

575 *Dietlein*/Hellermann, Öffentliches Recht in NRW, § 3 Rn. 159; *Möller/Warg*, POR, Rn. 349; *Thiel*, POR, § 10 Rn. 78.

576 *Dietlein*/Hellermann, Öffentliches Recht in NRW, § 3 Rn. 159.

(a) Der polizeirechtliche Platzverweis unter dem Gesichtspunkt der Spezialzuständigkeit der Feuerwehr

Die Feuerwehr ist aufgrund ihrer sachlichen Spezialzuständigkeit nach § 1 Abs. 1 Nr. 1 und Nr. 2 BHKG zum Brandschutz und zur Hilfeleistung berufen. Im Rahmen dieser Tätigkeit kommt die Anordnung eines polizeirechtlichen Platzverweises (zumindest in der Theorie) für alle diejenigen Situationen in Betracht, in denen entweder der Einsatz der Feuerwehr durch Außenstehende behindert wird oder der Platzverweis erforderlich ist, um Unbeteiligte aus dem „Wirkungskreis" einer Gefahr durch Schadenfeuer oder Unglücksfälle und öffentliche Notstände im Sinne des § 1 Abs. 1 BHKG zu schaffen. Dabei hilft die Maßnahme im ersteren Falle der reibungslosen Durchführung des Feuerwehreinsatzes. In letzterer Konstellation dient der Platzverweis sogar der unmittelbaren Aufgabenerfüllung nach § 1 Abs. 1 Nr. 1 und Nr. 2 BHKG selbst. An dieser Stelle wäre jedoch fraglich, ob es für die Platzverweisung zur unmittelbaren Aufgabenerfüllung nach dem BHKG (also letzter der vorgenannten Varianten) eines Rückgriffs über § 34 Abs. 2 S. 2 BHKG auf § 24 Abs. 1 Nr. 12 OBG i.V.m. § 34 Abs. 1 PolG NRW bedarf oder ob entsprechend des Vorschlags des Autors im Abschnitt D.II.2.c)bb)(b) (S. 129 ff.) der Platzverweis unmittelbar auf die Generalklausel des § 34 Abs. 2 S. 1 BHKG gestützt werden kann. Festzuhalten bleibt jedenfalls, dass der Anwendung des Platzverweises durch die Einsatzleitung der Feuerwehr zur Aufgabenerfüllung nach dem BHKG unter dem Gesichtspunkt ihrer sachlichen Spezialzuständigkeit keine Bedenken entgegenstehen.

(b) Der polizeirechtliche Platzverweis unter dem Gesichtspunkt der §§ 1 Abs. 3, 34 Abs. 2 S. 1 BHKG

Aus der Subsidiaritätsklausel des § 1 Abs. 3 S. 1 BHKG ist ersichtlich, dass soweit Polizei und Ordnungsbehörden im Rahmen der Gefahrenabwehr einen umfänglichen Schutz der bedrohten Rechtsgüter gewährleisten können, die Zuständigkeit der Feuerwehr dahinter zurücktritt. Falls hingegen eine Gefahrensituation im Sinne des § 1 Abs. 1 BHKG die Fähigkeiten der Polizei- und Ordnungsbehörden „überfordert", sollen nach dem gesetzgeberischen Konzept diese speziellen Gefahrenabwehraufgaben durch die aufgrund ihres besonders ausgebildeten Personals und ihrer Ausrüstung überlegenen Feuerwehr wahrgenommen werden. Diese Vorschrift verdeutlicht in Hinblick auf das gesamte Gefahrenabwehrrecht, so auch auf die polizeilichen Standardmaßnahmen, dass der Feuerwehr in diesem Gefüge nur eine „Reservefunktion" zukommt. Sie soll nur dann tätig werden, wenn das Unvermögen anderer Gefahrenabwehrstellen ein Einschreiten der Feuerwehr erfordert. Da es für die „Erteilung" eines Platzverweises in vielen Fällen wohl kaum der technischen Ausrüstung oder der spezifischen Ausbildung der Feuerwehr bedarf, fällt das Ergreifen solcher Maßnahmen grundsätzlich in den Zuständigkeitsbereich der Polizei. Eine primäre Zuständigkeit der Feuerwehr zur Anordnung von Entfernungsgeboten oder Betretungsverboten besteht hingegen in solchen Fällen, in denen die Feuerwehr aufgrund ihrer speziellen Fähigkeiten die Gefahrenlage besser einschätzen kann als Polizei- oder Ordnungsbehörden. Hiermit verbunden ist auch die Möglichkeit zur erfolgreicheren Gefahrenabwehr. Diese verhilft der Feuerwehr zu ihrer Zuständigkeit. Als Beispiel kann hier der Brand in einem Wohngebiet genannt werden. Bei einem solchen dürfte die Feuerwehr am ehesten in der Lage sein, das Gefahrenpotential der Sachlage abzuschätzen und entsprechend zu reagieren, um gefährdete Personen mittels eines Platzverweises aus dem Gefahrenumkreis zu verbringen. Soweit also die Platzverweisung aufgrund einer wirksameren Gefahrenabwehrmöglichkeit in den Zuständigkeitsbereich der Feuerwehr fällt, kommt die Subsidiaritätsregelung des § 1 Abs. 3 S. 1 BHKG nicht zum Tragen. Gleiches gilt für die Subsidiaritätsklausel des § 34 Abs. 2 S. 1 BHKG. Diese erfordert die Möglichkeit anderer Gefahrenabwehrstellen zur Anordnung „entsprechender Maßnahmen", um die Zuständigkeit der Einsatzleitung der Feuerwehr auszuschließen. Dabei sei darauf hingewiesen, dass es sich bei den „entsprechenden Maßnahmen" nicht lediglich um die „gleichen Maßnahmen" handeln muss, sondern die Maßnahmen anderer Stellen gleich effizient sein müssen. Dies lässt sich aus der Formulierung nicht unmittelbar entnehmen. Allerdings sollen die Befugnisse im Sinne des § 34 Abs. 2 S. 1 BHKG gerade die Erfüllung der spezialgesetzlichen Gefahrenabwehr gewährleisten. Kann also die Feuerwehr beispielsweise durch ihre besonderen Kenntnisse das Risiko bestimmter Gefahrensituationen besser einschätzen und daher effektiver reagieren, trifft sie zwar „formal" möglicherweise die gleiche Maßnahme, wie es andere Stellen auch tun könnten, jedoch kann die Wirkung der Maßnahme eine andere sein. Wie vorstehend gezeigt, ist für die örtliche und zeitliche Reichweite der Platzverweisung kein fester Wert vorgesehen. Das auszusprechende Entfernungsgebot oder Betretungsverbot kann unterschiedlich gestaltet werden, was auch zu unterschiedlichen Wirkungen für die Gefahrenabwehr führen kann. Ein kurzes Beispiel soll der Verdeutlichung dienen:

In einem Gewerbegebiet bricht ein Brand in einem kunststoffverarbeitenden Betrieb aus. Der anrückende Polizeibeamte ordnet mittels Lautsprecher an, dass sich alle Personen in einem Umkreis von 50 Metern von dem Brandort zu entfernen haben. Außerhalb dieser Distanz hält er den ausgebrochenen Brand für ungefährlich.
Die alarmierte Feuerwehr könnte hingegen zu der Einschätzung gelangen, dass aufgrund der durch das Feuer freiwerdenden gesundheitsgefährdenden Stoffe auch in über 50 Metern Entfernung noch eine Gefährdung für Menschen droht und auch die Entfernungen zu den umliegenden Gebäuden derart klein sind, dass ein großflächiger Übergriff des Feuers zu befürchten ist. Sie hält daher einen Platzverweis mit einer Entfernung von mindestens 100 Metern für erforderlich.

Festzuhalten ist daher, dass sofern es sich um Gefahrensituationen handelt, in denen die Gefahrenabwehr mittels polizeirechtlicher Platzverweisung durch die Feuerwehr erfolgreicher wahrgenommen werden kann als durch andere Stellen, die Feuerwehr in diesen Konstellationen sachlich zuständig ist und auch die Subsidiaritätsregelungen der §§ 1 Abs. 3 S. 1, 34 Abs. 2 S. 1 BHKG einem Tätigwerden der Feuerwehr mittels Platzverweisung nicht entgegenstehen.

Aber auch in solchen Konstellationen, in denen eine gleich wirksame Gefahrenabwehr durch die Polizei- oder Ordnungsbehörden (theoretisch) möglich erscheint, bedeutet dies nicht, dass der polizeirechtliche Platzverweis unter keinen Umständen durch die Einsatzleitung der Feuerwehr angeordnet werden kann. Ausgangspunkt für die feuerwehrliche Anordnungsmöglichkeit von Platzverweisen ist hierbei die Eilzuständigkeit im Sinne des § 1 Abs. 3 S. 2 BHKG. Eine solche ist dort für die Fälle vorgesehen, in denen vorbeugende und abwehrende Maßnahmen im Sinne des § 1 Abs. 1 BHKG durch andere Rechtsvorschriften gewährleistet werden, die vorrangig zuständigen Stellen allerdings (noch) nicht vor Ort sind. Diese Zuständigkeit der Feuerwehr im Wege des „ersten Zugriffs“ setzt allerdings das Vorliegen oder unmittelbare Bevorstehen einer konkreten Gefährdung von Leben, Gesundheit, Tieren, natürlichen Lebensgrundlagen oder Sachen voraus. Für die genannten Fälle kann die Einsatzleitung der Feuerwehr die zur Beseitigung der Gefahr erforderlichen Maßnahmen treffen, was auch die Anordnung der Platzverweisung umfasst. Dabei hat die Feuerwehr gemäß § 1 Abs. 3 S. 2 BHKG die Beachtung ihrer Aufgaben nach § 1 Abs. 1 BHKG sicherzustellen. Durch diese Einschränkung lässt sich verhindern, dass Kapazitäten der Feuerwehr für Tätigkeiten gebunden werden, die in die Zuständigkeit anderer Stellen fallen. Die Feuerwehr soll sich auf solche Aufgaben konzentrieren können, die von ihr erfolgreicher umsetzbar sind, als von anderen Gefahrenabwehrstellen. Konkret scheidet ein Platzverweis im Wege des ersten Zugriffs nach § 1 Abs. 3 S. 2 BHKG folglich dann aus, wenn zu befürchten ist, dass durch die Anordnung der Platzverweisung der Brandschutz oder die Hilfeleistung im Sinne des § 1 Abs. 1 Nr. 1 und Nr. 2 BHKG beeinträchtigt werden. Dies wäre zum einen denkbar, wenn die den Platzverweis anordnende Einsatzleitung im gleichen Moment für die dringend benötigte Koordinierung von Lösch- oder Hilfeleistungsarbeiten nicht zur Verfügung stünde. Zum anderen könnte die Aufgabenerfüllung im Sinne des § 1 Abs. 1 BHKG durch Erteilung eines Platzverweises gefährdet werden, falls sich nachfolgende Aggressionen des oder der Maßnahmenadressaten gegen die Einsatzkräfte der Feuerwehr richten.

Die weitere Einschränkung des § 34 Abs. 2 S. 1 BHKG durch die Formulierung „an der Einsatzstelle“ hindert die Möglichkeit der Feuerwehr zum Erlass eines Platzverweises nicht. Bei der Platzverweisung handelt es sich grundsätzlich um eine Maßnahme, die bei Vorliegen einer Gefahr (oder einer Behinderung) vor Ort, also gerade an der Einsatzstelle, getroffen wird.

(c) Die Eingriffsschwelle bei der Anordnung einer polizeirechtlichen Platzverweisung durch die Einsatzleitung der Feuerwehr

Der oben genannte Streit über das Verhältnis von § 34 Abs. 1 S. 1 zu Abs. 1 S. 2 PolG NRW hat auf die Anordnung eines Platzverweises durch die Einsatzleitung der Feuerwehr aus rechtlichen, aber auch aus tatsächlichen Gründen keine Auswirkungen. In der Literatur herrscht Uneinigkeit darüber, ob es sich bei § 34 Abs. 1 S. 2 PolG NRW um ein Regelbeispiel des § 34 Abs. 1 S. 1 PolG NRW oder aber um einen eigenständigen Tatbestand mit herabgesetzten Voraussetzungen handelt[577]. Nach erstgenannter Ansicht setze § 34 Abs. 1 S. 2 PolG NRW ebenfalls eine Gefahr voraus, um einen Platzverweis aussprechen zu können. Der letzteren Auffassung zufolge genüge hingegen zur Erfüllung der Tatbestandsvoraussetzungen bereits eine Behinderung des Einsatzes von Feuerwehr oder anderen Rettungskräften. Nach der gesetzlichen Konzeption des BHKG bedarf es für die Anordnungsbefugnis der Einsatzleitung der Feuerwehr zur Erteilung einer Platzverweisungen in allen Fällen einer Gefahr. Dies ergibt sich aus dem Umstand, dass § 34 Abs. 2 S. 1 BHKG, die Generalklausel, an die Erfüllung

577 Vgl. Ausführungen zu: D.II.3.b)ii)(1)(a) (S. 166 ff.).

der Aufgaben des BHKG anknüpft, welche in § 1 Abs. 1 BHKG niedergelegt sind. Der (abwehrende) Brandschutz und die Hilfeleistung setzen jeweils den Eintritt einer Gefahr voraus, um die Zuständigkeit der Feuerwehr zu begründen[578]. Da die Zuständigkeit der Feuerwehr also erst bei Vorliegen einer Gefahr angenommen werden kann, genügt eine Behinderung des Einsatzes der Feuerwehr nicht, welche aufgrund ihrer Intensität noch nicht in eine Gefahr umgeschlagen ist, um die Anordnung einer polizeirechtlichen Platzverweisung durch die Einsatzleitung der Feuerwehr zu ermöglichen. Dies bleibt der Polizei vorbehalten. Allerdings dürfte dieser „Kompetenzunterschied“ für die Feuerwehr keine bemerkbare Einschränkung bedeuten. Gerade bei Einsätzen der Feuerwehr und des Rettungsdienstes hängt der Erfolg der Gefahrenabwehreinsätze immens vom Zeitpunkt des Eintreffens der Einsatzkräfte ab[579], sodass mit jeglicher Behinderung, die geeignet ist, den Einsatz zeitlich zu verzögern, das Vorliegen einer Gefahr im Sinne des § 1 Abs. 1 BHKG einhergehen dürfte.

Darüber hinaus besteht nach dem Wortlaut von § 43 Abs. 3 BHKG für die einzelnen Einsatzkräfte der Feuerwehr die Möglichkeit, gegenüber Eigentümern oder Besitzern von Gegenständen, durch die der Einsatz der Feuerwehr behindert wird, die Weisung zum Wegräumen oder zur Duldung der Entfernung zu erteilen[580]. Diese Vorschrift soll aber an späterer Stelle noch ausführlicher, insbesondere auf einen eigenständigen Regelungsgehalt untersucht werden[581].

In den Fällen, in denen die Feuerwehr eine Platzverweisung nur im Rahmen des ersten Zugriffs nach § 1 Abs. 3 S. 2 BHKG anordnen kann, bedarf es nach dem Wortlaut des § 1 Abs. 3 S. 2 BHKG darüber hinaus einer *„bestehende[n] oder unmittelbar bevorstehende[n] konkrete[n] Gefährdung von Leben, Tieren, Gesundheit, natürlichen Lebensgrundlagen oder Sachen“*. Hingegen in solchen Fällen, in denen die Aufgabenerfüllung nach dem BHKG die Anordnung einer Platzverweisung im Anwendungsbereich des § 34 Abs. 2 BHKG erfordert und die Subsidiaritätsreglungen des Gesetzes der primären Zuständigkeit der Feuerwehr nicht entgegenstehen, ist die Eingriffsschwelle zur Erteilung eines Platzverweises „nur“ an der Aufgabenerfüllung des BHKG und den damit einhergehenden Gefahrenanforderungen zu messen.

---

578 Vgl. Ausführungen zu: C.II.1.b) (S. 81 ff.) und C.II.2 (S. 89 ff.).

579 Vgl. Ausführungen zu: D.II.3.b)ii)(1)(a) (S. 166 ff.).

580 Siehe den ausdrücklichen Wortlaut des § 43 Abs. 3 BHKG; *Schneider*, BHKG, § 43 Rn. 26.

581 Vgl. Ausführungen zu: D.III.2 (S. 238 ff.).

(d) Fazit zur polizeirechtlichen Platzverweisung durch die Feuerwehr

Die vorstehenden Ausführungen zeigen, dass es sich bei der Platzverweisung im Sinne des § 34 Abs. 1 PolG NRW entgegen der vorherig beleuchteten Eingriffsbefugnisse des PolG NRW um eine Maßnahme handelt, die sich grundsätzlich für die „Verwendung" durch die Feuerwehr eignet. Es muss jedoch eine Differenzierung zwischen drei Konstellationen erfolgen:

Kann die Einsatzleitung der Feuerwehr durch Anordnung eines polizeirechtlichen Platzverweises die Aufgabenerfüllung des Brandschutzes und der Hilfeleistung im Sinne des § 1 Abs. 1 Nr. 1 und Nr. 2 BHKG mit erfolgreicherer Wirkung wahrnehmen, als andere Gefahrenabwehrstellen hierzu durch die Platzverweisung in der Lage wären, ist die Einsatzleitung der Feuerwehr zum Treffen dieser Maßnahme primär zuständig. Die Eingriffsschwelle ist dann an der Aufgabenerfüllung des BHKG und den damit einhergehenden Gefahrenanforderungen zu messen.

Dient die Erteilung eines Platzverweises der Aufgabenerfüllung nach dem BHKG, kann sie jedoch durch die Polizei- und Ordnungsbehörden gleichermaßen effektiv oder effektiver durchgeführt werden, ist die Feuerwehr zur Erteilung einer solchen Maßnahme grundsätzlich unzuständig. Nur im Wege des ersten Zugriffs ist die Feuerwehr dann zum Erlass der polizeirechtlichen Platzverweisung ermächtigt. § 1 Abs. 3 S. 2 BHKG erfordert für diese Fälle eine bestehende oder unmittelbar bevorstehende konkrete Gefährdung von Leben, Tieren, Gesundheit, natürlichen Lebensgrundlagen oder Sachen.

Liegt lediglich eine *Behinderung* des Einsatzes der Feuerwehr vor, die noch nicht in eine Gefahr umgeschlagen ist, scheidet der Rückgriff auf einen polizeirechtlichen Platzverweis durch die Einsatzleitung der Feuerwehr aus. Ob ein Einschreiten der Feuerwehr dennoch in diesen Fällen möglich ist, richtet sich nach dem Regelungsgehalt von § 43 Abs. 3 BHKG.

(3) § 34 Abs. 2 S. 3 BHKG im Gefüge des § 34 Abs. 2 BHKG

Trotz des in § 34 Abs. 2 S. 2 BHKG enthaltenen Verweises auf das OBG NRW, welches wiederum in § 24 Abs. 1 auf die Standardermächtigungen des PolG NRW, so auch auf die Platzverweisung nach § 34 Abs. 1 PolG NRW, Bezug nimmt, ist § 34 Abs. 2 S. 3 BHKG wie folgt formuliert.

> „Soweit dies zur Abwehr von Gefahren nach § 1 Absatz 1 erforderlich ist, kann die Einsatzleitung insbesondere das Betreten des Einsatzgebietes oder einzelner Einsatzbereiche verbieten, Personen von dort ver-

> weisen, das Einsatzgebiet oder einzelne Einsatzbereiche sperren und räumen lassen."

Dabei stellt sich die Frage, welchen Regelungsgehalt diese Vorschrift besitzt. Anschließend bedarf es einer Erörterung, in welchem Verhältnis diese Vorschrift zu § 34 Abs. 2 S. 2 BHKG i.V.m. § 24 Abs. 1 Nr. 12 OBG NRW i.V.m. § 34 Abs. 1 PolG NRW, dem polizeirechtlichen Platzverweis, zu sehen ist.

(a) Der Regelungsgehalt des § 34 Abs. 2 S. 3 BHKG

Im Folgenden soll untersucht werden, ob § 34 Abs. 2 S. 3 BHKG einen über den polizeirechtlichen Platzverweis nach § 34 Abs. 1 PolG NRW hinausgehenden Regelungsgehalt aufweist und ob sich der Adressatenkreis der Vorschrift von dem der polizeirechtlichen Platzverweisung unterscheidet.

Der polizeirechtliche Platzverweis, welcher durch die Einsatzleitung der Feuerwehr anzuordnen ist, sowie § 34 Abs. 2 S. 3 BHKG weisen dieselbe Tatbestandsvoraussetzung auf. Beide Vorschriften erfordern das Vorliegen einer Gefahr im Sinne des § 1 Abs. 1 BHKG, um die primäre Zuständigkeit der Feuerwehr zu begründen. Zwar verweist § 34 Abs. 1 PolG NRW selbstverständlich nicht auf das BHKG zur Bestimmung der Tatbestandsvoraussetzung. Jedoch erfordert die Anordnung einer polizeirechtlichen Platzverweisung durch die Feuerwehr, wie in dem Abschnitt D.II.3.b)ii)(2)(c) (S. 180 f.) gezeigt, das Vorliegen einer Gefahr im Sinne des § 1 Abs. 1 BHKG, da andernfalls die Zuständigkeit der Feuerwehr bereits nicht begründet wäre. Unterschiede könnten sich jedoch insbesondere auf der Rechtsfolgenseite und bei Bestimmung der Pflichtigkeit der Maßnahme ergeben.

Nach *Schneider* handelt es sich bei § 34 Abs. 2 S. 3 PolG NRW um eine Vorschrift, die Maßnahmen gegenüber am Einsatzort anwesenden, aber unbeteiligten Personen erlaubt[582]. Diese Aussage bedarf erhöhter Aufmerksamkeit, denn eine Stütze hierfür lässt sich dem Gesetz nicht entnehmen. Darüber hinaus erscheint sie mit Ungenauigkeiten verbunden.

Im Polizeirecht herrscht ein Streit darüber, wie der Adressatenkreis der polizeirechtlichen Platzverweisung ausgestaltet ist[583]. Dabei lassen sich drei Meinungsrichtungen erkennen. Die größte Gruppe vertritt die Auffas-

---

582 *Schneider*, BHKG, § 34 Rn. 10.
583 Vgl. Ausführungen zu: D.II.3.b)ii)(1)(d) (S. 173 ff.).

sung, die Pflichtigkeit der Platzverweisung richte sich nach den allgemeinen Vorschriften des PolG NRW. Danach könnte eine Platzverweisung gegenüber sog. Verhaltensstörern (§ 4 PolG NRW), Zustandsstörern (§ 5 PolG NRW) aber auch unter den gesetzlichen Voraussetzungen des § 6 PolG NRW gegenüber nichtverantwortlichen Personen angeordnet werden. Eine kleine Gruppe vertritt hingegen, die Platzverweisung könne sich nur an die Verursacher der Gefahr, also an Verhaltens- oder Zustandsstörer richten. Eine einzelne, jedoch argumentativ überzeugende Auffassung sieht in § 34 Abs. 1 PolG NRW einen Adressatenkreis explizit geregelt, sodass auf die allgemeinen Vorschriften des PolG NRW nicht zurückgegriffen werden könne. Es bestünde die Möglichkeit, die Platzverweisung im Rahmen des § 34 Abs. 1 S. 1 PolG NRW gegenüber jeder Person anzuordnen, soweit dies zur Abwehr einer Gefahr erforderlich sei. Bei § 34 Abs. 1 S. 2 PolG NRW müsse der Adressat der Vorschrift hingegen die den Einsatz der Feuerwehr/Rettungskräfte behindernde Person sein. An vorliegender Stelle lässt sich die Frage aufwerfen, ob sich die vorgenannte Diskussion auf die Regelung des § 34 Abs. 2 S. 3 BHKG übertragen lässt. Dieses Vorgehen erscheint problematisch. Im Ergebnis wird sich der Adressatenkreis jedoch ohne große Mühen bestimmen lassen:

Im BHKG sind allgemeine Vorschriften zur Pflichtigkeit des feuerwehrlichen Handelns nicht zu finden. Auch enthält § 34 Abs. 2 S. 3 BHKG keinen Hinweis in seiner Formulierung auf einen potentiellen Adressatenkreis. Diese Unterschiede zum PolG NRW im Allgemeinen und zur Platzverweisung nach § 34 Abs. 1 PolG NRW lassen die Übertragung der aufgeführten Diskussion auf § 34 Abs. 2 S. 3 BHKG nicht zu, sodass der Adressatenkreis anhand von anderweitigen Umständen bestimmt werden muss. Dabei drängt sich zunächst die Überlegung auf, die in § 4 Abs. 4 PolG NRW bzw. § 17 Abs. 4 OBG NRW verankerten Grundsätze der Pflichtigkeit gefahrenabwehrrechtlicher Tätigkeit auch im Rahmen des BHKG anzuwenden. Danach ergäbe sich folgendes:

Bestimmt eine Befugnisnorm des BHKG nicht, gegen wen eine Maßnahme zu richten ist, gelten die allgemeinen Verantwortlichkeitsregelungen der §§ 4, 5, 6 PolG NRW bzw. §§ 17, 18, 19 OBG NRW (in analoger Anwendung). Allerdings würde dieser Ansatz verkennen, dass sich das BHKG in Bezug auf die Pflichtigkeit gefahrenabwehrrechtlicher Maßnahmen in erheblichem Umfang von anderweitigem Gefahrenabwehrrecht unterscheidet. Aus §§ 4 ff. PolG NRW sowie §§ 17 ff. OBG NRW ist ersichtlich, dass im Rahmen der Gefahrenabwehrregelungen des PolG NRW und OBG NRW grundsätzlich zunächst die verantwortliche Person in Anspruch zu nehmen ist. Nur unter den gesetzlichen Voraussetzungen von § 6 PolG NRW bzw. § 19 OBG

NRW ist die Inanspruchnahme nicht Verantwortlicher ausnahmsweise möglich. Das BHKG ist dagegen primär darauf gerichtet, einen gefahrbringenden Zustand zu beenden[584]. Die Maßnahmen richten sich, anders als im weiteren öffentlichen Recht, nicht in erster Linie gegen den Verursacher als Störer[585]. Dabei wird die Feuerwehr von Amts wegen tätig, um die Gefahr zu bekämpfen[586]. Aus diesem Grundsatz lässt sich nun auch ohne weiteres der Adressatenkreis des § 34 Abs. 2 S. 3 BHKG bestimmen:

Steht die Beseitigung eines gefahrbringenden Zustandes im Mittelpunkt der feuerwehrlichen Tätigkeit, kann sich die Pflichtigkeit der Maßnahme nicht primär anhand der Verursachung der Gefahr bestimmen. Adressaten müssen vielmehr alle Personen sein, die von der Gefahr im weitesten Sinne „betroffen“ sind. Dies kann zum einen dann der Fall sein, wenn eine Gefahr von einer Person oder deren Eigentum/Besitz ausgeht. Zum anderen können solche Personen Pflichtige der Maßnahme sein, die durch das gefahrbringende Geschehen gefährdet werden. Durch die Inanspruchnahme beider Gruppen lassen sich Gefahren beseitigen. Der Adressatenkreis ist daher allein anhand der Verursachung der Gefahr und der Gefährdung durch die Gefahr zu bestimmen. Bei der Auswahl der Adressaten darf jedoch nicht die Verursachung der Gefahr die Entscheidung über die primäre Pflichtigkeit determinieren. Ausschlaggebend muss entsprechend des im BHKG herrschenden Grundsatzes, die Bekämpfung des gefahrbringenden Zustandes, die Effektivität der Gefahrenabwehr sein. Die Auswahl unter mehreren Adressaten hat dabei, wie das Ergreifen sämtlicher Maßnahmen im Rahmen des § 34 Abs. 2 BHKG, unter Beachtung des Verhältnismäßigkeitsprinzips zu erfolgen[587].

Den vorstehenden Ausführungen ist zu entnehmen, dass § 34 Abs. 2 S. 3 BHKG jedenfalls hinsichtlich des Adressatenkreises und der Adressatenauswahl ein eigenständiger Anwendungsbereich gegenüber § 34 Abs. 1 PolG NRW zukommt. An dieser Stelle soll daher weitergehend überprüft werden, ob die Vorschrift auch ein über den polizeirechtlichen Platzweis hinausgehenden Regelungsgehalt besitzt.

Nach dem Wortlaut der Norm kann die Einsatzleitung *„das Betreten des Einsatzgebietes oder einzelner Einsatzbereiche verbieten, Personen von dort verweisen, das Einsatzgebiet oder einzelne Einsatzbereiche sperren und räumen las-*

---

584 *Schneider*, BHKG, § 1 Rn. 3, 45.

585 *Hörstrup*, Organisation, S. 342.

586 OVG Münster, DÖV 1987, S. 646 (648); *Schneider*, BHKG, § 1 Rn. 3, 45.

587 *Schneider*, BHKG, § 34 Rn. 7.

sen.“[588] Dabei enthält es die gleichen Elemente wie § 34 Abs. 1 PolG NRW. Beiden Vorschriften kombinieren zwei verschiedene Handlungsmöglichkeiten, ein Entfernungsgebot und ein Betretungsverbot. Zunächst unterscheiden die Vorschriften sich jedoch in Hinblick auf die örtliche Komponente. Während § 34 Abs. 1 S. 1 PolG NRW nur von einem „Ort“ spricht, konkretisiert § 34 Abs. 2 S. 3 BHKG die lokalen Gegebenheiten auf das „Einsatzgebiet“ oder „einzelne Einsatzbereiche“. Zu fragen wäre daher danach, ob sich aus diesen unterschiedlichen Formulierungen eine unterschiedlich weitreichende Befugnis ergibt. Wie sich dem Abschnitt D.II.3.b)ii)(1)(c) (S. 171 f.) entnehmen lässt, herrscht in der Literatur weitestgehend Uneinigkeit über das räumliche Ausmaß der Befugnis. Nach der Meinungsgruppe um *Gusy*, die den Platzverweis lediglich auf eng umgrenzte Räume beziehen, könne ein solcher beispielhaft nur für Wohnungen, Bürgersteige, Plätze und Parks ausgesprochen werden. Die Gegenauffassung lässt auch weitreichendere Platzverweise zu, indem sie das Merkmal des Ortes unter funktionalen Gesichtspunkten auslegt. Soweit dies zur Gefahrenabwehr unter Beachtung der Umstände des Einzelfalls erforderlich sei, könne der Platzverweis auch mit Wirkung für ein größeres Areal, wie einen Stadtteil oder ein gesamtes Gemeindegebiet ausgesprochen werden. Durch diese funktionale Auslegung lässt sich dasselbe Ergebnis erreichen, wie es in § 34 Abs. 2 S. 3 BHKG durch Beschreibung des räumlichen Ausmaßes als „Einsatzgebiet“ oder „einzelner Einsatzbereiche“ der Fall ist. Der Bereich, in welchem ein Einsatz der Feuerwehr *erforderlich* ist und auch durchgeführt wird, kann als Einsatzgebiet definiert werden[589]. Da die funktionale Auslegung des in § 34 Abs. 1 S. 1 PolG NRW verwendeten Begriffs „Ort“ auf die Erforderlichkeit des Räumens oder Freihaltens eines bestimmten Gefahrengebietes abstellt, dürfte sich die Bestimmung des räumlichen Ausmaßes in den meisten Fällen mit dem Begriff „Einsatzgebiet“ oder „einzelne Einsatzbereiche“ decken. Hieraus ergibt sich, dass die in § 34 Abs. 2 S. 3 BHKG verwendeten Begriffe „Einsatzgebiet“ und „einzelne Einsatzbereiche“ den im Polizeirecht herrschenden Streit über die Auslegung des in § 34 Abs. 1 S. 1 PolG NRW verwendeten Begriffs „Ort“ im Anwendungsbereich des § 34 Abs. 2 S. 3 BHKG als überflüssig erscheinen las-

588 Wortlaut des § 34 Abs. 2 S. 3 BHKG.

589 Ähnlich: *Prendke*, Lexikon, S. 106, der von „Einsatzabschnitt“ spricht, welcher sich örtlich und funktional aus den Erfordernissen des Einsatzes ergebe. *Müller-Platz*, BHKG, § 34 (Dezember 2016) Ziff. 2 verwendet den Begriff des „Einsatzortes“, womit er die Fläche definiert, die für das Heranführen von Einsatzkräften, Ruhezonen und Ablageflächen etc. erforderlich ist.

sen. Ob dies durch den Gesetzgeber beabsichtigt war, lässt sich den Unterlagen zum Gesetzgebungsverfahren, insbesondere der Beschlussempfehlung des Innenausschusses[590] zu dem Gesetzesentwurf der Landesregierung Nordrhein-Westfalen[591] (aus Dezember 2015) nicht entnehmen. Jedenfalls kommt der Formulierung des § 34 Abs. 2 S. 3 BHKG bezüglich des örtlichen Ausmaßes der Platzverweisung in tatsächlicher Hinsicht eine „Klarstellungsfunktion“ zu.

Auffällig ist weiterhin der zweite Teil der in § 34 Abs. 2 S. 3 BHKG genannten Befugnisse, *„das Einsatzgebiet oder einzelne Einsatzbereiche sperren und räumen lassen.“* Dabei kommt die Frage auf, ob diese Formulierung eine weitreichendere Rechtsfolge einräumt als § 34 Abs. 1 S. 1 PolG NRW.

Bei dem „Sperren“ des Einsatzgebietes oder einzelner Einsatzbereiche lässt sich diese Frage schnell beantworten. Wie sich aus dem Sinngehalt des Wortes „Sperren“ ergibt, soll die Befugnis das Betreten/Befahren eines bestimmten Bereichs sowie die Mitnahme von Gegenständen, Fahrzeugen oder Tieren in diesen Bereich verhindern, und das nicht nur in Bezug auf eine bestimmte Gruppe von Personen. Vereinfacht gesagt, soll ein bestimmter Bereich grundsätzlich freigehalten werden. Dies ist einerseits zur unmittelbaren Gefahrenabwehr erforderlich, um Personen von einer Gefahrenquelle fernzuhalten[592]. Anderseits soll das Freihalten dazu dienen, für bestimmte Maßnahmen im Rahmen des Feuerwehreinsatzes ausreichende Flächen vorzuhalten, beispielsweise für Einsatzfahrzeuge, Bereitstellungs- und Dekontaminationsräume oder sanitätsdienstliche Behandlungen[593]. Wie aus dem Abschnitt D.II.3.b)ii)(1)(e) (S. 175 f.) ersichtlich, hängt die Durchführung der polizeirechtlichen Platzverweisung von den Umständen des Einzelfalls sowie von den Adressaten ab. Sie kann gegenüber Einzelpersonen abgeordnet werden, aber auch in Gestalt einer Allgemeinverfügung im Sinne des § 35 S. 2 VwVfG NRW gegenüber einer – auch unbestimmten – Vielzahl von Personen ergehen. Als Beispiel wurde dort die Anordnung einer Platzverweisung per Megafon genannt, um „Gaffer“ aufzufordern, die Zufahrt für einen Rettungsdienst freizumachen. Aber auch die Anordnung eines Betretungsverbotes durch das Aufstellen von Schildern erscheint im Rahmen einer Allgemeinverfügung möglich[594]. Hieraus ergibt sich, dass das „Sperren“ des Einsatzgebietes oder ein-

590 LT-Drs. 16/10430.

591 LT-Drs. 16/8293.

592 *Schneider*, BHKG, § 34 Rn. 11.

593 *Schneider*, BHKG, § 34 Rn. 13.

594 *Tegtmeyer*/Vahle, PolG NRW, § 34 Rn. 3.

zelner Einsatzbereiche gegenüber dem Platzverweis im Sinne des § 34 Abs. 1 PolG NRW keine weitreichendere Rechtsfolge aufweist.

Fraglich ist darüber hinaus, was sich hinter der Befugnis „räumen lassen" des Einsatzgebietes oder einzelner Einsatzbereiche in § 34 Abs. 2 S. 3 BHKG versteckt. Bei der polizeirechtlichen Platzverweisung handelt es sich nach ganz herrschender Auffassung um eine reine Anordnungsbefugnis, welche selbst zu keinen Durchsetzungsmaßnahmen ermächtigt[595]. Untypisch erscheint daher auf den ersten Blick der Begriff des „Räumens" in § 34 Abs. 2 S. 3 BHKG. Dieser könnte nach seinem Wortsinn ein gewisses Vollzugselement beinhalten. Jedoch wird der Begriff des Räumens im Polizei- und Ordnungsrecht regelmäßig auf der Verfügungsebene verwendet. Die zuständige Behörde trifft eine Räumungsverfügung, die, soweit notwendig, im Rahmen der allgemeinen Vollstreckungsvorschriften durchgesetzt werden kann[596]. Auch aus § 62a VwVG NRW wird deutlich, dass der „Zwangsräumung" zunächst eine Verfügung auf „Räumung" vorauszugehen hat, bevor diese zwangsweise durchzusetzen ist[597]. Der Begriff des Räumens dürfte daher im Rahmen des § 34 Abs. 2 S. 3 BHKG lediglich als Synonym für die Anordnung eines Entfernungsgebotes als Allgemeinverfügung dienen. Diese Auslegung ist konsequent, da es sich, wie zuvor gezeigt, bei dem „Sperren" ebenfalls um eine Allgemeinverfügung eines Betretungsverbotes handelt. Etwas verwunderlich ist jedoch die Formulierung „räumen *lassen*". Eine Platzverweisung bzw. eine Räumungsverfügung wird als Verwaltungsakt im Sinne des § 35 S. 1 VwVfG NRW bzw. als Allgemeinverfügung im Sinne des § 35 S. 2 VwVfG NRW erlassen[598]. Sofern dieser keine Folge geleistet wird, kann die Verfügung im Wege der Vollstreckung durch die anordnende Behörde zwangsweise durchgesetzt werden. Dabei handelt es sich um eine strikte Trennung dieser beiden Ebenen. Die Formulierung „räumen lassen" erweckt hingegen den Anschein, dass sowohl die Allgemeinverfügung des Entfernungsgebotes sowie dessen zwangsweise Durchsetzung nicht durch die Feuerwehr erfolgen. Man könnte an dieser Stelle annehmen, dass es sich um ein redaktionelles Versehen des Gesetzgebers handelt. Darüber hinaus wäre jedoch auch eine andere Interpretationsmöglichkeit denkbar. § 34 Abs. 3 S. 2 BHKG ordnet

---

595 *Bialon/Springer*, Eingriffsrecht (Fn. 543), Rn. 372; *Gusy*, POR, Rn. 277; *Kingreen/Poscher*, POR, § 15 Rn. 30; *Möller/Warg*, POR, Rn. 351; *Schenke*, POR, Rn. 139; *Thiel*, POR, § 10 Rn. 81.

596 *Möller/Warg*, POR, Rn. 43.

597 Vgl. Wortlaut des § 62a VwVG NRW; so auch allgemein *Götz/Geis*, POR, § 13 Rn. 42.

598 Vgl. Ausführungen zu: D.II.3.b)ii)(1) (S. 165 ff.).

u.a. ausdrücklich an, dass die Polizei der nach dem BHKG zuständigen Stelle Vollzugshilfe nach den §§ 47 bis 49 PolG NRW leistet. Aufgrund dieser Vorschrift, der Spezialzuständigkeit der Feuerwehr sowie den im BHKG enthaltenen Subsidiaritätsregelungen wäre denkbar, dass der Gesetzgeber von dem Regelfall ausgeht, dass die Feuerwehr entweder die Verfügung aufgrund der Subsidiarität erst gar nicht anordnet, oder dass sie zwar diese Verfügung trifft, sodann aber auf die Polizei zur Durchsetzung der Verfügung zurückgreift. Zur Unterstreichung dieses Regelfalls könnte der Gesetzgeber die Formulierung „räumen lassen“ in § 34 Abs. 2 S. 3 BHKG gewählt haben. Zwar handelt es sich bei der vorgenannten Interpretation lediglich um eine Mutmaßung. Es spricht jedoch einiges dafür, dass der Gesetzgeber die im Rahmen der Platzverweisung typische Trennung zwischen Anordnungsbefugnis und Vollstreckungsebene nicht aufbrechen wollte und es sich bei dem Begriff „räumen lassen“ um die Niederlegung einer feuerwehrlichen Befugnis zur Anordnung eines Entfernungsgebotes als Allgemeinverfügung im Sinne des § 35 S. 2 VwVfG NRW handelt, die Vollstreckung jedoch regelmäßig durch die Polizei erfolgt. Mit dieser Auslegung wäre kein über den polizeirechtlichen Platzverweis hinausgehender Anwendungsbereich verbunden.

(b) Das Verhältnis von § 34 Abs. 2 S. 3 BHKG zu § 34 Abs. 2 S. 2 BHKG i.V.m. § 24 Abs. 1 Nr. 12 OBG NRW i.V.m. § 34 Abs. 1 PolG NRW

Die Verwendung des Begriffs „insbesondere“ erfolgt im Rahmen von Befugnisnormen meist zur Kennzeichnung von Regelbeispielen, so auch in § 12 Abs. 2 S. 2 PolG NRW[599] oder § 14 Abs. 4 PolG NRW[600]. Dabei soll häufig verdeutlicht werden, dass andere als die genannten Maßnahmen nur zulässig sind, soweit sie mit den genannten Maßnahmen vergleichbar sind, vornehmlich unter dem Gesichtspunkt der Eingriffsintensität[601]. Die Nennung des Begriffs „insbesondere“ sowie die Stellung des § 34 Abs. 2 S. 3 BHKG in Anschluss an die Generalklausel in § 34 Abs. 2 S. 1 BHKG und der in S. 2 aufgeführten Verweisung in das OBG NRW sprechen dafür, dass es sich bei § 34 Abs. 2 S. 3 BHKG um die Statuierung von Regelbeispielen handelt[602]. Dabei ist jedoch zu beachten, dass, wie zuvor aufge-

599 Tegtmeyer/*Vahle*, PolG NRW, § 12 Rn. 31.
600 Tegtmeyer/*Vahle*, PolG NRW, § 14 Rn. 21; *Thiel*, POR, § 10 Rn. 33.
601 Tegtmeyer/*Vahle*, PolG NRW, § 12 Rn. 31 und § 14 Rn. 21.
602 So auch *Schneider*, BHKG, § 34 Rn. 10.

zeigt, die Eingriffsschwelle sowie der Adressatenkreis der (sonst mit der polizeirechtlichen Platzverweisung deckungsgleichen) Maßnahme anhand der Besonderheiten des BHKG zu bestimmen sind. Darüber hinaus stellt die Vorschrift im Verhältnis zu § 34 Abs. 1 S. 1 PolG NRW klar, dass das räumliche Ausmaß der Platzverweisung funktional zu bestimmen ist und zwar einhergehend mit der Bestimmung des Einsatzgebietes bzw. des Freihaltens bestimmter Einsatzbereiche.

Die Ausführungen in dem Abschnitt D.II.2.c)bb)(b) (S. 129 ff.) haben gezeigt, dass es sich bei den Maßnahmen des OBG NRW (sowie den dort aufgeführten polizeilichen Standardermächtigungen) nicht um einen abschließenden Katalog von Maßnahmen handelt. Dies erscheint nicht sinnvoll, um den Sinn und Zweck des BHKG in Form des abwehrenden Brandschutzes und der Hilfeleistung zu verfolgen. Das Aufführen von Regelbeispielen in § 34 Abs. 2 S. 3 BHKG verdeutlicht nochmals, dass die Einsatzleitung der Feuerwehr zur Gefahrenabwehr diejenigen Maßnahmen ergreifen kann, die zur Bekämpfung der Gefahren erforderlich sind und nicht ausschließlich auf den Katalog des § 24 Abs. 1 OBG NRW angewiesen ist.

(4) Fazit zum Platzverweis

Der Platzverweis steht als Maßnahme zur Gefahrenabwehr im Mittelpunkt des § 34 Abs. 2 BHKG. Dabei handelt es sich um eine Befugnis, die in vielfältigen Situationen durch die Einsatzleitung der Feuerwehr genutzt werden kann. Sie umfasst ein Betretungsverbot sowie ein Entfernungsgebot, die als Verwaltungsakt, aber auch als Allgemeinverfügung im Sinne des § 35 VwVfG NRW gegenüber einer – auch unbestimmten – Vielzahl von Personen angeordnet werden können. Der Anwendungsbereich erstreckt sich auf Sachverhaltskonstellationen, die eine primäre Zuständigkeit der Feuerwehr begründen, bis hin zu Fällen, in denen die Feuerwehr die Platzverweisung „nur" im Wege des ersten Zugriffs anordnen kann. Tatbestandsvoraussetzung ist das Vorliegen einer Gefahr im Sinne des § 1 Abs. 1 BHKG. Bei der Eilzuständigkeit im Sinne des § 1 Abs. 3 S. 2 BHKG bedarf es darüber hinaus einer *„bestehende[n] oder unmittelbar bevorstehende[n] konkrete[n] Gefährdung von Leben, Tieren, Gesundheit, natürlichen Lebensgrundlagen oder Sachen"*. Der Umfang der Rechtsfolge der Vorschrift ist § 34 Abs. 1 PolG NRW zu entnehmen. Jedoch ist zu beachten, dass § 34 Abs. 2 S. 3 BHKG das räumliche Ausmaß der Platzverweisung auf das Einsatzgebiet oder einzelne Einsatzbereiche konkretisiert. Auch der Adressatenkreis der Maßnahme ist unter Berücksichtigung der gefahrenabwehrrechtlichen Besonderheiten des BHKG zu bestimmen und umfasst neben den Gefahrverursachern auch den Kreis der gefährdeten Personen. Ein determiniertes Rangverhältnis bei der Inanspruchnahme dieser Personengruppen besteht nicht. Vielmehr dient das Kriterium der effektiven Beendigung des gefahrbringenden Zustandes der Bestimmung der Pflichtigkeit der Maßnahme.

jj) Gewahrsam, § 35 PolG NRW

Im Folgenden soll der Gewahrsam im Sinne des § 35 PolG NRW nähert dargestellt und auf seine Verwendbarkeit durch die Feuerwehr überprüft werden.

(1) Der Gewahrsam im Sinne des Polizeirechts

Der Gewahrsam ist ein mit hoheitlicher Gewalt hergestelltes Rechtsverhältnis, mit welchem eine Person aus präventiven Gründen daran gehindert wird, einen eng umgrenzten Raum zu verlassen[603]. Abgestellt wird mithin auf die physische Verhinderung zur Fortbewegung[604]. Die Ingewahrsamnahme setzt nicht zwingend voraus, dass der Pflichtige in einem hierfür vorgesehenen Raum „eingesperrt" wird[605]. Deshalb kann eine Ingewahrsamnahme auch durch das (nicht nur kurzfristige) Festhalten in einem (Einsatz-) Fahrzeug oder einem abgeriegelten „Polizeikessel" erfolgen[606]. Bei dem Gewahrsam handelt es sich nach ganz herrschender Auffassung um eine Freiheitsentziehung im Sinne des Art. 104 Abs. 2 GG, nicht lediglich um eine Freiheitsbeschränkung[607]. Große Uneinigkeit

603 *Dietlein*/Hellermann, Öffentliches Recht in NRW, § 3 Rn. 172; *Graulich*, HdbPR, E Rn. 481; *Gusy*, POR, Rn. 295.

604 *Götz/Geis*, POR, § 8 Rn. 33; *Kingreen/Poscher*, POR, § 16 Rn. 1; *Schenke*, POR, Rn. 142; *Wolffgang/Hendricks/Merz*, POR, Rn. 154.

605 *Götz/Geis*, POR, § 8 Rn. 33; *Graulich*, HdbPR, E Rn. 481; *Schenke*, POR, Rn. 142; *Thiel*, POR, § 10 Rn. 106.

606 *Dietlein*/Hellermann, Öffentliches Recht in NRW, § 3 Rn. 172; *Kingreen/Poscher*, POR[9], § 17 Rn. 2; *Möller/Warg*, POR, Rn. 360; *Schenke*, POR, Rn. 142.

607 *Dietlein*/Hellermann, Öffentliches Recht in NRW, § 3 Rn. 171; *Graulich*, HdbPR, E Rn. 482; *Gusy*, POR, Rn. 299; *Kingreen/Poscher*, POR, § 16 Rn. 2; *Thiel*, POR, § 10 Rn. 103.

herrscht jedoch über die Frage, ob die Befugnis aus § 35 PolG NRW ein körperliches Einwirken auf den Betroffenen erlaubt, wie weit diese reicht und ob in der Vorschrift überhaupt eine Ermächtigungsgrundlage zu erkennen ist. Innerhalb dieser Diskussion wird vertreten, dass es sich bei der Norm lediglich um eine „Anordnungsbefugnis" handle. Eine Befugnis zu einer körperlichen Einwirkung sei hieraus nicht zu entnehmen. Ein Rückgriff auf die Vollstreckungsvorschriften der §§ 50 ff. PolG NRW sei daher unentbehrlich[608]. Andere Literaturstimmen räumen der Polizei eine „Handlungsbefugnis" zum körperlichen Einwirken für die Fälle ein, in denen der Widerstand des Betroffenen nicht gebrochen werde. Ansonsten bedürfe es der Anwendung der allgemeinen Regeln über die Verwaltungsvollstreckung[609]. Nach wiederum anderer Auffassung sei die Ingewahrsamnahme „self-executing", sie trage neben dem Charaktermerkmal des Verwaltungsaktes auch gleichsam den Vollzug in sich. Einer gesonderten Vollstreckung bedürfe die Maßnahme daher nicht[610]. Weiterhin findet sich die Auffassung in der Literatur, dass es sich bei dem Gewahrsam entgegen der systematischen Stellung nicht um eine Befugnisnorm handele, sondern die Vorschrift vielmehr dem polizeilichen Zwang zuzuordnen sei[611]. Dies erfordere die „Einbettung" der Maßnahme in die allgemeinen Vorschriften über die Zwangsvollstreckung, sodass insbesondere eine Androhung des Gewahrsams zu erfolgen habe, falls nicht die Voraussetzungen des Sofortvollzuges einschlägig seien[612]. Aufgrund der Vielseitigkeit dieses Streits soll es jedoch bei der knappen Darstellung der divergierenden Auffassungen belassen werden, um eine Ausuferung rein polizeirechtlicher Problemstellungen und Streitigkeiten innerhalb dieser Arbeit zu vermeiden.

Die jeweiligen Voraussetzungen der Ingewahrsamnahme sind in § 35 Abs. 1 Nr. 1 bis Nr. 4, Abs. 2 sowie Abs. 3 PolG NRW geregelt. Zu unterscheiden ist insbesondere zwischen dem sog. Schutzgewahrsam (Abs. 1 Nr. 1) und dem Präventivgewahrsam/Sicherheitsgewahrsam (Abs. 1 Nr. 2)[613]. Zweck des Schutzgewahrsams ist die Abwendung einer Bedrohung von Schutzgütern der pflichtigen Person. Dies kann häufig dann er-

608 *Tegtmeyer*/Vahle, PolG NRW, § 34 Rn. 4; so wohl auch *Kugelmann*, POR, 6. Kap. Rn. 62.

609 *Graulich*, HdbPR, E Rn. 484; *Kingreen/Poscher*, POR, § 16 Rn. 32; *Thiel*, POR, § 10 Rn. 105.

610 *Dietlein*/Hellermann, Öffentliches Recht in NRW, § 3 Rn. 171.

611 *Graulich*, HdbPR, E Rn. 499; *Möller/Warg*, POR, Rn. 351.

612 *Graulich*, HdbPR, E Rn. 499.

613 Begriffe beispielsweise verwendet von: *Götz/Geis*, POR, § 8 Rn. 36; *Graulich*, HdbPR, E Rn. 506, 519; *Schenke*, POR, Rn. 141.

forderlich sein, soweit sich eine Person in einem die freie Willensentschließung ausschließenden Zustand oder einer sonst hilflosen Lage befindet, wie durch das Gesetz selbst vorgegeben wird[614]. Zu prüfen ist vor der Ingewahrsamnahme jedoch zunächst, ob der Betroffene – ggf. unter Hinzuziehung des Rettungsdienstes – einem Angehörigen oder einer anderweitig geeigneten Stelle, wie beispielsweise einem Krankenhaus oder einem Heim, übergeben werden kann[615]. Die Maßnahme richtet sich jedenfalls nicht gegen einen Störer, sondern gegen die Person, deren Rechtsgüter gefährdet sind[616]. Sie erfolgt gerade im Interesse des Betroffenen[617]. Der Präventiv- oder Sicherheitsgewahrsam kann hingegen angeordnet werden, wenn dies zur Verhinderung einer unmittelbar bevorstehenden Begehung von Straftaten oder Ordnungswidrigkeiten erforderlich ist[618]. Durch den Begriff der Unmittelbarkeit wird dabei die Gefahrenschwelle von der konkreten Gefahr auf eine der gegenwärtigen Gefahr entsprechenden Schadensprognose angehoben[619] und die Voraussetzung der Unerlässlichkeit verdeutlicht das Erfordernis einer strengen Verhältnismäßigkeitsprüfung[620]. Um dem Erfordernis des § 34 Abs. 1 Nr. 2 PolG NRW zu genügen, darf daher die Beeinträchtigung des bedrohten Rechtsguts ohne die Ingewahrsamnahme polizeilich nicht zu verhindern sein[621].

Neben § 35 Abs. 1 Nr. 1 und Nr. 2 PolG NRW ist auch der sog. Durchsetzungsgewahrsam zu erwähnen[622]. Ein solcher kann zum einen nach § 35 Abs. 1 Nr. 3 PolG NRW angeordnet werden, wenn der Gewahrsam zur Durchsetzung eines Platzverweises im Sinne des § 34 Abs. 1 PolG NRW unerlässlich ist. Zum anderen ist nach § 35 Abs. 1 Nr. 4 PolG NRW die Ingewahrsamnahme auch bei der Unerlässlichkeit der Durchsetzung einer Wohnungsverweisung/eines Rückkehrverbotes im Sinne des § 34a PolG NRW möglich. Die Maßnahme soll in diesen Fällen erfolgen können, um zu verhindern, dass der Pflichtige sich an einen bestimmten Ort begibt oder zu diesem unmittelbar nach Befolgung der Platzverweisung bzw. der

614 *Götz/Geis*, POR, § 8 Rn. 37; *Gusy*, POR, Rn. 296.

615 Vgl. Ziff. 35.11 VV PolG NRW; so auch Schütte/Braun/*Keller*, PolG NRW, § 35 Rn. 12.

616 *Graulich*, HdbPR, E Rn. 495; *Thiel*, POR, § 10 Rn. 119.

617 *Dietlein*/Hellermann, Öffentliches Recht in NRW, § 3 Rn. 174.

618 *Schenke*, POR, Rn. 141.

619 *Götz/Geis*, POR, § 8 Rn. 38; ähnlich auch *Kingreen/Poscher*, POR, § 16 Rn. 17.

620 *Dietlein*/Hellermann, Öffentliches Recht in NRW, § 3 Rn. 175.

621 *Dietlein*/Hellermann, Öffentliches Recht in NRW, § 3 Rn. 175; *Graulich*, HdbPR, E Rn. 487; *Gusy*, POR, Rn. 296.

622 Begriff beispielsweise verwendet von *Thiel*, POR, § 10 Rn. 125.

zwangsweisen Durchsetzung zurückkehrt[623]. In vielen Situationen kann die Anwendung unmittelbaren Zwangs zur Durchsetzung der Platzverweisung nicht während der gesamten zur Gefahrenabwehr erforderlichen Zeit aufrecht halten werden, sodass Wiederholungsaktionen des Pflichtigen den Zweck der Platzverweisung unterlaufen könnten[624]. Daher eröffnen § 34 Abs. 1 Nr. 3 und Nr. 4 PolG NRW die Möglichkeit, einen Platzverweis sowie eine Wohnungsverweisung/Rückkehrverbot durch Ingewahrsamnahme „sicherzustellen“. Das Kriterium der Unerlässlichkeit setzt dabei jedoch voraus, dass der handelnden Stelle kein anderes, milderes Mittel zur Verfügung steht[625]. Diese Voraussetzung erscheint insbesondere deshalb geboten, da die Anknüpfung von § 35 Abs. 1 Nr. 3 und Nr. 4 PolG NRW an andere polizeiliche Maßnahmen zu einer Herabsetzung der Eingriffsschwelle der freiheitsentziehenden Maßnahme – Gewahrsam – führen kann[626]. Der Platzverweis nach § 34 Abs. 1 PolG NRW ist beispielsweise nicht an entsprechend hohe Anforderungen gebunden. So verlangt er nicht die Dienlichkeit zur Verhinderung von Straftaten oder erheblichen Ordnungswidrigkeiten[627]. Daraus ergibt sich die Folge, dass in Fällen des § 35 Abs. 1 Nr. 3 und Nr. 4 PolG NRW die Ingewahrsamnahme bereits unter deutlich geringeren Voraussetzungen möglich ist, als in den Konstellationen des § 35 Abs. 1 Nr. 2 PolG NRW. Die herabgesetzten Tatbestandsvoraussetzungen könnten auf den ersten Blick als „unbillige Härte“ erscheinen, jedoch muss die Polizei auch in die Lage versetzt werden, ihre getroffenen Anordnungen wirkungsvoll durchzusetzen[628]. Ein angemessener Interessenausgleich lässt sich daher erreichen, indem man an den Begriff „Unerlässlichkeit“ strenge Maßstäbe anlegt[629]. Im Zeitpunkt der Ingewahrsamnahme hat die Polizei daher dezidiert zu prüfen, ob die Tatbestandsvoraussetzungen der Grundverfügung (noch) vorliegen[630]. Darüber

---

623 Drewes/Malmberg/*Wagner*/Walter, BPolG, § 39 Rn. 10; *Graulich*, HdbPR, E Rn. 499; *Martens*, in: Heesen/Hönle/Peilert/ders., BPolG, § 39 Rn. 14; *Schenke*, POR, Rn. 132.

624 Drewes/*Malmberg*/Walter, BPolG[5], § 39 Rn. 8; *Graulich*, HdbPR, E Rn. 499; *Martens*, in: Heesen/Hönle/Peilert/ders., BPolG, § 39 Rn. 14; *Möller/Warg*, POR, Rn. 366.

625 Drewes/Malmberg/*Wagner*/Walter, BPolG, § 39 Rn. 9 f.; *Gusy*, POR, Rn. 297; *Kugelmann*, POR, 6. Kap. Rn. 51; *Martens*, in: Heesen/Hönle/Peilert/ders., BPolG, § 39 Rn. 18; *Thiel*, POR, § 10 Rn. 127.

626 *Götz/Geis*, POR, § 8 Rn. 41; *Graulich*, HdbPR, E Rn. 500 f.

627 *Götz/Geis*, POR, § 8 Rn. 41; *Graulich*, HdbPR, E Rn. 500.

628 *Rachor*, HdbPR[5], E Rn. 530.

629 *Rachor*, HdbPR[5], E Rn. 530.

630 *Rachor*, HdbPR[5], E Rn. 530; *Thiel*, POR, § 10 Rn. 126.

hinaus hat sie sicherzustellen, dass kein anderes, gleich effektives Zwangsmittel mit weniger schwerwiegend eingreifendem Charakter zur Verfügung steht[631].

Neben den drei vorgenannten Gewahrsamsvarianten des § 34 Abs. 1 PolG NRW ist nach Abs. 1 Nr. 5 eine Ingewahrsamnahme auch möglich, soweit *„das unerlässlich ist, um private Rechte zu schützen, und eine Festnahme und Vorführung der Person nach den §§ 229, 230 Abs. 3 des Bürgerlichen Gesetzbuches zulässig ist.“* Auf eine nähere Darstellung soll an dieser Stelle verzichtet werden, da diese Variante des Gewahrsams für die Feuerwehr ohnehin ausscheidet, wie sich nachfolgend noch zeigen wird.

Auch § 35 Abs. 2 und Abs. 3 PolG NRW enthalten weiteren Varianten der Ingewahrsamnahme. Nach Abs. 2 kann die Polizei *„Minderjährige, die sich der Obhut der Sorgeberechtigten entzogen haben, in Gewahrsam nehmen, um sie den Sorgeberechtigten oder dem Jugendamt zuzuführen.“* Abs. 3 ermöglicht der Polizei *„eine Person, die aus dem Vollzug von Untersuchungshaft, Freiheitsstrafen oder freiheitsentziehenden Maßregeln der Besserung und Sicherung entwichen ist oder sich sonst ohne Erlaubnis außerhalb der Justizvollzugsanstalt aufhält, in Gewahrsam nehmen und in die Anstalt zurückbringen.“* Auch auf diese Varianten soll vorliegend nicht vertiefter eingegangen werden, da auch sie, wie den folgenden Ausführungen zu entnehmen sein wird, im Anwendungsbereich des BHKG ausscheiden.

(2) Die Anwendbarkeit der Ingewahrsamnahme für die Einsatzleitung der Feuerwehr

In diesem Abschnitt soll untersucht werden, ob und ggf. welche Variante(n) der polizeirechtlichen Ingewahrsamnahme für die Einsatzleitung der Feuerwehr ein taugliches Mittel zur Gefahrenabwehr im Bereich des Brandschutzes oder der Hilfeleistung darstellen.

(a) Die Anordnung des Schutzgewahrsams durch die Einsatzleitung der Feuerwehr

Die Prüfung erfolgt entsprechend der in § 35 PolG NRW gewählten Reihenfolge, sodass zunächst zu beleuchten ist, ob die Einsatzleitung der Feu-

631 *Graulich*, HdbPR, E Rn. 487; *Gusy*, POR, Rn. 297; *Kugelmann*, POR, 6. Kap. Rn. 51; *Thiel*, POR, § 10 Rn. 127.

erwehr im Anwendungsbereich des § 34 Abs. 2 BHKG auf den sog. Schutzgewahrsam zugreifen kann.

Nach § 1 Abs. 1 Nr. 1 und Nr. 2 BHKG obliegen der Feuerwehr der Brandschutz sowie die Hilfeleistung. Innerhalb dieser Aufgabenzuweisungen sind zahlreiche Konstellationen denkbar, in denen eine Gefahr für Leib oder Leben durch eine Ingewahrsamnahme abgewendet werden kann. Zu nennen ist hier beispielsweise eine stark alkoholisierte Person, die sich aufgrund erheblicher Selbstüberschätzung in die unmittelbare Nähe einer Brandstelle oder einer ähnlich gefährlichen Situation begibt und hierdurch das eigene Leben unbewusst und ungewollt gefährdet. Aber auch sind solche Situationen nicht unabwegig, in denen die Gefahrenabwehrbehörde eine sich in einem die freie Willensbestimmung ausschließenden Zustand befindende Person rettet, die beabsichtigt, sich selbst zu töten und diese Person unmittelbar nach der Rettung erneut zum Suizid ansetzt. Auch hier wird die Ingewahrsamnahme durchaus ein taugliches Mittel sein, um die betroffene Person an der nicht willensgesteuerten Selbstgefährdung oder Selbsttötung zu hindern.

Problematisch erscheint für die Feuerwehr allerdings innerhalb dieses Anwendungsbereichs die Subsidiaritätsklausel des § 1 Abs. 3 S. 1 BHKG. Zwar wird es durchaus Sachverhaltskonstellationen geben, in denen die eigentliche Rettung der sich in einem die freie Willensbestimmung ausschließenden Zustand oder in sonst hilfloser Lage befindlichen Personen durch die Feuerwehr deutlich erfolgreicher wahrgenommen werden kann als durch andere Gefahrenabwehrstellen (man denke an den Einsatz sog. Höhenretter[632]). Allerdings erscheint ein Fall nur schwerlich konstruierbar, in welchem die Feuerwehr die gefährdeten Personen durch eine Ingewahrsamnahme besser sichern kann, als andere Gefahrenabwehrstellen hierzu unter Nutzung der gleichen Maßnahme in der Lage sind. Für solche Fälle ist eine primäre Zuständigkeit der Feuerwehr aufgrund von § 1 Abs. 3 S. 1 BHKG nicht begründet.

Bei der Ausübung eines (effektiven) Gewahrsams im Sinne des § 35 Abs. 1 Nr. 1 PolG NRW durch andere Gefahrenabwehrstellen, wie der Polizei und den Ordnungsbehörden, verbliebe für die Feuerwehr nur die Eilzuständigkeit nach § 1 Abs. 3 S. 2 BHKG. Erforderlich ist in diesen Fällen, dass es sich bereits um eine *„bestehende[r] oder unmittelbar bevorstehende[r] konkrete[r] Gefährdung“* von Leben oder Gesundheit handelt. Die Eingriffsschwelle für die Feuerwehr ist danach im Verhältnis zu § 35 Abs. 1 Nr. 1 PolG NRW heraufgesetzt, welcher „lediglich“ das Vorliegen einer „Ge-

632 Zur Definition des Begriffs siehe *Prendke*, Lexikon, S. 201.

fahr" erfordert. Als weitere Einschränkung aus § 1 Abs. 3 S. 2 BHKG hat die Feuerwehr zu beachten, dass durch die Ingewahrsamnahme im Wege des ersten Zugriffs ihre Aufgabenerfüllung nach § 1 Abs. 1 Nr. 1 und Nr. 2 BHKG nicht behindert oder eingeschränkt werden darf.

§ 34 Abs. 2 BHKG sieht keine weitere Einschränkung für die Ingewahrsamnahme einer gefährdeten Person durch die Einsatzleitung der Feuerwehr vor. Die dort enthaltene Subsidiaritätsklausel kommt nicht zum Tragen, da die Feuerwehr ohnehin nur im Rahmen ihrer Eilfallkompetenz tätig werden kann und dies bereits impliziert, dass eine andere Stelle, welche zu entsprechend wirksamen Maßnahmen in der Lage wäre, nicht vor Ort ist. Darüber hinaus handelt es sich um eine Maßnahme, die regelmäßig „an der Einsatzstelle" zu treffen ist. Dies wird auch dadurch bedingt, dass die Eilfallkompetenz des § 1 Abs. 2 S. 3 BHKG eine bestehende oder unmittelbar bevorstehende Gefährdung von Leib oder Leben voraussetzt und eine solche Gefahrensituation typischerweise an der Einsatzstelle der Feuerwehr vorhanden ist.

(b) Keine Befugnis der Einsatzleitung der Feuerwehr zur Anordnung eines Präventiv-/Sicherungsgewahrsams

Diese Variante der Ingewahrsamnahme scheidet für die Einsatzleitung der Feuerwehr (im Anwendungsbereich des § 34 Abs. Abs. 2 BHKG) aus. Die Verhütung von Straftaten unterfällt dem Kernbereich polizeilichen Handelns, welcher nicht auf die Feuerwehr „abgewälzt" werden kann[633]. Die Zuständigkeit der Feuerwehr ist in diesen Fällen nicht begründet. Daher kommt auch ihr Eingreifen im Wege des ersten Zugriffs nicht in Betracht.

(c) Die Anordnung des Durchsetzungsgewahrsams durch die Einsatzleitung der Feuerwehr

Anzumerken ist hier vorab, dass § 35 Abs. 1 Nr. 4 PolG NRW im Anwendungsbereich des § 34 Abs. 2 BHKG ausscheidet, da ein Verweis auf § 34a PolG NRW nicht in § 24 Abs. 1 OBG NRW enthalten ist. Die Anordnung einer Wohnungsverweisung und eines Rückkehrverbotes stehen der Feuerwehr deshalb nicht zur Verfügung, sodass sie ein solches auch nicht mit-

---

633 VG Koblenz, Urt. v. 8.9.1998 – Az. 2 K 4232/97.KO – juris, Rn. 22.

tels einer Ingewahrsamnahme aufgrund eigener Zuständigkeit durchsetzen könnte.

Zu prüfen bleibt jedoch, ob die Einsatzleitung der Feuerwehr sich des Gewahrsams im Sinne des § 35 Abs. 1 Nr. 3 PolG NRW zur Durchsetzung einer Platzverweisung bedienen kann.

Bei der Anordnung der Platzverweisung durch die Einsatzleitung der Feuerwehr ist zwischen zwei Konstellationen zu unterscheiden[634]. Soweit eine Platzverweisung innerhalb des Aufgabenbereichs des § 1 Abs. 1 Nr. 1 oder Nr. 2 BHKG zur Gefahrenabwehr erforderlich ist und die Einsatzleitung der Feuerwehr eine solche Maßnahme effektiver anordnen kann, als andere Stellen hierzu in der Lage sind, ist die primäre Zuständigkeit der Feuerwehr zur Anordnung dieser Maßnahme begründet. Hingegen in solchen Fällen, in denen der Platzverweis durch andere Gefahrenabwehrstellen in gleicher Weise oder wirksamer getroffen werden kann, verbleibt für die Feuerwehr „nur" die Eilfallkompetenz nach § 1 Abs. 3 S. 2 BHKG. Solch eine Unterscheidung dürfte sich bei der Ingewahrsamnahme nach § 35 Abs. 1 Nr. 3 PolG NRW zur Durchsetzung eines Platzverweises nicht ergeben. Diese These fußt auf der Überlegung, dass zwar Konstellationen denkbar sind, in denen die Feuerwehr aufgrund ihres Spezialwissens die Notwendigkeit und den Umfang eines Platzverweises besser bestimmen kann, als andere Gefahrenabwehrstellen. Allerdings dürfte dies nicht für die zwangsweise Durchsetzung des Platzverweises durch eine Ingewahrsamnahme gelten. Auch hier steht § 1 Abs. 3 S. 1 BHKG der Begründung einer primären Zuständigkeit entgegen. Eine effektivere Ingewahrsamnahme eines Störers durch die Feuerwehr als durch andere Gefahrenabwehrstellen ist nur schwerlich vorstellbar. Insbesondere die Polizei verfügt über eine besondere Ausbildung, Ausrüstung sowie Räumlichkeiten zur „Festsetzung" von Personen. Für die Feuerwehr dürfte daher auch im Rahmen des § 35 Abs. 1 Nr. 3 PolG NRW „lediglich" die Eilfallkompetenz nach § 1 Abs. 3 S. 2 BHKG verbleiben. Zu den weiteren Voraussetzungen und Einschränkungen gilt ebenfalls das zu § 35 Abs. 1 Nr. 1 PolG NRW Erläuterte. Für das Recht des ersten Zugriffs durch die Feuerwehr bedarf es nach § 1 Abs. 3 S. 2 BHKG einer bestehenden oder unmittelbar bevorstehenden konkreten Gefährdung von Leben, Tieren, Gesundheit, natürlichen Lebensgrundlagen oder Sachen. Darüber hinaus hat die Feuerwehr zu beachten, dass durch die Ingewahrsamnahme im Wege des ersten Zugriffs ihre Aufgabenerfüllung nach § 1 Abs. 1 Nr. 1 und Nr. 2 BHKG nicht behindert

634 Vgl. Ausführungen zu: D.II.3.b)ii) (S. 165 ff.).

oder eingeschränkt wird. Weitere Einschränkungen aus § 34 Abs. 2 S. 1 BHKG ergeben sich nicht.

(d) Keine Befugnis der Einsatzleitung der Feuerwehr zur Anordnung eines Gewahrsams in Fällen des § 35 Abs. 1 Nr. 5, Abs. 2 und Abs. 3 PolG NRW

In den Gewahrsamsvarianten des § 35 Abs. 1 Nr. 5, Abs. 2 und Abs. 3 PolG NRW scheidet ein Rückgriff der Einsatzleitung der Feuerwehr auf diese Maßnahmen aus.

Der Feuerwehr obliegt aufgrund ihrer sachlichen Spezialzuständigkeit nicht der Schutz privater Rechte[635]. Da es bereits an einer Zuständigkeit der Feuerwehr in diesem Bereich fehlt, ist sie auch nicht zur Durchsetzung eines Platzverweises mittels Ingewahrsamnahme zum Schutz dieser Rechte im Sinne des § 35 Abs. 1 Nr. 3 PolG NRW befugt, weder in primärer Zuständigkeit noch im Wege des ersten Zugriffs[636].

Auch § 35 Abs. 2 PolG NRW ist keine der Feuerwehr zur Verfügung stehende Gewahrsamsform. Der Schutzzweck der Norm bezieht sich auf das elterliche bzw. staatliche Erziehungsrecht aus Art. 6 Abs. 1 GG[637]. Eine unmittelbar dem Kind oder Jugendlichen drohende oder von ihm ausgehende Gefahr ist deshalb gerade nicht erforderlich[638]. Fälle, in denen eine solche unmittelbare Gefahr besteht, werden von § 35 Abs. 1 Nr. 1 und Nr. 2 PolG NRW erfasst. Zudem ist § 8 Abs. 1 JuSchG gegenüber den landesrechtlichen Ermächtigungen zur Ingewahrsamnahme lex specialis[639]. Der Schutz des Sorgerechts ist in der Aufgabenzuweisung an die Feuerwehr in § 1 Abs. 1 Nr. 1 und Nr. 2 BHKG nicht enthalten, sodass ihre Zuständigkeit ausscheidet.

Gleiches gilt für § 35 Abs. 3 PolG NRW. Auch die dort beschriebene Tätigkeit fällt nicht in den Aufgabenbereich der Feuerwehr nach dem BHKG.

---

635 Vgl. Ausführungen zu: C.II.1.b) (S. 81 ff.) und C.II.2 (S. 89 ff.).

636 Zu einem vergleichbaren Ergebnis – die Unabwendbarkeit von § 35 Abs. 1 Nr. 4 PolG NRW für die Ordnungsbehörden – kommt *Dietlein*/Hellermann, Öffentliches Recht in NRW, § 3 Rn. 178.

637 *Gusy*, POR, Rn. 297; *Tegtmeyer*/Vahle, PolG NRW, § 35 Rn. 15.

638 *Graulich*, HdbPR, E Rn. 511.

639 *Thiel*, POR, § 10 Rn. 137.

(3) Durch die Feuerwehr zu beachtende verfahrensrechtliche Grundsätze

Das Verfahren der Ingewahrsamnahme und des anschließenden Gewahrsams ist aufgrund von Art. 104 Abs. 2 und Abs. 3 GG (sowie Art. 5 EMRK) gesetzlich besonders ausgestaltet[640]. Soweit die Ingewahrsamnahme durch die Feuerwehr angeordnet bzw. durchgeführt wird, hat auch sie selbstverständlich die verfahrensrechtlichen Grundsätze zu beachten. Dies ergibt sich aus dem Umstand, dass Art. 104 GG als Adressaten alle Träger staatlicher Gewalt im Sinne von Art. 1 Abs. 3 GG unmittelbar verpflichtet[641]. Nach dem Wortlaut von Art. 1 Abs. 3 GG werden die Gesetzgebung, die vollziehende Gewalt und die Rechtsprechung von der Bindungswirkung des Art. 1 Abs. 3 GG erfasst. Die vollziehende Gewalt wiederum definiert sich als die Tätigkeit der staatlichen und sonstigen öffentlichen Gewalt[642]. Sie beinhaltet neben der Tätigkeit der Regierung auch die der nachgeordneten staatlichen Verwaltungsbehörden sowie sämtlicher autonomer Träger mittelbarer Staatsverwaltung (Gemeinden, Gemeindeverbände und Personalkörperschaften) und sog. Beliehenen[643]. Die Feuerwehr als Amt der Gemeinde mit der Befugnis zur Anordnung von grundrechtseingreifenden Maßnahmen lässt sich ohne Weiteres unter den Begriff der vollziehenden Gewalt subsumieren[644], sodass auch sie als Adressat von Art. 104 GG anzusehen ist. Auf einfachgesetzlicher Ebene verdeutlicht sich die Bindung der Feuerwehr an die verfahrensrechtlichen Grundsätze in § 34 Abs. 2 S. 2 BHKG iV.m. § 24 Abs. 1 Nr. 12 OBG NRW, der auch auf die §§ 36 ff. PolG NRW verweist. Folgend sollen die für die Feuerwehr möglicherweise einschlägigen Verfahrensbestandteile kurz dargestellt werden.

Im Anschluss an die Ingewahrsamnahme ist gemäß Art. 104 Abs. 2 S. 2 GG, § 36 Abs. 1 S. 1 PolG NRW unverzüglich die richterliche Entscheidung über die Zulässigkeit und die Fortdauer der Freiheitsentziehung her-

640 *Gusy*, POR, Rn. 299.
641 *Schulze-Fielitz*, in: Dreier, GG III, Art. 104 Rn. 23.
642 *Starck*, in: v. Mangoldt/Klein/ders., GG I, Art. 1 Rn. 277.
643 *Dreier*, in: ders., GG I, Art. 1 III Rn. 61; *Höfling*, in: Sachs, GG, Art. 1 Rn. 104.
644 LT-Drs. 12/1993; für das FSHG (1948) ausdrücklich BGHZ 20, 290 (292); BGH, DÖV 1962, S. 792 (792); OLG Hamm, Urt. v. 8.2.2012 – Az. I-11 U 150/10 – juris, Rn. 29; OVG Münster, Urt. v. 26.11.1996 – Az. 5 A 5712/94 – juris, Rn. 10; *Hörstrup*, Organisation, S. 340; *H. Oehler*, Gefahrenverhütung und Gefahrenabwehr, insbesondere bei Großveranstaltungen, BayVBl. 1992, 579 (585 f.).

beizuführen[645]. Zu diesem zeitlichen Erfordernis führte der zweite Senat des Bundesverfassungsgerichts in seinem Beschluss vom 15. Mai 2002 aus:

> „‚Unverzüglich' ist dahin auszulegen, dass die richterliche Entscheidung ohne jede Verzögerung, die sich nicht aus sachlichen Gründen rechtfertigen lässt, nachgeholt werden muss (vgl. BVerwGE 45, 51 <63>; Dürig, in: Maunz/ Dürig, GG, Art. 104 Rn. 38; Rüping, in: BK, Art. 104 Rn. 65; Schulze-Fielitz, in: Dreier, GG, Art. 104 Rn. 42; Gusy, in: v.Mangoldt/Klein/Starck, GG, 4. Aufl., Art. 104 Rn. 47; Grabitz, a.a.O.). Nicht vermeidbar sind z.B. die Verzögerungen, die durch die Länge des Weges, Schwierigkeiten beim Transport, die notwendige Registrierung und Protokollierung, ein renitentes Verhalten des Festgenommenen oder vergleichbare Umstände bedingt sind (vgl. Dürig, a.a.O.)."[646]

Dabei beginnt die Frist mit der Ingewahrsamnahme[647]. Aufgrund des streng anzulegenden Prüfungsmaßstabs ergibt sich, dass alle staatlichen Organe dazu verpflichtet sind, die praktische Beachtung des Richtervorbehaltes zu gewährleisten[648]. Sie trifft ein verfassungsrechtliches Beschleunigungsgebot[649]. Allerdings führt dies nicht in jedem Fall dazu, dass eine richterliche Entscheidung herbeigeführt werden muss. Nach § 36 Abs. 1 S. 2 PolG NRW bedarf es einer solchen nicht, *„wenn anzunehmen ist, dass die Entscheidung des Richters erst nach Wegfall des Grundes der polizeilichen Maßnahmen ergehen würde."* Nach den Ausführungen des Zweiten Senats des Bundesverfassungsgerichts in seinem Beschluss vom 15. Mai 2002 verfolgt eine Vorschrift mit entsprechendem Inhalt den Zweck, *„die Fortdauer einer Freiheitsentziehung über den durch den sachlichen Grund der Maßnahme gerechtfertigten Zeitraum hinaus zu verhindern; eine sachlich nicht mehr gerechtfertigte Freiheitsentziehung soll nicht durch eine Vorführung vor den Haftrichter verlängert werden."*[650] Ist der Grund der Ingewahrsamnahme in dem Zeitpunkt, in welchem die Herbeiführung der richterlichen Entscheidung zu beantragen wäre, bereits entfallen, so ist das Warten auf die richterlicher Entscheidung über die Freiheitsentziehung im Sinne des Art. 104 Abs. 2 S. 2 GG nicht erforderlich und der Betroffene ist wieder „auf freien Fuß"

645 *Götz/Geis*, POR, § 8 Rn. 43; *Jarass*/Pieroth, GG, Art. 104 Rn. 15; *Schenke*, POR, Rn. 144.
646 BVerfGE 105, 239 (249).
647 *Degenhart*, in: Sachs, GG, Art. 104 Rn. 33; *Gusy*, POR, Rn. 303.
648 *Schulze-Fielitz*, in: Dreier, GG III, Art. 104 Rn. 47.
649 *Gusy*, in: v. Mangoldt/Klein/Starck, GG III, Art. 104 Rn. 48.
650 BVerfGE 105, 239, (251).

zu setzen[651]. Andernfalls wäre der Betroffene durch die Einhaltung des Verfahrens nach Art. 104 Abs. 2 S. 2 GG schlechter gestellt als bei Verzicht auf dessen Vorgaben[652]. Umstritten bleibt, ob die nachträgliche Herbeiführung einer richterlichen Entscheidung über den Grund der Freiheitsentziehung erforderlich bleibt[653]. Die vorstehenden Ausführungen bedeuten jedoch nicht, dass die nachträgliche Einholung der richterlichen Entscheidung entbehrlich ist, wenn die freiheitsentziehende Maßnahme vor Ablauf der Frist des Art. 104 Abs. 2 Satz 3 GG beendet wird[654]. Die Vorschrift dient als zeitliche Höchstgrenze der Freiheitsentziehung einer Person ohne richterliche Entscheidung. Einen Verzicht auf die Befreiung der Verpflichtung zur Einholung einer unverzüglichen Entscheidung statuiert sie hingegen nicht[655].

Der nach Art. 104 Abs. 2 S. 2 GG zur Entscheidung berufene Richter ist der gesetzliche Richter im Sinne des Art. 101 GG. Demnach muss er hauptberuflich und planmäßig angestellt und aufgrund des Geschäftsverteilungsplans zuständig sein[656].

Örtlich zuständig für die Entscheidung über die Rechtmäßigkeit und die Fortdauer der Freiheitsentziehung ist nach § 36 Abs. 2 S. 1 PolG NRW das Amtsgericht, in dessen Bezirk die Freiheitsentziehung herbeigeführt wurde[657].

§ 36 Abs. 2 S. 2 PolG NRW bestimmt, dass sich das Verfahren *„nach den Vorschriften des 7. Buches (Verfahren in Freiheitsentziehungssachen) des Gesetzes über das Verfahren in Familiensachen und in den Angelegenheiten der freiwilligen Gerichtsbarkeit“* richtet. Nach § 417 Abs. 1 FamFG entscheidet der Richter nur auf Antrag der zuständigen Verwaltungsbehörde. Eine Formvorschrift für diesen Antrag ist gesetzlich nicht vorgesehen, er kann daher mündlich oder schriftlich gestellt werden. Allerdings ist der Antrag entsprechend den Vorgaben aus § 417 Abs. 2 FamFG zu begründen. Er muss

---

651 *Degenhart*, in: Sachs, GG, Art. 104 Rn. 36; *Götz/Geis*, POR, § 8 Rn. 45; *Gusy*, in: v. Mangoldt/Klein/Starck, GG III, Art. 104 Rn. 56.

652 *Gusy*, in: v. Mangoldt/Klein/Starck, GG III, Art. 104 Rn. 56.

653 Für das Erfordernis einer nachträglichen richterlichen Entscheidung: *Kugelmann*, POR, 6. Kap. Rn. 65; *Rachor*, HdbPR^5, E Rn. 541; gegen solch ein Erfordernis: BVerwGE 45, 51 (64); *Graulich* HdbPR, E Rn. 527; *Gusy*, in: v. Mangoldt/Klein/Starck, GG III, Art. 104 Rn. 59; *Tegtmeyer*/Vahle, PolG NRW, § 36 Rn. 7.

654 BVerfGE 105, 239, (249); *Jarass*/Pieroth, GG, Art. 104 Rn. 24.

655 BVerfGE 105, 239 (249); *Gusy*, in: v. Mangoldt/Klein/Starck, GG III, Art. 104 Rn. 59; *Schenke*, POR, Rn. 145.

656 *Degenhart*, in: Sachs, GG, Art. 104 Rn. 20; *Jarass*/Pieroth, GG, Art. 104 Rn. 15.

657 *Tegtmeyer*/Vahle, PolG NRW, § 36 Rn. 7.

daher nach dem Wortlaut der Norm Angaben über die Identität und den gewöhnlichen Aufenthaltsort des Betroffenen, die Erforderlichkeit der Freiheitsentziehung und die erforderliche Dauer der Freiheitsentziehung beinhalten. Ein Verstoß gegen die Begründungspflicht steht einem fehlenden Haftantrag gleich und führt dazu, dass eine Haftanordnung nicht zu ergehen hat[658].

Die nachträgliche Entscheidung des Richters über die Zulässigkeit der Freiheitsentziehung befreit die Behörde nicht von der sie aus Art. 20 Abs. 3 GG treffenden Pflicht zum rechtmäßigen Handeln und der damit verbundenen eigenen Rechtmäßigkeitsprüfung hinsichtlich der Freiheitsentziehung[659]. Auch die Feuerwehr hat daher in jedem Falle der Ingewahrsamnahme (im Wege des ersten Zugriffs) zu prüfen, ob die gesetzlichen Voraussetzungen für diesen Eingriff vorliegen.

Nach Art. 104 Abs. 1 S. 2 GG besteht ein striktes Verbot von seelischer oder körperlicher Misshandlung festgehaltener Personen. Als seelische Misshandlung versteht man eine entwürdigende und entehrende Behandlung, wie beispielsweise Beleidigungen oder Maßnahmen gegen die freie Willensbildung[660]. Unter den Begriff der körperlichen Misshandlungen fallen üble und unangemessene Behandlungen, die das körperliche Wohlbefinden oder die körperliche Unversehrtheit nicht bloß unerheblich beeinträchtigen[661].

§ 37 PolG NRW beinhaltet darüber hinaus weitergehende Regelungen über die Behandlung festgehaltener Personen. § 37 Abs. 1 PolG NRW entspricht seinem Inhalt nach der Pflicht aus Art. 5 Abs. 2 EMRK[662]. Danach ist jeder Festgenommene unverzüglich und in einer für ihn verständlichen Sprache über die Gründe seiner Festnahme zu unterrichten[663]. Dies soll den Festgehaltenen in die Lage versetzen, sich mit den ihm zur Verfügung stehenden Rechtsbehelfen gegen den Gewahrsam zu wehren[664]. Eine Ver-

---

658 *U. Drews*, in: H. Prütting/T. Helm (Hrsg.), FamFG, 4. Aufl. 2018, § 417 Rn. 9; *Graulich*, HdbPR, E Rn. 531; *M. Heidebach*, in: M. Haußleiter (Hrsg.), FamFG, 2. Aufl. 2017, § 417 Rn. 6.

659 *Gusy*, in: v. Mangoldt/Klein/Starck, GG III, Art. 104 Rn. 48.

660 *Gusy*, in: v. Mangoldt/Klein/Starck, GG III, Art. 104 Rn. 34; *Jarass*/Pieroth, GG, Art. 104 Rn. 8; *Schulze-Fielitz*, in: Dreier, GG III, Art. 104 Rn. 61.

661 *Degenhart*, in: Sachs, GG, Art. 104 Rn. 41; *Jarass*/Pieroth, GG, Art. 104 Rn. 8; *Schulze-Fielitz*, in: Dreier, GG III, Art. 104 Rn. 61.

662 *Graulich*, HdbPR, E Rn. 537.

663 *Graulich*, HdbPR, E Rn. 537; *Schenke*, POR, Rn. 146; *Tegtmeyer*/Vahle, PolG NRW, § 37 Rn. 2.

664 *Graulich*, HdbPR, E Rn. 537.

pflichtung der handelnden Stelle zur Erteilung einer (förmlichen) Rechtsbehelfsbelehrung ist in den Verfahrensvorschriften zur Freiheitsentziehung im PolG NRW demgegenüber nicht vorhanden. Dies erscheint auch nicht notwendig, da weder Art. 19 Abs. 4 GG noch Art. 103 Abs. 1 GG zur Erteilung einer Rechtsmittelbelehrung verpflichten[665]. Allerdings ist dem Betroffenen nach § 37 Abs. 2 S. 1 PolG NRW „*unverzüglich Gelegenheit zu geben, einen Angehörigen oder eine Person ihres Vertrauens zu benachrichtigen, soweit dadurch der Zweck der Freiheitsentziehung nicht gefährdet wird.*“ Dies umschließt insbesondere auch die Möglichkeit der Benachrichtigung und Beauftragung eines Rechtsanwaltes, der ggf. Schritte zur Wahrung der Rechte des Betroffenen einleiten kann[666]. Nach § 37 Abs. 2 S. 3 PolG NRW soll die Benachrichtigung durch die Polizei erfolgen, soweit die festgehaltene Person nicht selbst in der Lage ist, ihr Recht nach S. 1 wahrzunehmen und dies ihrem mutmaßlichen Willen nicht widerspricht. Handelt es sich bei der Person um eine minderjährige oder ist für sie ein Betreuer bestellt, so ist nach § 37 Abs. 3 S. 4 und 5 PolG NRW „*in jedem Falle unverzüglich derjenige zu benachrichtigen, dem die Sorge für die Person obliegt. Dies gilt auch, wenn der Aufgabenkreis des Betreuers die in § 1896 Abs. 4 und § 1905 des Bürgerlichen Gesetzbuchs bezeichneten Angelegenheiten nicht erfasst.*“ Weitergehende Vorgaben sind in § 37 Abs. 3 PolG NRW enthalten. Insbesondere sind danach Männer und Frauen getrennt unterzubringen. Auch dürfen den festgehaltenen Personen „*nur solche Beschränkungen auferlegt werden, die der Zweck der Freiheitsentziehung oder die Ordnung im Gewahrsam erfordert.*“

In § 38 PolG NRW ist die Dauer der Freiheitsentziehung geregelt. Abs. 1 Nr. 1 bekräftigt nochmals den zuvor bereits geschriebenen Grundsatz, dass der Festgehaltene zu entlassen ist, sobald der Grund für die freiheitsentziehende Maßnahme nicht mehr besteht. Ebenfalls ist die sich in Gewahrsam befindende Person nach Abs. 1 Nr. 2 zu entlassen, wenn die Fortdauer der Freiheitsentziehung durch die herbeizuführende richterliche Entscheidung für unzulässig erklärt wird. Spätestens ist die festgehaltene Person jedoch nach Abs. 1 Nr. 3 bis zum Ende des Tages nach der Ergreifung auf „freien Fuß zu setzen“, soweit nicht vorher die Fortdauer der Freiheitsentziehung aufgrund eines anderen Gesetzes durch eine richterliche Entscheidung angeordnet wurde.

---

665 Jarass/*Pieroth*, GG, Art. 103 Rn. 31; *Kingreen/Poscher*, POR, § 16 Rn. 14.
666 *Tegtmeyer*/Vahle, PolG NRW, § 36 Rn. 15 und § 37 Rn. 4.

(4) Fazit zur Ingewahrsamnahme durch die Feuerwehr

Neben der Platzverweisung im Sinne des § 34 Abs. 1 PolG NRW handelt es sich bei dem Gewahrsam nach § 35 PolG NRW ebenfalls um eine Befugnis, welche der Feuerwehr innerhalb eines gewissen Anwendungsbereichs zur Verfügung steht. Mit der an sie gerichteten Aufgabenzuweisung des Brandschutzes und der Hilfeleistung in § 1 Abs. 1 Nr. 1 und Nr. 2 BHKG sind der sog. Schutzgewahrsam im Sinne des § 35 Abs. 1 Nr. 1 PolG NRW sowie der sog. Durchsetzungsgewahrsam im Sinne des § 35 Abs. 1 Nr. 3 PolG NRW „kompatibel“. Auf die weiteren in § 35 PolG NRW genannten Gewahrsamsformen kann die Feuerwehr hingegen mangels Zuständigkeit nicht zurückgreifen. Zu beachten ist allerdings, dass die Subsidiaritätsklausel des § 1 Abs. 3 S. 1 BHKG einer Ingewahrsamnahme durch die Feuerwehr im Wege der primären Zuständigkeit entgegensteht. Dies ist mit ihrer sachlichen Spezialzuständigkeit zu begründen, welche verhindern soll, dass die Feuerwehr Kapazitäten für solche Aufgaben bündelt, die von anderen Gefahrenabwehrstellen gleichermaßen oder besser wahrgenommen werden können. Für die Feuerwehr verbleibt daher die Befugnis des Schutz- sowie Durchsetzungsgewahrsams als Eilfallkompetenz nach § 1 Abs. 3 S. 2 BHKG unter Berücksichtigung der dort genannten Voraussetzungen. Bei der Ingewahrsamnahme hat die Feuerwehr die durch Art. 104 GG bestimmten und geprägten verfahrensrechtlichen Grundsätze zu beachten. Insbesondere ist unverzüglich eine richterliche Entscheidung über den Grund und die Fortdauer der Freiheitsentziehung zu erwirken, Art. 104 Abs. 2 S. 2 GG, § 36 Abs. 1 S. 1 PolG NRW. Dabei hat die Feuerwehr nach § 36 Abs. 2 PolG NRW i.V.m. § 417 FamFG einen begründeten Antrag bei dem Amtsgericht zu stellen, in dessen Bezirk die Freiheitsentziehung herbeigeführt wurde. Weitere Verfahrensvoraussetzungen ergeben sich aus § 37 PolG NRW. Die zeitlichen Grenzen des Gewahrsams sind § 38 PolG NRW zu entnehmen. Die festgehaltene Person ist danach zu entlassen, sobald der Grund für die Ingewahrsamnahme nicht mehr besteht oder der zuständige Richter die Fortdauer für unzulässig erklärt hat; spätestens jedoch bis zum Ende des Tages nach der Ingewahrsamnahme, wenn nicht vorher die Fortdauer der Freiheitsentziehung aufgrund eines anderen Gesetztes durch eine richterlich Entscheidung angeordnet wird.

Neben diesen theoretisch zu beachtenden Verfahrensvoraussetzungen ist jedoch davon auszugehen, dass es bei der Ingewahrsamnahme durch die Feuerwehr regelmäßig nicht zu einem Antrag auf richterliche Entscheidung über den Grund und die Fortdauer der Freiheitsentziehung nach Art. 104 Abs. 2 S. 2 GG, § 36 Abs. 1 S. 1 PolG NRW kommen wird. Dies ist dem Umstand geschuldet, dass ein solcher Antrag in den meisten Fällen geeignet wäre, die Freiheitsentziehung des Betroffenen zu verlängern, da mit einer Entscheidung des Gerichts erst nach Wegfall des Grundes der Maßnahme zu rechnen wäre. Solch eine „Benachteiligung“ der in Gewahrsam genommenen Person soll nach den obigen Ausführungen gerade verhindert werden. In dem schmalen Anwendungsbereich der Ingewahrsamnahme durch die Feuerwehr, insbesondere bei dem Durchsetzungsgewahrsam, dürfte eine verhältnismäßig geringe Zeitspanne für die Erreichung des Zwecks, die Vollstreckung des Platzverweises für die Zeit des Einsatzes, genügen. Bei dem Schutzgewahrsam wird es sich ähnlich verhalten, bis die Feuerwehr die gefährdete Person an eine vorrangig zuständige „Stelle“ (z.B. Krankenhaus, Heim oder Angehörige) übergibt. Ob im Anschluss an den Gewahrsam dann noch ein Antrag auf nachträgliche richterliche Entscheidung über die Rechtmäßigkeit der Freiheitsentziehung zu erfolgen hat, beurteilt sich nach dem im Polizeirecht hierzu herrschenden Streit[667]. Im Ergebnis ist dies nach der überwiegenden Auffassung in der Literatur und in Einklang mit der Rechtsprechung des Bundesverwaltungsgerichts wohl abzulehnen.

kk) Durchsuchung von Personen, § 39 PolG NRW

Der folgende Abschnitt widmet sich der Durchsuchung von Personen im Sinne des § 39 PolG NRW und ihrer Anwendbarkeit für die Einsatzleitung der Feuerwehr.

(1) Die Durchsuchung von Personen im Sinne des Polizeirechts

Unter dem Durchsuchen einer Person versteht man die Suche nach verborgenen Gegenständen am Körper, in den Körperöffnungen oder in der Kleidung der betroffenen Person[668]. Sie erstreckt sich auf das Betrachten oder Ertasten der Körperoberfläche der zu durchsuchenden Person sowie ihrer ohne weiteres zugänglichen Körperöffnungen und Körperhöhlen wie

667 Siehe Fn. 653.

668 *Gusy*, POR, Rn. 245; *Kingreen/Poscher*, POR, § 17 Rn. 2; *Möller/Warg*, POR, Rn. 374.

Nase, Mund und Ohren[669]. Das Körperinnere erfasst die Durchsuchung gerade nicht. Hierbei handelt es sich vielmehr um eine Untersuchung, die nicht auf die Ermächtigung zur Durchsuchung gestützt werden kann[670]. Die Durchsuchung von Personen ist nach der Konzeption des § 39 PolG NRW zu unterschiedlichen Zwecken unter verschiedenen Voraussetzungen zulässig[671]. Sie ist als Realakt zu qualifizieren[672] und dient als Begleit- oder Vorbereitungsmaßnahme für andere Maßnahmen[673]. Nach § 39 Abs. 3 PolG NRW ist die Durchsuchung grundsätzlich von einer Person des gleichen Geschlechts oder Ärzten vorzunehmen. Nachfolgend sollen ihre verschiedenen Zwecke knapp dargestellt werden.

Anzumerken sei vorab, dass eine Durchsuchung der Person und der von ihr mitgeführten Sachen unter den Voraussetzungen des § 12 Abs. 2 S. 4 PolG NRW zulässig ist, wie § 39 Abs. 1 PolG NRW nochmals verdeutlicht. In dem Abschnitt D.II.3.b)dd) (S. 151 ff.) wurde herausgearbeitet, dass die Identitätsfeststellung nach § 12 Abs. 1 Nr. 1 PolG NRW der Feuerwehr zwar grundsätzlich zur Verfügung steht. Allerdings kommt ihr im Anwendungsbereich des BHKG ausschließlich die Wirkung einer Gefährderansprache zu, sodass ein Rückgriff auf § 12 Abs. 2 S. 3 und S. 4 PolG NRW ausscheidet[674].

Nach § 39 Abs. 1 Nr. 1 PolG NRW kann eine Durchsuchung der Person erfolgen, falls ihr Festhalten nach dem PolG NRW oder anderen Rechtsvorschriften möglich ist. Der Schutzzweck dieser Norm erstreckt sich neben dem hohen Eigensicherungsbedürfnis der handelnden Beamten auch auf den Schutz der pflichtigen Person vor Selbstverletzungen oder Selbsttötung[675]. Uneinigkeit besteht darüber, ob die Durchsuchung nur in Fällen von freiheitsentziehenden oder bereits bei freiheitsbeschränkenden Maßnahmen vorgenommen werden kann. *Graulich* argumentiert hier, dass der Schutzzweck der Norm, das Eigensicherungsbedürfnis der Beamten, diese weite Auslegung erfordere[676]. *Tegtmeyer* ist hingegen der Auffassung,

---

669 *Graulich*, HdbPR, E Rn. 556; *Kingreen/Poscher*, POR, § 17 Rn. 2; *Thiel*, POR, § 10 Rn. 141; *Wittreck*, POR, Rn. 63.

670 *Graulich*, HdbPR, E Rn. 556; *Kingreen/Poscher*, POR, § 17 Rn. 3; *Schenke*, POR, Rn. 150; Schütte/Braun/*Keller*, PolG NRW, § 39 Rn. 4.

671 *Thiel*, POR, § 10 Rn. 143.

672 *Gusy*, POR, Rn. 247; *Thiel*, POR, § 10 Rn. 140.

673 *Kingreen/Poscher*, POR, § 17 Rn. 6.

674 Ausführlich hierzu der Abschnitt: D.II.3.b)dd)(2) (S. 153 ff.).

675 Drewes/Malmberg/Wagner/*Walter*, BPolG, § 43 Rn. 5; *Graulich*, HdbPR, E Rn. 563; *Möller/Warg*, POR, Rn. 378; *Tegtmeyer*/Vahle, PolG NRW, § 39 Rn. 4.

676 *Graulich*, HdbPR, E Rn. 563.

dass das Gesetz den Begriff des Festhaltens immer dann verwende, wenn es eine Freiheitsentziehung meine. Deshalb müsse dieser Maßstab auch bei § 39 Abs. 1 Nr. 1 PolG NRW zugrunde gelegt werden[677]. *Gusy* und *Kingreen/Poscher* halten die Auslegung der Vorschrift dahingehend für sinnvoll, dass die Durchsuchung (nur) dann zulässig sei, wenn der Betroffene in Gewahrsam genommen werde[678]. Dies ergebe sich aus dem Umstand, dass es sich bei der Durchsuchung regelmäßig um eine Begleitmaßnahme handele und der Grundsatz der Verhältnismäßigkeit daher erfordere, dass die Person nicht nur festgehalten werde könne, sondern auch tatsächlich festgehalten werde[679].

§ 39 Abs. 1 Nr. 2 PolG NRW erlaubt die Durchsuchung der Person in Fällen, in denen „*Tatsachen die Annahme rechtfertigen, dass sie Sachen mit sich führt, die sichergestellt werden dürfen*". Die Voraussetzungen der Sicherstellung im Sinne des § 43 PolG NRW werden an späterer Stelle in einem eigenen Abschnitt dargestellt, sodass an dieser Stelle auf eine nähere Ausführung verzichtet und auf die dortigen verwiesen wird[680].

Nach § 39 Abs. 1 Nr. 3 PolG NRW dürfen Personen durchsucht werden, die „*sich erkennbar in einem die freie Willensbestimmung ausschließenden Zustand oder sonst in hilfloser Lage*" befinden. Diese Befugnis soll die Identifizierung der betroffenen Person und die Aufklärung des Grundes der Hilflosigkeit ermöglichen sowie die handelnden Beamten in die Lage versetzen, die Angehörigen zu verständigen[681].

Weiter erlaubt § 39 Abs. 1 PolG NRW die Durchsuchung der Person nach Nr. 4, wenn „*sie sich an einem der in § 12 Abs. 1 Nr. 2 genannten Orte aufhält*" oder nach Nr. 5, wenn „*sie sich in einem Objekt im Sinne des § 12 Abs. 1 Nr. 3 oder in dessen unmittelbarer Nähe aufhält und Tatsachen die Annahme rechtfertigen, dass in oder an Objekten dieser Art Straftaten begangen werden sollen, durch die Personen oder diese Objekte gefährdet sind.*"

---

677 *Tegtmeyer*/Vahle, PolG NRW, § 39 Rn. 4; so auch: Drewes/Malmberg/Wagner/*Walter*, BPolG, § 43 Rn. 5.

678 *Gusy*, POR, Rn. 246; *Kingreen/Poscher*, POR, § 17 Rn. 11.

679 *Kingreen/Poscher*, POR, § 17 Rn. 11.

680 Vgl. Ausführungen zu: D.II.3.b)nn) (S. 230 ff.).

681 *Gusy*, POR, Rn. 247; *Kingreen/Poscher*, POR, § 17 Rn. 11; Schütte/Braun/*Keller*, PolG NRW, § 39 Rn. 14.

(2) Die Anwendbarkeit der Durchsuchung von Personen für die Einsatzleitung der Feuerwehr

Nachfolgend soll untersucht werden, ob die Durchsuchung von Personen durch die Einsatzleitung der Feuerwehr im Rahmen des § 34 Abs. 2 BHKG angeordnet werden kann.

(a) Die Durchsuchung von Personen durch die Feuerwehr in Fällen des § 39 Abs. 1 Nr. 1 PolG NRW

§ 39 Abs. 1 Nr. 1 PolG NRW setzt voraus, dass eine Personen nach dem PolG NRW oder anderen Vorschriften festgehalten werden kann (bzw. nach derAuffassung von *Gusy* und *Kingreen/Poscher*, tatsächlich festgehalten wird). Wie in dem Abschnitt D.II.3.b)jj) (S. 191 ff.) dargestellt, kann die Feuerwehr in den dort genannten Fällen des Abs. 1 Nr. 1 und Nr. 3 eine Ingewahrsamnahme im Wege des ersten Zugriffs nach § 1 Abs. 3 S. 2 BHKG vornehmen. Weitere Eingriffsvoraussetzungen sieht § 39 Abs. 1 Nr. 1 PolG NRW nicht vor, sodass es nur konsequent ist, der Feuerwehr auch als Begleitmaßnahme zum Gewahrsam im Sinne des § 35 PolG NRW die Durchsuchung von Personen zu ermöglichen. Auch der Schutzzweck der Eigensicherung der handelnden Feuerwehrkräfte gebietet diese Anwendbarkeit. (Weitere) gesetzliche Einschränkungen des BHKG kommen nicht zum Tragen. Da der Gewahrsam ohnehin nur im Wege des ersten Zugriffs angeordnet werden kann, ist auch nur in diesen Fällen und unter den gleichen Voraussetzungen des § 1 Abs. 3 S. 2 BHKG die Durchsuchung von Personen durch die Feuerwehr möglich.

(b) Die Durchsuchung von Personen durch die Feuerwehr in Fällen des § 39 Abs. 1 Nr. 2 PolG NRW

Die Durchsuchungsbefugnis nach § 39 Abs. 1 Nr. 2 PolG NRW hängt von keinen weiteren Voraussetzungen ab, als von der gerechtfertigten Annahme, dass die betroffene Person Sachen mitführt, die sichergestellt werden dürfen. Wann eine Sicherstellung seitens der Feuerwehr erfolgen kann, ist dem Abschnitt D.II.3.b)nn) (S. 230 ff.) zu entnehmen. Der Anwendung der Durchsuchung durch die Feuerwehr steht daher grundsätzlich nichts entgegen. Allerdings ist davon auszugehen, dass sie diese Befugnis nur im Wege des ersten Zugriffs (§ 1 Abs. 3 S. 2 BHKG) nutzen kann, da es äußerst unwahrscheinlich sein dürfte, dass die Durchsuchung der Person durch die Feuerwehr effektiver wahrgenommen werden kann als seitens der Polizei. Zudem hat die Feuerwehr nach selbiger Vorschrift zu beachten, dass die sie primär treffende Aufgabenerfüllung nicht beeinträchtigt wird.

(c) Die Durchsuchung von Personen durch die Feuerwehr in Fällen des § 39 Abs. 1 Nr. 3 PolG NRW

Entsprechend den Ausführungen zur *Anordnung des Schutzgewahrsams durch die Einsatzleitung der Feuerwehr*, D.II.3.b)jj)(2)(a)(S. 195 f.) sind durchaus zahlreiche Situationen denkbar, in denen die Feuerwehr im Rahmen ihres Einsatzes mit hilflosen oder sich in einem die freie Willensbestimmung ausschließenden Zustand befindenden Personen in Berührung kommt. Dabei kann auch die Durchsuchung dieser Personen erforderlich sein, um sie beispielsweise an Angehörige zu übergeben oder um bei ihnen benötigte Medikamente oder einen Krankenpass aufzufinden[682]. Allerdings dürfe es sich auch hierbei, ähnlich der Anordnung des Gewahrsams in Fällen des § 35 Abs. 1 Nr. 1 PolG NRW, um eine Maßnahme handeln, die nicht durch die Feuerwehr effizienter wahrgenommen werden kann als durch andere Stellen. Die sachliche Spezialzuständigkeit der Feuerwehr nach dem BHKG rechtfertigt sich insbesondere durch die Ausbildung der Einsatzkräfte für Gefahrensituationen wie Brände, Explosionen oder Überschwemmungen sowie ihrer dafür vorgesehenen technischen Ausrüstung. Die Feuerwehr übt dabei vor allem Tätigkeiten im Bereich des Rettens, des In-Sicherheit-Bringens, des Bergens und des Räumens aus[683]. Die anschließende „Versorgung" der geretteten Personen fällt hingegen grundsätzlich nicht mehr in ihren Aufgabenbereich. Hierfür ist beispielsweise der Rettungsdienst im Sinne des § 2 RettG NRW zuständig, und auch die Benachrichtigung von Angehörigen kann durch die Polizei erfolgen. Aus diesen Gründen verbleibt der Einsatzleitung der Feuerwehr bei der Durchsuchung im Sinne des § 39 Abs. 1 Nr. 3 PolG NRW „nur" die Eilfallkompetenz nach § 1 Abs. 3 S. 2 BHKG unter den dort genannten Einschränkungen sowie der dort vorausgesetzten Gefahrenstufe.

---

682 *Martens*, in: Heesen/Hönle/Peilert/ders., BPolG, § 43 Rn. 15.
683 *Schneider*, BHKG, § 1 Rn. 86.

(d) Keine Durchsuchung von Personen durch die Feuerwehr in Fällen des § 39 Abs. 1 Nr. 4 und Nr. 5 PolG NRW

§ 39 Abs. 1 Nr. 4 und Nr. 5 PolG NRW scheiden aus dem Kreis der der Einsatzleitung der Feuerwehr zur Verfügung stehenden Maßnahmen aus. Diese Eingriffsrechte dienen nach ihrem Sinn und Zweck der Unverletzlichkeit der Strafrechtsordnung[684] und ergänzen die Befugnisse zur Identitätsfeststellung nach § 12 Abs. 1 Nr. 2 und Nr. 3 PolG NRW[685]. Da jedoch weder die Verhütung und Verfolgung von Straftaten in den Aufgabenbereich der Feuerwehr fallen[686], noch sie zur Identitätsfeststellung im Sinne des § 12 PolG Abs. 1 Nr. 2 und Nr. 3 NRW ermächtigt ist[687], scheidet ihre Zuständigkeit in diesen Bereichen aus und damit auch der Rückgriff auf die Befugnisse des § 39 Abs. 1 Nr. 4 und Nr. 5 PolG NRW.

(3) Fazit zur Durchsuchung von Personen durch die Feuerwehr

Bei der Durchsuchung von Personen im Sinne des § 39 PolG NRW handelt es sich um eine Maßnahme, die häufig als Vorbereitungs- oder Begleitmaßnahme zu anderen Maßnahmen des PolG NRW herangezogen wird, insbesondere im Falle des Gewahrsams (§ 35 PolG NRW). Sie dient neben der Eigensicherung der handelnden Einsatzkräfte auch dem (Selbst-) Schutz des Betroffenen. Die Einsatzleitung der Feuerwehr ist in den Fällen des § 35 Abs. 1 Nr. 1 und Nr. 3 PolG NRW zur Anordnung der Ingewahrsamnahme im Wege des ersten Zugriffs nach § 1 Abs. 3 S. 2 BHKG befugt. Weitere Voraussetzungen knüpft § 39 Abs. 1 Nr. 1 PolG NRW an die Durchsuchung im Falle des Festhaltens nicht. Dies hat zur Folge, dass auch die Feuerwehr im Rahmen der Ingewahrsamnahme auf die Durchsuchung u.a. zur Eigensicherung der beteiligten Einsatzkräfte zurückgreifen kann. Soweit Tatsachen die Annahme rechtfertigen, dass eine Person Gegenstände mitführt, die (durch die Feuerwehr) sichergestellt werden dürfen, kann die Feuerwehr eine Durchsuchung der Person im Sinne des § 39 Abs. 1 Nr. 2 PolG NRW vornehmen (man denke an Brandbeschleuniger

684 *Kingreen/Poscher*, POR, § 17 Rn. 8; *Thiel*, POR, § 10 Rn. 145.

685 *Tegtmeyer*/Vahle, PolG NRW, § 39 Rn. 11; Drewes/Malmberg/Wagner/*Walter*, BPolG, § 43 Rn. 8.

686 VG Koblenz, Urt. v. 8.9.1998 – Az. 2 K 4232/97.KO – juris, Rn. 22; *Hörstrup*, Organisation, S. 356; *Keller*, Feuerschutz, S. 128; *Schneider*, BHKG, § 1 Rn. 18.

687 Vgl. Ausführungen zu: D.II.3.b)dd) (S. 151 ff.).

u.a.m.). Auch in Fällen des § 39 Abs. 1 Nr. 3 PolG NRW kann sich die Feuerwehr zur Gefahrenabwehr der Durchsuchung von hilflosen oder sich in einem die freie Willensbestimmung ausschließenden Zustand befindenden Personen bedienen. Sowohl die Zuständigkeit der Feuerwehr für die Durchsuchung von Personen im Sinne des Abs. 1 Nr. 1 als auch nach Abs. 1 Nr. 2 und Nr. 3 ist auf die Eilfallkompetenz im Sinne des § 1 Abs. 3 S. 2 BHKG beschränkt.

ll) Durchsuchung von Sachen, § 40 PolG NRW

Nach der Darstellung der Durchsuchung von Personen beschäftigt sich der folgende Abschnitt nun mit der Durchsuchung von Sachen im Sinne des § 40 PolG NRW und ihrer Anwendbarkeit für die Einsatzleitung der Feuerwehr.

(1) Die Durchsuchung von Sachen im Sinne des Polizeirechts

Die Durchsuchung im Allgemeinen ist durch das ziel- und zweckgerichtete Suchen nach verborgenen Personen oder Sachen durch staatliche Organe gekennzeichnet[688]. Von dem Begriff der Sache im Sinne der Vorschrift sind grundsätzlich alle beweglichen und unbeweglichen körperlichen Gegenstände erfasst[689]. Ausgenommen hiervon sind Kleidungsstücke am Körper einer Person sowie Wohnungen[690]. Erstere unterfallen der Durchsuchung von Personen im Sinne des § 39 PolG NRW, letztere unterliegen der spezielleren Ermächtigung des § 41 PolG NRW[691]. Die zu durchsuchende Sache darf geöffnet, betreten oder ggf. unter Inkaufnahme einer Beschädigung zerlegt werden, soweit der Grundsatz der Verhältnismäßigkeit es zulässt[692]. Folgend sollen die verschiedenen Varianten der Durchsuchung von Sachen in kurzer Form dargestellt werden.

---

688 BVerwGE 47, 31 (36 f.); *Gusy*, POR, Rn. 244; *Tegtmeyer*/Vahle, PolG NRW, § 40 Rn. 1; Drewes/Malmberg/Wagner/*Walter*, BPolG, § 44 Rn. 4.

689 *Knemeyer*, POR, Rn. 241.

690 *Graulich*, HdbPR, E Rn. 585; *Kugelmann*, POR, 6. Kap. Rn. 78; *Kingreen/Poscher*, POR, § 17 Rn. 12.

691 Vgl. Ziff. 40.02 und Ziff. 40.12 VVPolG NRW; *Dietlein*/Hellermann, Öffentliches Recht in NRW, § 3 Rn. 188; *Thiel*, POR, § 10 Rn. 147.

692 *Martens*, in: Heesen/Hönle/Peilert/ders., BPolG, § 44 Rn. 3.

Nach § 40 Abs. 1 Nr. 1 PolG NRW kann eine Sache durchsucht werden, wenn „*sie von einer Person mitgeführt wird, die nach § 39 durchsucht werden darf*". Das Mitführen definiert sich dabei als der jederzeitige Zugriff der Person auf die Sache[693]. Dies impliziert, dass auch den handelnden Beamten eine unmittelbare Zugriffsmöglichkeit auf die Sache eröffnet sein muss, um die Voraussetzung zu erfüllen[694]. Die Regelung ist auch auf mitgeführte Kraftfahrzeuge anzuwenden[695].

Abs. 1 Nr. 2 beinhaltet drei Alternativen und ermöglicht die Durchsuchung von Sachen, wenn aufgrund von Tatsachen die Annahme gerechtfertigt ist, dass sich in der Sache eine Person befindet, deren Ingewahrsamnahme zulässig ist, sie widerrechtlich festgehalten wird oder sich in einer hilflosen Lage befindet. Dabei dürfte insbesondere die letztgenannte Variante von erheblicher Bedeutung für die Feuerwehr sein. Sie dient dem Zweck, vermisste und potentiell verletzte Personen aufzufinden[696].

Nach Abs. 1 Nr. 3 ist die Durchsuchung von Sachen zulässig, wenn „*Tatsachen die Annahme rechtfertigen, dass sich in ihr eine andere Sache befindet, die sichergestellt werden darf*". Es müssen die Voraussetzungen des § 43 PolG NRW vorliegen, mithin die einer präventivpolizeilichen Sicherstellung[697]. Darüber hinausgehende Voraussetzungen werden nicht verlangt[698].

Soweit sich die Sache an einem „verrufenen oder gefährdeten Ort"[699] im Sinne des Abs. 1 Nr. 4 oder Nr. 5 befindet, ist ebenfalls eine Durchsuchung nach § 40 PolG NRW zulässig[700].

Zuletzt eröffnet Abs. 1 Nr. 6 die Möglichkeit der Durchsuchung einer Sache, wenn es sich dabei um ein Land- Wasser- oder Luftfahrzeug handelt, in welchem sich eine Person befindet, deren Identitätsfeststellung nach § 12 Abs. 1 Nr. 4 PolG NRW zulässig ist.

---

693 Vgl. Ziff. 40.11 VV PolG NRW; *Graulich*, HdbPR, E Rn. 589; Schütte/Braun/*Keller*, PolG NRW, § 40 Rn. 7.

694 *Thiel*, POR, § 10 Rn. 150.

695 Drewes/Malmberg/Wagner/*Walter*, BPolG, § 44 Rn. 6.

696 *Graulich*, HdbPR, E Rn. 591.

697 *Graulich*, HdbPR, E Rn. 592; *Thiel*, POR, § 10 Rn. 150.

698 Drewes/Malmberg/Wagner/*Walter*, BPolG, § 44 Rn. 8 f.; *Martens*, in: Heesen/Hönle/Peilert/ders., BPolG, § 44 Rn. 11.

699 Begriffe verwendet beispielsweise von: *Dietlein*/Hellermann, Öffentliches Recht in NRW, § 3 Rn. 189; *Graulich*, HdbPR, E Rn. 318.

700 *Dietlein*/Hellermann, Öffentliches Recht in NRW, § 3 Rn. 189.

(2) Die Anwendbarkeit der Durchsuchung von Sachen für die Einsatzleitung der Feuerwehr

Nach der Darstellung der polizeirechtlichen Befugnisnorm erfolgt nun eine Begutachtung, ob die Durchsuchung von Sachen durch die Einsatzleitung der Feuerwehr im Rahmen des § 34 Abs. 2 BHKG angeordnet werden kann. Da es sich bei der Durchsuchung um eine Maßnahme handelt, deren Zulässigkeit regelmäßig *„an die Zulässigkeit derjenigen Maßnahme, die aufgrund aufgefundener Erkenntnisse vorbereitet werden soll, gekoppelt"*[701] ist, kann diese Prüfung jedoch knapp gehalten werden.

(a) Die Durchsuchung von Sachen durch die Feuerwehr in Fällen des § 40 Abs. 1 Nr. 1 PolG NRW

Weitere Voraussetzungen als die Zulässigkeit der Durchsuchung nach § 39 PolG NRW sowie das „Mitführen" der Sache stellt § 40 Abs. 1 Nr. 1 PolG NRW nicht an die Rechtmäßigkeit der Maßnahme. In dem Abschnitt *Durchsuchung von Personen, § 39 PolG NRW*, D.II.3.b)kk), (S. 206 ff.) wurde herausgearbeitet, in welchen Fällen die Feuerwehr auf diese Vorschrift zurückgreifen kann. Wird in diesen Konstellationen also eine Sache im Sinne des § 40 PolG NRW von der betroffenen Person mitgeführt, kann auch die Einsatzleitung der Feuerwehr die Durchsuchung dieser Sache anordnen.

(b) Die Durchsuchung von Sachen durch die Feuerwehr in Fällen des § 40 Abs. 1 Nr. 2 PolG NRW

Bei § 40 Abs. 1 Nr. 2 PolG NRW ist zwischen den drei dort genannten Varianten zu unterscheiden:

Im Falle von Abs. 1 Nr. 2 lit. a knüpft das Gesetz lediglich an die Voraussetzungen des Gewahrsams im Sinne des § 35 PolG NRW. Bei der Untersuchung jener Vorschrift konnte der Autor zu dem Ergebnis gelangen, dass der Feuerwehr im Wege des ersten Zugriffs nach § 1 Abs. 3 S. 2 BHKG die Anordnung des sog. Schutz- und Durchsetzungsgewahrsams (§ 35 Abs. 1 Nr. 1 und Nr. 3 PolG NRW) als Mittel der Gefahrenabwehr im Bereich des Brandschutzes oder der Hilfeleistung zur Verfügung steht. Sofern diese Maßnahme einschlägig ist, sind auch die Tatbestandsvoraussetzungen des

---

701 *Gusy*, POR, Rn. 249.

§ 40 Abs. 1 Nr. 2 lit. a PolG NRW erfüllt und die Anordnung der Durchsuchung von Sachen möglich.

§ 40 Abs. 1 Nr. 2 lit. b PolG NRW setzt voraus, dass Tatsachen die Annahme rechtfertigen, dass in der zu durchsuchenden Sache eine Person rechtswidrig festgehalten wird. Diese Konstellation bezieht sich auf Fälle von Freiheitsberaubung einschließlich der Geiselnahme[702]. Entsprechend den Ausführungen zu § 39 Abs. 1 Nr. 4 und Nr. 5 PolG NRW fallen jedoch weder die Verhütung noch die Aufklärung von Straftaten in den Aufgabenbereich der Feuerwehr, sodass ihre Zuständigkeit mangels Aufgabenzuweisung für diese Maßnahme ausscheidet.

Durch § 40 Abs. 1 Nr. 2 lit. c PolG NRW wird die Möglichkeit eröffnet, eine Sache zu durchsuchen, wenn Tatsachen die Annahme rechtfertigen, dass sich in ihr eine hilflose Person befindet. Dies ist der Fall, wenn sich die betroffene Person nicht aus eigenem Entschluss, mit eigener Kraft oder Mitteln selbst befreien oder die Gefahrenlage anderweitig beseitigen kann[703]. Da die Tätigkeiten der Feuerwehr im Rahmen der Hilfeleistung im Bereich des Rettens, des In-Sicherheit-Bringens, des Bergens und des Räumens liegen[704], wird hiervon auch gerade die Suche nach hilflosen Personen erfasst. Soweit diese Aufgabe durch die Feuerwehr aufgrund ihrer Ausbildung und/oder Ausrüstung effektiver wahrgenommen werden kann als durch andere Gefahrenabwehrstellen, ist ihre primäre Zuständigkeit nach § 1 Abs. 1 Nr. 1 und Nr. 2 BHKG begründet. Zu denken ist beispielsweise an eine Suche nach Kindern in einer brennenden Scheune unter Einsatz von Atemschutzmasken. Handelt es sich hingegen „nur“ um eine Suche nach hilflosen Personen, die das Spezialwissen der Feuerwehr und deren Ausrüstung nicht erfordert, fällt diese Tätigkeit zwar auch in die Aufgabenzuweisung nach § 1 Abs. 1 Nr. 1 und Nr. 2 BHKG, jedoch verbleibt der Feuerwehr in diesen Fällen nur das Recht des ersten Zugriffs nach § 1 Abs. 3 S. 2 BHKG, bis die eigentlich zuständige Stelle vor Ort ist und die Suche übernehmen kann. Dabei hat die Feuerwehr zu beachten, dass die Eilfallkompetenz nach dieser Vorschrift eine bestehende oder unmittelbar bevorstehende konkreten Gefährdung voraussetzt.

---

702 Drewes/Malmberg/Wagner/*Walter*, BPolG, § 44 Rn. 7; *Graulich*, HdbPR, E Rn. 591.

703 Drewes/Malmberg/Wagner/*Walter*, BPolG, § 44 Rn. 7; *Graulich*, HdbPR, E Rn. 591.

704 *Schneider*, BHKG, § 1 Rn. 86.

(c) Die Durchsuchung von Sachen durch die Feuerwehr in Fällen des § 40 Abs. 1 Nr. 3 PolG NRW

Auch bei § 40 Abs. 1 Nr. 3 PolG NRW handelt es sich um eine Maßnahme, die vollständig an die Voraussetzungen einer Folgemaßnahme, die Sicherstellung im Sinne des § 43 PolG NRW, gekoppelt ist. An dieser Stelle kann vollumfänglich auf die Ausführungen in dem Abschnitt *Die Durchsuchung von Personen durch die Feuerwehr in Fällen des § 39 Abs. 1 Nr. 2 PolG NRW*, D.II.3.b)kk)(2)(b) (S. 209) verwiesen werden.

(d) Keine Durchsuchung von Sachen durch die Feuerwehr in Fällen des § 40 Abs. 1 Nr. 4, Nr. 5 und Nr. 6 PolG NRW

Für § 40 Abs. 1 Nr. 4 und Nr. 5 PolG NRW gilt das zu § 39 Abs. 1 Nr. 4 und Nr. 5 PolG NRW Ausgeführte entsprechend. Die Feuerwehr ist nicht zur Verhütung und Verfolgung von Straftaten berufen. Darüber hinaus benötigt sie keine Ergänzungsbefugnisse zu denen der Identitätsfeststellung im Sinne des § 12 Abs. 1 Nr. 2 und Nr. 3 PolG NRW, da sich der Rückgriff auf diese durch die Einsatzleitung der Feuerwehr verbietet[705].

Auch § 40 Abs. 1 Nr. 6 PolG NRW scheidet für eine Anwendung durch die Feuerwehr aus. § 12 Abs. 1 Nr. 4 PolG NRW wird explizit von dem Verweis in § 24 Abs. 1 Nr. 4 OBG NRW nicht erfasst.

(3) Durch die Feuerwehr zu beachtende verfahrensrechtliche Grundsätze

Die Verfahrensvorschriften zur Durchsuchung von Sachen sind in § 40 Abs. 2 PolG NRW niedergelegt. Danach hat der Inhaber der tatsächlichen Gewalt nach Abs. 2 S. 1 das Recht, während der Durchsuchung anwesend zu sein. Gemäß § 25 Abs. 1 S. 2 VwVfG NRW besteht für die durchsuchende Stelle eine Hinweispflicht auf das Anwesenheitsrecht[706]. Ist der Betroffene abwesend, soll nach § 40 Abs. 2 S. 2 PolG NRW sein Vertreter oder zumindest ein anderer Zeuge hinzugezogen werden. Des Weiteren hat der Betroffene nach § 40 Abs. 2 S. 3 PolG NRW einen Anspruch auf Erteilung einer Bescheinigung über die Durchsuchung sowie ihren Grund. Auch

705 Vgl. Ausführungen zu: D.II.3.b)dd)(2) (S. 153 ff.).
706 *Kingreen/Poscher*, POR, § 17 Rn. 14.

hierauf bezieht sich die Hinweispflicht des § 25 Abs. 1 S. 2 VwVfG NRW der durchsuchenden Stelle[707].

(4) Fazit zur Durchsuchung von Sachen durch die Feuerwehr

Ähnlich der Durchsuchung von Personen im Sinne des § 39 PolG NRW handelt es sich bei der Durchsuchung von Sachen um eine Begleitmaßnahme zu anderen Standardmaßnahmen des Polizeirechts, weshalb sie in den meisten Fällen an deren Voraussetzungen gekoppelt ist. Dies führt dazu, dass bereits die Durchsuchungsvarianten ausscheiden, zu deren „Hauptmaßnahme" die Feuerwehr mangels Zuständigkeit nicht befugt ist. Bei den verbleibenden Tatbestandsalternativen ist weiter zu unterscheiden. Allein die Suche nach hilflosen Personen im Sinne des Abs. 1 Nr. 3 c) kann die Feuerwehr unter den Voraussetzungen des § 1 Abs. 3 S. 1 BHKG als primär zuständige Stelle wahrnehmen. Die Durchsuchung nach Abs. 1 Nr. 1, Nr. 2 lit. a und Nr. 3 kann seitens der Feuerwehr hingegen nur im Wege des ersten Zugriffs im Sinne des § 1 Abs. 3 S. 2 BHKG erfolgen. Dabei ist nochmals darauf hinzuweisen, dass diese Varianten der Durchsuchung jeweils das Vorliegen der dort genannten Tatbestände und ihrer Merkmale voraussetzen. Die verfahrensrechtlichen Vorgaben zur Durchsuchung von Sachen können § 40 Abs. 2 PolG NRW entnommen werden.

mm) Betreten und Durchsuchung von Wohnungen, § 41 PolG NRW

Der folgende Abschnitt beschäftigt sich mit der noch verbleibenden Maßnahme aus dem Bereich des Durchsuchens, § 41 PolG NRW. Auch hier soll nach einer Darstellung der polizeirechtlichen Ermächtigung ihre Verwendbarkeit für die Einsatzleitung der Feuerwehr näher analysiert werden.

(1) Das Betreten und die Durchsuchung von Wohnungen im Sinne des Polizeirechts

Im Mittelpunkt dieser Vorschrift steht der Begriff der „Wohnung". Neben Wohn- und Nebenräumen umschließt er nach Abs. 1 S. 2 auch Arbeits-,

707 *Graulich*, HdbPR, E Rn. 636; *Kingreen/Poscher*, POR, § 17 Rn. 14.

Betriebs- und Geschäftsräume sowie anderes befriedetes Besitztum. Diese Legaldefinition entspricht dem Verständnis des Wohnungsbegriffes aus Art. 13 GG des Bundesverfassungsgerichts. *„Die Verfassungsnorm soll die Privatsphäre in räumlicher Hinsicht schützen. In diese dürfen der Staat oder von ihm ermächtigte Dritte grundsätzlich nicht gegen den Willen der Bewohner eindringen. Im Interesse eines wirksamen Schutzes hat das Bundesverfassungsgericht den Begriff der ‚Wohnung' weit ausgelegt. Er umfasst auch Arbeits-, Betriebs- und Geschäftsräume"*[708]. Der Begriff des befriedeten Besitztums im Sinne des § 41 Abs. 1 S. 2 PolG NRW kann jedoch – anders als bei § 123 Abs. 1 StGB – nicht als eingehegter Teil der Erdoberfläche verstanden werden, wenn ein Bezug zu Aufenthaltsräumen fehlt[709]. Dies würde den Anforderungen des Bundesverfassungsgerichts an den Begriff der Wohnung als „räumliche Privatsphäre" nicht entsprechen und so den Schutzzweck verfehlen[710]. Aufgrund dieses „räumlichen Privatsphäre-Merkmals" sind beispielsweise auch Hotelzimmer, Krankenzimmer, Wohnwagen, Hausboote oder Zelte als Wohnungen im Sinne der Norm zu werten[711]. § 41 PolG NRW differenziert zwischen dem Betreten und dem Durchsuchen einer Wohnung. Das Betreten umfasst neben dem Eintreten auch das Verweilen und Besichtigen. Unter dem Begriff des Besichtigens versteht man dabei die Kenntnisnahme von offenkundig wahrnehmbaren Sachen und Sachverhalten, die auch als Nach- oder Umschau beschrieben werden kann[712]. Die Anforderungen an eine Durchsuchung erfüllen diese Tätigkeiten noch nicht[713], jedoch ist das Betreten als eine Art Vorstufe zur (Wohnungs-) Durchsuchung zu werten[714]. Für letztere ist *„das ziel- und zweckgerichtete Suchen staatlicher Organe nach Personen oder Sachen oder zur Ermittlung eines Sachverhalts, um etwas aufzuspüren, was der Inhaber der Wohnung von sich aus nicht offenlegen oder herausgeben will."*[715] kennzeichnend. In dem Betreten der Wohnung mit der Einwilligung des Berechtigten liegt kein Grundrechtseingriff, weshalb es hierfür auch keiner Ermächtigungsgrundlage be-

---

708 BVerfG, DÖV 2007, S. 607 (608).

709 *Kingreen/Poscher*, POR, § 17 Rn. 19; *Schenke*, POR, Rn. 154.

710 *Kingreen/Poscher*, POR, § 17 Rn. 19; *Schenke*, POR, Rn. 154.

711 *Dietlein*/Hellermann, Öffentliches Recht in NRW, § 3 Rn. 191; *Tegtmeyer*/Vahle, PolG NRW, § 41 Rn. 6; *Thiel*, POR, § 10 Rn. 152.

712 BVerwGE 121,345 (349); *Dietlein*/Hellermann, Öffentliches Recht in NRW, § 3 Rn. 192; *Kingreen/Poscher*, POR, § 17 Rn. 15; *Martens*, in: Heesen/Hönle/Peilert/ders., BPolG, § 45 Rn. 15; *Schenke*, POR, Rn. 152.

713 *Thiel*, POR, § 10 Rn. 154.

714 *Gusy*, POR, Rn. 251.

715 BVerfGE 76, 83 (89).

darf[716]. Es steht zur Disposition des berechtigten Wohnungsinhabers, wem er Zutritt zu seiner Wohnung gewährt, wovon auch die Polizei umfasst ist[717]. Diese Einwilligung des Berechtigten zum Betreten seiner Wohnung kann jedoch nicht unterstellt werden[718]. Uneinheitlich wird in der Literatur der Frage begegnet, ob das Betreten oder Durchsuchen im Sinne von § 41 PolG NRW auch zu einer ggf. erforderlichen Gewalteinwirkung, wie beispielsweise zum Öffnen von Türen oder Beiseitedrängen des Wohnungsinhabers, ermächtigt. Hierfür plädiert u.a. *Gusy*, welcher das Betreten als einen Realakt wertet, sodass auch die Erzwingung der Maßnahme von der Befugnisnorm mit umfasst sei[719]. Nach gegenteiliger Auffassung erweise sich das gewaltsame Öffnen einer Wohnungstür als eine Vollstreckungsmaßnahme einer polizeirechtlichen Verfügung, da § 41 PolG NRW solche Kompetenzen nicht beinhalte[720]. Innerhalb dieser Meinungsgruppe wird jedoch wiederum unterschiedlich beurteilt, ob als Grundverfügung für die Vollstreckungshandlung § 41 PolG NRW[721] oder aber die Generalklausel, § 8 PolG NRW[722], heranzuziehen sei. Nachfolgend sollen nun die unterschiedlichen Varianten des Betretens und Durchsuchens von Wohnungen dargestellt werden. Dabei ist im Vorfeld darauf hinzuweisen, dass aufgrund der Bedeutung des Rechtsgutes „Wohnung" an alle Fälle der Wohnungsbetretung und -durchsuchung hohe Anforderungen an die Annahme des Vorliegens der Tatbestandsvoraussetzungen zu stellen sind[723].

§ 41 Abs. 1 Nr. 1 PolG NRW ermächtigt zum Betreten und Durchsuchen einer Wohnung, falls *„Tatsachen die Annahme rechtfertigen, dass sich in ihr eine Person befindet, die nach § 10 Abs. 3 vorgeführt oder nach § 35 in Gewahrsam genommen werden darf"*[724]. Der Begriff „Tatsachen" erfordert das Vorliegen objektiver Gegebenheiten. Vermutungen oder Erfahrungssätze

---

716 *Gusy*, POR, Rn. 252; *Hermes*, in: Dreier, GG I, Art. 13 Rn. 111; *Kingreen/Poscher*, POR, § 17 Rn. 27; *Kühne*, in: Sachs, GG, Art. 13 Rn. 23; *Tegtmeyer*/Vahle, PolG NRW, § 41 Rn. 10.

717 *Gusy*, POR, Rn. 252.

718 *Gornig*, in: v. Mangoldt/Klein/Starck, GG I, Art. 13 Rn. 44; wohl ebenso: *Hermes*, in: Dreier, GG I, Art. 13 Rn. 111.

719 *Gusy*, POR, Rn. 251; so auch: *Schenke*, POR, Rn. 152.

720 *Dietlein*/Hellermann, Öffentliches Recht in NRW, § 3 Rn. 195; *Kugelmann*, POR, 6. Kap. Rn. 83; *Möller/Warg*, POR, Rn. 386; *Thiel*, POR, § 10 Rn. 155.

721 So *Thiel*, POR, § 10 Rn. 155.

722 *Dietlein*/Hellermann, Öffentliches Recht in NRW, § 3 Rn. 195 und wohl auch *Möller/Warg*, POR, Rn. 386.

723 *Graulich*, HdbPR, E Rn. 623; *Möller/Warg*, POR, Rn. 391; *Tegtmeyer*/Vahle, PolG NRW, § 41 Rn. 14f.

724 Wortlaut § 41 Abs. 1 Nr. 1 PolG NRW.

der Vergangenheit genügen nicht[725]. Diese Vorschrift soll der Gefahrenabwehrstelle einen Zugriff auf solche Personen ermöglichen, die sich in ihrer Wohnung oder mit Einverständnis des Wohnungsinhabers in einer fremden Wohnung aufhalten, um die in der Norm genannten Standardmaßnahmen durchzuführen[726]. Voraussetzung ist daher, dass auch die Tatbestandsmerkmale derjenigen Vorschriften erfüllt sind, deren Durchführung das Betreten oder Durchsuchen der Wohnung dienen soll[727].

Nach Abs. 1 Nr. 2 kann die Polizei eine Wohnung betreten und durchsuchen, wenn aufgrund von Tatsachen die Annahme gerechtfertigt ist, dass sich in ihr eine Sache befindet, deren Sicherstellung im Sinne des § 43 Nr. 1 PolG NRW vorgenommen werden darf. Diese Vorschrift erfordert wiederum das Vorliegen einer gegenwärtigen Gefahr. Weitere Tatbestandsmerkmale sind in § 41 Abs. 1 Nr. 2 PolG NRW nicht enthalten[728].

Abs. 1 Nr. 3 der Vorschrift erlaubt der Polizei das Betreten und Durchsuchen einer Wohnung, wenn von ihr nach Art, Ausmaß oder Dauer Immissionen ausgehen, die zu einer erheblichen Belästigung der Nachbarschaft führen. Unter den Begriff der Immissionen fallen Einwirkungen auf Menschen durch Geräusche, Licht, Wärme, Luftverunreinigungen, Strahlen oder Erschütterungen[729]. Ob die Norm in der vorliegender Form verfassungsgemäß ist[730] und ob nicht die Verwendung des Begriffs „Emissionen" zutreffender wäre[731], soll an vorliegender Stelle nicht weiter vertieft werden, da eine Verwendung durch die Feuerwehr ohnehin ausscheidet, wie sich an späterer Stelle noch zeigen wird.

Zuletzt ermächtigt Abs. 1 Nr. 4 die Polizei zum Betreten und Durchsuchung einer Wohnung, wenn dies *„zur Abwehr einer gegenwärtigen Gefahr für Leib, Leben oder Freiheit einer Person oder für Sachen von bedeutendem Wert erforderlich ist."* Eine Legaldefinition für den Begriff „Sachen von bedeutendem Wert" findet sich in der Vorschrift nicht. Sie müssen im Ver-

---

725 Schütte/Braun/*Keller*, PolG NRW, § 41 Rn. 14.

726 *Kingreen/Poscher*, POR, § 17 Rn. 32; *Möller/Warg*, POR, Rn. 390; *Tegtmeyer*/Vahle, PolG NRW, § 41 Rn. 14.

727 *Möller/Warg*, POR, Rn. 390; *Tegtmeyer*/Vahle, PolG NRW, § 41 Rn. 14.

728 Schütte/Braun/*Keller*, PolG NRW, § 41 Rn. 15.

729 *Tegtmeyer*/Vahle, PolG NRW, § 41 Rn. 17.

730 Zweifelnd *Rachor*, HdbPR[5], E Rn. 653: Art. 13 Abs. 7 GG knüpfe an das Betreten einer Wohnung die Voraussetzung, dass Schäden für hochrangige Rechtsgüter drohten. Bloße Belästigungen seien von dem Schrankenvorbehalt des Art. 13 Abs. 7 GG gerade nicht erfasst. *Graulich*, HdbPR, E Rn. 626 spricht aufgrund dieser Umstände hingegen von dem Bedürfnis einer verfassungskonformen Auslegung.

731 So: *Möller/Warg*, POR, Rn. 393.

gleich mit den anderen in der Vorschrift genannten Rechtsgütern – wie es *Walter* formuliert – von *„hoher Bedeutung, von herausragendem öffentlichem Interesse oder von bedeutendem materiellem Wert sein.“*[732] Umstritten ist, ob die Ursache der gegenwärtigen Gefahr in der Wohnung selbst zu finden sein muss. Teilweise wird für ausreichend erachtet, dass die Gefahr aus der betroffenen Wohnung heraus beseitigt werden kann[733]. Nach anderer Auffassung ist das Betreten oder Durchsuchen einer Wohnung, die nicht die Gefahrenquelle „beherbergt“, nur unter den Voraussetzungen des polizeilichen Notstandes (§ 6 PolG NRW) zulässig[734].

In zeitlicher Hinsicht findet sich in § 41 Abs. 2 PolG NRW eine Begrenzung der Befugnisse des Abs. 1. Danach ist nur in den Fällen des Abs. 1 Nr. 3 und Nr. 4 ein Betreten und Durchsuchen von Wohnungen zur Nachtzeit rechtmäßig. Für diesen Begriff verweist die Vorschrift auf die Legaldefinition des § 104 Abs. 3 StPO. Danach umfasst die Nachtzeit *„in dem Zeitraum vom ersten April bis zum dreißigsten September die Stunden von neun Uhr abends bis vier Uhr morgens und in dem Zeitraum vom ersten Oktober bis einunddreißigsten März die Stunden von neun Uhr abends bis sechs Uhr morgens.“*

Weder die tatbestandlichen Voraussetzungen des Abs. 1 noch die zeitlichen Einschränkungen des Abs. 2 gelten für die Ausnahmefälle des Abs. 3[735]. Danach ist nach Abs. 3 Nr. 1 das Betreten (nicht das Durchsuchen) von Wohnungen zur Abwehr dringender Gefahren jederzeit zulässig, wenn Tatsachen die Annahme rechtfertigen, dass *„dort Personen Straftaten von erheblicher Bedeutung verabreden, vorbereiten oder verüben“*, *„sich dort Personen treffen, die gegen aufenthaltsrechtliche Strafvorschriften verstoßen“* oder *„sich dort gesuchte Straftäter verbergen“*. Zuletzt ist das Betreten der Wohnung auch jederzeit zulässig, wenn diese der Prostitution dient, § 41 Abs. 3 Nr. 2 PolG NRW. Auf eine vertiefte Darstellung kann aber auch hier verzichtet werden, da diese Betretungsbefugnisse für die Wahrnehmung durch die Einsatzleitung der Feuerwehr nicht in Betracht kommen, wie im nächsten Abschnitt aufgezeigt wird.

§ 41 Abs. 4 PolG NRW erleichtert der Polizei das Betreten von Arbeits-, Betriebs- und Geschäftsräumen sowie anderer Räume und Grundstücke,

---

732 Drewes/Malmberg/Wagner/*Walter*, BPolG, § 45 Rn. 16.

733 *Dietlein*/Hellermann, Öffentliches Recht in NRW, § 3 Rn. 193; Schütte/Braun/*Keller*, PolG NRW, § 41 Rn. 18; *Tegtmeyer*/Vahle, PolG NRW, § 41 Rn. 19; Drewes/Malmberg/Wagner/*Walter*, BPolG, § 45 Rn. 16.

734 *Graulich*, HdbPR, E Rn. 626; *Martens*, in: Heesen/Hönle/Peilert/ders., BPolG, § 45 Rn. 20.

735 *Dietlein*/Hellermann, Öffentliches Recht in NRW, § 3 Rn. 195.

„die der Öffentlichkeit zugänglich sind oder zugänglich waren und den Anwesenden zum weiteren Aufenthalt zur Verfügung stehen“ zum Zwecke der Gefahrenabwehr im Sinne des § 1 Abs. 1 PolG NRW. Solche Räume können während der Arbeits-, Geschäfts- oder Aufenthaltszeit auch ohne das Vorliegen einer konkreten Gefahr betreten werden[736]. Das Bundesverwaltungsgericht begründet dies in seinem Urteil vom 25. August 2004 mit einer geminderten räumlichen Privatsphäre bei Geschäfts-, Betriebs- und Arbeitsräumen[737].

(2) Die Anwendbarkeit des Betretens und Durchsuchens von Wohnungen für die Einsatzleitung der Feuerwehr

Im Anschluss an die Darstellung von § 41 PolG NRW soll nun überprüft werden, ob die Feuerwehr im Rahmen des § 34 Abs. 2 BHKG zur Erfüllung des Brandschutzes und der Hilfeleistung nach § 1 Abs. 1 Nr. 1 und Nr. 2 BHKG auf die Befugnis zum Betreten und Durchsuchen von Wohnungen zurückgreifen kann.

(a) Das Betreten und Durchsuchen von Wohnungen durch die Feuerwehr in Fällen des § 41 Abs. 1 Nr. 1 PolG NRW

Da es sich bei der Vorführung nach § 10 Abs. 3 PolG NRW um keine durch die Feuerwehr nutzbare Maßnahme handelt[738], verbleibt für die folgende Prüfung des § 41 Abs. 1 Nr. 1 PolG NRW lediglich die Variante der gerechtfertigten Annahme, dass sich in der Wohnung eine Person befindet, die in Gewahrsam genommen werden darf. Wie in dem Abschnitt D.II.3.b)jj) (S. 191 ff.) herausgearbeitet, kann die Einsatzleitung der Feuerwehr den sog. Schutzgewahrsam im Sinne des § 35 Abs. 1 Nr. 1 PolG NRW sowie den sog. Durchsetzungsgewahrsam im Sinne des § 35 Abs. 1 Nr. 3 PolG NRW im Wege des ersten Zugriffs nach § 1 Abs. 3 S. 2 BHKG anordnen. Dies spricht zunächst dafür, dass sich die Einsatzleitung der Feuerwehr unter Beachtung der weiteren Voraussetzungen des § 41 Abs. 1 Nr. 1 PolG NRW auch der Befugnis des Betretens und Durchsuchens zum Aufgreifen von Personen, die in Gewahrsam genommen werden dürfen,

736 BVerwGE 121, 345 (349); *Tegtmeyer*/Vahle, PolG NRW, § 41 Rn. 24.
737 BVerwGE 121, 345 (349).
738 Vgl. Ausführungen zu: D.II.3.b)bb) (S. 150 ff.).

bedienen kann. Aus dem Umstand, dass die Einsatzleitung der Feuerwehr nur unter Nutzung ihrer Eilfallzuständigkeit nach § 1 Abs. 3 S. 2 BHKG zur Ingewahrsamnahme befugt ist, folgt, dass auch die Kompetenz des § 41 Abs. 1 Nr. 1 PolG NRW nur im Wege des ersten Zugriffs von der Feuerwehr wahrgenommen werden kann. Darüber hinaus wird die Polizei zur Wohnungsbetretung bzw. -durchsuchung regelmäßig jedenfalls in gleich wirkungsvoller Art und Weise in der Lage sein, sodass sich die Eilfallkompetenz auch unmittelbar aus § 1 Abs. 3 S. 1 BHKG ergibt.

Fraglich ist allerdings, ob im Falle des § 41 Abs. 1 Nr. 1 PolG NRW überhaupt ein Anwendungsbereich für die Feuerwehr vorhanden ist. Der sog. Schutzgewahrsam im Sinne des § 35 Abs. 1 Nr. 1 PolG NRW hat die Zielrichtung, die betroffene Personen vor Gefahren für Leib oder Leben zu bewahren. Betrachtet man anschließend die Betretungs- bzw. Durchsuchungsbefugnis des § 41 Abs. 1 Nr. 4 PolG NRW, so wird deutlich, dass sich innerhalb dieser Tatbestandsvariante die Schutzrichtung des § 35 Abs. 1 Nr. 1 PolG NRW vollständig wiederfindet. Berücksichtigt man weiterhin noch den Umstand, dass die Ingewahrsamnahme immer nur als letztes Mittel zum (Eigen-) Schutz des Betroffenen erfolgen soll[739], wird der Anwendungsbereich des § 41 Abs. 1 Nr. 1 i.V.m. § 35 Abs. 1 Nr. 1 PolG NRW von § 41 Abs. 1 Nr. 4 PolG NRW verdrängt. Eine Situation, in der ein Schutzgewahrsam im Sinne des § 35 Abs. 1 Nr. 1 PolG NRW mit vorangehender Wohnungsdurchsuchung nach § 41 Abs. 1 Nr. 1 PolG NRW angeordnet werden kann, nicht zugleich jedoch eine gegenwärtige Gefahr für Leib oder Leben (§ 41 Abs. 1 Nr. 4 PolG NRW) vorliegt, ist nur schwerlich vorstellbar. Anders verhält es sich bei dem sog. Durchsetzungsgewahrsam im Sinne des § 35 Abs. 1 Nr. 3 PolG NRW. Hat die Feuerwehr beispielsweise aufgrund eines Hausbrandes und der damit einhergehenden Gefahr für die umliegenden Häuser gegenüber den Bewohnern für diesen Bereich einen Platzverweis ausgesprochen, ist sie bei Abwesenheit der Polizei unter Umständen berechtigt, den Platzverweis notfalls mittels Ingewahrsamnahme durchzusetzen. Durch die Möglichkeit des Betretens und Durchsuchens von Wohnungen mit dem Ziel der Ingewahrsamnahme können sich die widerspenstigen Bewohner nicht unter Berufung auf ihr Grundrecht aus Art. 13 GG der Platzverweisung durch Verbleib in ihren Wohnungen entziehen. Dies wird durch § 41 Abs. 1 Nr. 1 PolG NRW sichergestellt.

739 Vgl. Ziff. 35.11 VV PolG NRW; Schütte/Braun/*Keller*, PolG NRW, § 35 Rn. 12.

(b) Das Betreten und Durchsuchen von Wohnungen durch die Feuerwehr in Fällen des § 41 Abs. 1 Nr. 2 PolG NRW

Entsprechend § 40 Abs. 1 Nr. 3 PolG NRW handelt es sich auch bei § 41 Abs. 1 Nr. 2 PolG NRW um eine Maßnahme, die vollständig an die Voraussetzungen der Folgemaßnahme, der Sichererstellung im Sinne des § 43 PolG NRW, gekoppelt ist. In dem noch folgenden Abschnitt *Sicherstellung, § 43 PolG NRW*, D.II.3.b)nn) (S. 230 ff.) wird sich zeigen, dass die Feuerwehr diese polizeirechtliche Maßnahme in vielen Sachverhaltskonstellationen nutzen kann, sodass theoretisch auch die Durchsuchung von Wohnungen zum Zwecke der Sicherstellung möglich erscheint. Fraglich ist auch hier jedoch, ob für § 41 Abs. 1 Nr. 2 NRW ein eigenständiger Anwendungsbereich verbleibt:

§ 43 Nr. 1 PolG NRW erlaubt die Sicherstellung zur Abwehr einer gegenwärtigen Gefahr. Nach der Aufgabenzuweisung an die Polizei- und Ordnungsbehörden in § 1 Abs. 1 S. 1 PolG NRW; § 1 Abs. 1 OBG NRW bezieht sich das Vorliegen der Gefahr auf die Schutzgüter der öffentlichen Sicherheit und Ordnung. Will die Feuerwehr hingegen auf § 43 Nr. 1 PolG NRW zurückgreifen, bedarf es einer Gefahrenlage im Sinne des § 1 Abs. 1 Nr. 1 und Nr. 2 BHKG. Sie kann eine Sicherstellung nach § 43 Nr. 1 PolG NRW nur vornehmen, soweit eine gegenwärtige Gefahr durch die in § 1 Abs. 1 Nr. 1 und Nr. 2 BHKG genannten Gefahrensituationen für Leben, Gesundheit, Tiere, Sachen oder die Umwelt besteht[740]. Folglich könnte auch nur in diesen Fällen das Betreten und Durchsuchen der Wohnung im Sinne des § 41 Abs. 1 Nr. 2 PolG NRW erfolgen. Vergleicht man nun den vorgenannten Anwendungsbereich des § 41 Abs. 1 Nr. 2 PolG für die Feuerwehr mit dem des § 41 Abs. 1 Nr. 4 PolG NRW (*„das zur Abwehr einer gegenwärtigen Gefahr für Leib, Leben oder Freiheit einer Person oder für Sachen von bedeutendem Wert erforderlich ist.“)*, fällt auf, dass diese in weiten Teilen identisch sind. Letztendlich hinge der eigenständige Anwendungsbereich des § 41 Abs. 1 Nr. 2 PolG NRW von der Auslegung des Begriffs „Sachen von bedeutendem Wert“ aus § 41 Abs. 1 Nr. 4 PolG NRW ab. Diese Frage braucht hier allerdings nicht abschließend geklärt werden, da die Feuerwehr jedenfalls zum Schutze von Sachen, Tieren oder der Umwelt auf § 41 Abs. 1 Nr. 2 PolG NRW zurückgreifen kann, sollte sich eines dieser Schutzgüter nicht unter § 41 Abs. 1 Nr. 4 PolG NRW subsumieren lassen.

---

740 Für die durch das BHKG geschützten Rechtsgüter siehe Ausführungen zu: C.II.1.b) (S. 81 ff.) und C.II.2 (S. 89 ff.).

(c) Kein Betreten und Durchsuchen von Wohnungen durch die Feuerwehr in Fällen des § 41 Abs. 1 Nr. 3 PolG NRW

Die Bekämpfung von Immissionen, die zwar eine Belästigung der Nachbarschaft darstellen, jedoch noch nicht als erhebliche Gefahr im Sinne des § 41 Abs. 1 Nr. 4 PolG NRW zu werten sind, fällt nicht in den Aufgabenbereich der Feuerwehr nach § 1 Abs. 1 Nr. 1 und Nr. 2 BHKG. Diese lassen sich weder unter den Begriff des Schadenfeuers, noch unter den des Unglücksfalls oder des Notstandes fassen[741].

(d) Das Betreten und Durchsuchen von Wohnungen durch die Feuerwehr in Fällen des § 41 Abs. 1 Nr. 4 PolG NRW

Insbesondere der Schutz der in § 41 Abs. 1 Nr. 4 PolG NRW genannten Rechtsgüter fällt im Tätigkeitsfeld des Brandschutzes und der Hilfeleistung in den Aufgabenbereich der Feuerwehr nach § 1 Abs. 1 Nr. 1 und Nr. 2 BHKG. Sofern es sich um „feuerwehrtypische" Gefahrenlagen handelt, die beispielsweise das Löschen, Retten, In-Sicherheit-Bringen, Bergen oder Räumen erfordern, ist die Feuerwehr aufgrund ihrer sachlichen Spezialzuständigkeit vor den allgemeinzuständigen Stellen, Polizei und Ordnungsbehörden, zur Gefahrenabwehr berufen. In diesen Fällen muss sich die Feuerwehr nicht auf die Eilfallkompetenz aus § 1 Abs. 3 S. 2 BHKG verweisen lassen. Eine solche kommt nur zum Tragen, wenn andere zuständige Gefahrenabwehrstellen zu einer gleich effektiven Aufgabenwahrnehmung in der Lage sein sollten. Die in § 34 Abs. 2 S. 1 BHKG verankerten Einschränkungen entfalten in den vorgenannten Fällen keine Wirkung. Zum einen handelt es sich um Maßnahmen, die die Feuerwehr an bzw. in der Wohnung, sprich an der Einsatzstelle im Sinne des § 34 BHKG, vornimmt. Zum anderen impliziert die primäre Zuständigkeit der Feuerwehr, dass an der Einsatzstelle keine weitere Gefahrenabwehrstelle vorhanden ist, die „entsprechende Maßnahmen" treffen kann, sodass auch diese Subsidiaritätsklausel hier nicht einschlägig ist.

Die generalklauselartige Bestimmung des § 41 Abs. 1 Nr. 4 PolG NRW dürfte nach den vorstehenden Ausführungen für die Feuerwehr von erheblicher Bedeutung sein. Mit dieser Vorschrift lässt sich sowohl das Betreten einer Wohnung im Sinne der Vorschrift zu Lösch- oder ähnlichen Gefah-

741 Siehe hierzu ebenfalls die Ausführungen zu: C.II.1.b) (S. 81 ff.) und C.II.2 (S. 89 ff.).

renabwehrmaßnahmen, als auch das Durchsuchen der Räumlichkeit zum Auffinden von gefährdeten Personen in Gefahrensituationen wie Bränden, Hochwasser, Lawinen oder Verschüttungen auf eine sichere Ermächtigungsgrundlage stützen.

(e) Kein Betreten und Durchsuchen von Wohnungen durch die Feuerwehr in Fällen des § 41 Abs. 3 PolG NRW

Schon nach dem Wortlaut von § 41 Abs. 3 PolG NRW zielt diese Vorschrift ausschließlich auf den Schutz der Unverletzlichkeit der Strafrechtsordnung ab. Entsprechend den Ausführungen zu § 39 Abs. 1 Nr. 4 und Nr. 5 PolG NRW sowie zu § 40 Abs. 1 Nr. 2 lit. b PolG NRW ist jedoch weder die Verhütung noch die Aufklärung von Straftaten von der Aufgabenzuweisung des § 1 Abs. 1 Nr. 1 und Nr. 2 an die Feuerwehr umfasst, sodass ihre Zuständigkeit für diese Maßnahme nicht in Betracht kommt.

(f) Kein Betreten und Durchsuchen von Wohnungen durch die Feuerwehr in Fällen des § 41 Abs. 4 PolG NRW

§ 41 Abs. 4 PolG NRW besitzt für die Feuerwehr keine nennenswerte Relevanz. Bei der Darstellung dieser polizeirechtlichen Befugnisnorm wurde ausgeführt, dass sie der Polizei das Betreten von öffentlich zugänglichen Arbeits-, Betriebs- und Geschäftsräumen sowie anderer öffentlicher Räume und Grundstücke zum Zwecke der Gefahrenabwehr erleichtern soll. Einer konkreten Gefährdung bedarf es nicht. Nach den Ausführungen in den Abschnitten C.II.1.b) (S. 81 ff.) und C.II.2 (S. 89 ff.) erfordert die Zuständigkeit der Feuerwehr nach dem BHKG aber ausnahmslos das Vorliegen einer Gefahr. Sofern eine solche in Fällen von Schadenfeuern oder *„bei Unglücksfällen oder solchen öffentlichen Notständen, die durch Naturereignisse, Explosionen oder ähnliche Vorkommnisse verursacht werden“*[742] existiert, ist (wohl) davon auszugehen, dass auch die Tatbestandsvoraussetzungen des § 41 Abs. 1 Nr. 4 PolG NRW erfüllt sind und daher das Betreten und/oder Durchsuchen der Wohnung nach dieser Vorschrift zulässig ist. Ein eigenständiger Anwendungsbereich für die Feuerwehr im Falle des Vorliegens einer Gefahr im Sinne des § 1 Abs. 1 Nr. 1 und Nr. 2 BHKG ist für § 41 Abs. 4 PolG NRW deshalb nicht ersichtlich. Sollte ein solcher dennoch

742 Wortlaut des § 1 Abs. 1 Nr. 2 BHKG.

konstruierbar sein, hätte die Feuerwehr wiederum die Abgrenzung zwischen ihrer primären Zuständigkeit und der Eifallkompetenz sowie die weitergehenden gesetzlichen Einschränkungen aus § 1 Abs. 3 S. 2 BHKG und aus § 34 Abs. 2 BHKG zu beachten.

(3) Durch die Feuerwehr zu beachtende verfahrensrechtliche Grundsätze

Die bei § 41 PolG NRW zu beachtenden Verfahrensvorschriften können § 42 PolG NRW entnommen werden und tragen dem qualifizierten Gesetzesvorbehalt aus Art. 13 Abs. 2 GG Rechnung[743]. An dieser Stelle sei anzumerken, dass sie jedoch nur für die Durchsuchung, nicht für das Betreten der Wohnung anzuwenden sind, was sich aus dem Wortlaut von Art. 13 GG sowie § 42 PolG NRW ergibt[744]. Nach den vorgenannten Vorschriften darf die Durchsuchung grundsätzlich nur durch den Richter angeordnet werden. Zuständig für die Entscheidung *„ist das Amtsgericht, in dessen Bezirk die Wohnung liegt."*[745] Dieser Richtervorbehalt gilt selbstverständlich auch bei der Wohnungsdurchsuchung durch die Feuerwehr. Für deren Grundrechtsbindung wird auf die Ausführungen in dem Unterabschnitt D.II.3.b)jj)(3) (S. 200 ff.) verwiesen. Lediglich bei Vorliegen von „Gefahr im Verzug" ist die Durchführung der Durchsuchung ohne richterliche Anordnung zulässig, Art. 13 Abs. 2 GG und § 41 Abs. 1 S. 1 PolG NRW. Von einer solchen ist auszugehen, *„wenn die durch die Anrufung des Richters bewirkte Verzögerung den Erfolg der Durchsuchung gefährde[n]"*[746] würde[747]. Dabei handelt es sich um ein striktes Regel-Ausnahme-Prinzip, welches zunächst immer die Bemühung um eine richterliche Entscheidung erfordert[748]. Die Erfüllung des Merkmals „Gefahr im Verzug" darf auch nicht durch das Zuwarten der handelnden Behörde selbst herbeigeführt werden[749]. Im Falle des gefahrenabwehrrechtlichen Einschreitens der Feuerwehr liegt indes die Besonderheit vor, dass der Erfolg ihres Handelns insbesondere von der zeitlichen Komponente abhängt. Dies wird durch die sog. Hilfsfrist verdeutlicht. Sie definiert sich als die Zeitdifferenz zwischen

743 *Jarass*/Pieroth, GG, Art. 13 Rn. 17; *Kingreen/Poscher*, POR, § 17 Rn. 28; *Möller/Warg*, POR, Rn. 395.
744 *Gusy*, POR, Rn. 254; *Kingreen/Poscher*, POR, § 17 Rn. 28.
745 Wortlaut des § 41 Abs. 1 S. 2 PolG NRW.
746 BVerwGE 28, 285 (291).
747 So auch: BVerfGE 51, 97 (111).
748 BVerfGE 103, 143 (153).
749 BVerfGE 103, 143 (155); *Jarass*/Pieroth, GG, Art. 13 Rn. 19.

Eingehen des Notrufs in der Notrufabfragestelle und dem Eintreffen des ersten Feuerwehrfahrzeugs am Einsatzort[750]. Sie beruht nach dem Urteil des Oberverwaltungsgerichts Münster vom 22. Februar 2010 *„auf dem Grundsatz, dass effektive Hilfe in Notlagen nur möglich ist, wenn sie schnellstmöglich erfolgt.“*[751] In dem vorgenannten Abschnitt wurde ebenfalls dargelegt, dass nach den Hinweisen und Empfehlungen für die Anfertigung von Brandschutzbedarfsplänen die Erträglichkeitsgrenze für eine Person im Brandrauch bei ca. 13 Minuten, die Reanimationsgrenze bei Rauchgasvergiftungen bei ca. 17 Minuten nach dem Brandausbruch liegt[752]. Beachtet man diese Notwendigkeit des unverzüglichen Handelns der Feuerwehr, drängt sich die Annahme auf, dass das Abwarten einer richterlichen Entscheidung regelmäßig zur akuten Bedrohung von Menschenleben führen kann. Es ist daher davon auszugehen, dass die Schwelle der Annahme von „Gefahr im Verzug“ bei feuerwehrtypischen Gefahrenlagen nicht sonderlich hoch liegt, soweit jedes Zuwarten geeignet ist, die Gefahrenabwehrtätigkeit zu erschweren oder deren Erfolg zu gefährden. Das Annehmen von „Gefahr im Verzug“ durch die handelnde Stelle unterliegt der vollen gerichtlichen Kontrolle, sodass die Behörde eine umfassende Dokumentations- und Begründungspflicht für ihre Entscheidung trifft[753]. Weitere Verfahrensvorschriften sind in § 42 Abs. 2 bis 6 PolG NRW geregelt. Insbesondere hat danach der Wohnungsinhaber das Recht, bei der Durchsuchung anwesend zu sein (Abs. 2), und auch ist ihm der Grund für die Durchsuchung mitzuteilen, soweit dadurch der Zweck der Maßnahme nicht gefährdet wird (Abs. 3). Nach § 25 Abs. 1 S. 2 VwVfG NRW obliegt der durchsuchenden Stelle eine Hinweispflicht auf das Anwesenheitsrecht[754]. Gleiches gilt für das Recht auf die Aushändigung der Niederschrift über die Durchsuchung[755]. Zuletzt ist die betroffene Person nach § 42 Abs. 2 PolG NRW i.V.m. § 14 Abs. 3 PolG NRW darüber zu belehren, *„dass sie die*

750 *Schneider*, BHKG, § 3 Rn. 104.

751 OVG Münster, Urt. v. 22.2.2010 – Az. 7 A 1235/08 – juris, Rn. 36.

752 Hinweise und Empfehlungen für die Anfertigung von Brandschutzbedarfsplänen für die Gemeinden des Landes Nordrhein-Westfalen, Stand: 01/2001, S. 36; einsehbar auf der Homepage des Instituts der Feuerwehr Nordrhein-Westfalen (http://www.idf.nrw.de/service/downloads/downloads_hilfsmittel.php#frage1); 29.5.2018.

753 BVerfGE 103, 143 (159 f.).

754 *Kingreen/Poscher*, POR, § 17 Rn. 30.

755 *Kingreen/Poscher*, POR, § 17 Rn. 30.

Vernichtung der […] Unterlagen verlangen kann, wenn die Voraussetzungen für ihre weitere Aufbewahrung entfallen sind."[756]

(4) Fazit zum Betreten und Durchsuchen von Wohnungen durch die Feuerwehr

Nach dem Erscheinungsbild von § 41 PolG NRW handelt es sich auch hierbei um eine Befugnisnorm, die in vielen Bereichen als Vorbereitungsmaßnahme zur Ermöglichung anderer Maßnahmen, wie der Ingewahrsamnahme im Sinne des § 35 PolG NRW oder der Sicherstellung nach § 43 PolG NRW, dient. Unter Beachtung der jeweiligen weiteren Voraussetzungen der Tatbestandsvarianten der Vorschrift kann auch die Einsatzleitung der Feuerwehr auf das Betreten und Durchsuchen von Wohnungen zurückgreifen, soweit die Grundtatbestände (§§ 35, 43 PolG NRW) erfüllt sind. Neben ihrem Charakter als Vorbereitungsmaßnahme kommt § 43 PolG NRW im Falle des Abs. 1 Nr. 4 noch ein weiterer Anwendungsbereich zu, der für die Feuerwehr von erheblicher Bedeutung ist. Bei Vorliegen feuerwehrtypischer Gefahren im Sinne des § 1 Abs. 1 Nr. 1 und Nr. 2 BHKG, welche Tätigkeiten wie das Löschen, Retten, In-Sicherheit-Bringen, Bergen oder Räumen erfordern, steht der Einsatzleitung mit § 43 Abs. 1 Nr. 4 PolG NRW eine Ermächtigungsgrundlage zur Verfügung, mit der sie Wohnungen im Sinne der Vorschrift auch gegen oder ohne den Willen des Berechtigten betreten und ggf. durchsuchen kann. Dies kann beispielsweise bei Löscharbeiten oder bei der Suche nach Personen in Notsituationen wie Bränden, Hochwasser, Lawinen oder Verschüttungen erforderlich werden. Soweit die Feuerwehr eine Durchsuchung der Wohnung vornimmt, sind die Verfahrensvorschriften des § 42 PolG NRW zu beachten. Danach ist grundsätzlich zunächst die Entscheidung eines Richters über die Zulässigkeit der Wohnungsdurchsuchung einzuholen. Im Falle der Feuerwehr drängt sich jedoch die Annahme auf, dass sie aufgrund der Notwendigkeit ihres unverzüglichen Einschreitens regelmäßig unter dem Gesichtspunkt „Gefahr im Verzug" eine Wohnung auf der Suche nach zu rettenden Personen betreten kann. An dieser Stelle sei jedoch nochmals darauf hingewiesen, dass das Erfordernis der Ermächtigungsgrundlage bei der Einwilligung des Berechtigten zum Betreten oder Durchsuchen seiner Wohnung entfällt.

756 Wortlaut des § 14 Abs. 3 PolG NRW.

nn) Sicherstellung, § 43 PolG NRW

In diesem Abschnitt soll die letzte der in § 24 Abs. 1 OBG NRW genannten Befugnisse, die Sicherstellung nach § 43 PolG NRW, dargestellt und auf ihre Anwendbarkeit durch die Einsatzleitung der Feuerwehr überprüft werden.

(1) Die Sicherstellung im Sinne des Polizeirechts

Nach dem nordrhein-westfälischen Polizeigesetz bezeichnet die Sicherstellung nach der prägnanten Formel von *Gusy* *„eine behördliche Beschränkung der Verfügungsmöglichkeit über eine Sache durch Begründung eines öffentlich-rechtlichen Verwahrungsverhältnisses zum Zwecke der Gefahrenabwehr."*[757] Der Begriff der Sache erfasst neben beweglichen Sachen auch Immobilien und Tiere[758]. Umstritten ist, ob sich die sicherzustellende Sache im Besitz einer Person befinden muss. Dies wird teilweise mit dem Argument abgelehnt, dass neben dem Verlieren einer Sache auch die Dereliktion die ordnungsrechtliche Verantwortlichkeit des Eigentümers unberührt lässt[759]. Nach anderer Auffassung könne eine Sicherstellung nur dann angenommen werden, falls durch die Maßnahme Rechte Dritter in Rede stehen. Soweit solche nicht betroffen sind, scheide die Sicherstellung mangels Eingriff aus[760]. Ebenfalls Uneinigkeit besteht über den Rechtscharakter der Sicherstellung. Nach überwiegender Auffassung beinhaltet die Sicherstellung eine Anordnungsbefugnis für ein Gebot zur Herausgabe der Sache bzw. zur Duldung der sie betreffenden Verfügungsbeschränkung. Die Begründung des öffentlich-rechtlichen Verwahrungsverhältnisses (§ 44 PolG NRW) stelle sich dabei als Vollstreckungsmaßnahme dar, die nur unter den vollstreckungsrechtlichen Voraussetzungen zulässig sei, soweit der

757 *Gusy*, POR, Rn. 284; inhaltlich ebenso: OVG Münster, NWVBl. 1991, 338 (339); *Dietlein*/Hellermann, Öffentliches Recht in NRW, § 3 Rn. 197; *Kingreen/Poscher*, POR, § 18 Rn. 1; *Möller/Warg*, POR, Rn. 397.

758 *Dietlein*/Hellermann, Öffentliches Recht in NRW, § 3 Rn. 197; Drews/Wacke/Vogel/*Martens*, Gefahrenabwehr, § 12 Ziff. 11 lit. b; *Graulich*, HdbPR, E Rn. 641; *Gusy*, POR, Rn. 284; *Thiel*, POR, § 10 Rn. 162.

759 *Graulich*, HdbPR, E Rn. 640.

760 *Dietlein*/Hellermann, Öffentliches Recht in NRW, § 3 Rn. 197; *Möller/Warg*, POR, Rn. 399 f.; *Thiel*, POR, § 10 Rn. 162; Tegtmeyer/*Vahle*, PolG NRW, § 43 Rn. 3.

Wille des Betroffenen entgegenstehe[761]. Diese Auffassung wird mit dem Argument kritisiert, dass bei der Sicherstellung in Abwesenheit des Berechtigten eine Verfügung nicht erlassen werden könne. Es verbleibe sodann nur noch die Möglichkeit eines Rückgriffs auf den sofortigen Vollzug (§ 50 Abs. 2 PolG NRW, § 55 Abs. 2 VwVG NRW), welcher jedoch die Eingriffsvoraussetzungen von § 43 PolG NRW systemwidrig verschärfe[762]. Diese Meinungsgruppe schlägt daher vor, die Sicherstellung nur im Falle der Anwesenheit des Pflichtigen als gebietenden Verwaltungsakt zu verstehen. Bei Abwesenheit des Betroffenen solle die Begründung des öffentlich-rechtlichen Verwahrungsverhältnisses hingegen in Form eines Realaktes erfolgen[763]. Nach weiterer Auffassung bedürfe der mit der Sicherstellung bezweckte Erfolg schon aufgrund des Wortlauts der Norm einer Herausgabeverfügung nicht[764]. Dieser könne mit einem auf § 43 PolG NRW gestützten Realakt verwirklicht werden. Allerdings sei nach dem Grundsatz der Verhältnismäßigkeit im Falle der Anwesenheit des Gewahrsamsinhabers zunächst eine Sicherstellungsanordnung zu erlassen. Unabhängig von der Frage des Rechtscharakters enthält § 43 PolG NRW einen Katalog mit verschiedenen Tatbestandsvarianten. Diese sollen folgend knapp dargestellt werden.

Nach § 43 Nr. 1 PolG NRW kann eine Sache sichergestellt werden, um eine gegenwärtige Gefahr von Rechtsgütern Dritter abzuwenden. Bei dieser generalklauselartigen Bestimmung ist unerheblich, ob die Gefahr von der Sache selbst (z.B. ein bissiges Tier) oder der Möglichkeit bzw. Absicht ihrer Verwendung durch ihren Besitzer (z.B. ein Messer in der Hand eines aggressiven Betrunkenen) ausgeht[765].

§ 43 Nr. 2 PolG NRW ermöglicht die Sicherstellung, „*um den Eigentümer oder den rechtmäßigen Inhaber der tatsächlichen Gewalt vor Verlust oder Beschädigung einer Sache zu schützen*", soweit diese einer Gefährdung ausgesetzt

---

761 OVG Münster, NWVBl. 1991, 338 (339); *Gusy*, POR, Rn. 286; *Götz/Geis*, POR, § 8 Rn. 61; *Knemeyer*, POR, Rn. 251; *Kugelmann*, POR, 6. Kap. Rn. 93; Schütte/Braun/*Keller*, PolG NRW, § 43 Rn. 4.

762 *Dietlein*/Hellermann, Öffentliches Recht in NRW, § 3 Rn. 198; *Möller/Warg*, POR, Rn. 398; *Thiel*, POR, § 10 Rn. 164.

763 *Dietlein*/Hellermann, Öffentliches Recht in NRW, § 3 Rn. 198; *Möller/Warg*, POR, Rn. 398; *Thiel*, POR, § 10 Rn. 164.

764 *Graulich*, HdbPR, E Rn. 643; *J. Schwabe*, Rechtsfragen zum Abschleppen verbotswidrig abgestellter Fahrzeuge, NJW 1983, S. 369 (370).

765 *Graulich*, HdbPR, E Rn. 646 f.; *Gusy*, POR, Rn. 284; *Kingreen/Poscher*, POR, § 18 Rn. 8; *Martens*, in: Heesen/Hönle/Peilert/ders., BPolG, § 47 Rn. 4; Schütte/Braun/*Keller*, PolG NRW, § 43 Rn. 7; Tegtmeyer/*Vahle*, PolG NRW, § 43 Rn. 7.

ist[766]. Beispielhaft kann hier das Gepäck eines Verunglückten oder aufgefundenes Diebesgut genannt werden[767]. Die Maßnahme hat nur im erklärten oder mutmaßlichen Interesse des Berechtigten zu erfolgen, nicht gegen seinen Willen[768].

Zuletzt erlaubt § 43 Nr. 3 PolG NRW die Sicherstellung als Begleitmaßnahme zum Festhalten einer Person, soweit sie eine Sache mitführt, die verwendet werden kann, um sich zu töten oder zu verletzen, das Leben oder die Gesundheit anderer zu schädigen, fremde Sachen zu beschädigen oder die Flucht zu ermöglichen oder zu erleichtern. Das Mitführen definiert sich wie bei § 40 Abs. 1 Nr. 1 PolG NRW als der jederzeitige Zugriff der Person auf die Sache[769]. Bei dieser Befugnis genügt das Vorliegen einer abstrakten Gefahr. Die Norm soll verhindern, dass eine Sache durch eine festgehaltene Person auf gefährliche Art und Weise verwendet wird[770]. Sie dient dem Selbstschutz des Betroffenen, dem Schutz von Dritten und den handelnden Beamten sowie dem Sachgüterschutz[771]. Die Maßnahme knüpft an die Kompetenzen zur Durchsuchung im Sinne der §§ 39 Abs. 1 Nr. 1, 40 Abs. 1 Nr. 1 PolG NRW an[772]. Es ist jedoch nicht erforderlich, dass eine Durchsuchung vorgenommen wird. Auch solche Sachen können sichergestellt werden, die sich offen in der Hand oder beispielsweise am Gürtel des Betroffenen befinden[773].

(2) Die Anwendbarkeit der Sicherstellung für die Einsatzleitung der Feuerwehr

Nachdem die polizeirechtliche Sicherstellung dargestellt wurde, erfolgt nun die Prüfung, ob diese Maßnahme der Feuerwehr im Rahmen des § 34 Abs. 2 BHKG zu den ihr obliegenden Gefahrenabwehraufgaben zur Verfügung steht.

---

766 Schütte/Braun/*Keller*, PolG NRW, § 43 Rn. 11.

767 *Dietlein*/Hellermann, Öffentliches Recht in NRW, § 3 Rn. 203.

768 *Martens*, in: Heesen/Hönle/Peilert/ders., BPolG, § 47 Rn. 10; *Thiel*, POR, § 10 Rn. 172; Tegtmeyer/*Vahle*, PolG NRW, § 43 Rn. 14.

769 Drewes/Malmberg/Wagner/Walter, BPolG, § 47 Rn. 22; *Graulich*, HdbPR, E Rn. 668.

770 *Graulich*, HdbPR, E Rn. 666; *Kingreen/Poscher*, POR, § 18 Rn. 10.

771 *Gusy*, POR, Rn. 285; Tegtmeyer/*Vahle*, PolG NRW, § 43 Rn. 19.

772 *Gusy*, POR, Rn. 285; Schütte/Braun/*Keller*, PolG NRW, § 43 Rn. 17.

773 Tegtmeyer/*Vahle*, PolG NRW, § 43 Rn. 20.

(a) Die Sicherstellung durch die Feuerwehr in Fällen des § 43 Abs. 1 Nr. 1 PolG NRW

Bei § 43 Nr. 1 PolG NRW handelt es sich um eine generalklauselartige Befugnisnorm. Im Anwendungsbereich des BHKG genügt jedoch eine gegenwärtige Gefahr für die öffentliche Sicherheit oder Ordnung nicht. Will die Feuerwehr auf diese Maßnahme zurückgreifen, bedarf es einer Gefahrensituation im Sinne des § 1 Abs. 1 Nr. 1 und Nr. 2 BHKG. Eine solche könnte beispielsweise im Falle des Ausbruchs eines Feuers in einem Fabrikgebäude vorliegen, in welchem auch mehrere Tanks mit explosiven Flüssigkeiten gelagert werden. In dieser Konstellation wäre es neben dem Löschen des Brandes möglicherweise sinnvoll, die vorgenannten Tanks aus dem Gefahrenbereich zu verbringen und zur Verhinderung unbefugten Gebrauchs in Verwahrung zu nehmen. Sofern die Feuerwehr unter Nutzung ihres fachspezifischen Wissens und ihrer Ausrüstung besser in der Lage ist, dieser Gefahr zu begegnen, als die Polizei oder Ordnungsbehörden, kommt ihr eine primäre Zuständigkeit im Sinne des § 1 Abs. 1 Nr. 1 und Nr. 2 BHKG zu. Kann die Sicherstellung jedoch gleicherweise oder besser durch das Handeln anderer Gefahrenabwehrstellen erfolgen, verbleibt der Feuerwehr nur die Zuständigkeit im Wege des ersten Zugriffs, § 1 Abs. 3 S. 2 BHKG. Bei der Wahrnehmung solcher Tätigkeiten muss die Feuerwehr nach der vorgenannten Vorschrift dafür Sorge tragen, dass ihre Aufgaben in primärer Zuständigkeit nicht beeinträchtigt werden. Sofern eine andere zuständige Gefahrenabwehrstelle ebenfalls am Einsatzort bereitsteht, sperrt dies den Rückgriff auf die polizeirechtliche Maßnahme, § 34 Abs. 2 S. 1 BHKG.

Ausdrücklich ist darauf hinzuweisen, dass die Beschlagnahme von Gegenständen bei Vorliegen einer Gefahr, die keine Gefahr im Sinne des § 1 Abs. 1 Nr. 1 oder Nr. 2 BHKG darstellt, ausscheidet. Hierunter fällt beispielsweise das Filmen eines lebensbedrohlich verletzten Unfallopfers nach einem Verkehrsunfall. Immer wieder sind Feuerwehr, Rettungsdienst und Polizei mit Situationen konfrontiert, in denen Gaffer den Rettungseinsatz auf ihrem Smartphone „festhalten“ und diesen dabei gegebenenfalls auch noch blockieren. Das Filmen oder Fotografieren stellt für sich zwar eine Gefahr für die öffentliche Sicherheit dar, indem der Gaffer u.a. den Tatbestand von § 201a Abs. 1 Nr. 2 StGB verwirklicht. Die Polizei- oder Ordnungsbehörden könnten in diesen Fällen eine Beschlagnahme vornehmen, um die Gefahr für die öffentliche Sicherheit abzuwenden. Anders verhält es sich bei der Feuerwehr. Die Unverletzlichkeit der Rechtsordnung, die unter anderem auch § 201a Abs. 1 Nr. 2 StGB umfasst, ist keine der Feuerwehr zugewiesene Aufgabe. Ihr Zuständigkeitsbereich beschränkt sich ausschließlich auf den Brandschutz und die Hilfeleistung nach § 1 Abs. 1 BHKG. Es ist daher nicht Aufgabe der Feuerwehr Persönlichkeitsrechte von Betroffenen zu schützen, soweit mit diesen Verletzungshandlungen keine Gefahren im Sinne des § 1 Abs. 1 Nr. 1 oder Nr. 2 BHKG einhergehen[774].

(b) Die Sicherstellung durch die Feuerwehr in Fällen des § 43 Abs. 1 Nr. 2 PolG NRW

Neben dem Schutz von Leib und Leben erfassen § 1 Abs. 1 Nr. 1 und Nr. 2 BHKG auch den Schutz von Sachen und Tieren[775]. Soweit durch eine Gefahr im Sinne § 1 Abs. 1 Nr. 1 und Nr. 2 BHKG der Verlust oder die Beschädigung einer Sache (oder eines Tieres) zu befürchten ist, fällt die Abwehr der Gefahr für die bedrohten Rechtsgüter in den Aufgabenbereich der Feuerwehr. Mit der Sicherstellung gemäß § 43 Abs. 1 Nr. 2 PolG NRW steht ihr insoweit eine Befugnis zur Verfügung, die es ihr erlaubt, die gefährdeten Sachen in amtliche Verwahrung zu nehmen. Falls diese Gefahrenabwehraufgabe im konkreten Fall jedoch von einer anderen Stelle in gleicher Weise wahrgenommen werden kann, gilt das zu § 43 Nr. 1 PolG NRW Ausgeführte. Der Feuerwehr verbliebe dann nur die Eilfallkompetenz nach § 1 Abs. 3 S. 2 BHKG unter Beachtung ihrer Aufgabenwahrnehmung nach dem BHKG.

---

774 Auch für den Fall, dass der Gaffer den Einsatz durch seine (filmende oder fotografierende) Anwesenheit behindert, scheidet eine Sicherstellung nach § 43 Abs. 1 Nr. 1 PolG NRW aus. Das Blockieren des Einsatzes kann durch den Ausspruch eines Platzverweises verhindert werden. Durch die Sicherstellung des Smartphones könnte das Verlassen des Einsatzortes durch den Gaffer höchstens als „Nebenfolge" erreicht werden. Die Sicherstellung wäre daher nur bedingt dienlich, um den Zweck, die Beendigung des Blockierens, zu erreichen. Der Platzverweis mit ggf. anschließender Vollstreckung wäre hierzu deutlich geeigneter.

775 Vgl. Ausführungen zu: C.II.1.b) (S. 81 ff.) und C.II.2 (S. 89 ff.).

(c) Die Sicherstellung durch die Feuerwehr in Fällen des § 43 Abs. 1 Nr. 3 PolG NRW

Sowohl der Schutzgewahrsam im Sinne des § 35 Abs. 1 Nr. 1 PolG NRW als auch der Durchsetzungsgewahrsam nach § 35 Abs. 1 Nr. 3 PolG NRW ermöglichen der Feuerwehr eine Ingewahrsamnahme im Wege des ersten Zugriffs (§ 1 Abs. 3 S. 2 BHKG). Sofern eine solche durch die Feuerwehr durchgeführt wird, ist es aufgrund der beschriebenen Schutzrichtung von § 43 Abs. 1 Nr. 3 PolG NRW (Selbstschutz des Betroffenen, Schutz von Dritten, Sachgüterschutz) erforderlich, dass auch die Feuerwehr den Betroffenen nach gefährlichen Gegenständen im Sinne der Vorschrift durchsuchen und die vorgefundenen Gegenstände an sich nehmen kann. Einschränkungen aus § 1 Abs. 3 BHKG und § 34 Abs. 2 BHKG ergeben sich nicht. Die Feuerwehr ist zur Ingewahrsamnahme von Personen im Sinne des § 35 PolG NRW ohnehin nur unter Inanspruchnahme ihrer Eilfallkompetenz befugt, sodass dieser Umstand bereits impliziert, dass eine andere Gefahrenabwehrstelle, welche die Sicherstellung im Sinne des § 43 Nr. 3 PolG NRW vornehmen könnte, nicht vor Ort ist.

(3) Fazit zur Sicherstellung durch die Feuerwehr

Bei der Sicherstellung im Sinne des § 43 PolG NRW handelt es sich nach den vorstehenden Ausführungen um eine Maßnahme, welche die Feuerwehr im Rahmen des § 34 Abs. 2 BHKG zur Gefahrenabwehr nutzen kann. Dabei hat sie, wie bei allen Fällen der Anwendung polizeirechtlicher Befugnisse, zunächst zu prüfen, ob sie die Gefahrenabwehraufgabe aufgrund ihrer speziellen Ausbildung und Ausrüstung effektiver wahrnehmen kann als eine andere Stelle. Soweit dies der Fall ist, begründet sich ihre primäre Zuständigkeit. Andernfalls steht ihr „nur" das Einschreiten im Wege des ersten Zugriffs offen. Falls die Feuerwehr eine Ingewahrsamnahme im Sinne des § 35 PolG NRW durchführt, kann sie zum Selbstschutz des Betroffenen, zum Schutz Dritter (einschließlich der handelnden Beamten) und zum Sachgüterschutz die betroffene Person und deren Sachen im Sinne der §§ 40 f. PolG NRW durchsuchen und gefährliche Gegenstände nach § 43 Abs. 1 Nr. 3 PolG NRW sicherstellen.

oo) Verwahrung, § 44 PolG NRW, Verwertung, Vernichtung § 45 PolG NRW, Herausgabe sichergestellter Sachen oder des Erlöses, Kosten, § 46 PolG NRW

Wie vorstehend beschrieben, entsteht durch die Sicherstellung ein amtliches Verwahrungsverhältnis im Sinne des § 44 PolG NRW. Grundsätzlich sind die sichergestellten Sachen durch die handelnde Behörde selbst in Verwahrung zu nehmen[776]. Soweit jedoch die Beschaffenheit der Sache dies nicht zulässt oder die Verwahrung bei der handelnden Stelle als unzweckmäßig erscheint, kann nach § 44 Abs. 1 S. 2, 3 PolG NRW die Verwahrung auch einem Dritten übertragen werden. Die weiteren Verfahrensvorschriften sind in § 44 Abs. 2-4 PolG NRW enthalten.

Das Recht zur Verwertung oder Vernichtung der Sache bildet die Ausnahme von der Verwahrungspflicht[777]. Deren Verfahrensvoraussetzungen können § 45 PolG NRW entnommen werden.

Sobald der Zweck der Sicherstellung entfallen ist, entsteht grundsätzlich ein Herausgabeanspruch des Berechtigten gegen die Behörde, § 46 Abs. 1 PolG NRW. Die Regelung über die Kostentragung ist in Abs. 3 zu finden. Dieser bestimmt, dass die Kostenlast den Verantwortlichen im Sinne der §§ 4, 5 PolG NRW trifft.

c) Ergebnis der Untersuchung der in § 24 Abs. 1 OBG NRW aufgeführten Standardmaßnahmen des PolG NRW auf die Verwendbarkeit für die Feuerwehr

Mit einem Zwischenergebnis[778] in diesem Kapitel konnte festgestellt werden, dass die in § 24 Abs. 1 OBG NRW aufgeführten Befugnisse zur Datenerhebung (Nr. 1-6) mit Ausnahme eines geringen Anwendungsbereichs der Befragung im Sinne des § 9 Abs. 2 PolG NRW und der Identitätsfeststellung nach § 12 PolG NRW für die Feuerwehr nicht in Betracht kommen. Im Wesentlichen beruht dies auf der Subsidiarität feuerwehrlichen Handelns nach § 1 Abs. 3 S. 1 BHKG sowie der gesetzlichen Einschränkung aus § 34 Abs. 2 S. 1 BHKG, welche einen Zugriff auf die Befugnisse des OBG NRW durch die Feuerwehr lediglich an der Einsatzstelle erlaubt. Mangels Berechtigung der Feuerwehr zur Datenerhebung scheiden auch

---

776 *Gusy*, POR, Rn. 287; *Möller/Warg*, POR, Rn. 404.
777 *Gusy*, POR, Rn. 287; Tegtmeyer/*Vahle*, PolG NRW, § 45 Rn. 1.
778 Siehe D.II.3.b)gg) (S. 162).

die Befugnisse zur Datenverarbeitung (§ 24 Abs. 1 Nr. 6-11 OBG NRW) aus dem der Feuerwehr zur Verfügung stehenden Maßnahmenspektrum polizeirechtlicher Befugnisse aus. Anders verhält es sich mit den von § 24 Abs. 1 Nr. 12 OBG NRW erfassten Befugnissen. Insbesondere die Erteilung eines Platzverweises nach § 34 Abs. 1 PolG NRW steht der Feuerwehr für die Erfüllung der ihr obliegenden Gefahrenabwehraufgabe offen. Aber auch einige Tatbestandsvarianten des Gewahrsams gemäß § 35 PolG NRW, der Durchsuchung im Sinne der §§ 39 ff. PolG NRW und der Sicherstellung nach § 43 PolG NRW können durch die Einsatzleitung der Feuerwehr zur Gefahrenabwehr genutzt werden. Soweit die Anwendbarkeit der Maßnahmen für die Feuerwehr grundsätzlich möglich erscheint, ist jedoch in jedem Einzelfall zu prüfen, ob eine andere zuständige Gefahrenabwehrstelle zu entsprechend wirkungsvollen Maßnahmen in der Lage ist. In diesen Fällen verbliebe für die Feuerwehr nur die Zuständigkeit im Wege des ersten Zugriffs nach § 1 Abs. 3 S. 2 BHKG. Wird die Feuerwehr letztendlich unter Nutzung der polizeirechtlichen Standardermächtigungen tätig, hat sie die im PolG NRW niedergelegten verfahrensrechtlichen Vorschriften zu beachten.

III. Die Rechte und Pflichten der Bevölkerung, §§ 41 ff. BHKG

Im sechsten Teil des BHKG, §§ 41 ff. BHKG, sind die Rechte und Pflichten der Bevölkerung geregelt. Die vorliegende Arbeit befasst sich im Kern mit den Befugnissen der Feuerwehr im Rahmen des BHKG und deren Vollstreckbarkeit. Aus diesem Grund soll auf die Rechte und Pflichten der Bevölkerung nicht vertieft eingegangen werden. Ausgenommen hiervon wird jedoch § 43 BHKG, welcher insbesondere hinsichtlich seines Regelungsgehaltes einer nähergehenden Untersuchung bedarf.

1. Die Ausgestaltung des § 43 BHKG

§ 43 BHKG legt der Bevölkerung im Falle von Bränden, Unglücksfällen oder Notständen verschiedene Pflichten auf. Zur Verständlichkeit der nachfolgenden Ausführungen wird § 43 BHKG an dieser Stelle abgedruckt:

> „(1) Personen, die mindestens das 18. Lebensjahr vollendet haben, sind bei Bränden, Unglücksfällen oder öffentlichen Notständen unter

den Voraussetzungen des § 19 des Ordnungsbehördengesetzes auf Anordnung der Einsatzleitung zur Hilfeleistung verpflichtet.
(2) Dringend benötigte Hilfsmittel, insbesondere Fahrzeuge oder Geräte, sind unter den Voraussetzungen des § 19 des Ordnungsbehördengesetzes auf Anordnung der Einsatzleitung von jedermann zur Verfügung zu stellen.
(3) Eigentümerinnen und Eigentümer sowie Besitzerinnen und Besitzer von Gegenständen, durch die der Einsatz behindert wird, sind verpflichtet, diese auf Weisung der Einsatzkräfte wegzuräumen oder ihre Entfernung zu dulden.
(4) Die Absätze 1 bis 3 gelten für Übungen entsprechend, soweit dies zur Erreichung des Übungsziels dringend erforderlich ist.
(5) Personen, die an den Hilfsmaßnahmen oder Übungen nicht beteiligt sind, dürfen diese nicht stören oder andere gefährden. Sie sind verpflichtet, die Anweisungen der Einsatzleitung, insbesondere Platzverweise und Sperrungen von Einsatzgebieten sowie die Aufforderung zur Beseitigung störender Gegenstände unverzüglich zu befolgen."

2. Der Regelungsgehalt des § 43 BHKG

Neben der Überschrift des sechsten Teils des BHKG „Rechte und Pflichten der Bevölkerung" und der amtlichen Überschrift von § 43 BHKG „Hilfeleistungspflichten" ergibt sich auch aus der Formulierung der Vorschrift, dass diese sich (primär) an die Bevölkerung richtet. Der Gesetzgeber rückt dabei die Verpflichtung der Bevölkerung in den Mittelpunkt, die von der Einsatzleitung/den Einsatzkräften getroffenen Verfügungen zu befolgen. Es darf jedoch nicht außer Acht gelassen werden, dass mit der Pflicht zur Befolgung einer Verfügung auch das Recht der Behörde zur Anordnung der Verfügung korrespondiert. Unter diesem Gesichtspunkt drängt sich daher die Frage auf, ob § 43 BHKG im Verhältnis zu § 34 Abs. 2 BHKG ein eigenständiger Regelungsgehalt bzgl. der Befugnisse der Feuerwehr zukommt.

a) Der Regelungsgehalt des § 43 BHKG im Verhältnis zu § 34 Abs. 2 BHKG

§ 34 Abs. 2 S. 1 BHKG eröffnet der Einsatzleitung der Feuerwehr die Möglichkeit, die an der Einsatzstelle zur Erfüllung der Aufgaben nach dem

BHKG erforderlichen Maßnahmen zu treffen. Wie aus dem Kapitel D (S. 111 ff.) ersichtlich ist, dient diese Vorschrift dabei selbst als Ermächtigungsgrundlage im Sinne einer sog. Generalklausel. Neben den aus dem Verweis in § 34 Abs. 2 S. 2 BHKG i.V.m. § 24 Abs. 1 OBG NRW zu entnehmenden polizeirechtlichen Befugnissen, kann die Einsatzleitung der Feuerwehr über § 34 Abs. 2 S. 1 BHKG auch die notwendigen, jedoch ungeregelten Maßnahmen treffen, die im Einzelfall zur konkreten Gefahrenabwehr erforderlich sind. Dies umfasst beispielsweise auch die Heranziehung der Bevölkerung zur Hilfeleistung oder das Bereitstellen von Hilfsmitteln durch die Bevölkerung, wie es in § 43 Abs. 1 und Abs. 2 BHKG niedergelegt ist. Die Einräumung von Befugnissen für die Feuerwehr durch § 43 BHKG ist daher aufgrund des vollumfänglichen Regelungsgehaltes von § 34 Abs. 2 S. 1 und S. 2 BKHG nicht erforderlich. Darüber hinaus wird aus dem Gesetzgebungsverfahren zum BHKG ersichtlich, dass der Gesetzgeber nicht beabsichtigte, § 43 BHKG als (ergänzende) Befugnisnorm auszugestalten. In der Begründung zum Gesetzesentwurf der Landesregierung heißt es:

> **„Die neu gefasste Vorschrift [§ 34 BHKG] bestimmt die Befugnisse der Einsatzleitung** zur Durchführung der Abwehrmaßnahmen an der Einsatzstelle. Sie fasst die entsprechenden Regelungen der §§ 27 und 29 FSHG zusammen und ergänzt diese. Bisher wurden die Befugnisse der Einsatzleitung und die hiermit im Zusammenhang stehenden Pflichten der Bevölkerung zur Hilfeleistung gemeinsam geregelt. Dieser Regelungszusammenhang wird aufgelöst. **Die für die Bevölkerung bestehenden Pflichten werden nunmehr in § 43, im neu in das Gesetz eingefügten Abschnitt „Rechte und Pflichten der Bevölkerung" geregelt. Durch die Trennung soll verdeutlicht werden, dass sich die Regelungen an zwei unterschiedliche Adressaten richten, nämlich Einsatzleitung und vor Ort befindliche dritte Personen.** Für diese beiden Gruppen sollen mit der getrennten Regelung ihre jeweiligen Befugnisse und Pflichten deutlicher erkennbar werden."[779]

Dem darin manifestierten gesetzgeberischen Willen ist eindeutig zu entnehmen, dass § 43 BHKG der Behörde keine weiteren Kompetenzen einräumen sollte, sondern zur Klarstellung der Pflichten der Bevölkerung dient. Auffällig bleibt jedoch, dass nach § 43 Abs. 3 BHKG die *„Eigentümerinnen und Eigentümer sowie Besitzerinnen und Besitzer von Gegenständen,*

---

779 LT-Drs. 16/8293, S. 102 f. mit Hervorhebungen durch den Autor.

durch die ***der Einsatz behindert wird***", verpflichtet sind, „*diese* ***auf Weisung der Einsatzkräfte*** *wegzuräumen oder ihre Entfernung zu dulden.*"[780] § 34 Abs. 2 BHKG räumt die Befugnis zum Treffen der erforderlich Anordnungen ausschließlich der Einsatzleitung ein, nicht hingegen den einzelnen Einsatzkräften. Aus dem Gesetzesentwurf der Landesregierung zum BHKG lässt sich folgern, dass es sich bei der Formulierung in § 43 Abs. 3 BHKG um ein redaktionelles Versehen handeln könnte. Dort führt die Landesregierung aus, dass durch die Aufnahme des Begriffs „Einsatzleitung" in § 43 BHKG eine sprachliche Anpassung an § 33 BHKG erfolgt sei[781]. Diese Anpassung wurde in § 43 Abs. 1, 2 und 5 BHKG vorgenommen. Lediglich in § 43 Abs. 3 BHKG findet sich noch der im FSHG verwendete Begriff der Einsatzkräfte wieder. Hierzu ist dem Gesetzesentwurf zu entnehmen, dass § 43 Abs. 3 BHKG unverändert § 27 Abs. 3 FSHG entspreche[782]. Dies könnte darauf schließen lassen, dass der Gesetzgeber schlicht übersehen hat, auch hier die Vorschrift entsprechend anzupassen. Dafür spricht auch der Umstand, dass § 34 BHKG, welcher nach Willen des Gesetzgebers die Befugnisse der Feuerwehr regelt, ausschließlich der Einsatzleitung diese Kompetenzen zuspricht. Weder die gewollte Erweiterung der Kompetenzen der Einsatzleitung, noch die Vergrößerung des Kreises der Befugten ist aus der Begründung zum Gesetzesentwurf ersichtlich. Ähnlich verhält es sich bei der Eingriffsschwelle für einen Platzverweis bei Behinderung der Einsatzkräfte, die noch nicht in eine Gefahr umgeschlagen ist. § 34 Abs. 2 BHKG i.V.m. § 1 Abs. 1 BHKG setzt grundsätzlich das Vorliegen einer Gefahr für die Zuständigkeit der Feuerwehr voraus. Nach § 43 Abs. 3 BHKG genügt hingegen das Vorliegen einer Behinderung. Einen Hinweis darauf, dass der Gesetzgeber mit § 43 Abs. 3 BHKG die Eingriffsschwelle für die Erteilung einer Platzverweisung herabsetzen wollte, lässt sich den Gesetzgebungsunterlagen zum BHKG nicht entnehmen. Da mit einer Behinderung des konkreten Einsatzes aber auch regelmäßig eine Gefahrenlage einhergeht[783], wäre die Herabsetzung der Eingriffsschwelle unter Gefahrenabwehrgesichtspunkten auch nicht notwendig. Eine Klarstellung durch den Gesetzgeber wäre jedoch auch an dieser Stelle sinnvoll und geboten.

780 Hervorhebung durch den Autor.
781 LT-Drs. 16/8293, S. 109.
782 LT-Drs. 16/8293, S. 109.
783 Vgl. Ausführungen zu: D.II.3.b)ii)(2)(c) (S. 180 f.).

b) Eigenständiger Regelungsgehalt des § 43 BHKG

Neben der Klarstellungsfunktion, welches Verhalten der Gesetzgeber im Bereich des Brandschutzes und der Hilfeleistung von der Bevölkerung verlangt, dient § 43 BHKG i.V.m. § 49 BHKG auch als Bußgeldtatbestand. Zur Ahndung der Verwirklichung dieser Ordnungswidrigkeiten ist nach § 49 Abs. 3 BHKG die örtliche Ordnungsbehörde berufen. Eine nähergehende Auseinandersetzung mit diesem Thema soll an vorliegender Stelle jedoch nicht erfolgen.

E. Vollstreckbarkeit der Maßnahmen des § 34 Abs. 2 BHKG?

Im vorherigen Kapitel wurde ausführlich überprüft, welche polizeirechtlichen Maßnahmen aus dem Katalog des § 24 Abs. 1 OBG NRW der Feuerwehr im Rahmen des § 34 Abs. 2 BHKG zur Gewährleistung des Brandschutzes und der Hilfeleistung zur Verfügung stehen. Bei Erlass solch einer polizeirechtlichen Verfügung wird im Regelfall ein Adressat zu einem Tun, Dulden oder Unterlassen verpflichtet. Diese Befugnis der Behörde ermächtigt sie jedoch im Allgemeinen nicht zu der notfalls gewaltsamen Durchsetzung der Verfügung (falls sie auf Widerstand des Adressaten treffen sollte), sodass sie auf das Handlungsinstrument der Verwaltungsvollstreckung zurückgreifen muss[784]. Die Verwaltungsvollstreckung wird daher auch „Sekundärebene" genannt, da sie erst im Anschluss an den zuvor zu erlassenden Verwaltungsakt („Primärebene") anknüpft[785].

Nach Herausarbeitung der feuerwehrlichen Befugnisse schließt sich in diesem Kapitel nun der Themenkomplex der „Vollstreckbarkeit" der Maßnahmen des BHKG an. Dabei soll insbesondere auf die Frage eingegangen werden, ob die Vollstreckung der Maßnahmen im Wege des sog. gestreckten Verfahrens im Sinne des § 55 Abs. 1 VwVG NRW notwendig und möglich erscheint, oder ob die Feuerwehr sich des „Sofortvollzuges" nach § 55 Abs. 2 VwVG NRW bedienen kann. Dabei ist zuvor zu klären, in welchem Verhältnis das gestreckte Verfahren zum Sofortvollzug steht.

I. Begriffsbestimmung

Bevor die vorgenannten Untersuchungen erfolgen, sollen die Begriffe „Verwaltungsvollstreckung", „gestrecktes Verfahren" und „Sofortvollzug" in groben Grundzügen dargestellt werden, um eine bessere Nachvollziehbarkeit der anschließenden Überlegungen zu gewährleisten.

Bei der Verwaltungsvollstreckung handelt es sich nach der eingängigen Definition von *Graulich* um *„ein staatliches Verfahren mit dem Ziel, einen öffentlich-rechtlichen Anspruch eines Hoheitsträgers gegenüber einem Bürger unter*

---

784 *Gusy*, POR, Rn. 436; *Thiel*, POR, § 11 Rn. 1.

785 *Knemeyer*, POR, Rn. 358; *Kugelmann*, POR, 11. Kap. Rn. 1; *Thiel*, POR, § 11 Rn. 1.

Anwendung staatlichen Zwangs durchzusetzen."[786] Dabei finden sich im Rahmen der Vollstreckung eines (hier ausschließlich relevanten) Tun, Dulden oder Unterlassens im PolG NRW sowie im VwVG NRW zwei unterschiedliche Vollstreckungsvarianten, das gestreckte Verfahren (§ 50 Abs. 1 PolG NRW/§ 55 Abs. 1 VwVG NRW) und der Sofortvollzug (§ 50 Abs. 2 PolG NRW/§ 55 Abs. 2 VwVG NRW)[787].

Den Regelfall der Vollstreckung (gerichtet auf ein Tun, Dulden oder Unterlassen) bildet das gestreckte Verfahren[788]. Hierbei handelt es sich um ein mehrgliedriges Verfahren, welches durchgeführt wird, wenn ein vollstreckbarer „Grundverwaltungsakt" vorhanden ist[789]. Dieser muss wirksam und vollstreckbar sein[790]. Nach Auswahl des richtigen Zwangsmittels[791] hat die Behörde gegenüber dem Betroffenen zunächst das Zwangsmittel unter Setzung einer zumutbaren Frist schriftlich anzudrohen[792]. Leistet der Betroffene innerhalb der gesetzten Frist dem Inhalt des Verwaltungsaktes nicht Folge, setzt die Behörde das Zwangsmittel gegenüber dem Betroffenen mit einem der Androhung inhaltlich identischen Akt fest[793]. Soweit die Festsetzung des Zwangsmittels erfolgt ist, kann die Behörde dieses auch entsprechend der Androhung zur Anwendung bringen[794]. Nicht jedoch in jeder Sachverhaltskonstellation müssen sämtliche Stufen des gestreckten Verfahrens eingehalten werden, auch *abgekürztes* Verwaltungsvollstreckungsverfahren genannt[795]. So ist beispielsweise nach § 69 Abs. 1 S. 2 VwVG NRW die Androhung unmittelbaren Zwangs entbehrlich,

786 *Graulich*, HdbPR, E Rn. 823; ähnliche Definition auch von: App/Wettlaufer/*Klomfaß*, Verwaltungsvollstreckungsrecht, Kap. 1 Rn. 1; *Baumeister*, in: Schenke/Graulich/Ruthig, Sicherheitsrecht, Vorb. § 1 VwVG Rn. 2; *Maurer/Waldhoff*, Allg. Verwaltungsrecht, § 20 Rn. 1; *K. Weber*, Verwaltungszwang in der behördlichen Praxis, 2015, S. 4.

787 *Erlenkämper/Rhein*, VwVG/LZG NRW, Vorb. §§ 55 ff. VwVG NRW Rn. 5 ff.

788 App/Wettlaufer/*Klomfaß*, Verwaltungsvollstreckungsrecht, Kap. 30 Rn. 3; *Möller/Warg*, POR, Rn. 207; *Thiel*, POR, § 13 Rn. 2.

789 *Baumeister*, in: Schenke/Graulich/Ruthig, Sicherheitsrecht, Vorb. §§ 6-18 VwVG Rn. 4; *Thiel*, POR, § 13 Rn. 2.

790 Zu den Voraussetzungen der Wirksamkeit und Vollstreckbarkeit ausführlich: *Gusy*, POR, Rn. 438 ff. oder *Schenke*, POR, Rn. 539 ff.

791 Hierzu ausführlich: *Gusy*, POR, Rn. 442 ff.

792 *Maurer/Waldhoff*, Allg. Verwaltungsrecht, § 20 Rn. 21.

793 *Maurer/Waldhoff*, Allg. Verwaltungsrecht, § 20 Rn. 22.

794 *Möller/Warg*, POR, Rn. 220.

795 *Selmer/Gersdorf*, Verwaltungsvollstreckungsverfahren, S. 12.

„wenn die Umstände sie nicht zulassen, insbesondere wenn die sofortige Anwendung des Zwangsmittels zur Abwehr einer Gefahr notwendig ist.“[796]

Der Sofortvollzug ist als gesetzliche Alternative nach der Konzeption des § 55 Abs. 2 VwVG NRW (§ 50 Abs. 2 PolG NRW) hingegen verfahrensfrei[797]. Diese Variante der Vollstreckung kommt in Betracht, soweit eine Grundverfügung gegen den Verantwortlichen zulässig wäre, diese aber tatsächlich nicht rechtzeitig möglich oder geeignet erscheint[798]. Die Androhung und Festsetzung von Verwaltungszwang erfolgt in diesen Fällen gerade nicht[799].

II. Verhältnis des gestreckten Verfahrens zum Sofortvollzug

Durch den Erlass eines Verwaltungsaktes schafft die Behörde selbst einen Vollstreckungstitel, aus welchem sie ebenfalls selbst die Vollstreckung durchführen kann[800]. Dieser Vorgang wird auch das Recht der Selbsttitulierung und Selbstvollstreckung genannt und unterscheidet sich eklatant vom Zivilrecht, in welchem der Bürger auf die Verschaffung eines zusprechenden Urteils im Klageweg, den Erhalt einer Vollstreckungsklausel, die Zustellung an den Schuldner sowie die Vollstreckung durch den Gerichtsvollzieher angewiesen ist[801]. Aus Rechtsstaatlichkeitsgründen korrespondiert mit dem Selbsttitulierungs- und Selbstvollstreckungsrecht jedoch die Pflicht der handelnden Behörde, das hierfür vorgesehene Verfahren im Re-

---

796 Für die weiteren Fallgestaltungen der Entbehrlichkeit der Durchführung aller Stufen des gestreckten Verfahrens siehe *Thiel*, POR, § 13 Rn. 2 ff.

797 *Gusy*, POR, Rn. 454.

798 *Gusy*, POR, Rn. 454; hierzu ausführlich: *Möller/Warg*, POR, Rn. 227 ff. oder *Schenke*, POR, Rn. 564 ff.

799 *Erlenkämper/Rhein*, VwVG/LZG NRW,§ 55 VwVG NRW Rn. 55; *R. Pietzner*, Rechtsschutz in der Verwaltungsvollstreckung, VerwArchiv 84 (1993), S. 261 (264).

800 *Graulich*, HdbPR, E Rn. 823; *Lemke*, Verwaltungsvollstreckungsrecht, S. 43; *Mosbacher*, in: Engelhardt/App/Schlatmann, VwVG/VwZG, Vorb. §§ 6-18 VwVG Rn. 3; *Sadler*, VwVG/VwZG, § 6 Rn. 1; *Selmer/Gersdorf*, Verwaltungsvollstreckungsverfahren, S. 13 f.

801 *Sadler*, VwVG/VwZG, § 6 Rn. 1; *J. Wetzel*, Rechtsschutz in der Verwaltungsvollstreckung, 2009, S. 4; *A. Winterstetter*, Der Verwaltungsakt als Vollstreckungstitel, 1967, S. 12; ebenso: *Wittreck*, POR, Rn. 78.

gelfall einzuhalten[802], denn das Erfordernis der vorausgehenden Grundverfügung bedeutet für den Bürger die Vorhersehbarkeit und Berechenbarkeit des Verwaltungszwangs[803] [804]. Das gestreckte Verfahren soll die zwangsweise Durchsetzung der durch die Grundverfügung begründeten Handlungs-, Duldungs- oder Unterlassungspflicht nach Möglichkeit vermeiden, indem dem Bürger in verschiedenen Verfahrensabschnitten (Grundverfügung, Androhung, Festsetzung) jeweils erneut die Chance eingeräumt wird, die ihm auferlegten Pflichten zu erfüllen und so den Vollstreckungszwang abzuwenden[805]. Dabei schaltet, wie es *Pietzner* formuliert, *„der Staat der realen Zwangsanwendung eine Phase lediglich sprachlich vermittelten psychologischen Zwangs vor"*[806]. Das Bereitstellen solcher Abwendungsmöglichkeiten der realen Zwangsanwendung durch die Schaffung verfahrensrechtlicher Vollstreckungsvoraussetzungen ist nicht allein Ausdruck staatlicher Machtökonomie, sondern spiegelt sich in dem den Rechtsstaat beherrschenden Prinzip der Mäßigung der Staatsgewalt wider[807]. Das verfassungsrechtliche Postulat der Verhältnismäßigkeit gebietet dem Staat das Rangverhältnis der Anwendung sprachlich vermittelter vor tatsächlicher Gewalt[808]. Aus diesem Grundsatz resultiert das Erfordernis einer Grundverfügung mit der nachfolgenden Androhung und der Festsetzung von

802 *Kugelmann*, POR, 11. Kap. Rn. 1; *R. Leinius*, Anwendung von Zwangsmitteln ohne vorausgehenden Verwaltungsakt (sofortiger Vollzug und unmittelbare Ausführung), 1976, S. 122; *Thiel*, POR, § 11 Rn. 14.

803 *Mosbacher*, in: Engelhardt/App/Schlatmann, VwVG/VwZG, Vorb. §§ 6-18 VwVG Rn. 3; *Sadler*, VwVG/VwZG, § 13 VwVG Rn. 1.

804 Zur rechtlichen Formenbindung staatlichen Handelns zum Zwecke der Berechenbarkeit, Vorhersehbarkeit und Transparenz staatlicher Maßnahmen allgemein: *F: Schoch*, Entformalisierung staatlichen Handelns in: J. Isensee/P. Kirchhof (Hrsg.), Handbuch des Staatsrechts der Bundesrepublik Deutschland, Bd. III, 3. Aufl. 2005, § 37 Rn. 8.

805 App/Wettlaufer/*Klomfaß*, Verwaltungsvollstreckungsrecht, Kap. 36 Rn. 5; *Baumeister*, in: Schenke/Graulich/Ruthig, Sicherheitsrecht, Vorb. §§ 6-18 VwVG Rn. 4; *Erlenkämper/Rhein*, VwVG/LZG NRW, Vorb. §§ 55 ff. VwVG NRW Rn. 10 und § 63 VwVG NRW Rn. 1; *Kugelmann*, POR, 11. Kap. Rn. 16; *Selmer/Gersdorf*, Verwaltungsvollstreckungsverfahren, S. 11 f.; *Winterstetter*, Verwaltungsakt (Fn. 801), S. 50.

806 *Pietzner*, Rechtsschutz (Fn. 799), S. 263.

807 *Pietzner*, Rechtsschutz (Fn. 799), S. 263; *Schoch*, in: Isensee/Kirchhof, HStR III (Fn. 803), § 37 Rn. 8.

808 *P. Kirchhof*, Mittel staatlichen Handelns, in: J. Isensee/ders. (Hrsg.), Handbuch des Staatsrechts der Bundesrepublik Deutschland, Bd. III, 1. Aufl. 1988, § 59 Rn. 59, 171; *Lemke*, Verwaltungsvollstreckungsrecht, S. 298; *Pietzner*, Rechtsschutz (Fn. 799), S. 263; *Rachor*, HdbPR^5, E Rn. 49.

Zwangsmitteln vor Durchführung des tatsächlichen Zwangs. Daneben eröffnen die unterschiedlichen Stufen der Verwaltungsvollstreckung dem Betroffenen die Möglichkeit einer dem Vollzug des Zwangsmittels vorgelagerten Rechtskontrolle durch die Behörde selbst oder die Verwaltungsgerichte[809].

Die Ausübung von Verwaltungszwang im Rahmen des Sofortvollzuges nach § 55 Abs. 2 VwVG NRW (bzw. § 50 Abs. 2 PolG NRW) bildet die Ausnahme und ist nur „notwendig" im Sinne der Vorschrift, wenn der Zweck der Maßnahme, die Abwendung der Gefahr, auch bei größtmöglicher Beschleunigung des gestreckten Verfahrens nicht zu erreichen ist[810]. Es stellt die für den Bürger schärfste Form staatlichen Einschreitens dar, die unter Beachtung des Verhältnismäßigkeitsprinzips nur als letztes Mittel herangezogen werden darf[811]. Soweit das abgekürzte Verwaltungsvollstreckungsverfahren, welches selbst aufgrund der Beschneidung der Rechte des Bürgers schon eine besondere Rechtfertigung erfordert[812], genügt, um den Zweck der Verfügung zu erfüllen, ist diesem Vorrang zu gewähren. Denn jeder einzelne Verfahrensakt des mehrstufigen Vollstreckungsverfahrens erhöht die individuellen Freiheitsrechte des Betroffenen, indem ihm Ausweich- und Abwendungsmöglichkeiten eingeräumt werden[813]. Die vorgenannten Gründe haben zur Folge, dass die Anwendung des Sofortvollzuges rechtswidrig ist, solange für die handelnde Behörde die Möglichkeit eines Vorgehens im Wege des gestreckten (und auch abgekürzten) Verfahrens besteht[814]. Grundsätzlich gilt daher für Polizei und Ordnungsbehörden bei der auf ein Tun, Dulden oder Unterlassen gerichteten Verwaltungsvollstreckung gleichermaßen, dass das gestreckte Verfahren vor dem Sofortvollzug Vorrang genießt.

Die vollstreckungsrechtliche Praxis weist indes enorme Unterschiede bei der zwangsweisen Durchsetzung ordnungsbehördlicher und vollzugspoli-

---

809 *Baumeister*, in: Schenke/Graulich/Ruthig, Sicherheitsrecht, § 13 VwVG Rn. 7 f.; *Graulich*, HdbPR, E Rn. 825.

810 *Erlenkämper/Rhein*, VwVG/LZG NRW, § 55, VwVG NRW Rn. 55, 66; *Lemke*, Verwaltungsvollstreckungsrecht, S. 190; *Möller/Warg*, POR, Rn. 233; *Wolffgang/Hendricks/Merz*, POR, Rn. 544.

811 So bereits: OVGE 7, 27 (32 f.); *Pietzner*, Rechtsschutz (Fn. 799), S. 264.

812 *Selmer/Gersdorf*, Verwaltungsvollstreckungsverfahren, S. 12 f.

813 *Selmer/Gersdorf*, Verwaltungsvollstreckungsverfahren, S. 12.

814 Drews/Wacke/*Vogel*/Martens, Gefahrenabwehr, § 25 Ziff. 7 lit. a; *Gusy*, POR, Rn. 441; *Kugelmann*, POR, 11. Kap. Rn. 44 f.; *Maurer/Waldhoff*, Allg. Verwaltungsrecht, § 20 Rn. 27; *Möller/Warg*, POR, Rn. 205, 233.

zeilicher Verfügungen auf[815]. Während die Ordnungsbehörden den Gefahren gewöhnlich „vom Schreibtisch aus" begegnen, indem sie dem Verantwortlichen schriftlich ein bestimmtes Tun, Dulden oder Unterlassen aufgeben, sind die Beamten des Polizeivollzugsdienstes regelmäßig vor Ort mit Gefahrenlagen konfrontiert, die ein unmittelbares Einschreiten erfordern[816]. Charakteristisch ist hierbei häufig, dass weder der Erlass eines Verwaltungsaktes noch die Androhung oder Festsetzung eines solchen zeitlich erfolgen könnten, ohne den Zweck des (polizeilichen) Einschreitens zu gefährden[817]. Grund hierfür ist meist die Unerreichbarkeit der verantwortlichen Peron, sodass die Polizei selbst zur Tat schreiten muss, um die Gefahr zu beseitigen, anstatt den Pflichtigen zur Gefahrenbeseitigung zu verpflichten[818]. Die Eilfallkompetenz der Polizei[819] führt daher zu einer faktischen Umkehrung des zuvor beschriebenen Regel-Ausnahme-Prinzips von gestrecktem Verfahren und Sofortvollzug[820]. Dennoch gilt entsprechend der vorherigen Ausführungen, dass in solchen Fällen, in denen ein gestrecktes oder abgekürztes Verfahren durchgeführt werden kann, ohne damit den Erfolg der Gefahrenabwehr zu gefährden, diesem Vorrang gebührt. Grundsätzlich steht den Behörden auch noch während des Vollstreckungsprozesses offen, von einem Verfahren zum anderen überzugehen, falls sich das ursprünglich gewählte Verfahren als rechtlich oder tatsächlich ungeeignet erweist[821].

III. Vollstreckung feuerwehrlicher Verfügung im gestreckten Verfahren nach § 55 Abs. 1 VwVG NRW

Nach § 56 Abs. 1 VwVG NRW vollzieht grundsätzlich diejenige Behörde einen Verwaltungsakt, die ihn erlassen hat. Daneben räumen viele Spezialgesetze, darunter auch § 34 Abs. 3 S. 2 BHKG, den Erlassbehörden die Möglichkeit ein, für den Vollzug die Polizei um Vollzugshilfe zu ersuchen,

---

815 *Graulich*, HdbPR, E Rn. 825.

816 *Kingreen/Poscher*, POR, § 24 Rn. 5, 7; *Kugelmann*, POR, 11. Kap. Rn. 40; *Wetzel*, Rechtsschutz (Fn. 801), S. 154 f.

817 *Knemeyer*, POR, Rn. 358 f.; *Thiel*, POR, § 13 Rn. 16.

818 Tegtmeyer/*Vahle*, PolG NRW, § 50 Rn. 9.

819 Für Nordrhein-Westfalen in § 1 Abs. 1 S. 1, 3 PolG NRW niedergelegt.

820 *Knemeyer*, POR, Rn. 358; sinngemäß so auch: *Graulich*, HdbPR, E Rn. 825; *Kingreen/Poscher*, POR, § 24 Rn. 5, 7.

821 *Baumeister*, in: Schenke/Graulich/Ruthig, Sicherheitsrecht, Vorb. §§ 6-18 VwVG Rn. 5; *Gusy*, POR, Rn. 441.

„wenn unmittelbarer Zwang anzuwenden ist und die anderen Behörden nicht über die hierzu erforderlichen Dienstkräfte verfügen oder ihre Maßnahmen nicht auf andere Weise selbst durchsetzen können.“[822] Daher ist im Rahmen dieses Kapitels neben der Vollstreckung der Maßnahmen des BHKG durch die Feuerwehr selbst, auch auf die Vollstreckung durch die Vollzugskräfte der Polizei im Wege der der Vollzugshilfe näher einzugehen.

1. Vollstreckung feuerwehrlicher Verfügung durch Einsatzkräfte der Feuerwehr im gestreckten Verfahren nach § 55 Abs. 1 VwVG NRW

Im folgenden Abschnitt soll eine Untersuchung erfolgen, ob die durch die Einsatzleitung der Feuerwehr getroffenen Verfügungen mittels des gestreckten Vollstreckungsverfahrens nach § 55 Abs. 1 VwVG NRW durchgesetzt werden können und welche rechtlichen Problemstellungen sich hierbei ergeben.

a) Die Anwendbarkeit des § 55 Abs. 1 VwVG NRW auf die Maßnahmen der Einsatzleitung der Feuerwehr

Für die Vollstreckung feuerwehrlicher Gefahrenabwehrverfügungen durch die Einsatzkräfte der Feuerwehr finden die §§ 55 ff. VwVG NRW Anwendung. Bei der Feuerwehr handelt es sich nicht – so viel sei vorweggenommen – um eine Art „Vollzugspolizei“, sodass das PolG NRW nicht einschlägig ist. Unabhängig von der Frage, ob die Feuerwehr als Sonderordnungsbehörde einzuordnen ist, lässt sie sich jedenfalls unter den Behördenbegriff des § 56 VwVG NRW subsumieren. So findet sich in der bis zum Oktober 2004 in Kraft gewesenen Verwaltungsvorschrift zum VwVG NRW die Ausführung: *„Der Behördenbegriff ist hier in dem weiten Sinne der Verwaltungsgerichtsordnung (§ 61 Nr. 3, §§ 70ff. § 78 Abs. 1 Nr. 2 VwGO) zu verstehen.“*[823] Dieses Verständnis gilt auch weiterhin[824]. Die VwGO definiert den Begriff der Behörde selbst nicht, jedoch versteht die ganz herrschende Meinung hierunter eine durch organisatorische Rechtssätze gebildete, vom Wechsel des Amtsinhabers unabhängige und nach der einschlä-

822 Wortlaut des § 47 Abs. 1 PolG NRW.

823 Ziff. 56.21 VV PolG NRW, aufgehoben durch RdErl. v. 9.10.2004 (MBl.NW. 2004 S. 890).

824 *Erlenkämper/Rhein*, VwVG/LZG NRW, § 56 VwVG NRW Rn. 3.

gigen Zuständigkeitsregelung berufene Stelle, die unter eigenem Namen für den Staat oder andere Träger öffentlicher Verwaltung Aufgaben der öffentlichen Verwaltung wahrnimmt[825]. Nach dem bisher Aufgezeigten treffen diese Voraussetzungen sämtlich auf die Feuerwehr zu, sodass sie als Vollzugsbehörde im Sinne des § 56 Abs. 1 VwVG NRW anzusehen ist und grundsätzlich die von ihr erlassenen Verwaltungsakte vollzieht.

b) Die Anwendbarkeit des § 55 Abs. 1 VwVG NRW an der Einsatzstelle hinsichtlich Form der Grundverfügung sowie Androhung und Festsetzung von Zwangsmitteln

Auch die Feuerwehr hat bei der Vollstreckung der von ihrer Einsatzleitung erlassenen Verfügungen den Vorrang des gestreckten Verfahrens im Sinne des § 55 Abs. 1 VwVG NRW vor Rückgriff auf den Sofortvollzug nach § 55 Abs. 2 VwVG NRW zu beachten. Zwar dürfte sich ebenfalls bei der Feuerwehr das Regel-Ausnahme-Prinzip des Verhältnisses von gestrecktem Verfahren und Sofortvollzug in der Praxis umgekehrt darstellen. Ähnlich der Polizei bekämpft die Feuerwehr Gefahrenlagen nicht „vom Schreibtisch aus“, sondern ist in Gefahrensituationen vor Ort, um durch selbstständiges Einschreiten einen gefahrbringenden Zustand zu beseitigen. Gerade solche Situationen erlauben häufig nicht den Erlass eines Verwaltungsaktes mit anschließender (schriftlicher) Androhung und Festsetzung von Zwangsmitteln. Allerdings darf nicht unberücksichtigt bleiben, dass auch die Durchführung eines gestreckten bzw. abgekürzten Verfahrens im Sinne des § 55 Abs. 1 VwVG NRW an der Einsatzstelle grundsätzlich möglich ist.

Die zu erlassende Grundverfügung unterläge nur dann der Schriftform, falls die Feuerwehr als Sonderordnungsbehörde im Sinne der §§ 12 Abs. 1, 3 Abs. 1 Hs. 2 OBG NRW zu klassifizieren wäre[826] und daher über § 12 Abs. 2 OBG NRW auch § 20 Abs. 1 S. 1 OBG NRW Anwendung fände. Jedoch ist davon auszugehen, dass selbst bei dieser Beurteilung bei Handeln der Feuerwehr regelmäßig Gefahr im Verzuge im Sinne des § 20 Abs. 1 S. 2 Hs. 1 OGB NRW vorliegen dürfte, da die Zuständigkeit der Feuerwehr bereits eine konkrete Gefahr im Sinne der § 1 Abs. 1 Nr. 1 und Nr. 2 BHKG voraussetzt. Diese wiederum wird den Erlass einer schriftlichen Verfügung im Rahmen der Gefahrenabwehr mit sehr hoher Wahrscheinlichkeit nicht

825 *Kintz*, in: Posser/Wolff, VwGO, § 61 Rn. 18; *Krausnick*, in: Gärditz, VwGO, § 61 Rn. 25; *W.-R. Schenke*, in: Kopp/ders., VwGO, § 61 Rn. 13.
826 Vgl. Ausführungen zu: B.IV (S. 45 ff.) und F.II.2.b)aa) (S. 294 f.).

zulassen, ohne dass dies den Erfolg der Gefahrenabwehrtätigkeit gefährden würde, was zum Dispens des Formerfordernisses der Grundverfügung führt.

Bei der Entbehrlichkeit der Androhung des Zwangsmittels sieht es schon problematischer aus. Von ihr kann nach § 63 Abs. 1 S. 5 VwVG NRW nur dann abgesehen werden, „*wenn die Umstände sie nicht zulassen, insbesondere wenn die sofortige Anwendung des Zwangsmittels zur Abwehr einer gegenwärtigen Gefahr notwendig ist (§ 55 Abs. 2).*" Dabei wird der Umfang dieser Vorschrift uneinheitlich beurteilt. So wird teilweise vertreten, dass der Fall des Sofortvollzuges nach § 55 Abs. 2 VwVG NRW die einzige Konstellation sei, in welcher auf die Androhung des Zwangsmittels verzichtet werden könne[827]. Mit Beschluss vom 24. Juli 2007 stellte das Oberverwaltungsgericht Münster jedoch klar, dass § 63 Abs. 1 S. 5 VwVG NRW einen über den Sofortvollzug im Sinne des § 55 Abs. 2 VwVG NRW hinausgehenden Anwendungsbereich aufweist. In den Gründen heißt es:

> „Aber auch ein Eilfall im Sinne des § 63 Abs. 1 Satz 5 1. Alt. VwVG NRW war nicht gegeben; die Beschränkung des Anwendungsbereichs von § 63 Abs. 1 Satz 5 1. Alt. VwVG NRW auf Eilfälle, die dem nach § 63 Abs. 1 Satz 5 2. Alt. VwVG NRW vergleichbar sind, ergibt sich aus der Formulierung ‚insbesondere'."[828]

Aus der durch das Oberverwaltungsgericht Münster gewählten Formulierung lässt sich eindeutig entnehmen, dass es den Verweis auf den Sofortvollzug nach § 55 Abs. 2 VwVG NRW lediglich als ein Regelbeispiel wertet, was durch das Wort „insbesondere" kenntlich gemacht worden sei. Hierfür spricht neben dem eindeutigen Wortlaut der Vorschrift auch der aufgezeigte Grundsatz des Vorrangs des gestreckten Verfahrens vor dem Sofortvollzug. Unter dem dabei erläuterten Gesichtspunkt der Vorhersehbarkeit und Berechenbarkeit des Verwaltungszwangs kann es nicht überzeugen, die handelnde Behörde zum Rückgriff auf den Sofortvollzug (ohne zugrundliegende Verfügung) zu zwingen, sofern sie aus zeitlichen Gesichtspunkten im gestreckten Verfahren die Androhung nicht (schriftlich) erlassen kann. Jeder Verfahrensakt des mehrstufigen Vollstreckungsverfah-

---

827 *Erlenkämper/Rhein*, VwVG/LZG NRW, § 56 VwVG NRW Rn. 19; ebenso *Troidl*, in: Engelhardt/App/Schlatmann, VwVG/VwZG, § 13 VwVG Rn. 17, welcher § 13 VwVG (Bund) mit § 63 Abs. 1 VwVG NRW inhaltlich gleichsetzt und damit zum Ausdruck bringt, dass § 63 Abs. 1 S. VwVG NRW über den auf § 55 Abs. 2 VwVG NRW beinhalteten Verweis keinen darüber hinausgehenden Regelungsgehalt aufweise.

828 OVG Münster, NWVBl. 2008, 77 (77).

rens erhöht die individuellen Freiheitsrechte des Betroffenen durch Gewährung von Ausweich- und Abwendungsmöglichkeiten. Der Sofortvollzug im Sinne des § 55 Abs. 2 VwVG NRW beschneidet diese Rechte hingegen gänzlich. Es ist daher nicht ersichtlich, weshalb nur im Falle des § 55 Abs. 2 VwVG NRW auf eine Androhung des Zwangsmittel verzichtet werden kann, wenn die Durchführung des gestreckten Verfahrens auch bei Entbehrlichkeit der Androhung die Rechte des Bürgers weitaus weniger belastet, indem ihm eine Grundverfügung mit konkretisiertem Inhalt bekanntgegeben wird und möglicherweise eine Festsetzung erfolgen kann. Auch diese Schritte erlauben dem Betroffenen in der Regel die Möglichkeit, dem ihm durch die Behörde auferlegten Tun, Dulden oder Unterlassen nachzukommen[829].

Ebenfalls lässt sich diese Argumentation auf die vom Gesetz in § 63 Abs. 1 S. 1 VwVG NRW vorgeschriebene Schriftform der Androhung übertragen. In der spärlich vorhandenen Literatur zum VwVG NRW finden sich lediglich „Bestätigungen" dieser Vorschrift, ohne eine weitergehende Auseinandersetzung mit dem Sinn und Zweck ihres Inhalts oder aber möglichen oder notwendigen Ausnahmen vorzunehmen[830]. Im Anschluss an die Ausführungen zur Entbehrlichkeit der Androhung drängt sich hier die Frage auf, ob das Schriftformerfordernis der Androhung ausnahmslos zu gelten hat, oder ob im Falle der Entbehrlichkeit der Androhung (§ 63 Abs. 1 S. 5 VwVG NRW) zunächst von der Vollstreckungsbehörde zu prüfen ist, ob nicht das Entfallenlassen der Schriftform der Androhung genügt, um die Vollstreckung im gestreckten Verfahren nach § 55 Abs. 1 VwVG NRW gewährleisten zu können. Noch prägnanter ausgedrückt: Falls von der Androhung im Falle des § 63 Abs. 1 S. 5 (Alt. 2) VwVG NRW gänzlich abgesehen werden kann, muss dann nicht erst recht eine mündliche Androhung den Anforderungen des § 63 Abs. 1 S. 1, S. 5 VwVG NRW genügen? Dahinter steckt wiederum der Gedanke, dass jeder Akt des gestreckten Verfahrens (Grundverfügung, Androhung, Festsetzung und Anwendung) die individuellen Freiheitsrechte des Betroffenen erhöht, indem ihm Ausweich- und Abwendungsmöglichkeiten eingeräumt werden. Diesem Zweck des gestreckten Verfahrens folgend, bedeutet auch die mündliche Androhung von Zwangsmaßnahmen, im Gegensatz zum gänzlichen Verzicht auf die Androhung, eine Stärkung der Freiheitsrechte. Dem Betroffenen wird vor der unmittelbaren Anwendung von Zwangs-

---

829 Im Ergebnis ebenso: *Lemke*, Verwaltungsvollstreckungsrecht, S. 300.

830 *Erlenkämper/Rhein*, VwVG/LZG NRW, § 63 VwVG NRW Rn. 4 oder *Sadler*, VwVG/VwZG, § 13 Rn. 25 mit Verweis auf das VwVG NRW.

mitteln zunächst nach Ergehen der Grundverfügung nochmals durch die mündliche Androhung die Möglichkeit eingeräumt, dem von ihm verlangten Tun, Dulden oder Unterlassen nachzukommen. Unter diesem Gesichtspunkt erscheint es nicht sachgemäß, § 63 Abs. 1 S. 1, S. 5 VwVG NRW dergestalt auszulegen, dass lediglich die Alternativen „schriftliche Androhung" und „keine Androhung" eröffnet sind. Vielmehr gebietet ein „Erst-recht-Schluss" (*argumentum a maiore ad minus*), dass bei der Möglichkeit des Absehens von der Androhung auch lediglich auf die Schriftform der Androhung verzichtet werden kann, wenn hierdurch das aus Rechtsstaatlichkeitsgründen vorrangig durchzuführende gestreckte Vollstreckungsverfahren eingehalten werden kann, ohne die Wirksamkeit der Gefahrenabwehr zu beeinträchtigen[831]. Unterstützung findet diese Auffassung in der bis zum Oktober 2004 in Kraft gewesenen Verwaltungsvorschrift zum VwVG NRW. Dort hieß es in Ziff. 63.21:

> „Die Androhung muss schriftlich ergehen. Das gilt auch für den Fall des unmittelbaren Zwanges (§ 69 Abs. 2). Von der schriftlichen Androhung kann nur abgesehen werden, wenn die Umstände sie nicht zulassen, insbesondere im Falle des sofortigen Vollzugs nach § 55 Abs. 2."[832]

Ausdrücklich wurde hier die Möglichkeit des Absehens von einer *schriftlichen* Androhung erwähnt, was die Eröffnung der Option der formlosen Androhung im Falle des § 63 Abs. 1 S. 5 VwVG NRW als weniger einschneidende Maßnahme implizieren könnte. Auch *W. Vogel* wies schon in seinem Kommentar zum VwVG NRW von 1957 darauf hin, dass nach der Gestaltung der Vorschrift zur Androhung nicht anzunehmen sei, dass die Pflicht zur schriftlichen Androhung nur im Regelfall gelte, im Übrigen aber ganz auf die Androhung verzichtet werden solle[833]. In Fällen, in denen von einer Androhung abgesehen werden könne, müsse daher zunächst *„in irgendeiner Form – schriftlich, mündlich, telefonisch, durch Lautsprecher usw. – angedroht werden"*[834]. Zwar soll nicht in Abrede gestellt werden, dass die gesetzliche Formulierung im Zeitpunkt der Kommentierung durch *W. Vogel* noch anders ausgestaltet war, jedoch lässt sich der Grundgedanke hieraus erkennen, dass einer „nur" mündlichen Androhung – je-

831 Ebenso bereits *Lemke*, Verwaltungsvollstreckungsrecht, S. 328.

832 Ziff. 63.21 VV PolG NRW, aufgehoben durch RdErl. v. 9.10.2004 (MBl.NRW. 2004 S. 890) mit Hervorhebung durch den Autor.

833 *W. Vogel*, Verwaltungszwang zur Durchsetzung von Verwaltungsakten und Verwaltungszustellung, 1958, § 62 VwVG Ziff. 3.

834 *Vogel*, Verwaltungszwang (Fn. 833), § 62 VwVG Ziff. 3.

denfalls vor dem gänzlichen Verzicht auf eine solche – Vorrang einzuräumen ist, da die mündliche Androhung zwar ein „Weniger" zur schriftlichen Androhung, jedoch ein „Mehr" gegenüber der Nichtdurchführung der Androhung darstellt.

Aus den vorgenannten Überlegungen ergibt sich daher, dass die (schriftliche) Androhung von Zwangsmitteln keine zwingende Voraussetzung ist, um im Wege des gestreckten Verfahrens im Sinne des § 55 Abs. 1 VwVG NRW Zwangsmaßnahmen behördlich durchsetzen zu können. Neben der Möglichkeit, im Falle des § 63 Abs. 1 S. 5 (1. Alt) VwVG NRW, vollends auf eine Androhung im gestreckten Verfahren zu verzichten, kann die vollstreckende Behörde auch eine formlose Androhung aussprechen, soweit die Umstände des Einzelfalls es zulassen, um die Freiheitsrechte des Bürgers zu schonen und so den Rückgriff auf den Sofortvollzug im Sinne des § 55 Abs. 2 VwVG NRW zu erübrigen.

Bei der Festsetzung im Sinne des § 64 VwVG NRW handelt es sich um die letzte Stufe des gestreckten Verfahrens vor dem tatsächlichen Einsatz des angedrohten Zwangsmittels. Mit ihr erhält der Pflichtige eine letzte Warnung[835]. Eine bestimmte Form oder Zustellung ist für die Festsetzung im Gesetz nicht vorgesehen. Aufgrund ihrer Eigenschaft als belastender Verwaltungsakt[836] muss sie dem Betroffenen gem. § 43 VwVfG NRW bekanntgegeben werden[837]. Ob die Festsetzung auch in einem über den Sofortvollzug hinausgehenden Fall (§ 64 S. 2 VwVG NRW) entbehrlich sein kann, wird uneinheitlich beurteilt. Entsprechend der durch den Autor kritisierten Auffassung zum Erfordernis der schriftlichen Androhung wird auch bei der Festsetzung vertreten, dass diese im gestreckten Verfahren zwingend sei[838]. Nach der gegenteiligen Ansicht könne auf die Festsetzung bei besonderen Gefahrensituationen ausnahmsweise verzichtet werden. Innerhalb dieser Meinungsgruppe wird jedoch wiederum unterschiedlich beurteilt, ob dann ein Rückgriff auf die Vorschriften des Sofortvollzuges (analog) notwendig sei[839] oder ob das gestreckte Verfahren um die Festsetzung gekürzt werden könne[840]. Ohne eine abschließende Bewertung vor-

835 *Erlenkämper/Rhein*, VwVG/LZG NRW, § 64 VwVG NRW Rn. 3; *Sadler*, VwVG/VwZG, § 14 Rn. 26.

836 App/Wettlaufer/*Klomfaß*, Verwaltungsvollstreckungsrecht, Kap. 36 Rn. 57 ff.; *Sadler*, VwVG/VwZG, § 14 Rn. 1; *Troidl*, in: Engelhardt/App/Schlatmann, VwVG/VwZG, § 14 VwVG Rn. 1.

837 *Erlenkämper/Rhein*, VwVG/LZG NRW, § 64 VwVG NRW Rn. 12.

838 *Sadler*, VwVG/VwZG, § 14 Rn. 14.

839 *Erlenkämper/Rhein*, VwVG/LZG NRW, § 64 VwVG NRW Rn. 19.

840 *Lemke*, Verwaltungsvollstreckungsrecht, S. 332 f.

zunehmen, erscheint die letztgenannte Auffassung – zumindest unter dem Gesichtspunkt der Rechtsstellung des Bürgers – überzeugender, da dem gestreckten Verfahren aus Rechtsstaatlichkeitsgründen grundsätzlich Vorrang einzuräumen ist, auch wenn einzelne Verfahrensglieder aufgrund besonderer (zeitlicher) Umstände nicht angewendet werden können. Nach der Rechtsprechung des Bundesverwaltungsgerichts ist die Festsetzung des Zwangsmittels im Falle der Ersatzvornahme darüber hinaus *„ausnahmsweise entbehrlich, wenn der Pflichtige auf die Schutzmöglichkeiten verzichtet, die ihm eine vorherige Festsetzung zu bieten vermag. Dies ist z.B. der Fall, wenn er ernstlich und endgültig erklärt, daß er der Grundverfügung nicht Folge leisten werde.“*[841] Ersichtlich wird jedenfalls, dass eine Festsetzung nicht in jedem Falle der Durchführung des gestreckten Verfahrens zu erfolgen hat und darüber hinaus keines förmlichen Verfahrens bedarf.

Den vorgenannten Ausführungen lässt sich entnehmen, dass das grundsätzlich vorrangige gestreckte Vollstreckungsverfahren nach § 55 Abs. 1 VwVG NRW nicht ausschließlich durch die Ordnungsbehörde „vom Schreibtisch aus“ nutzbar ist, sondern auch in akuten Gefahrensituationen an der Einsatzstelle durch Dispens von Verfahrensakten bzw. Formvorschriften flexibel Anwendung finden kann. Hieraus ergibt sich, dass die Feuerwehr entsprechend des oben genannten Vorrangverhältnisses vor und während der Durchführung von Vollstreckungsmaßnahmen zu prüfen hat, ob mit dem gestreckten bzw. abgekürzten Verfahren nach § 55 Abs. 1 VwVG NRW die Gefahr effektiv beseitigt werden kann, bevor ein Rückgriff auf den Sofortvollzug im Sinne des § 55 Abs. 2 VwVG NRW erfolgt.

c) Das Erfordernis der vollstreckbaren Grundverfügung

Neben der grundsätzlich erforderlichen Androhung und Festsetzung eines Zwangsmittels setzt das gestreckte Verfahren nach § 55 Abs. 1 VwVG NRW das Vorliegen einer *vollstreckbaren* Grundverfügung voraus[842]. Dies ist nach dem Wortlaut der Fall, wenn die Grundverfügung unanfechtbar ist oder einem Rechtsmittel keine aufschiebende Wirkung zukommt.

Unanfechtbar ist die Grundverfügung, wenn sie bestandskräftig ist, gegen sie also innerhalb der Rechtsbehelfsfrist der §§ 70, 74 VwGO von regelmäßig einem Monat ein Rechtsbehelf nicht eingelegt oder über den einge-

841 BVerwG, NVwZ 1997, S. 381 (382).
842 *Erlenkämper/Rhein*, VwVG/LZG NRW, § 55 VwVG NRW Rn. 10.

legten Rechtsbehelf bereits rechtskräftig ablehnend entschieden wurde[843]. Die Variante der Unanfechtbarkeit spielt für die vorliegende Prüfung keine Rolle. Die Einsatzleitung der Feuerwehr ist nach § 34 Abs. 2 S. 1 BHKG befugt, die *„an der Einsatzstelle notwendigen Maßnahmen"* zu treffen. Es handelt sich dabei aufgrund des Wortlautes von § 34 Abs. 2 S. 1 BHKG und weiterer gesetzlicher Einschränkungen um Maßnahmen, die zur akuten Gefahrenabwehr im Sinne des § 1 Abs. 1 BHKG notwendig sind und keinen Aufschub dulden, da andernfalls die Feuerwehr gegenüber den Polizei- und Ordnungsbehörden nicht oder nur subsidiär zuständig wäre[844]. Relevant sind daher bei der vorliegenden Prüfung nur solche Maßnahmen, die an der Einsatzstelle ergangen sind und unmittelbar dort vollstreckt werden sollen. Das Abwarten des Ablaufs der Rechtsbehelfsfrist für den Eintritt der Unanfechtbarkeit ist damit zeitlich grundsätzlich unvereinbar.

Zur Überprüfung verbleibt daher die zweite Variante des § 55 Abs. 1 VwVG NRW, das Fehlen der aufschiebenden Wirkung eines Rechtsbehelfs. Nach der Konzeption des § 80 Abs. 1 S. 1 VwGO besitzen Anfechtungsklage und Widerspruch, soweit statthaft, grundsätzlich aufschiebende Wirkung. Sie ist der Regelfall[845] und bildet ein „Gegengewicht" zum Selbsttitulierungsrecht der Behörde, indem sie vorläufig den Status quo des Betroffenen sichert. Der Behörde ist es somit verwehrt, vollendete Tatsachen zu schaffen, ohne dass dem Betroffenen eine vorherige (gerichtliche) Überprüfung ermöglicht wurde[846]. Nur in den Fällen des § 80 Abs. 2 VwGO tritt die aufschiebende Wirkung der in § 80 Abs. 1 S. 1 VwGO genannten Rechtsbehelfe nicht ein[847]. Intensiver zu untersuchen ist daher, ob die Verfügungen im Sinne des § 34 Abs. 2 BHKG unter eine der Varianten des § 80 Abs. 2 VwGO subsumierbar sind, mithin die Verfügungen als vollstreckbar gelten. Dies wäre Voraussetzung, um die Vollstreckung solch feuerwehrlicher Maßnahmen im Wege des gestreckten Verfahrens nach § 55 Abs. 1 VwVG NRW durchführen zu können. Dabei bedarf es einer Auseinandersetzung mit § 80 Abs. 2 S. 1 Nr. 1 VwGO nicht, da die Maß-

---

843 *Kingreen/Poscher*, POR, § 24 Rn. 30.

844 Siehe hierzu das Kapitel D (S. 111 ff.).

845 BVerwGE 18, 72 (79).

846 *Gersdorf*, in: Posser/Wolff, VwGO, § 80 Rn. 15 f.; *Windhorst*, in: Gärditz, VwGO, § 80 Rn. 124 f.

847 Im Falle des § 80 Abs. 2 S. 1 Nr. 4 VwGO lässt sich ebenfalls vom Nichteintreten der aufschiebenden Wirkung sprechen, wenn die sofortige Vollziehbarkeit bereits mit Erlass des Verwaltungsaktes angeordnet wurde. Erfolgt diese Anordnung erst später, ist wohl die gesetzliche Formulierung des Entfallens der aufschiebenden Wirkung treffender.

nahmen des § 34 Abs. 2 BHKG keinen Bezug zur Anforderung von öffentlichen Abgaben oder Kosten aufweisen. Die Überprüfung der weiteren, in § 80 Abs. 2 S. 1 VwGO genannten Varianten erfolgt aus Gründen der Verständlichkeit in einer anderen als der im Gesetz gewählten Reihenfolge.

aa) Nichteintritt der aufschiebenden Wirkung nach § 80 Abs. 2 S. 1 Nr. 3 2. Alt. VwGO?

Mit Inkrafttreten des 6. VwGOÄndG zum 1. Januar 1997 eröffnete der Bundesgesetzgeber mit einer landesrechtlichen Öffnungsklausel den Landesgesetzgebern u.a. die Möglichkeit, die aufschiebende Wirkung durch formelles Landesgesetz auszuschließen[848]. Bis dahin waren die Länder nach § 187 Abs. 3 VwGO a.F. darauf beschränkt, über den Nichteintritt bzw. das Entfallen der aufschiebenden Wirkung von Anfechtungsrechtsbehelfen im Bereich des Verwaltungsvollstreckungsrechts eigenständig zu entscheiden[849]. Durch die Gesetzesnovellierung findet die Beschränkung auf bestimmte Sachmaterien nicht mehr statt[850]. Erforderlich ist lediglich, dass der Ausschluss der aufschiebenden Wirkung durch ein förmliches Gesetz erfolgt und ausdrücklich und eindeutig formuliert ist[851].

Von solch einer Möglichkeit hat der nordrhein-westfälische Landesgesetzgeber weder im BHKG selbst noch an anderer, auf das BHKG bezugnehmender Stelle, Gebrauch gemacht. Dies erscheint jedenfalls unter dem Gesichtspunkt erstaunlich, dass dem Gesetzgeber der Problemkreis „Vollstreckbarkeit“ der Maßnahmen nach dem BHKG nicht unbekannt war. So wurde mit einer an die damalige Landtagspräsidentin *Gödecke* adressierten Stellungnahme zum Gesetzentwurf der Landesregierung zum BHKG[852] seitens mehrerer Verbände[853] darauf hingewiesen, dass zwingend geboten

---

848 *Gersdorf*, in: Posser/Wolff, VwGO, § 80 Rn. 62; *Windhorst*, in: Gärditz, VwGO, § 80 Rn. 138.

849 *Gersdorf*, in: Posser/Wolff, VwGO, § 80 Rn. 62; *W.-R. Schenke*, in: Kopp/ders., VwGO, § 80 Rn. 68.

850 *Windhorst*, in: Gärditz, VwGO, § 80 Rn. 139.

851 *Gersdorf*, in: Posser/Wolff, VwGO, § 80 Rn. 63; *Hoppe*, in: Eyermann, VwGO, § 80 Rn. 37; *W.-R. Schenke*, in: Kopp/ders., VwGO, § 80 Rn. 65, 68.

852 LT-Drs. 16/8293.

853 Gemeinsame Stellungnahme der Verbände: *Landkreistag Nordrhein-Westfalen, Städtetag Nordrhein-Westfalen, Städte- und Gemeindebund Nordrhein-Westfalen, Verband der Feuerwehren in NRW, Arbeitsgemeinschaft der Leiter der Berufsfeuerwehren NRW, Arbeitsgemeinschaft der Leiter Hauptamtlicher Feuerwachen, komba gewerkschaft nordrhein-westfalen, Werkfeuerwehrverband Nordrhein-Westfalen; Ar-*

sei, das Entfallen der aufschiebenden Wirkung von Widerspruch und Anfechtungsklage in das Gesetz aufzunehmen, um die Anordnungen unmittelbar durchsetzen zu können[854]. Darüber hinaus wurde in der öffentlichen Sachverständigenanhörung in der gemeinsamen Sitzung des Innenausschusses und des Ausschusses für Kommunalpolitik vom 21. August 2015 explizit von dem Abgeordneten *Nettelsroth* thematisiert, ob nicht in § 34 BHKG notwendigerweise ergänzt werden müsse, dass Anfechtungsklage und Widerspruch keine aufschiebende Wirkung zukomme, um potentielle Konflikte zu vermeiden und eine unmittelbare Vollstreckbarkeit zu gewährleisten[855]. Diese Frage wurde vom Vertreter des Verbandes der Feuerwehren in Nordrhein-Westfalen aufgegriffen und ausdrücklich bejaht. Insbesondere juristisch ungeschulte Einsatzkräfte bedürften einer prozessual gesicherten Situation, um in Gefahrenlagen die notwendigen Maßnahmen zur Gefahrenabwehr vollziehen zu können[856]. Schlussendlich erfolgte eine Umsetzung dieser Hinweise im BHKG dennoch nicht, sodass sich die Vollstreckbarkeit im Sinne des § 55 Abs. 1 VwVG NRW nicht aus dem BHKG selbst ergibt.

bb) Nichteintritt der aufschiebenden Wirkung nach § 80 Abs. 2 S. 1 Nr. 2 VwGO?

Nach § 80 Abs. 2 S. 1 Nr. 2 VwGO tritt die aufschiebende Wirkung bei unaufschiebbaren Anordnungen und Maßnahmen von Polizeivollzugsbeamten nicht ein. Auf den ersten Blick erscheint eine Subsumtion der Einsatzkräfte der Feuerwehr unter den Begriff der Polizeivollzugsbeamten abwegig. Dennoch soll folgend näher darauf eingegangen werden, was sich hinter dem Begriff des Polizeivollzugsbeamten verbirgt und ob eine Ausweitung des Begriffs auf die Feuerwehr so fernliegend erscheint, wie zunächst anzunehmen ist. Dabei bietet sich eine (verkürzte) historische Betrachtung der Begriffsentstehung an.

Der Begriff der Vollzugspolizei lässt sich insbesondere unter Beachtung des sog. Trennungssystems[857], oder auch Ordnungsbehördensystem ge-

---

beiter-Samariter-Bund Landesverband Nordrhein-Westfalen vom 13.8.2015, Az. 38.52.01 (LKT NRW).

854 Gemeinsame Stellungnahme vom 13.8.2015 (Fn. 853), S. 11 f.

855 Ausschussprotokoll vom 21.8.2015, Apr 16/956, S. 43 f.

856 Ausschussprotokoll vom 21.8.2015, Apr 16/956, S. 46 f.

857 Begriff beispielsweise verwendet durch: *Kingreen/Poscher*, POR, § 2 Rn. 24; *Kugelmann*, POR, 2. Kap. Rn. 24.

nannt[858], welches u.a. in Nordrhein-Westfalen ausgestaltet wurde[859], besser nachvollziehen. Im Trennungssystem werden die Aufgaben der Gefahrenabwehr überwiegend von den allgemeinen Verwaltungsbehörden wahrgenommen. Die Zuständigkeit der Polizei beschränkt sich hingegen (in Nordrhein-Westfalen) auf die Gefahrenabwehr in Eilfällen[860], die vorbeugende Bekämpfung von Straftaten[861] und die Vollzugshilfe[862] [863]. Diese Trennung und der damit verbundene aktuelle Begriff der Polizei lassen sich primär auf die Geschehnisse und Entwicklungen des 20. Jahrhunderts während der Diktatur der Nationalsozialisten zurückführen[864]. Bis zum Ende des Zweiten Weltkrieges und auch noch darüber hinaus wurde ein Großteil der die öffentliche Sicherheit und Ordnung betreffenden Materien als „Polizei" bezeichnet[865] [866]. Dies umfasste neben der staatlichen Sicherheitspolizei (heute Vollzugspolizei) u.a. auch die staatliche Wohlfahrtspolizei (heute Verwaltungspolizei oder Ordnungsbehörden)[867]. Insbesondere in der Zeit des Kaiserreichs entstanden eine immer weiter voranschreitende Bindung dieses Verwaltungsapparates an den Grundsatz der Gesetzmäßigkeit der Verwaltung[868] sowie die gerichtliche Kontrolle von Polizeigewalt durch Einrichtung besonderer Verwaltungsgerichte[869]. Mit der Machtergreifung durch die Nationalsozialisten im Jahr 1933 ging die Auflösung der rechtsstaatlich entwickelten Strukturen des Polizeiwesens

---

858 Begriff beispielsweise verwendet durch: *Möller/Warg*, POR, Rn. 17.

859 Darüber hinaus auch in Bayern, Berlin, Brandenburg, Hamburg, Hessen, Mecklenburg-Vorpommern, Niedersachsen, Rheinland-Pfalz, Sachsen-Anhalt, Schleswig-Holstein und Thüringen.

860 Vgl. § 1 Abs. 1 S. 1, S. 3 PolG NRW.

861 Vgl. § 1 Abs. 1 S. 2 PolG NRW.

862 Vgl. § 1 Abs. 3 i.V.m. §§ 47-49 PolG NRW.

863 *Wolffgang/Hendricks/Merz*, POR, Rn. 28.

864 *Thiel*, POR, § 2 Rn. 6; *Wolffgang/Hendricks/Merz*, POR, Rn. 21.

865 *Götz/Geis*, POR, § 1 Rn. 4 f.; *Knemeyer*, POR, Rn. 6 ff.

866 So wurden erst durch Einführung des OBG NRW vom 13.5.1980 (GV. NW. S. 528) die bis dato vorhandenen Bezeichnungen wie „Baupolizei", „Bergpolizei", „Deichpolizei" oder „Feld- und Forstpolizei" abgeschafft, indem der Begriff „Polizei" durch „Aufsicht" „Schutz" oder „Überwachung" ersetzt wurde. Diese „Begriffserneuerung" erfolgte in § 49 OBG NRW, abgedruckt in *Rhein*, OBG NRW (Fn. 91), § 49, aufgehoben durch Art. 9 Zweites Gesetz zur Änderung der gesetzlichen Befristungen im Zuständigkeitsbereich des Innenministeriums vom 8.12.2009 (GV. NW. S. 765).

867 *Stolleis*, HdbPR, A Rn. 37.

868 *Stolleis*, HdbPR, A Rn. 47 ff.

869 *Stolleis*, HdbPR, A Rn. 43, 49.

einher[870]. Sie betrachteten die Polizei als Zwangsinstrument zur Durchsetzung und Sicherung ihrer Macht und formten ein Verständnis von Polizei zur Verwirklichung einer „Ordnung der Volksgemeinschaft“, die ihrer nationalsozialistischen Ideologie entsprach[871]. Durch die „Beseitigung“ der Demokratie und des Rechtsstaates mit Hilfe der „Reichstagsbrandverordnung“[872] und des „Ermächtigungsgesetzes“[873] konnte die Regierung eigenständig Gesetze erlassen und so den individuellen Grundrechtsschutz außer Kraft setzen[874]. Insbesondere durch die „Brandverordnung“ wurde das Polizeiwesen der bis dato noch bestehenden Länder zunächst der nationalsozialistischen Zentralmacht unterstellt. Die Führung des Reiches entsendete anschließend loyale Polizeibeauftragte in die Länder, um eine interne Kontrolle des Apparates gewährleisten zu können. Mit dem Gesetz über den Neuaufbau des Reiches vom 30. Januar 1934 konnten die Nationalsozialisten den ihnen lästigen föderativen Aufbau Deutschlands beseitigen und die Hoheitsrechte der Länder dauerhaft auf das Reich übertragen[875]. Dieser Kompetenzübertragung folgte auch die Unterstellung der Landespolizeibehörden unter die Führung des Reichsinnenministers[876]. Nach der Eingliederung des Polizeiwesens in den zentralen Machtapparat der Nationalsozialisten war die Polizei fortan auch im Rahmen der zwangsweisen Durchsetzung und Absicherung der politisch proklamierten Ordnungsvollstellung keinen rechtsstaatlichen Prinzipien, wie beispielsweise der Gesetzmäßigkeit polizeilichen Handelns, unterworfen. Neben dem Entzug der Rechtskontrolle fand die Nutzung der Polizei zu den nationalsozialistischen Zwecken insbesondere auch über die Interpretation der Aufgaben- und Befugnisnormen statt, beispielsweise der polizeilichen Generalklausel des § 14 PreußPVG von 1931[877]. Eine Störung der öffentlichen Sicherheit lag nunmehr bereits dann vor, wenn ein Verhalten dem Zweck des PVG widersprach, der „Sicherung und Förderung der deutschen Blutsgemein-

870 *Möller/Warg*, POR, Rn. 9; *Wolffgang/Hendricks/Merz*, POR, Rn. 19.

871 *Kugelmann*, POR, 2. Kap. Rn. 15.

872 Abgedruckt in: G. Dürig/W. Rudolf, Texte zur deutschen Verfassungsgeschichte, 1996, S. 213 ff.

873 Abgedruckt in: Dürig/Rudolf, Texte (Fn. 872), S. 215 f.

874 *Kugelmann*, POR, 2. Kap. Rn. 17; *A. Schwegel*, Der Polizeibegriff im NS-Staat, 2005, S. 42.

875 *H. Fuchs*, Die Entwicklung des Polizei- und Feuerwehrrechts, Die Verwaltung 16 (1983), S. 224 (227).

876 *Möller/Warg*, POR, Rn. 9; *Stolleis*, HdbPR, A Rn. 62.

877 *Fuchs*, Entwicklung (Fn. 875), S. 228; *Stolleis*, HdbPR, A Rn. 65; ausführlich hierzu: *Schwegel*, Polizeibegriff (Fn. 874), S. 120 ff.

schaft" zu dienen[878]. Durch diese Vorgänge war dem Missbrauch der Polizei „Tür und Tor geöffnet"[879]. Im Rahmen der „Entpolizeilichung" Deutschlands nach Ende des Zweiten Weltkrieges wurde entsprechend der Einigung der Alliierten auf der Konferenz von Jalta im Februar 1945 das deutsche Polizeiweisen „entnazifiziert", „demokratisiert", „entmilitarisiert" und „dezentralisiert"[880]. In den Bereichen der ehemaligen amerikanischen und britischen Besatzungszone (u.a. das heutige NRW) wurde organisatorisch seither strickt zwischen Polizeibehörden einerseits und Ordnungsbehörden/Sicherheitsbehörden andererseits unterschieden[881]. Ziel der Trennung war aufgrund der Erfahrungen aus der Schreckensherrschaft der Nationalsozialisten die Bemühung, die Polizeibefugnisse auf Vollzugsaufgaben zu beschränken und daneben eine neue Organisationsstruktur zu schaffen[882]. Auch ein Teil derjenigen Aufgaben wurde von der polizeilichen Zuständigkeit abgetrennt, der ehemals als „sicherheitspolizeilich" angesehen worden war, worunter insbesondere politisch-polizeilich verstandene Aufgaben fielen, wie beispielsweise die Versammlungs-, Presse-, Vereins-, Pass-, Melde- und Ausländerpolizei[883]. Dies bedeutete für das Polizeiwesen einen weiteren wesentlichen Einschnitt[884]. Der Begriff der Polizei entspricht seit dieser „Entpolizeilichung" dem Inhalt, welcher von dem Bürger oberflächlich unter „Polizei" vermutet wird[885]. Niedergelegt wurden der Aufbau und die Stellung der Polizei durch das Gesetz über die Organisation und die Zuständigkeit der Polizei im Land Nordrhein-Westfalen vom 11. August 1953[886]. Die darin manifestierten Strukturen existieren auch heute noch dem Grunde nach in der aktuellen Fassung des POG NRW[887]. Insbesondere durch die Trennung von Polizei und Ordnungsbehörden hat sich der sog. institutionelle Polizeibegriff durchgesetzt[888]. Danach besteht „Polizei" nur aus solchen Behörden, die aufgrund entspre-

---

878 *Stolleis*, HdbPR, A Rn. 65; ausführlich hierzu: *Schwegel*, Polizeibegriff (Fn. 874), S. 120 ff., 283 ff.

879 *Wolffgang/Hendricks/Merz*, POR, Rn. 20.

880 Drews/Wacke/Vogel/*Martens*, Gefahrenabwehr, § 1 Ziff. 7; *Stolleis*, HdbPR, A Rn. 67; *Wolffgang/Hendricks/Merz*, POR, Rn. 21.

881 *Götz/Geis*, POR, § 2 Rn. 16 ff.; *Knemeyer*, POR, Rn. 10.

882 *Thiel*, POR, § 2 Rn. 6; *Wolffgang/Hendricks/Merz*, POR, Rn. 21.

883 *Fuchs*, Entwicklung (Fn. 875), S. 229; *Götz/Geis*, POR, § 2 Rn. 18.

884 *Götz/Geis*, POR, § 2 Rn. 18.

885 *Knemeyer*, POR, Rn. 5.

886 Abgedruckt in: GV. NW 1953, 330 ff.

887 Tegtmeyer/*Vahle*, PolG NRW, Einführung Ziff. 1.2.

888 *Stolleis*, HdbPR, A Rn. 39.

chender Gesetze auch als Polizeibehörden eingerichtet wurden[889]. Dieser institutionelle Polizeibegriff kann mit dem Begriff der Vollzugspolizei gleichgesetzt werden[890]. Die Abgrenzung zwischen Polizei und anderen Stellen erfolgt hier gerade nicht nach der Aufgabenwahrnehmung[891], was sich dadurch verdeutlicht, dass neben der Polizei auch die Ordnungsbehörden (in NRW nach § 1 Abs. 1 OBG NRW) zur Gefahrenabwehr berufen sind, wobei die Zuständigkeit der Polizei nach § 1 Abs. 1 S. 3 PolG NRW auf eine Eilfallkompetenz beschränkt ist.

Die heutige Einrichtung und Ausgestaltung der Feuerwehr ist mit dem Begriff der Vollzugspolizei nicht vereinbar. Dabei soll nicht in Abrede gestellt werden, dass der Gefahrenabwehrbereich des Feuerschutzes in der Vergangenheit über lange Zeiträume als Teil des Polizeiwesens aufgefasst wurde[892]. Bereits im Allgemeinen Landrecht für die Preußischen Staaten von 1794 wurde das Feuerwehrwesen als polizeiliche Aufgabe verstanden[893] und durch das Gesetz über die Polizei-Verwaltung vom 11. März 1850 vorerst endgültig dem Polizeirecht zugewiesen[894]. Die seit der Mitte des 19. Jahrhunderts entstandenen freiwilligen Feuerwehren und Berufsfeuerwehren[895] wurden schon kurz nach der Machtübernahme der Nationalsozialisten mit dem Gesetz über das Feuerlöschwesen vom 15. Dezember 1933[896] in Preußen dem Ortspolizeiverwalter unterstellt und unterlagen damit der Aufsicht der Polizeiaufsichtsbehörde[897]. Aufgrund der wachsenden Bedeutung des Feuerlöschwesens für die Nationalsozialisten, insbesondere im Bereich des Luftschutzes, wurden die Bestrebungen nach einer straff organisierten, reichseinheitlichen gestalteten, von geschulten

889 *Wolffgang/Hendricks/Merz*, POR, Rn. 27 f.

890 Ausdrücklich: *Gersdorf*, in: Posser/Wolff, VwGO, § 80 Rn. 56; *Knemeyer*, POR, Rn. 5 f.; *Kugelmann*, POR, 2. Kap. Rn. 30; *Puttler*, in: Sodan/Ziekow, Verwaltungsgerichtsordnung, § 80 Rn. 64; *Windhorst*, in: Gärditz, VwGO, § 80 Rn. 134; dem Ergebnis nach: OVGE 34, 240, 242; *W.-R. Schenke*, in: Kopp/ders., VwGO, § 80 Rn. 64.

891 *Thiel*, POR, § 2 Rn. 10.

892 *P.H. Striepen*, Kann in Nordrhein-Westfalen auf dem Gebiete des Feuerschutzes Verwaltungszwang angewandt werden? Der Kommunaldienst 1954, S. 11 (11).

893 Auszugsweise abgedruckt in: *Fuchs*, Entwicklung (Fn. 875), S. 232.

894 *Fuchs*, Entwicklung (Fn. 875), S. 232.

895 Hierzu ausführlich: *Fuchs*, Entwicklung (Fn. 875), S. 232 ff.

896 Auszugsweise abgedruckt in: *Blazek*, Hakenkreuz, S. 127 ff.

897 *Blazek*, Hakenkreuz, S. 25.

Kräften geführten und zentral gelenkten Feuerwehrtruppe größer[898], sodass mit dem Reichsfeuerlöschgesetz vom 23. Dezember 1938[899] die Feuerwehren der staatlichen Aufsicht nach dem Führerprinzip unterstellt wurden[900]. Befehlshaber aller Feuerwehren war nunmehr der Reichsführer SS und Chef der Deutschen Polizei[901]. Die Berufsfeuerwehren wurden in „Feuerschutzpolizei" umbenannt, und die freiwilligen Feuerwehren erhielten den Status als Hilfspolizeitruppe[902]. Mit dieser Umgestaltung wurden die Feuerwehren als vierte „Abteilung" der uniformierten Vollzugspolizei neben der Schutzpolizei des Reiches, der Schutzpolizei der Gemeinden und der Gendarmerie eingruppiert und diesen von ihrer rechtlichen Stellung und ihren Befugnissen her weitestgehend gleichgestellt[903]. Auch ihre äußere Erscheinung änderte sich, sodass u.a. die Feuerlöschfahrzeuge von der gewohnten roten Farbgebung in dunkelgrün lackiert wurden und das Stadtwappen durch das Hoheitsabzeichen der Polizei zu ersetzen war[904]. Diese „Umstrukturierungen" fanden (teilweise) auch in der juristischen Literatur Zustimmung. So führte ein Doktorand der Universität Leipzig in seiner Dissertationsschrift aus:

> „Bei der Bekämpfung von Katastrophen größeren Ausmaßes, wie sie vor allem im Kriegsfalle eintreten, unterscheidet die Feuerwehr praktisch nichts mehr von einer Formation des Heeres. Die an sie im Luftschutz gestellten Anforderungen werden ebenso hoch sein wie an die kämpfende Truppe. Dieser Tatsache muß bei der Zusammensetzung Rechnung getragen werden. Die Feuerwehr muß eine straffgeführte Truppe sein, an deren Spitze ein erstklassiges Führerkorps steht, das zahlen- und leistungsmäßig befähigt ist, die in Friedenszeiten und im Kriege an die Feuerwehr gestellten Anforderungen zu erfüllen."[905]

Entsprechend dieser Forderungen erfolgte insbesondere während des Zweiten Weltkrieges eine Verschiebung des Aufgabenbereichs der Feuer-

898 *Fuchs*, Entwicklung (Fn. 875), S. 236; *Krebsbach*, Feuerschutzgesetzgebung (Fn. 7), S. 193; *H.-G. Wormit*, Das Feuerschutzrecht seit 1945, DÖV 1949, S. 305 (305).

899 Abgedruckt in: *Blazek*, Hakenkreuz, S. 132 ff.

900 *Krebsbach*, Feuerschutzgesetzgebung (Fn. 7), S. 193; *Wormit*, Feuerschutzrecht (Fn. 898), S. 305.

901 *Blazek*, Hakenkreuz, S. 58.

902 *Hörstrup*, Organisation, S. 5; *Krebsbach*, Feuerschutzgesetzgebung (Fn. 7), S. 193; *Wormit*, Feuerschutzrecht (Fn. 898), S. 305.

903 *Blazek*, Hakenkreuz, S. 78; *Fuchs*, Entwicklung (Fn. 875), S. 236 f.

904 *Blazek*, Hakenkreuz, S. 51.

905 *A. Schulz*, Deutsches Feuerlöschrecht, 1938, S. 27.

wehr. So wurden neben den Löscheinsätzen nach Fliegerangriffen auf deutsche Städte beispielhaft militärisch organisierte Feuerschutzpolizei-Regimenter gegründet, die dem Vormarsch der Wehrmacht folgten und in den besetzten Gebieten unterstützend für Luft- und Brandschutz sorgten[906]. Ab Mitte des Jahres 1944 mussten die Feuerwehreinsatzkräfte einmal im Monat an einem Schießtraining teilnehmen und wurden kurz vor Ende des Krieges im Rahmen des Volkssturmes auch zur Errichtung von Panzersperren und weiteren Verteidigungsanlagen einberufen[907]. (Wohl) in Einzelfällen kam es zum Einsatz der freiwilligen Feuerwehr bei „Treibjagden" und der anschließenden Ermordung geflohener KZ-Häftlinge[908]. Nach Ende des Zweiten Weltkrieges und der zuvor beschriebenen Beschneidung des Polizeiwesens wurde die Feuerwehr durch den Gesetzgeber im Verhältnis zum Polizeirecht bewusst in einem gänzlich anderen Rechtsinstitut (als gemeindliche Einrichtung) angelegt[909]. Zwar ist sie auch weiterhin eine Gefahrenabwehrstelle, die – ähnlich der Polizei – uniformiert auftritt, um neben dem Sicherheitsaspekt der Schutzkleidung auch nach außen für den Bürger den Eindruck des staatlichen Einschreitens zu unterstreichen. Jedoch ist aufgrund der aufgezeigten historischen Entwicklungen und dem damit verbundenen Verständnis des Begriffs „Vollzugspolizei" eindeutig erkennbar, dass der Gesetzgeber die Feuerwehr, sowie sämtliche (Sonder-) Ordnungsbehörden ebenfalls, nicht als Vollzugspolizei eingerichtet hat. Die Vollziehbarkeit von Maßnahmen im Sinne des § 34 Abs. 2 BHKG nach § 80 Abs. 2 S. 1 Nr. 2 VwGO scheidet daher aus.

cc) Nichteintritt der aufschiebenden Wirkung nach § 80 Abs. 2 S. 1 Nr. 2 VwGO analog?

Nach der Feststellung der Unanwendbarkeit des Begriffs „Polizeivollzugsbeamte" auf die Einsatzkräfte der Feuerwehr bedarf es einer Auseinandersetzung mit der Frage, ob die Vorschrift des § 80 Abs. 2 S. 1 Nr. 2 VwGO durch Bildung einer Analogie Anwendung finden könnte. Diese Frage

---

906 *Blazek*, Hakenkreuz, S. 51.

907 *Blazek*, Hakenkreuz, S. 86.

908 *Blazek*, Hakenkreuz, S. 86, 110 f.

909 LT-Drs. 3/297 S. 11; *Fuchs*, Entwicklung (Fn. 875), S. 229; *Hasl*, Einordnung, S. 46; *Hörstrup*, Organisation, S. 5; *Krebsbach*, Feuerschutzgesetzgebung (Fn. 7), S. 193; *Wormit*, Feuerschutzrecht (Fn. 898), S. 305, 307.

drängt sich auf, da die Rechtsprechung und herrschende Lehre eine solche für alle die Voraussetzungen des Verwaltungsaktbegriffes erfüllenden Verkehrseinrichtungen und Verkehrszeichen anwendet[910]. Ihnen komme nach der Rechtsprechung des Bundesverwaltungsgerichts eine „Funktionsgleichheit" mit den Verkehrsanordnungen eines Vollzugspolizisten zu, deren Beachtung keinen Aufschub dulde[911]. An dieser Stelle soll jedoch nicht verschwiegen werden, dass diese Rechtsanwendung in der Literatur nicht völlig kritiklos geblieben ist. Dabei wird seitens der kritischen Stimmen nicht in Abrede gestellt, dass ein praktisches Bedürfnis für die „extensive Gesetzesanwendung", wie *Schmidt* es formuliert, bestehe[912], jedoch reibe sich die analoge Anwendung an dem einschränkenden Merkmal „nur" in § 80 Abs. 2 S. 1 VwGO[913], sodass hieraus teilweise ein Analogieverbot abgeleitet wird[914]. Unabhängig von dieser Kritik jedoch weitergehend zu prüfen wäre – unterstellt, die Bildung einer Analogie sei im Falle des § 80 Abs. 2 VwGO grundsätzlich möglich –, ob die Voraussetzungen für eine analoge Anwendung des § 80 Abs. 2 S. 1 Nr. 2 VwGO auf die Einsatzkräfte der Feuerwehr vorliegen[915]. Dieser Frage sollen sich die folgenden Ausführungen widmen.

---

910 BVerwG, NJW 1978, S. 656 (656 f.); OVGE 24, 200 (200 ff.); *Gersdorf*, in: Posser/Wolff, VwGO, § 80 Rn. 57; *Puttler*, in: Sodan/Ziekow, Verwaltungsgerichtsordnung, § 80 Rn. 65; *W.-R. Schenke*, in: Kopp/ders., VwGO, § 80 Rn. 64; *Windhorst*, in: Gärditz, VwGO, § 80 Rn. 135.

911 BVerwG, NJW 1978, S. 656 (656).

912 *Schmidt*, in: Eyermann, VwGO[14], § 80 Rn. 26.

913 *Gersdorf*, in: Posser/Wolff, VwGO, § 80 Rn. 57; *J. Schmidt*, Sind Verkehrszeichen kraft Gesetzes sofort vollziehbar?, DÖV 1970, S. 663 (665).

914 *H.-U. Erichsen*, Vorläufiger Rechtsschutz nach § 80 Abs. 1-4 VwGO, Jura 1984, S. 414 (420); *H. Huba*, Grundfälle zum vorläufigen Rechtsschutz nach der VwGO, JuS 1990, S. 383 (385); ähnlich: *Hoppe*, in: Eyermann, VwGO, § 80 Rn. 26.

915 *Schäfer*, Primär- und Sekundärbefugnisse (Fn. 61), S. 210 bejaht die analoge Anwendbarkeit von § 80 Abs. 2 S. 1 Nr. 2 VwGO auf Verfügungen der Feuerwehr in Mecklenburg-Vorpommern, da aufgrund der analogen Anwendung der Vorschrift auf Verkehrsschilder, dies erst recht für die Feuerwehr gelten müsse. Darüber hinaus stehe das für den Fall der Zuwiderhandlung gegen eine feuerwehrliche Verfügung zu verhängende Bußgeld einer Vollstreckungshandlung gleich. *Schäfer* verkennt jedoch, dass – wie sich im nächsten Abschnitt zeigen wird – bei der Analogiebildung nicht die Vergleichbarkeit von einem ungeregelten Tatbestand mit einem weiteren ungeregelten Tatbestand ausschlaggebend ist, sondern nur der geregelte Tatbestand als Ausgangspunkt für die Feststellung der Lückenhaftigkeit des Gesetzes herangezogen kann. Auch die auf die Verhängung eines Bußgeldes abgestellte Argumentation ist nicht schlüssig, da die Vorschriften (sowohl in NRW als auch in MV) auf die Möglichkeit einer Sanktio-

(1) Die Analogie im Allgemeinen

Nach einer gängigen Kurzformel setzt die Bildung einer Einzelanalogie das Vorliegen einer planwidrigen Regelungslücke bei Vergleichbarkeit von geregeltem und ungeregeltem Sachverhalt voraus[916]. Als Folge kommt ihr die Übertragung der für den geregelten Tatbestand vorgesehenen Rechtsfolge auf den ähnlichen, im Gesetz nicht geregelten Tatbestand zu. Dies fußt auf der Forderung der Gerechtigkeit, Gleichartiges auch gleich zu behandeln[917]. Aufgrund der durch die Anwendung einer Analogie erfolgenden „Rechtsfortbildung" bedarf es einer intensiveren Betrachtung der vorgenannten Kurzformel mit einer nähergehenden Auseinandersetzung ihrer einzelnen Merkmale sowie der anschließenden Überprüfung der Anwendbarkeit auf unaufschiebbare Anordnungen und Maßnahmen der Feuerwehr.

(2) Vorliegen einer Regelungslücke

Allgemein lässt sich eine Lücke als planwidrige Unvollständigkeit des Rechts bezeichnen[918]. Dabei ist das Vorliegen einer Lücke vom Standpunkt des Gesetzes selbst, also der dem Gesetz zugrunde liegenden Regelungsabsicht, zu beurteilen[919]. Jedoch kommt die Bildung einer Analogie nicht bei jeglicher Gesetzeslücke in Betracht. Zu differenzieren ist zunächst nach „offenen" und „verdeckten" Lücken[920]. Eine „offene" Lücke liegt vor, wenn es dem Gesetz an einer Regelung fehlt, die nach dem Regelungszweck zu erwarten wäre. Sie bildet die Fallgestaltung, in der die Lücke durch Bildung einer Analogie geschlossen werden kann[921]. Bei der verdeckten Lücke enthält das Gesetz hingegen eine Ausnahmevorschrift

---

nierung bei Verstoß gegen einen (vollziehbaren) Verwaltungsakt abstellen, jedoch keine Aussage über den Zeitpunkt der Vollziehbarkeit treffen, sodass sich *Schäfers* Begründung als „Zirkelschluss" erweist. Nachfolgend soll daher die Prüfung der analogen Anwendbarkeit von § 80 Abs. 2 S. 1 Nr. 2 VwGO auf Verfügungen der Feuerwehr ohne weitere Berücksichtigung von *Schäfers* Argumentationsstruktur erfolgen.

916 *F. Reimer*, Juristische Methodenlehre, 2016, Rn. 562.

917 *Larenz*, Methodenlehre, S. 381.

918 *T. Möllers*, Juristische Methodenlehre, 2017, § 6 Rn. 82.

919 *Larenz*, Methodenlehre, S. 373.

920 *Larenz*, Methodenlehre, S. 377 ff.

921 *Wank*, Auslegung, S. 85.

nicht, die nach dem Gesetzeszweck vorhanden sein sollte. Die Besonderheit des Sachverhalts wird durch das Gesetz gerade außer Acht gelassen. Diese Lücke wird als „verdeckt" bezeichnet, weil es, zumindest auf den ersten Blick, an einer anwendbaren Regelung nicht fehlt[922]. Schon denklogisch sind „verdeckte" Lücken nicht analogiefähig, vielmehr können sie im Wege der teleologischen Reduktion geschlossen werden[923]. Zu überprüfen ist daher, ob eine „offene" Lücke vorhanden ist, die sowohl „anfänglich", bei Inkrafttreten des Gesetzes, vorgelegen haben kann oder aber erst „nachträglich" entstanden ist, beispielsweise durch einen Wandel von Rechtstatsachen oder des Normumfeldes[924].

§ 80 Abs. 2 S. 1 Nr. 2 VwGO regelt den Fall des Nichteintritts der aufschiebenden Wirkung von Rechtsbehelfen gegen unaufschiebbare Anordnungen und Maßnahmen von Polizeivollzugsbeamten. Den Nichteintritt der aufschiebenden Wirkung bei (dringlichen) Maßnahmen und Verfügungen von Einsatzkräften der Feuerwehr bzw. deren Einsatzleitung sieht das Gesetz hingegen nicht vor, obwohl eine solche Regelung aufgrund der Notwendigkeit des kurzfristigen Einschreitens der Feuerwehr erwartbar wäre. Damit verbunden erscheint die Annahme einer „offenen" Lücke grundsätzlich möglich, die nach den vorgenannten Ausführungen im Wege der Analogiebildung zu schließen sein könnte. Weiterhin ist fraglich, ob diese potentielle Lücke bereits „anfänglich" vorhanden war oder erst „nachträglich" aufgetreten ist. Wie sich den Gesetzgebungsunterlagen zur VwGO entnehmen lässt[925], bestand bei Inkrafttreten der VwGO zum 1. April 1960 kein Bedürfnis, die aufschiebende Wirkung von Widerspruch und Anfechtungsklage gegen Maßnahmen von Ordnungsbehörden oder vergleichbaren Gefahrenabwehrstellen von Gesetzes wegen nicht eintreten zu lassen. Zur Sicherung der Handlungsfähigkeit dieser Stellen war schon in § 80 Abs. 2 S. 1 Nr. 4 VwGO in der Fassung vom 21. Januar 1960 die Möglichkeit vorgesehen, die sofortige Vollziehung von Verfügungen anzuordnen und im Falle von Notstandsmaßnahmen nach § 80 Abs. 3 S. 2 VwGO von einer Begründung abzusehen. Für die Vollzugspolizei wurde im Gesetzgebungsverfahren ausdrücklich darauf hingewiesen, dass der Nichteintritt der aufschiebenden Wirkung von Gesetzes wegen notwendig

922 *Larenz*, Methodenlehre, S. 377.

923 *M. Brodführer*, Bewusste Lücken im Gesetz und der Verweis auf „Wissenschaft und Praxis", 2010, S. 27 f.; *Wank*, Auslegung, S. 85.

924 *Brodführer*, Lücken (Fn. 923), S. 26 f.; *Reimer*, Methodenlehre (Fn. 916), Rn. 571; *Wank*, Auslegung, S. 85.

925 BT-Drs. 55, S. 12, 40 f., 56, 73.

sei, da sie in vielen Fällen Anordnungen sofort durchzuführen habe, ohne diese als Notstandsmaßnahmen bezeichnen zu können[926]. Ein solches Bedürfnis ergab sich für andere Gefahrenabwehrstellen bisher nicht. Nach § 80 Abs. 2 S. 1 Nr. 4 VwGO besteht für sie seit der Einführung der VwGO die Möglichkeit, die sofortige Vollziehung anzuordnen und in dringenden Fällen durch Bezeichnung als Notstandsmaßnahme von einer Begründung abzusehen, § 80 Abs. 3 S. 2 VwGO. Für die Annahme, dass sich diese Schaffung der Vollzugsmöglichkeit als impraktikabel erweisen könnte[927], gibt es bisher keine Hinweise. Dies lässt sich dadurch belegen, wie *Schmidt* es formuliert, *„dass hierzu keine Judikate bekannt geworden sind."*[928] Durch die Einführung des BHKG hat der nordrhein-westfälische Gesetzgeber der Einsatzleitung der Feuerwehr eine Vielzahl von Eingriffsbefugnissen zur Seite gestellt. Anders als die Ordnungsbehörden bekämpft die Feuerwehr, ähnlich der Polizei, Gefahren nicht „vom Schreibtisch aus", sondern unmittelbar an der Einsatzstelle. Das Nichteintreten der aufschiebenden Wirkung bei Maßnahmen und Verfügungen der Feuerwehr findet sich in § 80 Abs. 2 VwGO hingegen nicht, sodass die Umstände, die eine Lücke begründen könnten, erst „nachträglich" eingetreten sind.

Das Merkmal der Planwidrigkeit könnte darüber hinaus ebenfalls erfüllt sein. In den Materialen zum Gesetzgebungsverfahren[929] finden sich keine Hinweise, dass es sich bei der Nichtregelung um ein *„Stück offengelassener Gesetzgebung"*[930] handelt. Hiernach wäre davon auszugehen, dass die Nichtregelung unbewusst, oder eben auch planwidrig, geworden ist.

(3) Abgrenzung zum Fehler des Gesetzes

Bevor abschließend das Vorliegen einer (planwidrigen) Regelungslücke angenommen werden kann, bedarf es zuvor noch einer Abgrenzung zu dem *„Fehler des Gesetzes in rechtspolitischer Sicht"*, wie es *Larenz* ausdrückt[931]. Dies kann nur über die Fragestellung erfolgen, ob das Gesetz hinsichtlich seiner eigenen Regelungsabsicht unvollständig ist, oder ob die durch das Gesetz getroffene Entscheidung einer rechtspolitischen Überlegung zuwi-

926 BT-Drs. 55, S. 73.
927 Ausführlich hierzu der Abschnitt: E.III.1.c)dd) (S. 272 ff.).
928 *Schmidt*, in: Eyermann, VwGO[14], § 80 Rn. 46.
929 BT-Drs. 55.
930 Formulierung verwendet von: *Wank*, Auslegung, S. 85.
931 *Larenz*, Methodenlehre, S. 374; ebenso: *R. Wank*, Grenzen richterlicher Rechtsfortbildung, 1978, S. 69.

derläuft. In beiden Fällen handelt es sich um eine Frage der Wertung und nicht um ein Tatsachenurteil, denn in beiden Fällen gelangt man zu dem Schluss, dass ein Gesetz eine Regelung nicht trifft, die dort enthalten sein sollte. Jedoch ist der Wertungsmaßstab ein anderer[932]. „*In dem einen Fall ist es die Regelungsabsicht und die immanente Teleologie des Gesetzes selbst, in dem anderen Fall sind es die Maßstäbe einer an das Gesetz herangetragenen, rechtspolitisch begründeten Kritik.*“[933] Die Regelungsabsicht des Gesetzgebers kann aber nur erschlossen werden, da der Gesetzgeber stets eine stimmige und folgerichtige Regelung beabsichtigt, sodass er aus seiner Warte heraus seine Vorstellung im Gesetz korrekt zum Ausdruck bringt[934]. Die Regelung, welcher das Aufweisen einer planwidrigen Regelungslücke unterstellt wird, ist dahingehend zu untersuchen, ob sie dem Gleichheitssatz genügt[935]. Ist kein sachlicher Grund dafür zu finden, den ungeregelten Sachverhalt aus dem Anwendungsbereich der Norm auszuklammern, so ist das Fehlen dieser Regelung als Lücke des Gesetzes und nicht bloß als rechtspolitische Kritik zu erachten[936].

Zur Beantwortung der Frage der Lückenhaftigkeit des § 80 Abs. 2 S. 1 Nr. 2 VwGO ist daher zu untersuchen, ob solch ein sachlicher Grund dafür vorhanden ist, Gefahrenabwehrstellen außerhalb des Polizeivollzugsdienstes, insbesondere die Feuerwehr, aus dem Anwendungsbereich des § 80 Abs. 2 S. 1 Nr. 2 VwGO auszuschließen.

Den Behörden wird durch ihre Verwaltungsaktkompetenz ein Recht zur Selbsttitulierung und Selbstvollstreckung eröffnet, ohne dass es einer vorherigen Anrufung eines Gerichts bedarf[937]. Um die subjektiven Rechte des Betroffenen zu wahren, kommt dessen Rechtsbehelfen gegen belastende Verwaltungsakte grundsätzlich aufschiebende Wirkung nach § 80 Abs. 1 S. 1 VwGO zu[938]. Die aufschiebende Wirkung bildet den Regelfall[939] und dient der zeitweiligen Sicherung des *status quo*, damit der Betroffene vor

---

932 *Brodführer*, Lücken (Fn. 923), S. 47; *Larenz*, Methodenlehre, S. 374; *Wank*, Grenzen (Fn. 931), S. 69 f.

933 *Larenz*, Methodenlehre, S. 374.

934 *Wank*, Auslegung, S. 85.

935 *Larenz*, Methodenlehre, S. 374 f.; *Wank*, Auslegung, S. 85.

936 *Brodführer*, Lücken (Fn. 923), S. 47; *Larenz*, Methodenlehre, S. 375; *Wank*, Auslegung, S. 85.

937 Vgl. die Ausführungen zu: E.II (S. 244 ff.).

938 *Puttler*, in: Sodan/Ziekow, Verwaltungsgerichtsordnung, § 80 Rn. 7, 29; *W.-R. Schenke*, in: Kopp/ders., VwGO, § 80 Rn. 1.

939 *Puttler*, in: Sodan/Ziekow, Verwaltungsgerichtsordnung, § 80 Rn. 30; *Windhorst*, in: Gärditz, VwGO, § 80 Rn. 124.

der Entscheidung über sein Rechtsmittel nicht durch Vollzug des Verwaltungsaktes vor vollendete Tatsachen gestellt wird[940]. Auch wenn der Betroffene keinen Rechtsbehelf einlegt, muss die Behörde grundsätzlich die Unanfechtbarkeit des Verwaltungsaktes abwarten oder aber von ihrem Recht zur Anordnung der sofortigen Vollziehung nach § 80 Abs. 2 S. 1 Nr. 4 VwGO Gebrauch machen[941]. Für die Gewährleistung effektiver Gefahrenabwehr hat der Gesetzgeber vom Regelprinzip der aufschiebenden Wirkung eine Ausnahme vorgesehen und dem Vollzug dringend gebotener polizeilicher Maßnahmen ein überwiegendes öffentliches Interesse zuerkannt, sodass bei unaufschiebbaren Maßnahmen von Polizeivollzugsbeamten die aufschiebende Wirkung von Rechtsbehelfen des Betroffenen nicht eintritt, § 80 Abs. 2 S. 1 Nr. 2 VwGO[942]. Hiermit wird dem Polizeivollzugsdienst ermöglicht, aus der Situation heraus schnell zu agieren, ohne die Bestandskraft der getroffenen Verfügung abwarten zu müssen. Nach dem Wortlaut der Vorschrift und unter Beachtung der bewussten Trennung von Polizeivollzugsdienst und Ordnungsbehörden ist diese Vorschrift ausschließlich auf die Vollzugspolizei – die Polizei im institutionellen Sinne – anwendbar[943]. Jedoch hat der Gesetzgeber die Ordnungsbehörden und anderweitigen Gefahrenabwehrstellen bei der Frage der Vollziehbarkeit von belastenden Verwaltungsakten in dringenden Fällen vor deren Bestandskraft nicht außer Acht gelassen. Durch die Einräumung der Möglichkeit der Anordnung der sofortigen Vollziehung nach § 80 Abs. 2 S. 1 Nr. 4 VwGO – bei situativem Verzicht auf die schriftliche Begründungspflicht gem. § 80 Abs. 3 S. 2 VwGO – wurde außerhalb des Polizeivollzugsdienstes ein Instrument geschaffen, mit welchem das „typische" Verwaltungsverfahren um seine Anhörung im Sinne des § 28 VwVfG sowie um das Abwarten der Bestandkraft als Voraussetzung für die Vollstreckung abgekürzt werden kann[944]. Hierdurch wird auch den Ordnungsbehörden und anderen Gefahrenabwehrstellen die Kompetenz eröffnet, bei Eilbedürftigkeit schnell zu reagieren. Es handelt sich „lediglich" um ein anderes Rechtsinstitut, welches der Gesetzgeber für die vorzeitige Vollstreckbarkeit belastender Verfügungen außerhalb der Polizei stehender Stellen vorgesehen hat. Der sachliche Grund für diese unterschiedliche Gestaltung ist

940 BVerfGE 35, 263 (272 f.); *Gersdorf*, in: Posser/Wolff, VwGO, § 80 Rn. 15; *Hoppe*, in: Eyermann, VwGO, § 80 Rn. 1.
941 *Mosbacher*, in: Engelhardt/App/Schlatmann, VwVG/VwZG, § 6 VwVG Rn. 3 f.
942 *Windhorst*, in: Gärditz, VwGO, § 80 Rn. 134.
943 Vgl. Ausführungen zu: E.III.1.c)bb) (S. 257 ff.).
944 *Windhorst*, in: Gärditz, VwGO, § 80 Rn. 142.

zum einen in der historischen Trennung von Polizei und anderweitigen Gefahrenabwehrstellen zu erkennen[945]. Zum anderen hat der Gesetzgeber offensichtlich berücksichtigt, dass die Ordnungsbehörden Gefahren grundsätzlich „vom Schreibtisch aus" bekämpfen, sodass ihnen im Regelfall ein Abwarten der Bestandskraft zuzumuten ist[946] und nur in Fällen, *„in denen die sofortige Vollziehung im öffentlichen Interesse oder im überwiegenden Interesse eines Beteiligten"*[947] steht, die sofortige Vollziehung angeordnet werden kann. Die Polizei hingegen ist aufgrund ihrer Eilfallkompetenz nach § 1 Abs. 1 S. 3 PolG NRW meist an der Einsatzstelle vor Ort berufen, durch unmittelbares Einschreiten Gefahrenlagen entgegenzuwirken[948]. Diesem spiegelverkehrten Regel-Ausnahme-Verhältnis hat der Gesetzgeber mit den unterschiedlichen Regelungen in § 80 Abs. 2 VwGO Rechnung getragen. Für die Vollzugspolizei gilt *grundsätzlich*, dass bei unaufschiebbaren Maßnahmen die aufschiebende Wirkung von Rechtsbehelfen nicht eintritt. Anderweitige Stellen können hingegen nur *ausnahmsweise* bei Vorliegen eines gegenüber dem Rechtsschutzinteresse des Betroffenen überwiegenden öffentlichen Vollzugsinteresses die sofortige Vollziehung anordnen und nur im Falle von Gefahr im Verzug von der schriftlichen Begründungspflicht absehen. Für die Ordnungsbehörden besteht daher ein sachlicher Grund, diese aus dem Anwendungsbereich des § 80 Abs. 2 S. 1 Nr. 2 VwGO auszuklammern. Für sie kommt daher eine Lücke im Gesetz nicht in Betracht.

Fraglich bleibt aber, ob dies ebenfalls für die Feuerwehr angenommen werden muss. Vergleichbar mit der Polizei, handelt die Feuerwehr grundsätzlich an der Einsatzstelle vor Ort, um Gefahren zu bekämpfen. Insbesondere dem abwehrenden Brandschutz und der Hilfeleistung ist die Gefahrenabwehr „vom Schreibtisch aus" fremd. Die Dringlichkeit des feuerwehrlichen Einschreitens ist daher grundsätzlich derer des polizeilichen Einschreitens äußerst ähnlich. Dies könnte dafür sprechen, dass zuvor gefundene Ergebnis für die Ordnungsbehörden nicht auf die Feuerwehr zu übertragen. Jener Ansatz lässt allerdings unberücksichtigt, dass nicht nur die Ordnungsbehörden nach Ende des Zweiten Weltkrieges, sondern auch die Feuerwehr ganz bewusst in einem zum Polizeiwesen andersgearteten Rechtsinstitut angelegt wurden, was auf die Eingliederung der Feuerwehr in den Polizeiapparat und den damit verbundenen Missbrauch der Feuer-

945 Vgl. Ausführungen zu: E.III.1.c)bb) (S. 257 ff.).

946 BVerwGE 18, 72 (79) zum Ausnahmecharakter der sofortigen Vollziehung.

947 Wortlaut des § 80 Abs. 2 S. 1 Nr. 4 VwGO.

948 *Kingreen/Poscher*, POR, § 24 Rn. 5, 7; *Kugelmann*, POR, 11. Kap. Rn. 40.

wehr für genuine Polizeitätigkeiten zurückzuführen ist[949]. Diese Trennung hat der Gesetzgeber auch bei Einführung der VwGO im Jahr 1960 in § 80 VwGO weitergeführt und ausschließlich dem Polizeivollzugsdienst das Privileg des Nichteintritts der aufschiebenden Wirkung bei unaufschiebbaren Maßnahmen zugebilligt[950]. Alle weiteren Stellen wurden auf die Möglichkeit der Anordnung der sofortigen Vollziehung verwiesen. Durch das 6. VwGOÄndG räumte der Bundesgesetzgeber auf Forderung der Länder[951] auch diesen die Möglichkeit ein, die aufschiebende Wirkung durch formelles Gesetz entfallen zu lassen[952]. Seither ist es (jedenfalls auch) Aufgabe der Landesgesetzgeber, der unmittelbaren Vollziehbarkeit gewisser Verwaltungsakte ein überwiegendes öffentliches Interesse beizumessen, soweit dies seitens der Legislative für erforderlich gehalten wird. Von dieser Kompetenz hat der nordrhein-westfälische Landesgesetzgeber im Anwendungsbereich des BHKG bisher keinen Gebrauch gemacht, obwohl ihm dieses Thema im Gesetzgebungsverfahren bekannt war[953]. In der Konsequenz brachte der Landesgesetzgeber damit zum Ausdruck, dass auch er den Nichteintritt der aufschiebenden Wirkung von Rechtsbehelfen gegen Maßnahmen der Feuerwehr von Gesetzes wegen für nicht, oder jedenfalls für nicht so eklatant erforderlich hielt, um ihn in das BHKG aufzunehmen. Ein Abweichen von der historischen Trennung zwischen Polizei und Feuerwehr, im Hinblick auf das Dringlichkeitserfordernis des Einschreitens und der damit verbundenen Durchsetzbarkeit der Maßnahmen, fand nicht statt. Die Feuerwehr ist daher auch nach Einführung des BHKG auf die Möglichkeit beschränkt geblieben, die Vollziehbarkeit ihrer Maßnahmen vor Bestandskraft der Verwaltungsakte über die Anordnung der sofortigen Vollziehung – ggf. unter Verzicht auf das schriftliche Begründungserfordernis – zu erreichen. Hervorgehoben werden soll hier aber nochmals, dass für die Feuerwehr, anders als bei Verkehrszeichen, deren inhaltliche Vollziehbarkeit ganz herrschend über § 80 Abs. 2 S. 1 Nr. 2 VwGO analog hergeleitet wird, auch außerhalb des § 80 Abs. 2 S. 1 Nr. 2 VwGO (in analoger Anwendung) eine Möglichkeit der Schaffung der Vollziehbarkeit vor Bestandskraft besteht, nämlich über § 80 Abs. 2 S. 1 Nr. 4 VwGO. Hieraus wird ersichtlich, dass es für die Feuerwehr nicht an einer Regelung innerhalb des § 80 Abs. 2 VwGO fehlt. Wie für die Ordnungsbehör-

---

949 *Blätte/Fuhrmann*, Entwicklungen (Fn. 423), S. 46; *Hasl*, Einordnung, S. 46.
950 BT-Drs. 55, S. 12, 40 f., 56, 73.
951 BT-Drs. 13/1433, S. 11.
952 *Puttler*, in: Sodan/Ziekow, Verwaltungsgerichtsordnung, § 80 Rn. 66 f.
953 Vgl. Ausführungen zu: E.III.1.c)aa) (S. 256 f.).

den ausgeführt, handelt es sich auch in Hinblick auf die Feuerwehr „lediglich“ um eine *andere* Regelung. Der Bundesgesetzgeber hat bei der Einführung der VwGO im Jahr 1960 die Möglichkeit geschaffen, die aufschiebende Wirkung von Gesetzes wegen nicht eintreten sowie durch behördliche Anordnung entfallen zu lassen. Dabei hat er die historische Trennung von Polizei und anderen Gefahrenabwehrstellen berücksichtigt, sodass hier der sachliche Grund für die Ausklammerung (auch) der Feuerwehr aus dem Anwendungsbereich des § 80 Abs. 2 S. 1 Nr. 2 VwGO zu erachten ist. Es wäre am nordrhein-westfälischen Landesgesetzgeber gewesen, die Dringlichkeit feuerwehrlichen Einschreitens zu erkennen, und dieser durch eine Regelung im Sinne des § 80 Abs. 2 S. 1 Nr. 3 Alt. 2 VwGO im BHKG gerecht zu werden. Durch solch eine Statuierung hätte der Landesgesetzgeber die historische Trennung von Feuerwehr und Polizei auch in der VwGO weiter aufrechterhalten und gleichsam der Ähnlichkeit bei der Dringlichkeit des Einschreitens beider Stellen Rechnung tragen können. Da jedoch, wie gezeigt, ein sachlicher Grund für die Nichtaufnahme der Feuerwehr in § 80 Abs. 2 S. 1 Nr. 2 VwGO besteht, ist das Gesetz an dieser Stelle nicht lückenhaft. Es handelt sich vielmehr um eine (wohl zu kritisierende) rechtspolitische Entscheidung des Gesetzgebers, für die Feuerwehr keine andere Möglichkeit, außerhalb des § 80 Abs. 2 S. 1 Nr. 4 VwGO, zur Durchsetzbarkeit ihrer Verfügungen zu schaffen.

(4) Zwischenergebnis

Das Vorliegen einer anwendbaren Regelung zur Ermöglichung der vorzeitigen Durchsetzbarkeit feuerwehrlicher Verfügungen (§ 80 Abs. 2 S. 1 Nr. 4 VwGO) sowie das Vorhandensein eines sachlichen Grundes für die Nichtaufnahme der Feuerwehr in § 80 Abs. 2 S. 1 Nr. 2 VwGO führen dazu, dass eine analoge Anwendung von § 80 Abs. 2 S. 1 Nr. 2 VwGO im Bereich der Maßnahmen nach dem BHKG ausscheidet.

dd) Entfallen der aufschiebenden Wirkung nach § 80 Abs. 2 S. 1 Nr. 4 VwGO

Vorweggenommen wurde schon, dass die Feuerwehr ihre Verfügungen nach § 34 Abs. 2 BHKG mit der Anordnung der sofortigen Vollziehung im Sinne des § 80 Abs. 2 S. 1 Nr. 4 VwGO verbinden kann, um deren Vollziehung im Wege des gestreckten Verfahrens nach § 55 Abs. 1 VwVG NRW zu ermöglichen. Die dabei einzuhaltenden Voraussetzungen sowie mögliche, damit einhergehende Probleme, sollen im Folgenden dargestellt werden.

(1) Voraussetzungen bei der Anordnung der sofortigen Vollziehung durch die Einsatzleitung der Feuerwehr

Nach § 80 Abs. 3 S. 1 VwGO ist im Falle der Anordnung der sofortigen Vollziehung gemäß § 80 Abs. 2 S. 1 Nr. 4 VwGO „*das besondere Interesse an der sofortigen Vollziehung des Verwaltungsakts schriftlich zu begründen.*" Problematisch erscheint hierbei, dass § 34 Abs. 2 S. 1 BHKG der Einsatzleitung der Feuerwehr ausschließlich die Kompetenz zum Treffen von notwendigen Maßnahmen *an der Einsatzstelle* einräumt. Diese Einschränkung wird es der Feuerwehr regelmäßig nicht erlauben, eine schriftliche Begründung für die Anordnung der sofortigen Vollziehung abzufassen. Über dieses Problem hilft § 80 Abs. 3 S. 2 VwGO hinweg. Danach bedarf es einer besonderen Begründung nicht, „*wenn die Behörde bei Gefahr im Verzug, insbesondere bei drohenden Nachteilen für Leben, Gesundheit oder Eigentum vorsorglich eine als solche bezeichnete Notstandsmaßnahme im öffentlichen Interesse trifft.*" Von einer Notstandsmaßnahme ist auszugehen, falls für ein wesentliches Rechtsgut Gefahr im Verzug anzunehmen ist[954]. Als Beispiele hierfür lassen sich Hochwasser- oder Feuerschäden anführen[955]. Der Fokus liegt dabei auf der Schadensdimension, da die Formulierung „*Gefahr im Verzug*" in § 80 Abs. 3 S. 2 VwGO durch den Zusatz „*insbesondere bei drohenden Nachteilen für Leben, Gesundheit oder Eigentum*" konkretisiert wird[956]. In solchen Fällen ist die mündliche Anordnung der sofortigen Vollziehung ausreichend[957]. Der Schriftform bedarf es für die Anordnung der sofortigen Vollziehung selbst nicht, da das Gesetz kein Formerfordernis für diese vorgesehen hat, lediglich für deren Begründung[958]. Verzichtet werden kann hingegen nicht auf eine ausdrückliche mündliche Anord-

954 *Gersdorf*, in: Posser/Wolff, VwGO, § 80 Rn. 90; *Puttler*, in: Sodan/Ziekow, Verwaltungsgerichtsordnung, § 80 Rn. 100.

955 *A. Koehler*, Verwaltungsgerichtsordnung, 1960, § 80 C III Ziff. 2 lit. a.

956 *R. Pietzner/M. Ronellenfitsch*, Das Assessorexamen im öffentlichen Recht, 13. Aufl. 2014, Rn. 1508.

957 *J. Buchheister*, in: P. Wysk (Hrsg.), Verwaltungsgerichtsordnung, 2. Aufl. 2016, § 80 Rn. 27.

958 *K. Löwer*, Der sofortige Vollzug von Notstandsmaßnahmen, NJW 1964, S. 2049 (2050); *Puttler*, in: Sodan/Ziekow, Verwaltungsgerichtsordnung, § 80 Rn. 77.

nung der sofortigen Vollziehung[959]. Dabei hat zwingend die gleichzeitige Bezeichnung als Notstandsmaßnahme zu erfolgen[960]. Dies dient als Ersatz für die Begründung und ist, *„sozusagen eine dem Charakter der Notstandsmaßnahme angepasste Telegrammbegründung“*[961]. Darüber hinaus kommt der ausdrücklichen und gleichzeitigen Bezeichnung als Notstandsmaßnahme eine Warnfunktion für die Behörde zu[962]. Sie soll auf die besondere Beschneidung des vorläufigen Rechtsschutzes des Betroffenen aufmerksam gemacht[963] und weitergehend zu einer sorgsamen Prüfung veranlassen werden, ob das Absehen von der schriftlichen Begründung der Anordnung der sofortigen Vollziehung tatsächlich im öffentlichen Interesse erfolgt[964]. Dabei ist nicht zwingend auf den Begriff *„-maßnahme“* zu bestehen. Auf das Wort *„Notstand“* kann indes nicht verzichtet werden. Als formwirksam sind daher auch Begriffe wie „Notstandsverfügung“ oder „Notstandsanordnung“ zu werten[965]. Gründe hierfür sind in der Rechtssicherheit und dem Individualschutz zu finden, die der Verwaltung strenge Anforderungen an ihre formalen Pflichten auferlegen. Die Feststellung der Existenz einer Notstandsmaßnahme darf nicht aufgrund äußerlicher Unklarheiten nachfolgende Untersuchungen und Auslegungen des behördlichen Gesamtverhaltens erfordern[966].

(2) Mit der (mündlichen) Anordnung der sofortigen Vollziehung einhergehende Probleme

Soweit die Einsatzleitung der Feuerwehr die oben genannten formellen Voraussetzungen im Falle des Vorliegens einer Notstandsmaßnahme einhält, kann sie die Anordnung der sofortigen Vollziehung in mündlicher

---

959 *Gersdorf*, in: Posser/Wolff, VwGO, § 80 Rn. 90.

960 Drews/Wacke/*Vogel*/Martens, Gefahrenabwehr, § 30 Ziff. 5; *Koehler*, Verwaltungsgerichtsordnung (Fn. 955), § 80 C III Ziff. 2 lit. b; *Löwer*, Vollzug (Fn. 958), S. 2050; *M. Redeker*, in: K. Redeker/H.-J. v. Oertzen, Verwaltungsgerichtsordnung, 16. Aufl. 2014, § 80 Rn. 28; *W.-R Schenke*, in: Kopp/ders., VwGO, § 80 Rn. 84.

961 *Pietzner/Ronellenfitsch*, Assessorexamen (Fn. 956), Rn. 1508; im Ergebnis so auch: *Leinius*, Anwendung (Fn. 802), S. 43 f.

962 *Buchheister*, in: Wysk, Verwaltungsgerichtsordnung (Fn. 957), § 80 Rn. 27.

963 *Puttler*, in: Sodan/Ziekow, Verwaltungsgerichtsordnung, § 80 Rn. 100.

964 *Gersdorf*, in: Posser/Wolff, VwGO, § 80 Rn. 90.

965 J. Bader/*M. Funke-Kaiser*/T. Stuhlfauth/J. v. Albedyll, Verwaltungsgerichtsordnung, 7. Aufl. 2018, § 80 Rn. 53; *Löwer*, Vollzug (Fn. 958), S. 2050.

966 *Löwer*, Vollzug (Fn. 958), S. 2050.

Form erklären. Allerdings gehen mit dem Dispens der Schriftform auch einige Schwierigkeiten und Probleme einher, die nachfolgend dargestellt werden sollen.

Grundsätzlich muss die Anordnung der sofortigen Vollziehung nicht mit dem Grundverwaltungsakt, welcher vorzeitig vollzogen werden soll, zusammenfallen. Dies gilt auch bei Notstandsmaßnahmen. Durch die Bezeichnung als Notstandsmaßnahme tritt der Wegfall der Begründungspflicht jedoch nur mit Wirkung *ex nunc* ein. Folge ist, dass bereits durchgeführte Vollstreckungshandlungen durch die nachträgliche Anordnung der sofortigen Vollziehung und die Bezeichnung der Grundverfügung als Notstandsmaßnahme nicht mehr vom „Makel der Rechtswidrigkeit" befreit werden können[967].

Weiterhin ist zu beachten, dass schon die fehlende Verwendung der Bezeichnung „Notstand" im Rahmen der zu treffenden Verfügung zur Unwirksamkeit der Anordnung der sofortigen Vollziehung führen könnte[968]. Zu diesem Ergebnis muss man in Einklang mit der Rechtsprechung des Oberverwaltungsgerichts Münster[969] jedenfalls dann gelangen, wenn man der Auffassung von *Pietzner/Ronellenfitsch* folgt, die die Bezeichnung der Grundverfügung als „Notstandsmaßnahme" als Ersatz für die Begründung erachten[970]. Aber auch nach der ganz überwiegenden Auffassung in der Literatur[971], welche die Bezeichnung als Notstandsmaßnahme für unerlässlich hält, erscheint die Unwirksamkeit der Anordnung der sofortigen Vollziehung als konsequente Folge der Nichtbeachtung dieser formalen Vorgabe.

Zuletzt ist das Augenmerk auf die Beweislastverteilung in einem gerichtlichen Verfahren zu lenken. Diese kann der Behörde „das Leben erschweren", da ihr die Beweislast dafür obliegt, dass die Voraussetzungen einer Notstandsmaßnahme vorlagen und sie diese auch als solche bezeichnet hat[972].

---

967 *Gersdorf*, in: Posser/Wolff, VwGO, § 80 Rn. 90; *Löwer*, Vollzug (Fn. 958), S. 2050; *Puttler*, in: Sodan/Ziekow, Verwaltungsgerichtsordnung, § 80 Rn. 100.

968 So: Bader/*Funke-Kaiser*/Stuhlfauth/v. Albedyll, Verwaltungsgerichtsordnung (Fn. 965), § 80 Rn. 53; (wohl) ebenfalls: *Schäfer*, Primär- und Sekundärbefugnisse (Fn. 61), S. 210 f.

969 OVGE, 17, 45 (45 f.).

970 Siehe Fn. 961.

971 Siehe Fn. 960.

972 Bader/*Funke-Kaiser*/Stuhlfauth/v. Albedyll, Verwaltungsgerichtsordnung (Fn. 965), § 80 Rn. 53.

(3) Kein „rechtsstaatlicher Gewinn" für den Bürger

Der Umstand, dass die Feuerwehr zur Durchsetzung ihrer Verfügungen im Wege des gestreckten Vollstreckungsverfahrens nach § 55 Abs. 1 VwVG NRW auf die Möglichkeit der Anordnung der sofortigen Vollziehung nach § 80 Abs. 2 S. 1 Nr. 4 VwGO zurückgreifen kann, auf diese Möglichkeit aber auch beschränkt ist, um eine vollstreckbare Grundverfügung zu schaffen, dürfte für den Bürger nicht zu einem „rechtsstaatlichen Gewinn" gegenüber der sofortigen Vollziehbarkeit von Gesetzes wegen nach § 80 Abs. 2 S. 1 Nr. 2 oder Nr. 3 VwGO führen. Zwar bildet die aufschiebende Wirkung den Regelfall und soll den Bürger vor der unkontrollierten Vollstreckung staatlicher Verfügungen schützen[973], indem der Behörde mit der Begründungspflicht nach § 80 Abs. 3 S. 1 VwGO der Ausnahmecharakter vor Augen geführt werden soll und der Bürger die Möglichkeit erhält, die Gründe der Anordnung der sofortigen Vollziehung zur Kenntnis zu nehmen[974]. Jedoch ist aus der Aufgabenzuweisung an die Feuerwehr in § 1 Abs. 1 Nr. 1 und Nr. 2 BHKG und der in § 1 Abs. 3 S. 1 BHKG enthaltenen Subsidiaritätsklausel ersichtlich, dass die Feuerwehr nur einschreitet, wenn es „wirklich brenzlig" wird. In diesen Fällen ist das Einschreiten regelmäßig derart dringend geboten, dass der Zweck von § 80 Abs. 3 S. 1 VwGO, das Bewusstwerden des Ausnahmecharakters der aufschiebenden Wirkung sowie die Mitteilung der Gründe der Anordnung der sofortigen Vollziehung, nur in äußerst beschränktem Maße zu erreichen sein dürfte. Auf der einen Seite steht der Feuerwehr nicht genügend Zeit für Verfügung, um die Gebotenheit der Anordnung der sofortigen Vollziehung umfangreich zu überprüfen. Auf der anderen Seite erhält der Bürger durch die Mitteilung „Notstandsmaßnahme" ausschließlich Auskunft darüber, dass es sich um ein eiliges staatliches Einschreiten handelt. Eine weitergehende Überprüfungsmöglichkeit wird ihm hierdurch nicht eingeräumt. Dem vorgenannten Sinn und Zweck von § 80 Abs. 1, Abs. 2 S. 1 Nr. 4, Abs. 3 S. 1 VwGO entspricht dieser Vorgang nur bedingt.

---

973 Siehe Fn. 845 und Fn. 846.

974 *Gersdorf*, in: Posser/Wolff, VwGO, § 80 Rn. 86.

d) Feuerwehreinsatzkräfte als Vollzugsdienstkräfte im Sinne des VwVG NRW

Die Feuerwehreinsatzkräfte gelten nach § 68 Abs. 1 Nr. 11 VwVG NRW als Vollzugsdienstkräfte im Sinne des VwVG NRW. Danach werden neben den *„beim Feuerwehreinsatz, bei der Hilfeleistung bei öffentlichen Notständen und bei der Abwehr von Großschadensereignissen dienstlich tätigen Personen"* auch *„die in ihrem Auftrag handelnden Personen nach den §§ 27, 34 und 44 des Gesetzes über den Brandschutz, die Hilfeleistung und den Katastrophenschutz vom 17. Dezember 2015 (GV. NRW. S. 886) in der jeweils geltenden Fassung"* erfasst.

e) Zwischenergebnis

Der Feuerwehr ist das gestreckte Verfahren im Sinne des § 55 Abs. 1 VwVG NRW zur Durchsetzbarkeit ihrer Maßnahmen nach § 34 Abs. 2 BHKG grundsätzlich eröffnet. Durch situativen Dispens von Formvorschriften oder einzelner Verfahrensglieder (Androhung, Festsetzung) im Vollstreckungsverfahren ist die Feuerwehr in die Lage versetzt, auch an der Einsatzstelle nach § 55 Abs. 1 VwVG NRW zu vollstrecken. Zum Erreichen der Vollziehbarkeit ihrer Verfügungen vor Bestandskraft kann sich die Feuerwehr der Anordnung der sofortigen Vollziehung nach § 80 Abs. 2 S. 1 Nr. 4 VwGO bedienen[975] und die zu treffenden Maßnahmen, soweit die entsprechenden Voraussetzungen vorliegen, als Notstandsmaßnahmen im Sinne des § 80 Abs. 3 S. 2 VwGO bezeichnen. Hierdurch bedarf es einer schriftlichen Begründung der Anordnung der sofortigen Vollziehung nicht. Unter Berücksichtigung dieser gesetzlichen Voraussetzungen und der damit einhergehenden Probleme drängt sich jedoch die Frage auf, ob sich dieses Verfahren für die Feuerwehr (noch) als praktikabel erweist. Dabei treffen sie, im Gegensatz zur Polizei, deren dringende Verfügungen von Gesetzes wegen nach § 80 Abs. 2 S. 1 Nr. 2 VwGO vor Eintritt der Bestandskraft vollziehbar sind, erheblich mehr formale Anforderungen zum

975 Auch *Färber*, in: Kamp, FeuSchR NRW, § 34 BHKG (April 2017) Rn. 27 empfiehlt, die Anordnung der sofortigen Vollziehung nach § 80 Abs. 2 S. 1 Nr. 4 VwGO zu treffen, um den Suspensiveffekt eines Widerspruchs gem. § 80 Abs. 1 VwGO zu vermeiden. Auf das grundsätzliche Erfordernis der Begründung nach § 80 Abs. 3 S. 1 VwGO und deren Dispens durch Bezeichnung als Notstandsmaßnahme im Sinne des § 80 Abs. 3 S. 2 VwGO geht er allerdings nicht weiter ein.

Erreichen der sofortigen Vollziehbarkeit notwendiger Maßnahmen. Vereinfacht dargestellt hat die Feuerwehr (bei Vorliegen der entsprechenden Voraussetzungen) folgende Schritte vorzunehmen:

- Anordnung einer Grundverfügung im Sinne des § 34 Abs. 2 BHKG,
- Ausspruch der Anordnung der sofortigen Vollziehung nach § 80 Abs. 2 S. 1 Nr. 4 VwGO,
- Bezeichnung der Grundverfügung als Notstandsmaßnahme gemäß § 80 Abs. 3 S. 2 VwGO für die Entbehrlichkeit der schriftlichen Begründung.

Dabei wird der Feuerwehr das Beweisrisiko dafür aufgebürdet, dass sie auf die schriftliche Anordnung der sofortigen Vollziehung verzichten durfte und die zu treffende Maßnahme als Notstandsmaßnahme bezeichnet hat. Ob dies unter Berücksichtigung der meist anzunehmenden zeitlichen Dringlichkeit feuerwehrlichen Einschreitens sachgerecht erscheint, bleibt zweifelhaft[976]. Ein „rechtsstaatlicher Gewinn" gegenüber der Vollziehbarkeit von Gesetzes wegen ist für den Bürger mit dieser Vorgehensweise ebenfalls nicht verbunden. Letztendlich handelt es sich jedoch um eine rechtspolitische Frage, die vom nordrhein-westfälischen Gesetzgeber zu beantworten ist. Jedenfalls wäre der Gesetzgeber gut beraten, sich mit diesem Aspekt des BHKG und seiner Auswirkungen nochmals auseinanderzusetzen.

2. Vollstreckung feuerwehrlicher Verfügung durch Vollzugskräfte der Polizei im Wege der Vollzughilfe im gestreckten Verfahren

Neben der Möglichkeit der eigenständigen Vollstreckung durch die Einsatzkräfte der Feuerwehr eröffnet § 34 Abs. 3 S. 2 BHKG auch die Möglichkeit, für den Vollzug ihrer Verfügungen nach § 34 Abs. 2 BHKG die Polizei um Vollzugshilfe zu ersuchen. Die Voraussetzungen und das Verfahren der Vollzugshilfe sind in §§ 47 ff. PolG NRW regelt.

---

976 *Schäfer*, Primär- und Sekundärbefugnisse (Fn. 61), S. 211 hält die Anwendbarkeit von § 80 Abs. 2 S. 1 Nr. 4, Abs. 3 VwGO für die Feuerwehr ebenfalls für nicht praxistauglich. Anders verhielte es sich nur, wenn eine konkludente Vollziehungsanordnung als ausreichend erachtet würde, was jedoch mit § 80 Abs. 3 S. 2 VwGO nicht vereinbar sei.

a) Voraussetzungen der Vollzugshilfe

§ 47 Abs. 1 PolG NRW begrenzt den Anwendungsbereich der Vollzugshilfe auf die notwendige Durchführung unmittelbaren Zwangs. Voraussetzung ist, dass *„die anderen Behörden nicht über die hierzu erforderlichen Dienstkräfte verfügen oder ihre Maßnahmen nicht auf andere Weise selbst durchsetzen können."* Die Feuerwehreinsatzkräfte gelten nach § 68 Abs. 1 Nr. 11 VwVG NRW zwar selbst als Vollzugskräfte im Sinne des VwVG NRW. Jedoch ist aus diesem Umstand nicht zu folgern, dass die Inanspruchnahme der Vollzugshilfe im Rahmen des BHKG ausscheidet. § 47 Abs. 1 PolG NRW setzt für den Ausschluss seines Anwendungsbereichs voraus, dass es sich um die *erforderlichen* Dienstkräfte handeln muss. Das reine Erfüllen des Status „Vollzugsdienstkraft" genügt daher nicht, um den Rückgriff auf die Vollzugshilfe zu versperren[977]. Die Rechtsfigur der Vollzugshilfe soll es der ersuchenden Behörde ermöglichen, tatsächliche Hindernisse bei der Durchsetzung ihrer Gefahrenabwehrmaßnahmen zu überwinden[978]. Daher hat jeweils eine Prüfung im Einzelfall zu erfolgen, ob die ersuchende Behörde unter Inanspruchnahme ihrer eigenen Kräfte in der Lage wäre, den von ihr erlassenen Verwaltungsakt zu vollstrecken. Für das Ersuchen der Polizei durch die Feuerwehr sollen aber zwei allgemeine Punkte aufgeführt werden, die bei der Einzelfallprüfung stets zu berücksichtigen sind. Zum einen ist davon auszugehen, dass die Feuerwehr, wie eine Vielzahl weiterer Stellen, nicht über die zur Anwendung unmittelbaren Zwangs erforderliche Ausbildung sowie Ausrüstung (Hilfsmittel und Waffen im Sinne des § 67 Abs. 3 und 4 VwVG NRW) verfügt[979] [980]. Schon dieser Umstand ist geeignet, das Merkmal „erforderlich" entfallen zu lassen. Zum anderen ist insbesondere ein sich aus der Zuständigkeit der Feuerwehr ergebender Grund zu berücksichtigen. Aus dem Abschnitt C.III.1 (S. 97 ff.) ist ersichtlich, dass die Feuerwehr nur dann tätig zu werden hat, wenn eine Gefahrenabwehraufgabe von ihr erfolgversprechender wahrgenommen werden kann als von anderen Stellen. Aus diesem Zuständig-

977 *Tegtmeyer*/Vahle, PolG NRW, § 47 Rn. 6.

978 *Dietlein*/Hellermann, Öffentliches Recht in NRW, § 3 Rn. 28; *Gusy*, POR, Rn. 146.

979 Allgemein hierzu: *Tegtmeyer*/Vahle, PolG NRW, § 47 Rn. 6.

980 So ist dem Abschlussbericht des Forschungsprojekts der Ruhr-Universität Bochum, *M. Weigert*, Gewalt gegen Einsatzkräfte der Feuerwehren und Rettungsdienste in Nordrhein-Westfalen, 2018, S. 57 zu entnehmen, dass sich 51,5 % der befragten Einsatzkräfte nicht gut auf mögliche Konfliktsituation im Einsatz vorbereitet fühlen.

keitsgrundsatz ergibt sich weitergehend, dass sie, falls möglich, auch nur solche Verfügungen treffen soll, mit denen die Durchführung ihrer primären Aufgaben nach dem BHKG, der Brandschutz und die Hilfeleistung, nicht beeinträchtigt werden, § 34 Abs. 2 S. 1 i.V.m. § 1 Abs. 3 BHKG. Die Feuerwehr soll also ihre Ressourcen dahingehend bündeln, diese zur Brandbekämpfung und zur Hilfeleistung möglichst effektiv einzusetzen. Deutlich wird dies insbesondere aus den Subsidiaritätsregelungen in § 1 Abs. 3 S. 1und § 34 Abs. 2 S. 1 BHKG. Danach scheidet die Anordnung von polizeirechtlichen Maßnahmen durch die Feuerwehr dann aus, wenn die Polizei selbst vor Ort ist und diese Maßnahmen gleichermaßen oder wirkungsvoller treffen kann. Die vorstehenden Ausführungen sollen insbesondere zeigen, dass für die Zulässigkeit der Inanspruchnahme von Vollzugshilfe seitens der Polizei durch die Feuerwehr auch eine Rolle spielt, wie die Feuerwehr nach der Konzeption des Gesetzes ihre Einsatzkräfte einzusetzen hat. Sind sämtliche Einsatzkräfte der Feuerwehr in dem Zeitpunkt, in welchem die getroffene Verfügung vollstreckt werden soll, mit der Bekämpfung von Schadenfeuern oder Hilfeleistungsmaßnahmen „ausgelastet", sollen sie diese nach der Ausgestaltung des BHKG auch vorrangig wahrnehmen. *Erforderliche* Vollzugsdienstkräfte der Feuerwehr im Sinne des § 47 Abs. 1 PolG NRW sind dann an der Einsatzstelle nicht vorhanden, um die getroffene Verfügung selbst zu vollstrecken.

Weiterhin setzt § 47 Abs. 1 PolG NRW voraus, dass die Behörde ihre Maßnahme nicht auf andere Weise selbst durchsetzen kann. Das ist der Fall, wenn andere Zwangsmittel, wie die Androhung von Zwangsgeld, keine Aussicht auf Erfolg versprechen.

b) Verantwortlichkeit und Pflichten bei der Vollzugshilfe

Nach § 47 Abs. 2 S. 1 PolG NRW ist die Polizei nur für die Art und Weise der Durchführung der Vollstreckungshandlung verantwortlich. Im Umkehrschluss bedeutet dies, dass die Rechtmäßigkeit der Maßnahme, welche durch die Vollzugshilfe verwirklicht werden soll, nach dem Recht der ersuchenden Behörde zu beurteilen ist[981]. Weiterhin hat auch die ersuchende Behörde insbesondere für die Vollstreckbarkeit der betreffenden Verfügung zu sorgen[982]. Konkret bedeutet das für die Feuerwehr bzw. deren Einsatzleitung, dass sie, soweit sie zum Erlass einer Verfügung nach § 34

981 *Gusy*, POR, Rn. 146; *Schenke*, POR, Rn. 410.
982 Schütte/Braun/*Keller*, PolG NRW, § 47 Rn. 4.

Abs. 2 PolG NRW zuständig ist, auch bei einem Vollzugshilfeersuchen für die Rechtmäßigkeit und Vollstreckbarkeit dieser Maßnahme verantwortlich bleibt. Auf die Ausführungen in dem Abschnitt E.III.1.c) (S. 254 ff.) kann daher vollumfänglich Bezug genommen werden. Die Feuerwehr ist danach auch bei Vollzugshilfe durch die Polizei gehalten, die Anordnung der sofortigen Vollziehung bei gleichzeitiger Bezeichnung als Notstandsmaßnahme gegenüber dem Betroffenen auszusprechen, soll die Vollstreckung im (vorrangigen) gestreckten Verfahren nach § 55 Abs. 1 VwVG i.V.m. §§ 50 ff PolG NRW erfolgen.

c) Verfahren bei Vollzugshilfe

Nach § 48 Abs. 1 PolG NRW sind Vollzugshilfeersuchen grundsätzlich schriftlich mit der Angabe des Grundes sowie der Rechtsgrundlage der Maßnahme zu stellen. Da die Feuerwehr nach § 34 Abs. 2 S. 1 BHKG ausschließlich an der Einsatzstelle Maßnahmen treffen darf, wird dieses Formerfordernis, ähnlich der schriftlichen Begründung der Anordnung der sofortigen Vollziehung, im Regelfall nicht einzuhalten sein. Hierüber hilft § 48 Abs. 2 S. 1 PolG NRW hinweg, der in Eilfällen von einem formbedürftigen Vollzugshilfeersuchen absieht. Nach § 48 Abs. 2 S. 2 PolG NRW ist das Vollzugshilfeersuchen auf Verlangen unverzüglich schriftlich zu bestätigen.

d) Anwendungsfall der Vollzugshilfe bei Maßnahmen nach dem BHKG

Durch die Subsidiarität feuerwehrlichen Handelns scheidet eine Verfügung nach § 34 Abs. 2 BHKG bereits dann aus, wenn neben der Feuerwehr auch die Polizei an der Einsatzstelle vor Ort ist und eine entsprechende Verfügung gleich effektiv oder effektiver treffen kann. Dieser eingeschränkte Zuständigkeitsbereich der Feuerwehr wirkt sich auch auf den Anwendungsbereich der Vollzugshilfe aus. So kommt logischerweise das Vollzugshilfeleisten durch die Polizei nur in zwei Konstellationen in Betracht. In der ersten Variante ist die Feuerwehr bei Abwesenheit der Polizei an der Einsatzstelle und trifft dort Maßnahmen nach § 34 Abs. 2 BHKG. Die in der Zwischenzeit eingetroffene Polizei kann nunmehr auf Vollzugshilfegesuch der Feuerwehr diese bei der Durchsetzung der zuvor getroffenen Verfügung unterstützen, falls es der Feuerwehr an der notwendigen Ausbildung und Ausrüstung fehlt oder ihre Einsatzkräfte zur Brandbekämpfung oder Hilfeleistung benötigt werden. In der zweiten Variante ist die Feuerwehr und auch die Polizei vor Ort. Ist die Feuerwehr in dieser Konstellation aufgrund ihrer Ausbildung oder ähnlichen Umständen zur erfolgreicheren Gefahrenabwehr beim Treffen polizeilicher Verfügung in der Lage[983], ist sie zur Anordnung dieser Maßnahmen zuständig. Die Vollstreckung ihrer Maßnahmen kann dann, wie ebenfalls in der ersten Variante, durch die Polizei im Wege der Vollzugshilfe erfolgen.

IV. Vollstreckung der feuerwehrlichen Verfügungen im Wege des Sofortvollzuges nach § 55 Abs. 2 VwVG NRW

Bei der Vollstreckung von Maßnahmen im Sinne des § 34 Abs. 2 BHKG im Wege des Sofortvollzuges nach § 55 Abs. 2 VwVG NRW ergeben sich im Verhältnis zum allgemeinen Polizei- und Ordnungsrecht keine Besonderheiten. Danach kann der Verwaltungszwang *„ohne vorausgehenden Verwaltungsakt angewendet werden, wenn das zur Abwehr einer gegenwärtigen Gefahr notwendig ist und die Vollzugsbehörde hierbei innerhalb ihrer Befugnisse handelt."* Dieses Verfahren findet im Polizei- und Ordnungsrecht regelmäßig Anwendung, soweit eine Grundverfügung zur Gefahrenabwehr gegen den Betroffenen rechtmäßig wäre, diese aber tatsächlich nicht ergehen kann, weil die Dringlichkeit der Durchführung der Gefahrenabwehrmaßnahme die Einhaltung des gestreckten Verfahrens nach § 55 Abs. 1 VwVG NRW nicht zulässt[984]. Nach den von *Gusy* gebildeten Fallgruppen[985] ist dies insbesondere der Fall,

- wenn noch nicht festzustellen ist, ob überhaupt ein Störer vorhanden ist,
- wenn noch nicht festzustellen ist, wer als Verantwortlicher heranzuziehen ist,
- wenn der Störer zwar bekannt, jedoch nicht greifbar ist,
- wenn der Störer zwar bekannt und greifbar ist, Maßnahmen gegen diesen jedoch rechtlich unzulässig oder faktisch nicht möglich sind.

Neben dem Dispens von Androhung (§ 63 Abs. 1 S. 5 VwVG NRW) und Festsetzung (§ 64 S. 2 VwVG NRW) bedarf es darüber hinaus einer zugrun-

983 Siehe hierzu das Beispiel in dem Abschnitt: D.II.3.b)ii)(2)(b) (S. 177 ff.).

984 *Dietlein*/Hellermann, Öffentliches Recht in NRW, § 3 Rn. 254; *Gusy*, POR, Rn. 439; *Möller/Warg*, POR, Rn. 227; *Thiel*, POR, § 13 Rn. 16.

985 *Gusy*, POR, Rn. 439; so ebenfalls: App/Wettlaufer/*Klomfaß*, Verwaltungsvollstreckungsrecht, Kap. 30 Rn. 30.

deliegenden Grundverfügung nicht[986]. Erforderlich hingegen ist, dass die zu erlassene (fiktive) Grundverfügung rechtmäßig wäre[987].

An dieser Stelle soll jedoch nochmals darauf hingewiesen werden, dass dem gestreckten bzw. abgekürzten Verfahren nach § 55 Abs. 1 VwVG NRW grundsätzlich Vorrang gebührt[988]. Der Rückgriff auf den Sofortvollzug nach § 55 Abs. 2 VwVG NRW ist nur „notwendig" im Sinne der Vorschrift, wenn der Gefahrenabwehrzweck der Maßnahme auch bei größtmöglicher Beschleunigung des gestreckten Verfahrens nicht erreicht werden kann. Solange für die handelnde Behörde die Möglichkeit eines Vorgehens im Wege des § 55 Abs. 1 VwVG NRW besteht, ist die Anwendung des Sofortvollzuges rechtswidrig[989].

---

986 *Möller/Warg*, POR, Rn. 227; *Thiel*, POR, § 13 Rn. 16 f.

987 *Kingreen/Poscher*, POR, § 24 Rn. 38 f.

988 Vgl. Ausführungen zu: E.II (S. 244 ff.).

989 Drews/Wacke/*Vogel*/Martens, Gefahrenabwehr, § 25 Ziff. 7 lit. a; *Gusy*, POR, Rn. 441; *Kugelmann*, POR, 11. Kap. Rn. 44 f.; *Maurer/Waldhoff*, Allg. Verwaltungsrecht, § 20 Rn. 27; *Möller/Warg*, POR, Rn. 205, 233.

F. Haftung/Entschädigung für Maßnahmen nach dem BHKG

Nicht selten kommt es bei Einsätzen der Feuerwehr zu materiellen oder immateriellen Schäden von beteiligten oder unbeteiligten Personen, die sowohl durch schuldhaftes Handeln als auch ohne Verschulden der Einsatzkräfte entstehen können[990]. Die folgenden Abschnitte sollen sich daher mit den wesentlichen Ansprüchen des Bürgers auf Schadensersatz und Entschädigung bei Maßnahmen und Handlungen nach dem BHKG befassen.

I. Schadensersatz

Zunächst erfolgt eine Darstellung der (zivilrechtlichen) Schadensersatzanspruchsgrundlagen.

1. Der Amtshaftungsanspruch nach § 839 BGB i.V.m. Art. 34 S. 1 GG

Fügt ein Feuerwehrangehöriger in Ausübung seiner hoheitlichen Tätigkeit einem beteiligten oder unbeteiligten Dritten schuldhaft einen Schaden zu, haftet hierfür grundsätzlich die Gemeinde[991]. Zwar erfasst § 839 BGB selbst nur Amtspflichtverletzungen eines Beamten im Sinne des Beamtenrechts, jedoch erweitert Art. 34 S. 1 GG den Anwendungsbereich der einfachgesetzlichen Amtshaftung auf alle Bereiche der Ausübung öffentlicher Gewalt[992]. Unabhängig von der Frage, ob Berufsfeuerwehr oder freiwillige Feuerwehr zum Einsatz schreitet, erfolgt ihr Einsatz nach § 1 BHKG in Ausübung hoheitlicher Gewalt[993], sodass die befreiende Schuldübernahme aus Art. 34 S. 1 GG sämtliche Einsatzkräfte der Feuerwehr im Sinne des § 7 Abs. 1 BHKG erfasst. Dies gilt für Einsatz- und Übungsdienst der Feuer-

990 *Schneider*, BHKG, § 2 Rn. 5.

991 *Schneider*, BHKG, § 2 Rn. 6.

992 *Ossenbühl/Cornils*, Staatshaftungsrecht, S. 14 ff.; *W. Schlick*, Die Rechtsprechung des BGH zur Amtshaftung, NJW 2013, S. 3349 (3349).

993 BGH, VersR 2008, S. 410 (412); BGH, VersR 2011, S. 90 (91); *Papier/Shirvani*, in: MüKo BGB, Bd. 6, § 839 Rn. 164; *Schneider*, BHKG, § 1 Rn. 12.

wehr gleichermaßen[994]. Durch die Haftungsüberleitung richtet sich der Schadensersatzanspruch des Geschädigten grundsätzlich gegen die Stelle oder Körperschaft, in deren Dienst der Beamte steht[995]. Im Bereich der Feuerwehr ist dies die Gemeinde nach § 3 Abs. 1 S. 1 BHKG. Die gesetzliche Freizeichnung des Beamten hat zur Folge, dass auch die die Schuld übernehmende staatliche Stelle nur im gleichen Umfang haftet, wie es der Amtsträger täte, wenn es die Konstruktion der Amtshaftung nicht gäbe. Haftungsbeschränkungen und -privilegien des handelnden Beamten gelten daher auch unmittelbar zugunsten seines Dienstherren[996]. Die den Beamten treffenden Amtspflichten sind die persönlichen Verhaltenspflichten in Bezug auf seine Amtsführung[997]. Hierunter fällt insbesondere die Wahrnehmung der Aufgaben und Befugnisse der juristischen Person des öffentlichen Rechts, für die der Beamte tätig wird, in Einklang mit der objektiven Rechtsordnung[998]. Aber auch ungeschriebene Verhaltenspflichten, hergeleitet aus dem Grundgesetz oder aus einfachgesetzlichen Regelungen, sind durch den waltenden Beamten zu beachten, wie beispielsweise das Prinzip der Verhältnismäßigkeit oder die Schonung Dritter[999]. Im Bereich des Brandschutzes und der Hilfeleistung handelt es sich auch um Amtspflichten im Sinne des § 839 BGB, die den Gemeinden gegenüber der Allgemeinheit, aber auch gegenüber dem durch eine Verletzung dieser Pflichten gefährdeten Bürger obliegen[1000].

Hinsichtlich des Verschuldens erfordert § 839 BGB Vorsatz oder Fahrlässigkeit des Beamten, sodass grundsätzlich jeder Grad von Fahrlässigkeit die Haftung nach dieser Vorschrift begründet. In Rechtsprechung und Literatur war jedoch lange umstritten, ob nicht die Haftungsbeschränkung des § 680 BGB auch zugunsten „professioneller Nothelfer" wie beispielsweise Notärzten, Rettungssanitätern oder der Feuerwehr im Anwendungsbereich des § 839 BGB herangezogen werden müsse[1001]. Zu dieser von ihm

---

994 OLG Düsseldorf, NJW-RR 1994, S. 1444 (1444).

995 *Schlick*, Rechtsprechung (Fn. 992), S. 3349.

996 BGHZ 146, 385 (388 f.); 151, 198 (200); *Ossenbühl/Cornils*, Staatshaftungsrecht, S. 13.

997 *Papier/Shirvani*, in: MüKo BGB, Bd. 6, § 839 Rn. 191.

998 *Papier/Shirvani*, in: MüKo BGB, Bd. 6, § 839 Rn. 193.

999 *Bode*, Haftung, S. 68 ff.; *Papier/Shirvani*, in: MüKo BGB, Bd. 6, § 839 Rn. 212 ff.

1000 BGH, VersR 2008, S. 410 (412); *Schneider*, BHKG, § 2 Rn. 8.

1001 Bejahend beispielsweise: *H.-D. Lippert*, Rechtsprobleme bei der Durchführung von Notarzt- und Rettungsdienst, NJW 1982, S. 2089 (2093); *M. Zimmermann/P. Otto*, Referendarexamensklausur Zivilrecht: Gesetzliche

bislang offen gelassenen Frage[1002] hat der Bundesgerichtshof mit Urteil vom 14. Juni 2018 ausdrücklich Stellung genommen und die Anwendbarkeit des § 680 BGB im Rahmen des Amtshaftungsanspruchs nach § 839 BGB verneint. Dies gelte sowohl für eine unmittelbare als auch eine analoge Anwendung der Vorschrift, da „professionelle Nothelfer" nicht in den sachlichen Anwendungsbereich von § 680 BGB fallen. Hierzu führt der Senat aus:

> „Nach Sinn und Zweck von § 680 BGB soll der potentielle Geschäftsführer in Augenblicken dringender Gefahr zur Hilfeleistung ermutigt werden, weil dies auch im allgemeinen Interesse erwünscht und nach § 323c StGB unter Umständen sogar gefordert ist. Die Vorschrift des § 680 BGB will also denjenigen schützen und in gewissem Umfang vor eigenen Verlusten bewahren, der sich zu spontaner Hilfe entschließt. Sie berücksichtigt, dass wegen der in Gefahrensituationen geforderten schnellen Entscheidung ein ruhiges und überlegtes Abwägen ausgeschlossen ist und es sehr leicht zu einem Sichvergreifen in den Mitteln der Hilfe kommen kann (BGH, Urteile vom 17. Februar 1972 – II ZR 46/70, juris Rn. 11; vom 30. November 1971 aaO S. 476 und vom 16. März 1965 – VI ZR 210/64, BGHZ 43, 188, 194; vgl. bereits Mugdan II S. 479).
> Diese Situation entspricht nicht derjenigen von Amtsträgern, zu deren öffentlich-rechtlicher Pflicht die ‚berufsmäßige' Abwehr einer dringenden Gefahr für Einzelne oder die Allgemeinheit gehört […]. Die genannten Amtsträger sind auf die mit der Gefahrenabwehr häufig verbundenen Noteinsätze typischerweise vorbereitet und können auf entsprechende Erfahrungen aus dem Berufsalltag zurückgreifen, so dass das Risiko eines Fehlverhaltens deutlich geringer ist als bei zufällig hinzutretenden Personen (Gregor in jurisPK-BGB aaO; Erman/Dornis aaO)."[1003]

Nicht ausdrücklich bezieht der Bundesgerichtshof zu der Frage Stellung, ob seine Grundsatzentscheidung nur für Angehörige der Berufsfeuerwehr gelten soll, oder sich auch die Einsatzkräfte der freiwilligen Feuerwehr am Haftungsmaßstab des § 276 BGB messen lassen müssen. Leichte Verwir-

---

Schuldverhältnisse und Sachenrecht, JuS 2011, S. 1100-1106 (1103); ablehnend hingegen beispielsweise: OLG München, NJW 2006, S. 1883 (1885); *Schäfer*, in: MüKo BGB, Bd. 5/2, § 680 Rn. 9.

1002 BGHZ 63, 167 (175).

1003 BGH, Urt. v. 14.6.2018 – Az. III ZR 54/17 – juris, Rn. 55 f.

rung stiftet hierbei die Wortwahl der *„berufsmäßige[n] Abwehr einer dringenden Gefahr“*[1004]. Isoliert betrachtet könnte die Formulierung darauf schließen lassen, dass der Bundesgerichtshof ausschließlich für die Berufsfeuerwehr die Heranziehung der Haftungsbeschränkung des § 680 BGB im Anwendungsbereich des § 839 BGB ablehnt. Bezieht man jedoch die weiteren Argumente des Senats in die Beantwortung der aufgeworfenen Frage ein, zeichnet sich ein anderes Bild ab. Zunächst bedarf es keiner „Ermutigung“ der Einsatzkräfte der Feuerwehr als potentielle Geschäftsführer im Sinne der GoA-Vorschriften in Augenblicken dringender Gefahr einzuschreiten, da die Feuerwehr von Amts wegen tätig zu werden hat[1005], unabhängig von der Frage, ob es sich um Angehörige der freiwilligen Feuerwehr oder um solche der Berufsfeuerwehr handelt. Darüber hinaus ist zu berücksichtigen, dass auch die Einsatzkräfte der freiwilligen Feuerwehr auf typische Noteinsätze vorbereitet werden und auf entsprechende Erfahrungen zurückgreifen können, um ein ruhiges und überlegtes Abwägen zu gewährleisten. Als weiteres Argument führt der Bundesgerichtshof die Unvergleichbarkeit von wirtschaftlichen Risiken für private Helfer einerseits und Amtsträgern andererseits ins Feld, deren Eigenschaft auf sämtliche Arten der Feuerwehren im Sinne des § 7 Abs. 1 BHKG zutrifft:

> „Zudem hat die hinter der Haftungsbeschränkung des § 680 BGB stehende Erwägung, den fremdnützig in einer Notsituation eingreifenden Helfer vor eigenen Verlusten zu bewahren, in Fällen der Gefahrenabwehr durch Behörden deutlich weniger Gewicht. Die baden-württembergischen Gemeinden als Aufgabenträger der Feuerwehr (§ 3 Abs. 1 Satz 1 FwG BW) nehmen am Aufkommen der zweckgebundenen Feuerschutzsteuer teil (§ 33 FwG BW). Sie können darüber hinaus bei Einsätzen zur Brandbekämpfung unter bestimmten Voraussetzungen Kostenersatz verlangen (§ 34 Abs. 1 Satz 2 FwG BW). Auch sind die Feuerwehren der baden-württembergischen Gemeinden über deren kommunale Haftpflichtversicherung mitversichert. Angesichts der auf diese Weise gesicherten Abdeckung der mit Feuerwehreinsätzen verbundenen finanziellen Risiken und Kosten ist der gemäß Art. 34 Satz 1 GG in Anspruch zu nehmenden Körperschaft ein höheres Haftungsrisiko zuzumuten als dem privaten, im unmittelbaren Anwen-

---

1004 BGH, Urt. v. 14.6.2018 – Az. III ZR 54/17 – juris, Rn. 56.

1005 OVG Münster, DÖV 1987, S. 646 (648); *Hörstrup*, Organisation, S. 368.

dungsbereich des § 680 BGB handelnden Geschäftsführer (vgl. hierzu auch Loyal aaO)."[1006]

In Nordrhein-Westfalen ist die vom Bundesgerichtshof für das Land Baden-Württemberg aufgezeigte Situation ähnlich. Auch hier partizipieren die Gemeinden an einer zweckgebundenen Feuerschutzsteuer[1007]; ebenso ist nach § 52 BHKG ein Kostenersatz für die Einsätze der Feuerwehr unter bestimmten Voraussetzungen vorgesehen. Auch diese Aspekte gelten unabhängig vom Status „Berufsfeuerwehr" oder „freiwillige Feuerwehr". In der Gesamtschau dieser vom Bundesgerichtshof herangezogenen Argumente kann ausschließlich gefolgert werden, dass das Haftungsprivileg des § 680 BGB in sämtlichen Bereichen der feuerwehrlichen Gefahrenabwehr ausscheidet[1008]. Damit gilt für sie der Haftungsmaßstab des § 276 BGB[1009]. Erwähnenswert ist an dieser Stelle noch, dass nach ständiger Rechtsprechung des Bundesgerichtshofes den Amtswalter regelmäßig kein Verschulden trifft, wenn ein mit mehreren Berufsrichtern besetztes Kollegialgericht von der objektiven Rechtmäßigkeit der Amtstätigkeit ausgeht, eine höhere Instanz nachfolgend hingegen eine Amtspflichtverletzung annimmt[1010]. Dieser als „Kollegialgerichtsrichtlinie"[1011] bezeichnete Maßstab ist dem Umstand geschuldet, dass von einem Beamten keine bessere Rechtseinsicht erwartet und verlangt werden kann, als von einem aus mehreren Rechtskundigen bestehenden Gremium[1012].

2. Der Anspruch auf Schadensersatz aus der Geschäftsführung ohne Auftrag nach §§ 677 ff. i.V.m. § 280 Abs. 1 BGB

Neben einem möglichen Anspruch aus Amtshaftung des geschädigten Bürgers gegen die Gemeinde verbleibt die Überlegung, ob noch weitere zi-

---

1006 BGH, Urt. v. 14.6.2018 – Az. III ZR 54/17 – juris, Rn. 56.

1007 Vgl. § 50 Abs. 8 BHKG.

1008 So ebenfalls: *Bertkau*, Schadens- und Kostenrisiko – Teil 2 (Fn. 209), S. 666; *J. Singbartl/J. Zintl*, Anmerkung zum Urt. d. BGH v. 14.6.2018 , in: NJW 2018, S. 2728 und (wohl auch) *S. Omlor*, Haftungsbeschränkung nach § 680 BGB (analog) bei professionellen Nothelfern, JuS 2018, S. 1003 (1004 f.).

1009 *Bertkau*, Schadens- und Kostenrisiko – Teil 2 (Fn. 209), S. 666.

1010 BGH, Beschl. v. 31.1.2014 – Az. III ZR 84/13 – juris, Rn. 3; *Schneider*, BHKG, § 2 Rn. 9.

1011 BGH, Beschl. v. 31.1.2014 – Az. III ZR 84/13 – juris, Rn. 3.

1012 *W. Schlick*, Die Rechtsprechung des BGH zur Amtshaftung, NJW 2014, S. 2915 (2918).

vilrechtliche Ansprüche in diesem Verhältnis bestehen können. In Betracht kommt hier ein Schadensersatzanspruch aus der Geschäftsführung ohne Auftrag gemäß §§ 677 ff. i.V.m. § 280 Abs. 1 BGB.

Nach der Rechtsprechung des Bundesgerichtshofes handelt die Feuerwehr grundsätzlich in Erfüllung der ihr im Interesse der Allgemeinheit zur Gefahrenabwehr obliegenden öffentlich-rechtlichen Pflichten. Dies schließe jedoch nicht aus, dass das Ziel und der Zweck ihres Handelns auch in der Hilfeleistung für bestimmte Dritte zu erkennen sei. Zu diesem Personenkreis seien alle zu zählen, die durch das Fortdauern der Gefahren einen Schaden erleiden können[1013]. Das Abwehren der Brandgefahr sei daher als Besorgen eines objektiv fremden Geschäfts zu werten[1014], welches auch im Interesse des Dritten liege, wenn für ihn mit dem Fortdauern und Ausbreiten des Feuers die Gefahr wachse, selbst Schaden zu nehmen[1015]. Zumeist wird diese Konstruktion der Geschäftsführung ohne Auftrag im Sinne der §§ 677 ff. BGB verwendet, um der Gemeinde einen Anspruch auf Ersatz der beim Feuerwehreinsatz entstandenen Kosten (Aufwendungen) gegen den Verursacher zu ermöglichen[1016]. Der Bundesgerichtshof gewährt jedoch die Aufwendungsersatzansprüche nach den §§ 677 ff. BGB unter anderem dann nicht, „*wenn das Gesetz den Handelnden zum unentgeltlichen Tätigwerden verpflichtet und wenn Vorschriften des öffentlichen Rechts eine erschöpfende Regelung vorsehen, die einen Rückgriff auf die Grundsätze über die Geschäftsführung ohne Auftrag nicht erlaubt.*“[1017] Vereinfacht gesagt scheiden Ansprüche aus der Geschäftsführung ohne Auftrag dann aus, wenn der (vermeintliche) Geschäftsführer die Aufwendungen selbst tragen soll[1018]. So verhält es sich im BHKG. Nach § 52 Abs. 1 BHKG sind die „*Einsätze im Rahmen der den Gemeinden und Kreisen nach diesem Gesetz obliegenden Aufgaben […] unentgeltlich, sofern nicht in Absatz 2 etwas anderes bestimmt ist.*“ Durch dieses Regel-Ausnahme-Prinzip darf nur in den in § 52 Abs. 2 BHKG abschließend aufgeführten Fällen ein Kostenersatz verlangt wer-

---

1013 BGHZ 63, 167 (169); ebenso: *G. Franßen/H. Blatt*, Ersatzansprüche aus Geschäftsführung ohne Auftrag beim Feuerwehreinsatz, NJW 2012, S. 1031 (1031).

1014 BGHZ 40, 28 (31); *Schneider*, BHKG, § 2 Rn. 25.

1015 *Schneider*, BHKG, § 2 Rn. 25.

1016 *Franßen/Blatt*, Ersatzansprüche (Fn. 1013), S. 1031.

1017 *Franßen/Blatt*, Ersatzansprüche (Fn. 1013), S. 1031.

1018 BGHZ 40, 28 (32); ebenso: *S. Bertkau*, Schadens- und Kostenrisiko für Ersthelfer, Betroffene sowie die Feuerwehr im Rahmen von Notlagen und Falschalarmen – Teil 1, ZFS 2018, S. 605 (612).

den[1019]. Die grundsätzliche Unentgeltlichkeit fußt einerseits auf dem Umstand, dass der Brandschutz und die Hilfeleistung vornehmlich im Interesse der Allgemeinheit erfolgen und daher durch die Allgemeinheit in Form von Steuern oder sonstigen Abgaben zu finanzieren sind[1020]. Andererseits soll die Kostenfreiheit für den Bürger keinen Anreiz schaffen, zunächst eigenständige Lösch- oder Rettungsversuche zu unternehmen, die regelmäßig zu einem deutlich erheblicheren Schaden führen können, als bei einem sofortigen Einsatz der Feuerwehr[1021]. Ein Anspruch auf Aufwendungsersatz des Geschäftsführers (Feuerwehr) nach den §§ 677 ff BGB scheidet daher im Anwendungsbereich des BHKG aus.

Klargestellt hat der Bundesgerichtshof indes nicht, ob er in den vorgenannten Fällen vom Vorliegen der Geschäftsführung ohne Auftrag, oder nur von deren Rechtsfolge (Aufwendungsersatz) abstand nimmt. Diese Frage wirkt sich dergestalt aus, dass das Vorliegen der Voraussetzungen der Geschäftsführung ohne Auftrag nach §§ 677 ff. BGB ein Schuldverhältnis im Sinne des § 280 Abs. 1 BGB bildet und sich hieraus bei schuldhafter Pflichtverletzung ein Schadensersatzanspruch ergäbe[1022]. Das Haftungsprivileg des § 680 BGB käme der Feuerwehr jedoch auch bei dieser Anspruchsgrundlage nicht zugute, da der Bundesgerichtshof den sachlichen Anwendungsbereich der Vorschrift bei „professionellen Nothelfern" grundsätzlich nicht für eröffnet erachtet[1023]. Dies gilt neben den Berufseinsatzkräften der Feuerwehr auch für die Angehörigen der freiwilligen Feuerwehr[1024].

3. Der Anspruch auf Schadenersatz nach StVG

Neben den verschuldensabhängigen Ansprüchen auf Schadensersatz haftet die Gemeinde bei Verkehrsunfällen unter Beteiligung von Einsatzfahrzeugen der Feuerwehr auch verschuldensunabhängig nach § 7 StVG als Kfz-Halterin[1025]. Die verschuldensabhängige Haftung des das Fahrzeug führen-

1019 Ebenso: *Schneider*, BHKG, § 52 Rn. 22.

1020 *Schneider*, BHKG, § 52 Rn. 19.

1021 OVG Münster, Beschl. v. 16.5.2013 – Az. 9 A 198/11 – juris, Rn. 34; *Schneider*, BHKG, § 52 Rn. 21.

1022 *Bertkau*, Schadens- und Kostenrisiko – Teil 1 (Fn. 1018), S. 606.

1023 Vgl. Ausführungen zu: F.I.1 (S. 284 ff.).

1024 Siehe Fn. 1023.

1025 *Bode*, Haftung, S. 129; *Ossenbühl/Cornils*, Staatshaftungsrecht, S. 117; *Schneider*, BHKG, § 2 Rn. 8.

den Beamten nach § 18 StVG wird hingegen durch § 839 BGB ausgeschlossen[1026].

II. Entschädigung

Folgend soll nun der Entschädigungsanspruch aus § 45 BHKG auf seine Ausgestaltung und seinen Umfang überprüft werden. Anschließend findet eine Auseinandersetzung mit der Frage statt, ob dieser als ausreichend zu erachten ist, oder ob ein Rückgriff auf Vorschriften außerhalb des BHKG erforderlich und möglich erscheint.

1. Der Anspruch auf Entschädigung nach § 45 BHKG

Die Entschädigung nach dem BHKG ist in § 45 Abs. 1 BHKG geregelt. Danach sind die Schäden in entsprechender Anwendung der §§ 39 bis 43 OBG NRW zu ersetzen, die eine Person erleidet, weil sie nach § 43 Abs. 1 bis 4 BHKG oder § 44 Abs. 3 oder 4 BHKG in Anspruch genommen wird (§ 45 Abs. 1 Nr. 1 BHKG) oder bei einem Schadensereignis im Sinne des BHKG Hilfe leistet (§ 45 Abs. 1 Nr. 2 BHKG). Von der Entschädigungspflicht umfasst wird demnach neben der freiwilligen Hilfeleistung die Inanspruchnahme des Betroffenen

- zur persönlichen Hilfeleistung, § 43 Abs. 1 BHKG,
- zum Bereitstellen von Hilfsmitteln oder Fahrzeugen, § 43 Abs. 2 BHKG,
- zum Wegräumen behindernder Gegenstände, § 43 Abs. 3 BHKG,
- zur persönlichen Hilfeleistung, zum Bereitstellen von Hilfsmitteln oder Fahrzeugen oder zum Wegräumen behindernder Gegenstände bei Übungen der Feuerwehr, § 43 Abs. 4 BHKG,
- als Eigentümer oder Besitzer eines Grundstücks, Gebäudes oder Schiffs, dass umliegend zu einem von einem Schadensereignis betroffenen Grundstück, Gebäude oder Schiff liegt, § 44 Abs. 3 BHKG,
- als Eigentümer oder Besitzer eines Grundstücks, Gebäudes oder Schiffs zu Übungszwecken und Erkundungen, § 44 Abs. 4 BHKG[1027].

1026 BGHZ 118, 304 (311); OLG München, Urt. v. 10.1.2001 – Az. 15 U 4663/00 – juris, Rn. 37; *Schneider*, BHKG, § 5 Rn. 8.

1027 *Schneider*, BHKG, § 45 Rn. 6.

Auffällig ist bei der Auflistung des § 45 Abs. 1 Nr. 1 BHKG, dass es sich vornehmlich um Entschädigungsansprüche in Fällen der Inanspruchnahme von Personen als Nichtverantwortliche im Sinne des § 19 OBG NRW oder jedenfalls der Inanspruchnahme von Nichtstörern handelt. Lediglich die Entschädigungspflicht im Falle des § 43 Abs. 3 BHKG erfasst nach dem Wortlaut auch die Entschädigung von Störern, da § 43 Abs. 3 BHKG nicht zwischen ordnungsgemäß und ordnungswidrig abgestellten Gegenständen differenziert[1028]. Allerdings bliebe hier zu überlegen, ob der Entschädigungsanspruch aus § 45 Abs. 1 Nr. 1 BHKG in Fällen des § 43 Abs. 3 BHKG auf rechtmäßig abgestellte, jedoch den Einsatz behindernde Gegenstände teleologisch zu reduzieren ist. Es erscheint nämlich unter keinem Gesichtspunkt sachlich geboten, Eigentümer oder Besitzer von rechtswidrig abgestellten Gegenständen für Schäden bei der rechtmäßigen Beseitigung des rechtswidrigen Zustandes verschuldensunabhängig zu entschädigen. Gänzlich ungeregelt bleibt in § 45 BHKG die Entschädigung von rechtswidrig in Anspruch genommenen Störern, wie sie im Gefahrenabwehrrecht in § 39 Abs. 1 lit. b OBG NRW vorgesehen ist. Bei Berücksichtigung dieses Umstandes drängt sich die Frage auf, ob ein Äquivalent zu § 39 Abs. 1 lit. b OBG NRW im BHKG nicht gewollt war, schlicht vergessen wurde, oder ob diese Vorschrift mangels abschließenden Charakters von § 45 Abs. 1 BHKG anwendbar sein könnte. Jener Frage soll sich der nächste Abschnitt widmen.

2. Der Anspruch auf Entschädigung nach § 39 Abs. 1 OBG NRW?

§ 45 Abs. 1 BHKG bildet für eine Vielzahl von Konstellationen der Inanspruchnahme von Nichtverantwortlichen im Sinne des § 19 OBG NRW oder Nichtstörern eine Anspruchsgrundlage auf Entschädigung. Im Rahmen der Untersuchung der Anwendbarkeit von § 39 Abs. 1 OBG NRW soll daher der Fokus auf der Entschädigung von rechtswidrig in Anspruch genommenen Störern nach § 39 Abs. 1 lit. b OBG NRW liegen.

a) § 45 BHKG als abschließende Regelung?

Der Wille des nordrhein-westfälischen Gesetzgebers, mit § 45 BHKG eine abschließende Regelung zur verschuldensunabhängigen Entschädigung zu

---

1028 *Schneider*, BHKG, § 43 Rn. 25.

schaffen, ist weder aus dem Gesetz selbst noch aus dem Gesetzesentwurf der Landesregierung ersichtlich. In Letzterem findet sich zu § 45 BHKG lediglich die Anmerkung, dass dieser inhaltlich unverändert § 36 FSHG, bei Anpassung der Verweisungen an die veränderte Nummerierung, entspreche[1029]. Schon § 36 FSHG konnte nach Rechtsprechung und Literatur kein abschließender Charakter zugeschrieben werden[1030]. So lässt sich folgern, dass dies auch nach Einführung des BHKG für den inhaltsgleichen § 45 BHKG gilt. Bestärkt wird die Annahme durch den Umstand, dass der Feuerwehr im FSHG deutlich weniger Kompetenzen zur Verfügung standen, als ihr durch das BHKG eingeräumt werden. Vereinfacht dargestellt, beschränkten sich die Befugnisse in den §§ 27 und 28 FSHG auf die heute in §§ 43 und 44 BHKG geregelten. Der Gesetzgeber konnte daher ohne große Mühe für jede dieser einzelnen Kompetenzen die Entscheidung über eine Entschädigungspflicht im FSHG treffen. Durch die Einführung der Generalklausel in § 34 Abs. 2 S. 1 BHKG und das Bereitstellen mehrerer polizeilicher Standardermächtigungen über § 34 Abs. 2 S. 2 BHKG i.V.m. § 24 Abs. 1 OBG NRW wurde das Spektrum der potentiell entschädigungspflichtigen Maßnahmen deutlich erweitert. Eine Auseinandersetzung mit der Frage, wie mit dem Anwachsen der Kompetenzen der Feuerwehr in Hinsicht auf Entschädigungsansprüche zukünftig umgegangen werden soll, erfolgte offensichtlich nicht. Daher ist davon auszugehen, dass § 45 Abs. 1 BHKG weiterhin nicht als abschließende Regelung zu betrachten ist.

b) Die Anwendbarkeit des § 39 Abs. 1 lit. b OBG NRW auf rechtswidrige Maßnahmen der Feuerwehr

Mangels abschließenden Charakters von § 45 Abs. 1 BHKG ist im nächsten Schritt zu prüfen, ob § 39 Abs. 1 lit. b OBG NRW bei rechtswidrigen Maßnahmen der Feuerwehr als Anspruchsgrundlage für einen Entschädigungsanspruch dienen kann. Voraussetzung ist dabei die Anwendbarkeit der Vorschrift auf solche feuerwehrlichen Maßnahmen.

1029 LT-Drs. 16/8293, S. 110.

1030 OLG Hamm, Urt. v. 15.5.1988 – Az. 11 U 295/87 – juris, Rn. 14; *Schneider*, FSHG, § 36 Ziff. 2.4. Ein abschließender Charakter von § 36 FSHG ist auch weder dem Gesetzesentwurf aus dem Jahr 1997, LT-Drs. 12/1993 zu entnehmen noch ergibt sich ein solcher aus dem Gesetzesentwurf des Jahres 1974, LT-Drs. 7/3961.

aa) Die Anwendbarkeit des § 39 Abs. 1 lit. b OBG NRW aufgrund des Status als Sonderordnungsbehörde?

§ 39 Abs. 1 OBG NRW könnte unmittelbare Anwendung finden, soweit die Feuerwehr als Sonderordnungsbehörde zu klassifizieren wäre. Für diesen Fall könnte die Vorschrift aufgrund von § 12 Abs. 2 OBG NRW herangezogen werden. Danach gelten für Sonderordnungsbehörden die Vorschriften des OBG NRW, *„soweit nicht durch Gesetz oder Verordnung Abweichendes bestimmt ist.“* Wie zuvor gezeigt, stünde § 45 Abs. 1 BHKG der Anwendung von § 39 Abs. 1 OBG NRW nicht entgegen. Die Einordnung der Feuerwehr als Sonderordnungsbehörde bereitet hingegen deutlich größere Schwierigkeiten[1031]. Nur eine neuere Auffassung in der Literatur vertritt, dass allein die Gefahrenabwehrzuweisung im jeweiligen Fachrecht für die Stellung als Sonderordnungsbehörde entscheidend sei. Aufgrund der umfangreichen Befugnisse der Feuerwehr durch Einführung des BHKG müsse ihr daher der Status als Sonderordnungsbehörde zukommen. Die Rechtsprechung des Oberlandesgerichts Hamm, die den Status der Feuerwehr als Sonderordnungsbehörde ablehnt, erscheint durch die Einführung des BHKG „überholt“, sodass sich diese nicht als sonderlich geeignet erweist, einen konstruktiven Beitrag in der Diskussion zu leisten. Die überwiegende Auffassung in der Literatur hält aufgrund von §§ 12 Abs. 1, 3 OBG NRW den institutionellen Begriff der Ordnungsbehörde für ausschlaggebend, sodass es lediglich auf die Einrichtung und Bezeichnung als Sonderordnungsbehörde ankommen könne, was bei der Feuerwehr nicht der Fall sei.

Die Verneinung der Sonderordnungsbehördeneigenschaft der Feuerwehr überzeugt unter zwei Gesichtspunkten. Zunächst ist davon auszugehen, dass §§ 12 Abs. 1, 3 OBG NRW auf die institutionelle Einrichtung einer Behörde als Ordnungsbehörde bzw. Sonderordnungsbehörde abstellen. Dies ergab sich ausdrücklich aus der Verwaltungsvorschrift zum OBG NRW[1032] aus dem Jahr 1969. Die aktuelle Fassung von § 12 Abs. 1 OBG NRW entspricht gleichlautend § 12 Abs. 1 OBG NRW der damaligen Fassung,[1033] sodass auch die Konkretisierung durch die Verwaltungsvorschrift aufgrund fehlender gegenteiliger Hinweise fortgelten muss. Darüber hinaus wendet der nordrhein-westfälische Gesetzgeber im Gefahrenabwehr-

1031 Zur ausführlichen Diskussion um den Status der Feuerwehr als Sonderordnungsbehörde siehe die Ausführungen zu: B.IV (S. 45 ff.).

1032 Siehe Fn. 92.

1033 Siehe Fn. 93.

recht üblicherweise den (institutionellen) Begriff der Sonderordnungsbehörde an, um eindeutig zum Ausdruck zu bringen, dass der entsprechenden Stelle die Eigenschaft als Sonderordnungsbehörde zukommt und ihr somit die Befugnisse nach dem OBG NRW zur Verfügung stehen. Beispielhaft können hier § 2 Abs. 2 LNatSchG NRW, § 8 Abs. 2 LandschaftsG NRW, § 35 LAbfG NRW, § 115 S. 1 LWG NRW oder § 60 Abs. 1 BauO NRW[1034] genannt werden. Solch eine Bezeichnung ist im BHKG nicht zu finden. Zudem wäre der Verweis in § 34 Abs. 2 S. 2 BHKG auf die Befugnisse des OBG NRW gänzlich überflüssig, wäre der Gesetzgeber davon ausgegangen, dass es sich bei der Feuerwehr um eine Sonderordnungsbehörde handelt, da ihr in diesem Fall die Befugnisse ohnehin über § 12 Abs. 2 OBG NRW zugänglich wären. Selbst für den Fall, dass man in Nordrhein-Westfalen den institutionellen Begriff der Sonderordnungsbehörde ablehnt und auf die tatsächlichen Umstände abstellt, überzeugt die Bejahung der Sonderordnungsbehördeneigenschaft der Feuerwehr nicht. Dieser Auffassung ist zwar zuzugeben, dass die Feuerwehr durch die Einführung des BHKG deutlich mehr Befugnisse gegenüber dem FSHG erlangt hat. Jedoch verkennt sie, dass die Feuerwehr dennoch nicht mit einer Ordnungsbehörde gleichgesetzt werden kann. Dies ergibt sich zum einen aus ihrer sachlichen Spezialzuständigkeit, die nur subsidiär gegenüber anderen Stellen zum Tragen kommt, wenn diese nicht in der Lage sind, entsprechend effektive Gefahrenabwehr zu leisten. Eine ähnliche Konstruktion ist bei (anderen) Sonderordnungsbehörden in Nordrhein-Westfalen nicht zu finden. Zum anderen lässt diese Auffassung unberücksichtigt, dass ausschließlich der Einsatzleitung der Feuerwehr (und nur an der Einsatzstelle) die Befugnisse nach § 34 Abs. 2 BHKG zur Verfügung stehen, nicht jedoch jeder einzelnen Einsatzkraft. Zuletzt ist auf die atypische Einrichtung der Feuerwehr als gemeindliche Einrichtung im Sinne des § 8 Abs. 1 GO NRW hinzuweisen, die ihr lediglich ein Auswahlermessen, hingegen kein Entschließungsermessen, wie es üblicherweise Polizei und Ordnungsbehörden zukommt, einräumt. Auch dies unterscheidet sie erheblich von anderen Ordnungsbehörden und verdeutlicht die „spezielle Stellung“ der Feuerwehr im Gefahrenabwehrrecht.

In der Gesamtschau ist daher die Eigenschaft der Feuerwehr als Sonderordnungsbehörde abzulehnen, sodass sich die Anwendbarkeit von § 39 Abs. 1 OBG NRW bei Maßnahmen der Feuerwehr nicht über § 12 Abs. 2 OBG NRW begründen lässt.

1034 Hier findet sich allerdings nur die Formulierung „als Ordnungsbehörde“.

bb) Die Anwendbarkeit des § 39 Abs. 1 lit. b OBG NRW als Annex zu § 34 Abs. 2 S. 2 BHKG?

Sofern man eine unmittelbare Anwendung von § 39 Abs. 1 OBG NRW mangels Sonderordnungsbehördeneigenschaft der Feuerwehr ablehnt, verbleibt die Überlegung, ob ein Rückgriff auf die ordnungsrechtliche Entschädigungsvorschrift möglicherweise aus § 34 Abs. 2 S. 2 BHKG herzuleiten sein könnte. Diese „Konstruktion" setzt voraus, dass der ordnungsrechtliche Entschädigungsanspruch untrennbar mit den ordnungsbehördlichen Kompetenzen verknüpft ist. Für diese These spricht neben der Bindung aller Staatsorgane an Verfassung und Gesetz nach Art. 20 Abs. 3 GG auch die Rechtsweggarantie aus Art. 19 Abs. 4 GG, welche die bedeutsamste Vorkehrung darstellt, um den Bürger der Staatsgewalt nicht wehrlos auszuliefern[1035]. Er kann zur Überprüfung der Rechtmäßigkeit des staatlichen Handelns die (Verwaltungs-) Gerichte anrufen. Der sog. primäre Rechtsschutz ist dabei *„auf die Abwehr von oder die Verpflichtung zum Verwaltungshandeln gerichtet"*[1036]. Jedoch ist nicht in jeder Konstellation der primäre Rechtsschutz, wie beispielsweise die Anfechtungsklage nach § 42 Abs. 1 Alt. 1 VwGO, ausreichend. Dies ist zum Beispiel der Fall, wenn das Verwaltungshandeln irreversibel ist[1037]. Zur Kompensation tritt dann an die Stelle des primären Rechtsschutzes die Pflicht des Staates, für die von ihm durch rechtswidriges Behördenhandeln verursachten Schäden einzustehen, auch „sekundärer Rechtsschutz" genannt[1038]. Im nordrhein-westfälischen Polizei- und Ordnungsrecht findet sich neben den Befugnisnormen auch eine spezialgesetzliche Ausprägung des Anspruchs des Bürgers auf Entschädigung aufgrund rechtswidrigen Behördenhandelns in § 39 Abs. 1 lit. b OBG NRW[1039]. Diese Anspruchsgrundlage kann auch bei Maßnahmen der Polizei nach § 67 PolG NRW angewendet werden, wobei der Begriff der Maßnahme weit ausgelegt wird, sodass Verwaltungs- und

---

1035 *Ipsen*, Allg. Verwaltungsrecht, Rn. 1239; *Maurer/Waldhoff*, Allg. Verwaltungsrecht, § 25 Rn. 6.

1036 *Ipsen*, Allg. Verwaltungsrecht, Rn. 1239.

1037 *Ipsen*, Allg. Verwaltungsrecht, Rn. 1239.

1038 *Ipsen*, Allg. Verwaltungsrecht, Rn. 1239; *Maurer/Waldhoff*, Allg. Verwaltungsrecht, § 25 Rn. 6. Die Primär- und Sekundäransprüche stehen demnach in einem Stufenverhältnis, sodass der Sekundäranspruch nur zum Zuge kommt, wenn der Primäranspruch keinen ausreichenden Rechtsschutz gewähren kann.

1039 *Dietlein*/Hellermann, Öffentliches Recht in NRW, § 3 Rn. 277; *Maurer/Waldhoff*, Allg. Verwaltungsrecht, § 27 Rn. 103.

Realakte erfasst werden[1040]. Aus Art. 20 Abs. 3 GG sowie der Rechtsweggarantie im Sinne des Art. 19 Abs. 4 GG und dem damit verbundenen Primär- und Sekundärschutz könnte man zunächst schließen, dass mit der Einräumung von spezialgesetzlichen Befugnissen auch die Pflicht zur Statuierung einer Entschädigungsnorm einhergeht. Folge wäre, dass mit der Zugriffsmöglichkeit der Feuerwehr auf polizei- und ordnungsrechtliche Befugnisse auch der gegen sie gerichtete Entschädigungsanspruch bei rechtswidrigen Maßnahmen nach § 39 Abs. 1 lit. b OBG NRW korrespondiert. Allerdings lässt diese These unberücksichtigt, dass ein Entschädigungsanspruch zwar unter den genannten verfassungsrechtlichen Gesichtspunkten geboten erscheint, jedoch dem Grundgesetz nicht zu entnehmen ist, dass dieser als spezialgesetzliche Regelung ausgestaltet sein muss. Bei der polizei- und ordnungsrechtlichen Rechtswidrigkeitshaftung aus § 39 Abs. 1 lit. b OBG NRW handelt es sich gerade um solch eine spezialgesetzliche Normierung des allgemeinen Entschädigungsanspruchs wegen enteignungsgleichen und aufopferungsgleichen Eingriffs[1041], sie verdrängt jene Ansprüche[1042]. Der Bundesgerichtshof sowie die herrschende Auffassung in der Literatur erachten jedoch grundsätzlich das Vorliegen eines ungeschriebenen Rechtsinstituts – des enteignungsgleichen bzw. aufopferungsgleichen Eingriffs – ausdrücklich als ausreichend[1043]. Zur verfassungsrechtlichen Unbedenklichkeit eines solchen Rechtsinstituts führte der Bundesgerichtshof aus:

> „Die Rechtsprechung des Bundesgerichtshofes zum Entschädigungsanspruch wegen "enteignungsgleichen Eingriffs" hat jedenfalls in Ansehung ihrer Ergebnisse weitgehende Zustimmung in der Rechtswissenschaft gefunden. Darin kommt zum Ausdruck, daß diese Rechtsprechung den allgemeinen Gerechtigkeitsvorstellungen entspricht und nicht als unzulässiger Übergriff in das der Gesetzgebung vorbehaltene Gebiet angesehen wird. Auch die Verhandlungen des 41. und des 47.

1040 BGHZ 99, 249 (251); *Gusy*, POR, Rn. 477; *Maurer/Waldhoff*, Allg. Verwaltungsrecht, § 27 Rn. 102; *Möller/Warg*, POR, Rn. 479; *Rhein*, OBG NRW (Fn. 91), § 39 Rn. 2.

1041 *Ossenbühl/Cornils*, Staatshaftungsrecht, S. 496; das Haftungsinstitut des enteignungsgleichen Eingriffs soll an vorliegender Stelle nicht näher erläutert werden, sodass auf die Darstellungen in *F.-J. Peine/T. Siegel*, Allgemeines Verwaltungsrecht, 12. Aufl. 2018, Rn. 1020 ff. verwiesen wird.

1042 *Maurer/Waldhoff*, Allg. Verwaltungsrecht, § 27 Rn. 103.

1043 BGHZ 90, 17 (31); S. Detterbeck/K. Windthorst/*H.-D. Sproll*, Staatshaftungsrecht, 2000, S. 368 f.; *Ossenbühl/Cornils*, Staatshaftungsrecht, S. 512; *Peine/Siegel*, Allg. Verwaltungsrecht (Fn. 1041), Rn. 1021.

> Deutschen Juristentages (vgl. dazu die Berichte in NJW 1955, 1467; 1968, 2047) wie auch die Regierungsbegründung zum Entwurf eines Staatshaftungsgesetzes (BT-Drucks. 8/2079 S. 18) und der Bericht des Rechtsausschusses des Deutschen Bundestages (BT-Drucks. 8/4037 S. 2) lassen erkennen, daß das Bedürfnis nach einer Entschädigung für rechtswidrige Eingriffe des Staates in das Eigentum allgemein anerkannt ist. Deshalb hat auch der Gesetzgeber des Staatshaftungsgesetzes den von der Rechtsprechung entwickelten enteignungsgleichen Eingriff in sein Haftungssystem aufgenommen."[1044]

In einer weiteren Entscheidung nahm der Bundesgerichtshof ausdrücklich zur Anwendbarkeit des enteignungs- bzw. aufopferungsgleichen Entschädigungsanspruchs bei Abwesenheit einer spezialgesetzlichen Haftungsregelung Stellung:

> „Bei dieser Sachlage komme eine Haftung nur aus dem Gesichtspunkt der ordnungsbehördlichen Spezialvorschriften (dort § 41 OBG NW a.F.) und wegen Amtshaftung (§ 839 BGB/Art. 34 GG) in Betracht. Dieser Grundsatz paßt indes nicht auf den vorliegenden Fall, da es, wie zuvor dargelegt, im rheinland-pfälzischen Landesrecht an einer vorrangigen spezialgesetzlichen Haftungsnorm fehlt. Deshalb steht hier einem Rückgriff auf das allgemeine Haftungsinstitut des enteignungsgleichen Eingriffs nichts im Wege."[1045]

Hieraus lässt sich folgern, dass es bei Bereitstellen von spezialgesetzlichen Befugnisnormen nicht zwingend einer spezialgesetzlichen Entschädigungsvorschrift bedarf, da auch ein ungeschriebenes Rechtsinstitut den verfassungsrechtlichen Vorgaben des Rechtsschutzes gerecht werden kann. Gezeigt wurde damit, dass die Einräumung von polizei- und ordnungsrechtlichen Befugnissen im Rahmen des BHKG nicht automatisch zur Anwendbarkeit des § 39 Abs. 1 lit. b OBG NRW führt.

Unter rechtspolitischen Gesichtspunkten, aber auch unter Berücksichtigung des Gleichheitssatzes ist dieses Ergebnis kritisierbar. Der nordrhein-westfälische Gesetzgeber hielt das Handeln der Polizei- und Ordnungsbehörden offensichtlich für so „gefährlich", dass er zum Schutze des Bürgers zusätzlich zu dem verschuldensabhängigen Amtshaftungsanspruch aus § 839 BGB aus Billigkeitsgründen einen verschuldensunabhängigen Haf-

1044 BGHZ 90, 17 (30 f.).
1045 BGHZ 125, 258 (264).

tungstatbestand in das Polizei- und Ordnungsrecht integrierte[1046]. Dass das Eingreifen der Feuerwehr unter Heranziehung der polizeilichen Standardermächtigungen qualitativ deutlich unterhalb der polizei- und ordnungsrechtlichen „Gefährlichkeitsstufe" liegt, ist nicht ersichtlich.

3. Die Anwendbarkeit des § 39 Abs. 1 lit. b OBG NRW analog

Nach den vorstehenden Ausführungen ließe sich die unmittelbare Anwendbarkeit von § 39 Abs. 1 lit. b OBG NRW bei Maßnahmen nach dem BHKG nur über die Einordnung der Feuerwehr als Sonderordnungsbehörde erreichen, was wiederum nur mit einer Mindermeinung in der Literatur zu bewerkstelligen wäre. Es verbleibt daher bei dem Zustand im BHKG, dass dort eine Haftung der Feuerwehr für rechtswidrige Maßnahmen weder unmittelbar noch mittelbar niedergelegt ist. Um nicht auf das ungeschriebene Rechtsstatut der Entschädigung nach enteignungsgleichem Eingriff angewiesen zu sein, wäre daher zu überlegen, ob eine analoge Anwendung von § 39 Abs. 1 lit. b OBG NRW in Betracht kommen könnte[1047].

Zunächst ist zu überprüfen, ob es sich bei der Nichtregelung der Entschädigung bei rechtswidrigen Maßnahmen der Feuerwehr um eine Gesetzeslücke oder „nur" um einen Fehler des Gesetzes handelt. Ersteres wäre der Fall, wenn das Gesetz hinsichtlich seiner eigenen Regelungsabsicht unvollständig erscheint. Ein Fehler des Gesetzes läge hingegen vor, wenn die durch das Gesetz getroffene Entscheidung einer rechtspolitischen Überlegung zuwiderläuft. Die Regelungsabsicht des Gesetzgebers kann jedoch nur dadurch erschlossen werden, dass die Regelung, welcher das Aufweisen einer planwidrigen Regelungslücke unterstellt wird, dahingehend untersucht wird, ob sie dem Gleichheitssatz genügt. Es ist daher danach zu fragen, ob ein sachlicher Grund dafür vorhanden ist, den ungeregelten Sachverhalt aus dem Anwendungsbereich der Norm auszuklammern. Vor der Einführung des BHKG standen der Feuerwehr in Nordrhein-Westfalen nur äußerst begrenzte Befugnisse zur Verfügung. Hierbei handelte es sich primär um solche zur Heranziehung von Nichtverantwortlichen und Nichtstörern. Die in § 36 FSHG vorzufindende Entschädigungsregelung

1046 *Graulich*, in: Schenke/ders./Ruthig, Sicherheitsrecht, § 51 BPolG Rn. 1.

1047 Die Voraussetzungen der Analogiebildung wurden in dem Abschnitt E.III.1.c) (S. 254 ff.) bereits umfänglich dargelegt, sodass hierauf Bezug genommen werden kann.

differenzierte dabei nicht zwischen der rechtmäßigen und rechtswidrigen Inanspruchnahme[1048]. Dies ließ sich auch mit einem „Erst-recht-Schluss" begründen. Wenn die rechtmäßige Heranziehung eines Unbeteiligten einen Entschädigungsanspruch hervorruft, muss dies selbstverständlich auch bei der rechtswidrigen Heranziehung gelten. Offensichtlich bestand hingegen aufgrund des äußerst eingeschränkten Befugnisspektrums keine Notwendigkeit, eine Entschädigung bei der rechtswidrigen Inanspruchnahme von Störern zu regeln. Mit der Einführung des BHKG wurden die Kompetenzen der Feuerwehr demgegenüber deutlich erweitert. In vielen Bereichen steht sie von ihren Befugnissen her den Polizei- und Ordnungsbehörden gleich. Mit der steigenden Vielfalt von Verwaltungshandeln geht jedoch auch ein wachsendes Risiko des rechtswidrigen Handelns im Einzelfall einher[1049]. Eine Anpassung des Entschädigungsanspruchs im BHKG an dieses gesteigerte Risiko erfolgte nicht. § 45 BHKG wurde inhaltsgleich aus dem Vorgängergesetz übernommen. Ein sachlicher Grund dafür, dass der nordrhein-westfälische Gesetzgeber im BHKG ausschließlich für die Inanspruchnahme von Nichtverantwortlichen bzw. Nichtstörern einen Entschädigungsanspruch statuiert hat, obwohl dem Bürger bei rechtswidrigem Handeln von Polizei- und Ordnungsbehörden ein verschuldensunabhängiger Anspruch nach § 39 Abs. 1 lit. b OBG NRW (i.V.m. § 67 PolG NRW) zusteht, ist nicht ersichtlich. Ein solcher ergibt sich weder aus dem Gesetzgebungsverfahren, noch lässt er sich anhand von Argumenten schlüssig konstruieren. § 45 Abs. 1 BHKG erweist sich daher bzgl. der Nichtregelung der Entschädigung bei rechtswidrigen Maßnahmen der Feuerwehr als (offen) lückenhaft, da eine solche Regelung bei dem Bereitstellen der polizei- und ordnungsrechtlichen Kompetenzen zu erwarten gewesen wäre. Es ist anzunehmen, dass die Gesetzeslücke auch planwidrig ist, da die Gesetzgebungsunterlagen keinen Hinweis darauf bieten, dass es sich bei der Nichtregelung um ein „Stück bewusst offengelassener Gesetzgebung" handelt. Die Nichtregelung eines Entschädigungsanspruchs bei rechtswidrigen Maßnahmen gegen einen Störer lässt sich folglich im Wege der Analogiebildung schließen. Danach ist der Verweis in § 45 Abs. 1 BHKG auf die §§ 39 ff. OBG NRW auch auf diesen ungeregelten Tatbestand anzuwenden.

Entschädigungspflichtig ist gemäß § 45 BHKG i.V.m. § 42 Abs. 1 OBG NRW die Gemeinde des Schadenortes. Durch den Umstand, dass von dem Verweis in § 45 Abs. 1 BHKG auch § 42 Abs. 2 S. 1 OBG NRW erfasst ist,

---

1048 *Schneider*, FSHG, § 36 Ziff. 1.1.
1049 *Ipsen*, Allg. Verwaltungsrecht, Rn. 1238.

dürfte sich die Haftung der Gemeinde auch auf die Konstellationen erstrecken, in denen die Feuerwehr eine Grundverfügung erlässt und die Polizei um Vollzugshilfe ersucht[1050]. Soweit jedoch eine Entschädigungspflicht ausschließlich durch die Art der Durchführung des Ersuchens entsteht, ist der Träger der Polizeikosten dem Träger der Kosten des Feuerwehreinsatzes in entsprechender Anwendung des § 42 Abs. 1 S. 3 OBG NRW erstattungspflichtig.

1050 Vgl. Ausführungen zu: E.III.2 (S. 278 ff.).

G. Die Kosten des Feuerwehreinsatzes

Nach § 50 Abs. 1 BHKG tragen die Gemeinden und Kreise die Kosten für die ihnen nach dem BHKG obliegenden Aufgaben. Im Bereich des Brandschutzes und der Hilfeleistung im Sinne des § 1 Abs. 1 Nr. 1 und Nr. 2 BHKG durch die Feuerwehr entfallen diese Kosten auf die Gemeinde als Aufgabenträgerin nach § 2 Abs. 1 BHKG[1051]. Mit der Kostenregelung ist allerdings noch keine Aussage über einen möglichen Erstattungsanspruch der Gemeinde gegen einen Dritten getroffen. Eine solche findet sich in § 52 BHKG. Diese Norm statuiert für den Kostenersatz im BHKG ein Regel-Ausnahme-Prinzip[1052]. Nach § 52 Abs. 1 BHKG sind die Einsätze der den Gemeinden (und Kreisen) nach dem BHKG obliegenden Aufgaben grundsätzlich unentgeltlich, sofern keine der Ausnahmeregelungen des § 52 Abs. 2 BHKG eingreift[1053].

I. Einsatz im Sinne des BHKG

Damit ein Kostenersatzanspruch der Gemeinde gegen einen Dritten überhaupt in Betracht kommt, ist erforderlich, dass es sich um einen Einsatz im Sinne des § 1 BHKG handelt[1054]. Dabei fällt unter den Begriff des Einsatzes jedes Tätigwerden der Feuerwehr im Bereich des abwehrenden Brandschutzes und der Hilfeleistung vom Zeitpunkt der Alarmierung bis zur Wiederherstellung der Einsatzbereitschaft[1055]. Gleichgültig ist, ob die

1051 Ausführlich zur Kostentragung durch die Gemeinde: *Schneider*, BHKG, § 50 Rn. 1 ff.

1052 *Bertkau*, Schadens- und Kostenrisiko – Teil 2 (Fn. 209), S. 667.

1053 Die Gründe für die grundsätzliche Unentgeltlichkeit des Feuerwehreinsatzes wurden in dem Abschnitt F.I.2 (S. 288 f.) erläutert, sodass auf die dortigen Ausführungen verwiesen wird.

1054 BGH, VersR, 2011, 1070 (1072); OVG Münster, Beschl. v. 16.5.2013 – Az. 9 A 198/11 – juris, Rn. 8.

1055 *Prendke*, Lexikon, S. 105; *Schneider*, BHKG, § 52 Rn. 6.

Feuerwehr tatsächlich „eingesetzt wird", da nur das tatsächlich gebotene Ausrücken bei Alarmierung entscheidend ist[1056].

II. Ausnahmeregelung des § 52 Abs. 2 BHKG

Falls die Voraussetzungen eines Einsatzes im Sinne des § 1 BHKG erfüllt sind, trägt die Gemeinde die Kosten des Feuerwehreinesatzes nach § 50 Abs. 1 BHKG. Die Überleitung dieser Kosten auf den Bürger findet aufgrund von § 52 Abs. 1 BHKG grundsätzlich nicht statt. Nur in den gesetzlich aufgeführten Fällen des § 52 Abs. 2 BHKG ist ein Erstattungsanspruch gegen den Bürger in Betracht zu ziehen. Exemplarisch soll an dieser Stelle § 52 Abs. 2 Nr. 1 BHKG näher erläutert werden[1057].

1. Entstehung von Kosten

Für den Erstattungsanspruch der Gemeinde nach § 52 Abs. 2 BHKG ist erforderlich, dass „Kosten" im Sinne der §§ 50, 52 BHKG entstanden sind. Dabei ist grundsätzlich zwischen zwei Kostengruppen zu differenzieren[1058]. Zum einen können Kosten als Folge eines konkreten Einsatzes resultieren, sog. unmittelbare Einsatzkosten[1059]. Hierunter fallen beispielsweise die Kosten für Treibstoff, Lösch- und Schmiermittel, Ersatzbeschaffungen und Instandsetzungen, Personalkosten für hauptamtliche Feuerwehrangehörige oder Kosten privater Arbeitgeber/Dienstherren ehrenamtlicher Feuerwehrkräfte[1060]. Zum anderen gibt es Kosten, die unabhängig vom konkreten Einsatz anfallen, sog. Vorhaltekosten. Als ersatzfähig werden hierbei insbesondere die Kosten für Versicherungsbeiträge für Einsatz-

---

1056 VGH Kassel, NVwZ 2006, S. 108 (108 f.) zu einer vergleichbaren Regelung im hessischen Landesrecht; so (wohl) ebenfalls: *Bertkau*, Schadens- und Kostenrisiko – Teil 2 (Fn. 209), S. 673.

1057 Für die Darstellung der weiteren Tatbestandsvarianten des § 52 Abs. 2 BHKG wird auf die Ausführungen in *Schneider*, BHKG, § 52 Rn. 60 ff. verwiesen.

1058 VG Münster, Urt. v. 23.1.2012 – Az. 1 K 1217/11 – juris, Rn. 22 ff.

1059 *Schneider*, BHKG, § 52 Rn. 31.

1060 *Schneider*, BHKG, § 52 Rn. 32.

fahrzeuge und Feuerwehrangehörige sowie die Kosten für Aus- und Fortbildungen erachtet[1061].

2. Die Tatbestandsvoraussetzungen des § 52 Abs. 2 Nr. 1 BHKG

Nach § 52 Abs. 2 Nr. 1 BHKG können die Gemeinden Ersatz der ihnen durch Einsätze entstanden Kosten *„von der Verursacherin oder dem Verursacher [verlangen], wenn sie oder er die Gefahr oder den Schaden vorsätzlich oder grob fahrlässig herbeigeführt hat“*.

a) Gefahr oder Schaden

Zur Erfüllung des Kostenersatztatbestandes ist nicht erforderlich, dass es zu einem Schaden gekommen ist. Ausreichend ist das Vorliegen einer Gefahr. Der im BHKG verwendete Begriff der Gefahr stimmt nach der Rechtsprechung des Oberverwaltungsgerichts Münster mit demjenigen des allgemeinen Ordnungsrechts überein[1062], sodass eine solche anzunehmen ist, wenn eine Sachlage nach verständiger Würdigung in absehbarer Zeit mit hinreichender Wahrscheinlichkeit zu einem Schadenseintritt an einem Schutzgut der öffentlichen Sicherheit oder Ordnung führen wird[1063]. Umfasst wird daher auch die sog. Anscheinsgefahr, die anzunehmen ist, *„wenn im Zeitpunkt des [...] Einschreitens bei verständiger Würdigung objektive Anhaltspunkte für eine Gefahr vorliegen, sich aber nachträglich ergibt, daß eine Gefahr in Wirklichkeit nicht vorlag.“*[1064] Ein Schaden im Sinne des Gesetzes kann in Form eines Personen- oder Sachschadens (insbesondere auch Tiere und Umwelt[1065]) auftreten[1066].

1061 VG Münster, Urt. v. 23.1.2012 – Az. 1 K 1217/11 – juris, Rn. 32 f.; zur Berechnung der erstattungsfähigen Vorhaltekosten für den konkreten Einsatz siehe Rn. 42 ff.

1062 OVG Münster, Urt. v. 24.6.2008 – Az. 9 A 3961/06 – juris, Rn. 44.

1063 *Schenke*, POR, Rn. 69.

1064 OVG Münster, DVBl. 79, 733 (734).

1065 Vgl. Ausführungen zu: C.II.1.b) (S. 81 ff.) und C.II.2 (S. 89 ff.).

1066 *Schneider*, BHKG, § 52 Rn. 6.

b) Vorsätzliche oder grob fahrlässige Herbeiführung

Die Gefahr oder der Schaden müssen vorsätzlich oder grob fahrlässig herbeigeführt worden sein, damit die Gemeinde einen Kostenerstattungsanspruch gegen den Verursacher geltend machen kann. Vorsätzliches Handeln ist dabei dann anzunehmen, wenn der Betroffene den rechtswidrigen Erfolg seines Tun oder Unterlassens kennt oder will[1067]. Eventualvorsatz wird vom Begriff des Vorsatzes in § 52 Abs. 2 Nr. 1 BHKG ebenfalls umfasst[1068]. Erst seit Einführung des BHKG besteht auch ein Erstattungsanspruch bei grob fahrlässiger Herbeiführung einer Gefahr oder eines Schadens. § 41 Abs. 2 Nr. 1 FSHG beschränkte den Kostenersatz auf vorsätzliches Handeln. Nunmehr können dem Verursacher auch dann Kosten auferlegt werden, wenn er mit einem besonders schwerwiegenden und auch subjektiv schlechthin unentschuldbaren Fehlverhalten, welches über das gewöhnliche Maß an Fahrlässigkeit deutlich hinausgeht, die im Verkehr erforderliche Sorgfalt verletzt[1069].

c) Verursacher

Kostenschuldner des § 52 Abs. 2 Nr. 1 BHKG ist der Verursacher. Hierbei handelt es sich in der Regel um den Handlungsstörer, aber auch ein Zustandsstörer kann zum Kostenersatz herangezogen werden[1070]. Ist ein Handlungsstörer, beispielsweise ein „Brandstifter" i.S.v. §§ 306 ff. StGB, für die Herbeiführung der Gefahr oder des Schadens verantwortlich, ist er jedoch nicht zu ermitteln, kann an seiner Stelle nicht der Eigentümer oder Besitzer des betroffenen Gegenstandes herangezogen werden[1071].

1067 OVG Münster, Urt. v. 24.6.2008 – Az. 9 A 3961/06 – juris, Rn. 36; VG Düsseldorf, Urt. v. 7.5.2010 – Az. 26 K 3136/08 – juris, Rn. 40.

1068 OVG Münster, Urt. v. 24.6.2008 – Az. 9 A 3961/06 – juris, Rn. 36; VG Aachen, NJW 2000, S. 164 (164).

1069 VGH BW, Urt. v. 7.10.2014 – Az. 1 S 1327/13 – juris, Rn. 55; BayVGH, Beschl. v. 2.10.2014 – Az. 4 ZB 14.1562 – juris, Rn. 9.

1070 *Schneider*, BHKG, § 52 Rn. 58.

1071 VGH BW, Urt. v. 10.12.2012 – Az. 1 S 1275/12 – juris, Rn. 27 f. zu einer vergleichbaren Regelung im baden-württembergischen Landesrecht.

3. Die Rechtsfolge des § 52 Abs. 2 BHKG

Nach dem Wortlaut der Vorschrift „können" die Gemeinden Ersatz der ihnen durch Einsätze der Feuerwehr entstanden Kosten verlangen. Durch die Formulierung wird der Gemeinde eine Ermessensentscheidung eingeräumt[1072]. Allerdings ist davon auszugehen, dass es sich um ein intendiertes Ermessen handeln dürfte[1073]. Diese Annahme ist einerseits dem Umstand geschuldet, dass die Gemeinden nach den Grundsätzen der Finanzmittelbeschaffung, § 77 GO NRW, verpflichtet sind, den ihnen durch eine spezialgesetzliche Regelung eingeräumten Kostenerstattungsanspruch regelmäßig auch geltend zu machen[1074]. Andererseits lässt sich der Charakter der intendierten Ermessensvorschrift auch aus § 52 Abs. 7 BHKG schließen. Danach kann „*von dem Ersatz der Kosten oder der Erhebung von Entgelten [...] abgesehen werden, soweit dies nach Lage des Einzelfalles eine unbillige Härte wäre oder aufgrund gemeindlichen Interesses gerechtfertigt ist.*" Gleichzeitig bringt der Gesetzgeber damit zum Ausdruck, dass eine Kostenerstattung in allen weiteren, nicht von § 52 Abs. 7 BHKG erfassten Konstellationen, grundsätzlich geboten erscheint.

III. Abschließender Charakter des § 52 BHKG

§ 52 BHKG besitzt abschließenden Charakter für die Kostenerstattung bei Einsätzen der Feuerwehr im Rahmen des abwehrenden Brandschutzes und der Hilfeleistung im Sinne des § 1 Abs. 1 Nr. 1 und Nr. 2 BHKG. Nur in den in § 52 Abs. 2 BHKG genannten Fällen soll ein Kostenersatz möglich sein[1075]. Insbesondere die Geschäftsführung ohne Auftrag scheidet aus[1076]. Zivilrechtliche Schadensersatzansprüche der Gemeinde gegen den Bürger,

---

1072 VG Köln, Urt. v. 12.4.2013 – Az. 9 K 6650/10 – juris, Rn. 46.

1073 Für eine vergleichbare gesetzliche Regelung im rheinland-pfälzischem Landesrecht: OVG Koblenz, NVwZ-RR 2001, S. 382 (383); so im Ergebnis auch: *Schneider*, BHKG, § 52 Rn. 28 und *Bode*, Haftung, S. 258 ff. für eine ähnliche Situation im niedersächsischen Brandschutzrecht.

1074 OVG Koblenz, NVwZ-RR 2001, S. 382 (383); *Bode*, Haftung, S. 258 ff.; *Schneider*, BHKG, § 52 Rn. 28; nach gegenteiliger Auffassung des BayVGH, Beschl. v. 18.8.2004 – Az. 4 ZB 04.1053 – juris, Rn. 3 müsste ein derartiges Gesetz eindeutiger formuliert sein, um aus ihm solche Vorgaben für die Ermessenausübung folgern zu können.

1075 *Schneider*, BHKG, § 52 Rn. 141 f.

1076 Vgl. Ausführungen zu: F.I.2 (S. 288 f.).

beispielsweise nach § 7 StVG oder § 823 Abs. 1 BGB, werden hingegen nicht durch § 52 BHKG verdrängt[1077].

1077 BGH, VersR 2013, S. 1590 (1591).

H. Zusammenfassung

Auch nach Einführung des BHKG im Jahr 2016 bleibt die Feuerwehr eine Gefahrenabwehrbehörde eigener Art. Aufgrund ihrer Ausgestaltung als gemeindliche Einrichtung und mit ihrer sachlichen Spezialzuständigkeit hat sie von Amts wegen dort einzuschreiten, wo andere zur Gefahrenabwehr berufene Stellen mit der Bekämpfung von Brandgefahren und der Hilfeleistung im Sinne des § 1 Abs. 1 Nr. 1 und Nr. 2 BHKG überfordert wären. Diese, sich an mehreren Stellen im BHKG wiederfindende Maxime, sichert der Feuerwehr einerseits die Konzentration auf solche Aufgaben, die von ihr aufgrund ihrer fachlichen Kenntnisse und ihrer speziellen Ausrüstung am effektivsten wahrgenommen werden können. Anderseits ist mit diesen Subsidiaritätsregelungen aber auch eine erhebliche Einschränkung der der Feuerwehr in der Theorie eingeräumten Befugnisse verbunden. Die vorliegende Untersuchung konnte zeigen, dass ein Rückgriff auf die in § 24 Abs. 1 Nr. 1-11 OBG NRW aufgeführten polizeirechtlichen Ermächtigungen fast gänzlich ausscheidet. Anders verhält es sich bei dem Katalog von polizeilichen Standardmaßnahmen in § 24 Abs. 1 Nr. 12 OBG NRW. Insbesondere die Erteilung eines Platzverweises nach § 34 Abs. 1 PolG NRW steht der Einsatzleitung der Feuerwehr für die Erfüllung der ihr obliegenden Gefahrenabwehraufgaben offen. Aber auch einige Tatbestandsvarianten des Gewahrsams gemäß § 35 PolG NRW, der Durchsuchung im Sinne der §§ 39 ff. PolG NRW und der Sicherstellung nach § 43 PolG NRW können durch die Einsatzleitung der Feuerwehr zur Gefahrenabwehr genutzt werden. Dabei hat sie jedoch im Einzelfall zu prüfen, ob eine andere zuständige Gefahrenabwehrstelle zu entsprechend wirkungsvollen Maßnahmen in der Lage ist. In diesen Fällen verbleibt für die Feuerwehr nur die Zuständigkeit im Wege des ersten Zugriffs nach § 1 Abs. 3 S. 2 BHKG bis zum Eintreffen der primär zuständigen Stelle.

Mit der Beachtung der Zuständigkeitsregelungen zum Treffen polizeilicher Maßnahmen, der Auswahl des richtigen Mittels und der Berücksichtigung der polizeirechtlichen Verfahrensregelungen hat die Einsatzleitung der Feuerwehr jedoch noch nicht sämtliche „Hürden des BHKG“ übersprungen. Trotz Bekanntwerden des Problems innerhalb des Gesetzgebungsverfahrens zum BHKG hat der Gesetzgeber keine eindeutige Regelung zur Vollstreckbarkeit feuerwehrlicher Verfügungen an der Einsatzstelle getroffen. Dies erscheint unter anderem deshalb problematisch, da auch in „brenzligen“ Situationen das gestreckte Vollstreckungsverfahren nach § 55 Abs. 1 VwVG NRW – nach der Auffassung des Autors – unter rechtsstaatlichen Gesichtspunkten vor dem Sofortvollzug im Sinne des § 55 Abs. 2 VwVG NRW Vorrang genießt. Aufgrund mangelnder Vollziehbarkeit von Gesetzes wegen verbleibt daher für die Einsatzleitung der Feuerwehr nur die Möglichkeit, die Vollziehbarkeit ihrer Verfügungen über die Anordnung der sofortigen Vollziehung nach § 80 Abs. 2 S. 1 Nr. 4 VwGO unter gleichzeitiger Bezeichnung als Notstandsmaßnahme im Sinne des § 80 Abs. 3 S. 2 VwGO zu erreichen. Ob der Gesetzgeber den Feuerwehren mit dieser Konstruktion ein praktikables Instrument für einen effektiven und rechtssicheren Einsatz bereitgestellt hat, bleibt in der Praxis und der hierzu potentiell ergehenden Judikatur abzuwarten.

Erleidet ein Bürger durch die (rechtmäßige) Inanspruchnahme aufgrund der §§ 43, 44 BHKG einen Schaden, ist ihm dieser nach § 45 Abs. 1 BHKG in entsprechender Anwendung der §§ 39-43 OBG NRW zu ersetzen. Eine Entschädigungspflicht bei rechtswidrigen Maßnahmen der Feuerwehr ist im BHKG hingegen nicht vorgesehen. Aufgrund der mangelnden Stellung der Feuerwehr als Sonderordnungsbehörde kann auch § 39 Abs. 1 lit. b OBG NRW nicht (über § 12 Abs. 2 OBG NRW) angewendet werden. Dieser, im Verhältnis zum Polizei- und Ordnungsrecht herabgesetzte Sekundärschutz des Bürgers, erweist sich als eine nicht hinnehmbare Gesetzeslücke, die über die analoge Anwendung des § 39 Abs. 1 lit. b OBG NRW zu schließen ist.

Bei der Kostentragung des Feuerwehreinsatzes ergeben sich hingegen keine „Unstimmigkeiten“. Nur in den gesetzlich geregelten Fällen des § 52 Abs. 2 BHKG soll die Überleitung der Kosten auf den Bürger erfolgen. Die Anwendung der Vorschriften über die Geschäftsführung ohne Auftrag scheiden aufgrund des abschließenden Charakters des Kostenersatzes im BHKG aus.

Literaturverzeichnis

App, Michael/Wettlaufer, Arno/Klomfaß, Ralf: Praxishandbuch Verwaltungsvollstreckungsrecht, 6. Aufl. 2018

Articus, Stephan/Schneider, Bernd Jürgen (Hrsg.): Gemeindeordnung Nordrhein-Westfalen. Kommentar, 5. Aufl. 2016

Bäcker, Matthias/Denninger, Erhard/Graulich, Kurt (Hrsg.): Hans Lisken/Erhard Denninger, Handbuch des Polizeirechts. Gefahrenabwehr, Strafverfolgung, Rechtsschutz, 6. Aufl. 2018

Bader, Johann/Funke-Kaiser, Michael/Stuhlfauth, Thomas/v. Albedyll, Jörg: Verwaltungsgerichtsordnung, 7. Aufl. 2018

Baldauf, Dieter: Die Rechtsstellung der Freiwilligen Feuerwehr in Bayern, in: BayVBl. 1964, S. 218-221

Benkler, Manfred: Die Rechtsverhältnisse der freiwillig tätigen Funktionsträger im staatlichen Funktionsbereich „Verwaltung", Diss. iur. Hamburg 1978

Berner, Georg/Köhler, Gerd Michael/Käß, Robert: Polizeiaufgabengesetz, Handkommentar, 20. Aufl. 2010

Bertkau, Sascha: Schadens- und Kostenrisiko für Ersthelfer, Betroffene sowie die Feuerwehr im Rahmen von Notlagen und Falschalarmen – Teil 1. Fallbeispiele zur allgemeinen Haftpflichtversicherung: Schäden direkt Beteiligter infolge von Rettungshandlungen; Ersatzpflicht in Fällen der Nothilfe zugunsten Dritter, in: ZFS 2018, S. 605-616

ders.: Schadens- und Kostenrisiko für Ersthelfer, Betroffene sowie die Feuerwehr im Rahmen von Notlagen und Falschalarmen – Teil 2. Fallbeispiele zur allgemeinen Haftpflichtversicherung: (Fehl-)Alarm von Brandmeldern; Allgemeines zum Kostenersatzanspruch nach Feuerwehreinsätzen, in: ZFS 2018, S. 664-674

Bialon, Jörg/Springer, Uwe: Eingriffsrecht. Eine praxisorientierte Darstellung, 3. Aufl. 2016

Blazek, Matthias: Unter dem Hakenkreuz. Die deutschen Feuerwehren 1933-1945, 2009

Blätte, Hans Jochen/Fuhrmann, Ursus: Entwicklungen zur Verpolizeilichung der kommunalen Feuerwehren und Rettungsdienste. Rechtliche Grenzen, 2010

Bode, Sven: Haftung und Kostenersatz im Niedersächsischen Brandschutzrecht unter besonderer Berücksichtigung der allgemeinen staatshaftungsrechtlichen Anspruchsinstitute, der Gefährdungshaftung sowie der Kostenersatzregelung in § 26 NBrandSchG, 2008

Bösch, Rainer: Rechtswidrige polizeiliche Verweisungsmaßnahmen, in: Jura 2009, S. 650-656

Brodführer, Michael: Bewusste Lücken im Gesetz und der Verweis auf „Wissenschaft und Praxis", 2010

Burgi, Martin: Kommunalrecht, 5. Aufl. 2015

Denninger, Erhard/Rachor, Frederik (Hrsg.): Hans Lisken/Erhard Denninger, Handbuch des Polizeirechts. Gefahrenabwehr, Strafverfolgung, Rechtsschutz, 5. Aufl. 2012

Detterbeck, Steffen/Windthorst, Kay/Sproll, Hans-Dieter: Staatshaftungsrecht, 2000

Dietlein, Johannes, Polizei- und Ordnungsrecht, in: ders./Johannes Hellermann, Öffentliches Recht in Nordrhein-Westfalen, 6. Aufl. 2016, § 3 (S. 285-467)

Dreier, Horst (Hrsg.): Kommentar zum Grundgesetz, 3 Bände; Bd. I: 3. Aufl. 2013; Bd. III: 3. Aufl. 2018

Drewes, Michael/Malmberg, Karl Magnus/Wagner, Marc/Walter, Bernd: Bundespolizeigesetz. Zwangsanwendung nach Bundesrecht VwVG, UZwG, 6. Aufl. 2018

Drews, Bill/Wacke, Gerhard/Vogel, Klaus/Martens, Wolfgang: Gefahrenabwehr. Allgemeines Polizeirecht (Ordnungsrecht) des Bundes und der Länder, 9. Aufl. 1986

Dürig, Günter/Rudolf, Walter (Hrsg.): Texte zur deutschen Verfassungsgeschichte. Vornehmlich für den Studiengebrauch, 3. Aufl. 1996

Erbguth, Wilfried/Guckelberger, Annette: Allgemeines Verwaltungsrecht. Mit Verwaltungsprozessrecht und Staatshaftungsrecht, 9. Aufl. 2018

Erichsen, Hans-Uwe.: Vorläufiger Rechtsschutz nach § 80 Abs. 1-4 VwGO, in: Jura 1984, S. 414-426

ders.: Kommunalrecht des Landes Nordrhein-Westfalen, 2. Aufl. 1997

Erlenkämper, Friedel/Rhein, Kay-Uwe: Verwaltungsvollstreckungsgesetz und Verwaltungszustellungsgesetz Nordrhein-Westfalen. Kommentar für die Praxis, 4. Aufl. 2011

Franßen, Gregor/Blatt, Henning: Ersatzansprüche aus Geschäftsführung ohne Auftrag beim Feuerwehreinsatz, in: NJW 2012, S. 1031-1034

Franzen, Wilhelm: Lehrkommentar zum Polizeiverwaltungsgesetz, 2 Bände, Bd. I: 1932

Frenz, Walter: Öffentliches Recht. Eine nach Anspruchszielen geordnete Darstellung zur Examensvorbereitung, 7. Aufl. 2017

Fuchs, Herbert/Schneider, Klaus: Feuerschutzhilfeleistungsgesetz Nordrhein-Westfalen. Kommentar für die Praxis, 1981

Fuchs, Herbert: Die Entwicklung des Polizei- und Feuerwehrrechts. Eine rechtsvergleichende und rechtshistorische Betrachtung, in: Die Verwaltung 16 (1983), S. 224-242

Gärditz, Klaus Ferdinand (Hrsg.): Verwaltungsgerichtsordnung (VwGO) mit Nebengesetzen, 2. Aufl. 2018

Geiger, Harald u.a.: Erich Eyermann, Verwaltungsgerichtsordnung. Kommentar, 14. Aufl. 2014

Götz, Volkmar/Geis, Max-Emanuel: Allgemeines Polizei- und Ordnungsrecht. Ein Studienbuch, 16. Aufl. 2017

Gusy, Christoph: Polizeiliche Befragung am Beispiel des § 9 NRWPolG, in: NVwZ 1991, S. 614-620 *ders.*: Polizei- und Ordnungsrecht, 10. Aufl. 2017

Happ, Michael u.a.: Erich Eyermann, Verwaltungsgerichtsordnung. Kommentar, 15. Aufl. 2019

Hasl, Amadeus: Die Einordnung der Feuerwehren in den öffentlichen Bereich nach dem Bayerischen Feuerwehrgesetz – ein Querschnitt, Diss. iur. München 1996

Haurand, Günter: Allgemeines Polizei- und Ordnungsrecht Nordrhein-Westfalen, 7. Aufl. 2017

Haußleiter, Martin (Hrsg.): FamFG. Gesetz über das Verfahren in Familiensachen und in den Angelegenheiten der freiwilligen Gerichtsbarkeit: Kommentar, 2. Aufl. 2017

Heesen, Dietrich u.a. (Hrsg.): Bundespolizeigesetz. Verwaltungs-Vollstreckungsgesetz; Gesetz über den unmittelbaren Zwang; Kommentar, 5. Aufl. 2012

Held, Friedrich Wilhelm/Winkel, Johannes (Hrsg.): Gemeindeordnung Nordrhein-Westfalen. Kommentar, 4. Aufl. 2018

Hofmann, Harald/Gerke, Jürgen/Hildebrandt, Uta: Allgemeines Verwaltungsrecht. Mit Sozialverwaltungsverfahren, Bescheidtechnik, Verwaltungsvollstreckung und Rechtsschutz, 11. Aufl. 2016

Hörstrup, Christian: Die Organisation der gemeindlichen Feuerwehr in Nordrhein-Westfalen, 2018

Huba, Hermann: Grundfälle zum vorläufigen Rechtsschutz nach der VwGO, in: JuS 1990, S. 383-386

Huber, Michael/Voßkuhle, Andreas (Hrsg.): Hermann v. Mangoldt/Friedrich Klein/Christian Starck, Kommentar zum Grundgesetz, 3 Bände, Bd. I, III: 7. Aufl. 2018

Ipsen, Jörn: Allgemeines Verwaltungsrecht, 10. Aufl. 2017

Jarass, Hans Dieter/Pieroth, Bodo: Grundgesetz für die Bundesrepublik Deutschland. Kommentar, 15. Aufl. 2018

Kamp, Manuel (Hrsg.): Recht des Feuerschutzes und des Rettungsdienstes in Nordrhein-Westfalen. Erläuterungen, Ausführungsvorschriften, wichtige Runderlasse und Nebengesetze, 4. Aufl., Loseblatt Stand BHKG: April 2017

Kingreen, Thorsten/Poscher, Ralf: Polizei- und Ordnungsrecht. Mit Versammlungsrecht, 10. Aufl. 2018

Keiper, Sebastian: Zuständigkeitsprobleme im Feuerwehreinsatz. Das Zusammenspiel zwischen Feuerwehr, Rettungsdienst und Polizei an der Einsatzstelle, in: LKRZ 2013, S. 365-370

Keller, Bernhard: Örtliche Polizei und Feuerschutz. Tätigkeitsfelder bayerischer Gemeinden bei der Gefahrenabwehr als Aufgabe des eigenen und des übertragenen Wirkungskreises, Diss. iur. Würzburg 1999

Kirchhof, Paul: Mittel staatlichen Handelns, in: Josef Isensee/ders. (Hrsg.), Handbuch des Staatsrechts der Bundesrepublik Deutschland, 7 Bände; Bd. III, 1. Aufl. 1988, § 59 (S. 121-209)

Knemeyer, Franz-Ludwig: Polizei- und Ordnungsrecht. Lehr- und Arbeitsbuch mit Anleitungen für die Klausur, 11. Aufl. 2007

Koehler, Alexander: Verwaltungsgerichtsordnung, 1960

Kopp, Ferdinand Otto/Schenke, Wolf-Rüdiger (Hrsg.): Verwaltungsgerichtsordnung. Kommentar, 24. Aufl. 2018

Krebsbach, August: Die Feuerschutzgesetzgebung in den Ländern, in: Der Städtetag 10 (1957), S. 193-195

Kugelmann, Dieter: Polizei- und Ordnungsrecht, 2. Aufl. 2012

Larenz, Karl: Methodenlehre der Rechtswissenschaft, 6. Aufl. 1991

Leinius, Robert: Anwendung von Zwangsmitteln ohne vorausgehenden Verwaltungsakt (sofortiger Vollzug und unmittelbare Ausführung), Diss. iur. Berlin 1976

Lemke, Hanno-Dirk: Verwaltungsvollstreckungsrecht des Bundes und der Länder. Eine systematische Darstellung, 1997

Lippert, Hans-Dieter: Rechtsprobleme bei der Durchführung von Notarzt- und Rettungsdienst, in: NJW 1982, S. 2089-2094

Löwer, Kurt: Der sofortige Vollzug von Notstandsmaßnahmen, in: NJW 1964, S. 2049-2051

Maurer, Hartmut/Waldhoff, Christian: Allgemeines Verwaltungsrecht, 19. Aufl. 2017

Mohl, Meike: Die kommunalen öffentlichen Einrichtungen – Begriff und Zulassungsanspruch, Diss. iur. Gießen 1988

Möller, Manfred/Warg, Gunter: Allgemeines Polizei- und Ordnungsrecht. Mit Verwaltungszwang und Bescheidtechnik, 6. Aufl. 2012

Möllers, Thomas M. J.: Juristische Methodenlehre, 2017

Müller-Platz, Carl: Gesetz zur Neuregelung des Brandschutzes, der Hilfeleistung und des Katastrophenschutzes (BHKG) Nordrhein-Westfalen. Kommentar, in: Busse, Jürgen u.a. (Hrsg.), Praxis der Kommunalverwaltung, K 16 NW, Loseblatt Stand: Dezember 2016

Niedzwicki, Matthias: Kommunalrecht in Nordrhein-Westfalen, 3. Aufl. 2010

Nimtz, Holger/Thiel, Markus: Eingriffsrecht Nordrhein-Westfalen. Polizeiliche Maßnahmen, Prüfschemata, Definitionen, 2017

Oehler, Hellmut: Gefahrenverhütung und Gefahrenabwehr, insbesondere bei Großveranstaltungen, in: BayVBl. 1992, S. 578-586

Omlor, Sebastian: Haftungsbeschränkung nach § 680 BGB (analog) bei professionellen Nothelfern, in: JuS 2018, S. 1003-1005

Ossenbühl, Fritz: Der Grundsatz der Verhältnismäßigkeit (Übermaßverbot) in der Rechtsprechung der Verwaltungsgerichte, in: Jura 1997, S. 617-621

ders./Cornils, Matthias: Staatshaftungsrecht, 6. Aufl. 2013

Papier, Hans-Jürgen: Recht der öffentlichen Sachen, 3. Aufl. 1998

Peine, Franz-Joseph/Siegel, Thorsten: Allgemeines Verwaltungsrecht, 12. Aufl. 2018

Pieper, Hans-Gerd: Polizei- und Ordnungsrecht Nordrhein-Westfalen. Eine fallbezogene Darstellung, 2017

Pieroth, Bodo/Schlink, Bernhard/Kniesel, Michael/Kingreen, Thorsten/Poscher, Ralf: Polizei- und Ordnungsrecht. Mit Versammlungsrecht, 9. Aufl. 2016

Pietzner, Rainer: Rechtsschutz in der Verwaltungsvollstreckung, in: VerwArchiv 84 (1993), S. 261-285

ders./Ronellenfitsch, Michael: Das Assessorexamen im öffentlichen Recht. Verwaltungsprozess, Verwaltungsverfahren und Widerspruchsverfahren, 14. Aufl. 2019

Posser, Herbert/Wolff, Amadeus (Hrsg.): VwGO. Kommentar, 2. Aufl. 2014

Schröder, Hermann (Hrsg.): Wolf-Dieter Prendke, Lexikon der Feuerwehr, 2. Aufl. 2001

Prütting, Hanns/Helms, Tobias (Hrsg.): FamFG. Kommentar, 4. Aufl. 2018

Kothe, Peter/v. Nicolai, Helmuth/Redeker, Martin: Konrad Redeker/Hans-Joachim v. Oertzen, Verwaltungsgerichtsordnung. Kommentar, 16. Aufl. 2014

Reimer, Franz: Juristische Methodenlehre, 2016

Rhein, Kay-Uwe: Gesetz über Aufbau und Befugnisse der Ordnungsbehörden – Ordnungsbehördengesetz (OBG NRW). Mit Erläuterungen, 2004

Rietdorf, Fritz/Heise, Gerd/Böckenförde, Dieter/Strehlau, Gerd: Ordnungs- und Polizeirecht in Nordrhein-Westfalen. Kommentar, 2. Aufl. 1972

Sachs, Michael (Hrsg.): Grundgesetz. Kommentar, 8. Aufl. 2018

Säcker, Jürgen u.a. (Hrsg.): Münchener Kommentar zum Bürgerlichen Gesetzbuch, 13 Bände, Bd. 5/2: 7. Aufl. 2017; Bd. 6: 7. Aufl. 2017; Bd. 7: 7. Aufl. 2017

Sadler, Gerhard: Verwaltungs-Vollstreckungsgesetz, Verwaltungszustellungsgesetz. Kommentar anhand der Rechtsprechung, 9. Aufl. 2014

Schäfer, Hauke: Primär- und Sekundärbefugnisse der Feuerwehr im Brand- und Hilfeleistungseinsatz, in: KommJur 2008, S. 207-211

Schenke, Wolf-Rüdiger/Graulich, Kurt/Ruthig, Josef (Hrsg.): Sicherheitsrecht des Bundes, 2. Aufl. 2019

Schenke, Wolf-Rüdiger: Polizei- und Ordnungsrecht, 10. Aufl. 2018

Schlatmann, Arne (Hrsg.): Hanns Engelhardt/Michael App/Arne Schlatmann, Verwaltungs-Vollstreckungsgesetz/Verwaltungszustellungsgesetz. Kommentar, 11. Aufl. 2017

Schlick, Wolfgang: Die Rechtsprechung des BGH zur Amtshaftung, in: NJW 2013, S. 3349-3354

ders.: Die Rechtsprechung des BGH zur Amtshaftung, in: NJW 2014, S. 2915-2918

Schmidt, Jörg: Sind Verkehrszeichen kraft Gesetzes sofort vollziehbar? Kritische Bemerkungen zu den Beschlüssen des OVG Münster, in: DÖV 1970, S. 663-666

Schneider, Klaus: Feuerschutzhilfeleistungsgesetz Nordrhein-Westfalen. Kommentar für die Praxis, 8. Aufl. 2008

ders.: Brandschutz-, Hilfeleistungs-, Katastrophenschutzgesetz Nordrhein-Westfalen. Kommentar für die Praxis, 9. Aufl. 2016

Schoch, Friedrich: Entformalisierung staatlichen Handelns, in: Josef Isensee/Paul Kirchhof (Hrsg.), Handbuch des Staatsrechts der Bundesrepublik Deutschland, 13 Bände, Bd. III: 3. Aufl. 2005, § 37 (S. 131-227)

Scholler, Heinrich/Schloer, Bernhard: Grundzüge des Polizei- und Ordnungsrechts in der Bundesrepublik Deutschland, 4. Aufl. 1993

Schönenbroicher, Klaus/Heusch, Andreas: Ordnungsbehördengesetz Nordrhein-Westfalen. Kommentar, 2014

Schulz, Arwed: Deutsches Feuerlöschrecht. Unter besonderer Berücksichtigung der preußischen Rechtsverhältnisse, Diss. iur. Leipzig 1938

Schulz, Nobert: Das neue Feuerwehrgesetz, in: BayVBl. 1982, S. 65-70

Schütte, Matthias/Braun, Frank/Keller, Christoph: Polizeigesetz Nordrhein-Westfalen. Kommentar für Praxis und Ausbildung, 2012

Schwabe, Jürgen: Rechtsfragen zum Abschleppen verbotswidrig abgestellter Fahrzeuge. Zugleich eine Betrachtung der Struktur der polizeilichen Standardmaßnahmen, in: NJW 1991, S. 369-373

Schwegel, Andreas: Der Polizeibegriff im NS-Staat. Polizeirecht, juristische Publizistik und Judikative 1931-1944, 2005

Schwill, Eckhard: Gewalt gegen Feuerwehr- und Rettungskräfte, in: Städte- und Gemeinderat 2017, Heft 1-2, S. 15-17

Selmer, Peter/Gersdorf, Hubertus: Verwaltungsvollstreckungsverfahren. Typologie und Einzelfragen des Vollstreckungsrechts des Bundes und der Länder, 1996

Sigg, Marco: Der Unterführer als Feldherr im Taschenformat. Theorie und Praxis der Auftragstaktik im deutschen Heer 1869 bis 1945, 2014

Singbartl, Jan/Zintl, Josef: Anmerkung zum Urteil des BGH vom 14.6.2018 – Az. III ZR 54/17, in: NJW 2018, S. 2728

Sodan, Helge/Ziekow, Jan (Hrsg.): Verwaltungsgerichtsordnung. Großkommentar, 5. Aufl. 2018

Soiné, Michael: Vorbereitung für die Hilfeleistung und das Handeln in Gefahrenfällen. Zugleich ein Beitrag über die Datenverarbeitung zur Gefahrenvorsorge im Polizeirecht der Länder, in: DÖV 2000, S. 173-181

Striepen, P. H.: Kann in Nordrhein-Westfalen auf dem Gebiete des Feuerschutzes Verwaltungszwang angewandt werden?, in: Der Kommunaldienst 1954, S. 11-12

Tegtmeyer, Henning/Vahle, Jürgen: Polizeigesetz Nordrhein-Westfalen. Mit Erläuterungen, 12. Aufl. 2018

Tellenbröker, Johannes: Der rechtliche Rahmen der Zusammenarbeit von Polizei, Feuerwehr und Rettungsdienst an der Einsatzstelle am Beispiel der Rechtslage in NRW, in: Die Polizei 2015, S. 263-270

Thiel, Markus: Polizei- und Ordnungsrecht, 3. Aufl. 2016

Vogel, Werner: Verwaltungszwang zur Durchsetzung von Verwaltungsakten und Verwaltungszustellung. Kommentar zum zweiten, dritten und fünften Abschnitt des Verwaltungsvollstreckungsgesetzes für das Land Nordrhein-Westfalen (VwVG.NW), zum Verwaltungszustellungsgesetz für das Land Nordrhein-Westfalen (Landeszustellungsgesetz -LZG-), beide vom 23. Juli 1957 (GV.NW S. 216 u. 213), und zu den allgemeinen Verwaltungsvorschriften (AVV) zum Landeszustellungsgesetz vom 4.12.1957 (MBl.NW S. 2409) mit allen einschlägigen Rechts- und Verwaltungsvorschriften aus dem Bundes- und Landesrecht, 1958

Wank, Rolf: Grenzen richterlicher Rechtsfortbildung, 1978

ders.: Die Auslegung von Gesetzen, 6. Aufl. 2015

Weber, Klaus: Verwaltungszwang in der behördlichen Praxis. Voraussetzungen und praktische Umsetzung, 2015

Weigert, Marvin: Gewalt gegen Einsatzkräfte von Feuerwehren und Rettungsdiensten in Nordrhein-Westfalen, Bochum 2018

Wetzel, Jan: Rechtsschutz in der Verwaltungsvollstreckung, 2009

Winterstetter, Alfred: Der Verwaltungsakt als Vollstreckungstitel, Diss. iur. München 1967

Wittreck, Fabian: Polizei- und Ordnungsrecht, in: Sabine Schlacke/ders. (Hrsg.), Landesrecht Nordrhein-Westfalen. Studienbuch, 2017, § 4 (S. 171-238)

Wolf, Walter: Gemeinsam Dienst auf der Feuerwache, in: Städte und Gemeinderat 2014, Heft 1-2, S. 6-8

Wolffgang, Hans-Michael/Hendricks, Michael/Merz, Matthias: Polizei- und Ordnungsrecht Nordrhein-Westfalen. Studienbuch mit Fällen, 3. Aufl. 2011

Wormit, Hans-Georg: Das Feuerschutzrecht seit 1945, in: DÖV 1949, S. 305-307

Würtenberger, Thomas: Polizei- und Ordnungsrecht, in: Dirk Ehlers/Michael Fehling/Hermann Pünder (Hrsg.), Besonderes Verwaltungsrecht Band 3. Kommunalrecht, Haushalts- und Abgabenrecht, Ordnungsrecht, Sozialrecht, Bildungsrecht, Recht des öffentlichen Dienstes, 3. Aufl. 2013, § 69 (S. 398-556)

Wysk, Peter (Hrsg.): Verwaltungsgerichtsordnung, 2. Aufl. 2016

Zimmermann, Martin/Otto, Philipp: Referendarexamensklausur – Zivilrecht: Gesetzliche Schuldverhältnisse und Sachenrecht, in JuS 2011, S. 1100-1106

FSC
www.fsc.org
MIX
Papier | Fördert gute Waldnutzung
FSC® C083411

Kolibri 360 GmbH
Ferdinand-Jühlke-Straße 7
99095 Erfurt, Deutschland
produktsicherheit@kolibri360.de